महिला विकास
एंव स्वरोजगार मोदी सरकार
की सर्वोच्च प्राथमिकता

महिला विकास एंव स्वरोजगार मोदी सरकार की सर्वोच्च प्राथमिकता

राकेश त्रिपाठी

First published in India in 2018 by
Krishna Publisher

ISBN: 978-93-87485-01-3

Krishna Publisher
RTB 157, Royal Tower Shipra Sun City,
Indirapuram, Ghaziabad 201014
krishnapublisher@gmail.com

Laser Typesetting
JEE-VEE Graphics, Delhi

Printed and Bound in
Delhi

Price: ₹ 995/-

प्रस्तावना

माना जाता है कि किसी कार्य की सफलता में महिलाओं का योगदान उल्लेखनीय होता है। इसी प्रकार देश के विकास में भी वे महत्त्वपूर्ण भूमिका निभाती हैं। कई क्षेत्रों में तो इनका योगदान पुरुषों के समान होता है, फिर भी इन्हें समाज में हीन भावना से देखा जाता है। यही कारण है कि विकास की गति अभी भी भारत में धीमी है। प्राचीन भारत में नारी का स्थान जितना ऊँचा था उतना अब नहीं है। दूसरी ओर भारत में जनसंख्या तीव्र गति से बढ़ रही है। परिणामस्वरूप गरीबी, कुपोषण, अशिक्षा, बेरोजगारी विकराल रूप धारण कर रही है। महिलाएँ तथा बच्चे इससे बुरी तरह प्रभावित हो रहे हैं। गरीबी के कारण गर्भवती स्त्रियों को सन्तुलित, पौष्टिक आहार नहीं मिलता। जिससे न वे स्वस्थ रहती हैं न उनके बच्चे। जो जन्म लेने के उपरांत भी सुपोषण से वंचित रह जाते हैं। वे कई प्रकार के संक्रामक तथा पोषणहीनता जनित रोगों के शिकार हो जाते हैं। रोगी बच्चे बड़े होने पर भी कठिन श्रम नहीं कर पाते हैं, देश में उत्पादन कम होता है, आय कम होती है एवं फिर गरीबी आ जाती है।

प्राचीन काल में महिलाओं की स्थिति काफी सोचनीय थी परन्तु आज इनकी दशा में काफी सुधार हुआ है। आज देश के विभिन्न क्षेत्रों में उनकी सहभागिता काफी सराहनीय है। विकास एक ऐसी प्रक्रिया है जो भारत जैसे अन्य विकासशील देशों के व्यक्तियों की अवधाणाओं से सम्बन्धित होती है। अगर उस आकांक्षा व अवधारणा

को मानव हित के रूप में उनके सम्पूर्ण व्यावहारिक परिवेश से जोड़ दिया जाए तो यह जनसामान्य हेतु उपयोगी हो जायेगा। अन्य शब्दों में विकास का अर्थ प्रायः समाज के द्वारा उनकी सांस्कृतिक धरोहर व प्रतिमानों व दूसरों की रुचियों को नष्ट किए बिना ही उच्चता की ओर परिवर्तन से है।

वर्तमान समय में प्रशासन द्वारा महिलाओं के विकास के सन्दर्भ में 27 से भी अधिक योजनाओं को क्रियान्वित किया जा रहा है। कुछ विशेष रूप से केवल महिलाओं के लिए तथा अन्य महिला व पुरुष दोनों के लिए हैं। ये योजनाएँ भारत सरकार के विभिन्न विभागों तथा मंत्रालयों जैसे ग्रामीण विकास, श्रम, शिक्षा, स्वास्थ्य, विज्ञान व तकनीकी, कल्याण, महिला व बाल विकास इत्यादि के तहत संचालित हैं। महिलाएँ भी प्रत्यक्ष अथवा परोक्ष रूप से समाज के विकास में योगदान देती हैं। परिवार की सारी जिम्मेदारी महिलाओं के ऊपर रहती है। वे पुरुषों को केवल आर्थिक क्रियाओं के लिए बल देती हैं तथा पारिवारिक कार्यों में पुरुषों के साथ बराबर का योगदान देती हैं। आज भागीदारी की दृष्टि से कृषि, पशु, व्यवसाय, हैण्डलूम आदि में महिलाओं के अनुपात में काफी हद तक वृद्धि हुई है। यही नहीं, पिछले दशक में महिलाओं की क्रियाओं से संबंधित नये आयाम उभरकर सामने आए हैं। अब वे इलेक्ट्रोनिक्स, टेली-कम्युनिकेशन, उपभोक्ता उत्पादन, संगठित क्षेत्र के उद्योगों, विधि संबंधी, चिकित्सा संबंधी, प्रशासनिक तथा अन्य महत्त्वपूर्ण व्यवसायों में भाग ले रही हैं।

विषय सूची

1

ग्रामीण विकास में महिलाओं की भागेदारी

भारत की अधिकांश जनता नगरों की अपेक्षा गाँवों में निवास करती है। हालाँकि भारत एक कृषिप्रधान देश है। कृषि ग्रामीणों का प्रमुख व्यवसाय है। इस व्यवसाय में महिला-पुरुष दोनों की महत्वपूर्ण भूमिका है। कहा जाता है कि किसी कार्य की सफलता में महिलाओं की विशिष्ट भूमिका होती है। प्राचीन काल से भारतीय महिलाएँ देश के विकास एवं उत्थान में अपनी सक्रिय हिस्सेदारी निभा रही हैं। इसके अलावा कृषि कार्य गृहकार्य, कढाई-बुनाई, बच्चों के पालन पोषण उद्योग एवं अन्य सामाजिक कार्यों में सराहनीय भूमिका निभा रही हैं। अतः ग्रामीण महिलाओं का योगदान बहुआयामी होता है। गृहिणी तथा माता के रूप में वे घर-परिवार को सम्भालती हैं, पानी भरकर लाती हैं, चूल्हा जलाने हेतु ईंधन (टहनी, सूखे पत्ते इत्यादि) बटोरती हैं, सबके लिए भोजन बनाती हैं। घर में ऐसे बहुत से कार्य हैं जिन्हें महिलाए स्वयं करती हैं। घरेलू पशुओं की देखभाल करती हैं, इसके अतिरिक्त पति के कृषि-कार्यों में भी सहयोग देती हैं। इन कार्यों को करते हुए, समय निकालकर कोई अन्य उद्योग करके भी परिवार हेतु अर्थोपार्जन करती हैं। दिन भर के चौबीस घण्टों में वे सोलह से अठारह घण्टे निरन्तर कामों में संलग्न रहती हैं। 8 घन्टे ही वह केवल आराम कर पाती हैं। पुरुषों की तुलना में महिलाएँ अधिक कार्य

करती हैं। श्रम विभाजन के असंतुलन के कारण ऐसा होता है। इसका प्रमाण कर्नाटक के एक ग्राम में किए गए अध्ययन के आँकड़ों से हुआ है कि गाँवों में कृषि-कार्यों, गृह-कार्यों तथा औद्योगिक कार्यों में काम के कुल घण्टों में औरत 46 प्रतिशत, पुरुष 37 प्रतिशत तथा बच्चे 17 प्रतिशत घण्टे काम करते हैं। सिर्फ गृह-कार्यों में व्यतीत होने वाले काम के कुल घण्टों में महिलाएँ 50 प्रतिशत एवं पुरुष 25 प्रतिशत तथा बच्चे 25 प्रतिशत घण्टे समय देते हैं। पुरुष की अपेक्षा औरतें ज्यादा सहनशील होती हैं। ग्रामीण महिलाएँ बालक को जन्म देकर उसको अच्छी तरह पालन-पोषण करके सामाजिक कर्तव्य भी निभाती हैं। ग्रामों के आर्थिक, सामाजिक विकास के मूल में उनका उल्लेखनीय योगदान रहता है। महिलाएँ माता, समुदाय की महत्त्वपूर्ण सदस्य तथा नागरिक के रूप में भोजन-वस्त्र का प्रबन्ध करती हैं, घर की एवं घर में रहने वाले सदस्यों की देखभाल करती हैं, कृषि कार्य करती हैं, पशुओं की देखभाल करती हैं एवं स्नेह, प्रेम, आश्रय, विवेकपूर्ण सलाह देकर एवं मार्गदर्शन करके मानव विकास में सहायक होती हैं। घर पर महिलाओं का काम पुरुषों से कम नहीं होता। शैक्षिक विकास में भी इनका योगदान कम नहीं रहता। पढ़ी-लिखी न हों तो भी अपने बच्चों को स्कूल जाने हेतु समय पर तैयार करके, उनके लिए भोजन का प्रबन्ध करके उन्हें स्कूल भेजती हैं। घर के काम स्वयं सम्भाल कर बच्चों को पढ़ने की पूर्ण सुविधाएँ तथा समय देकर पढ़ने हेतु प्रेरित करती हैं। इस प्रकार परोक्ष रूप से शैक्षिक विकास में भी ग्रामीण महिलाओं की महत्त्वपूर्ण भूमिका होती है। ग्रामीण क्षेत्रों के विकास में भी महिलाओं का प्रमुख योगदान होता है।

विशिष्ट कार्य

ग्रामीण क्षेत्रों में रहने वाली महिलाएँ विभिन्न प्रकार के कार्यों में योगदान देती हैं जिन पर विस्तृत प्रकाश नीचे डाला गया है।

जीव जंतुओं से संबंधित कार्य   ग्रामीण क्षेत्रों में पशुपालन को प्रमुख व्यवसाय माना गया है। पशुपालन से अनेक क्षेत्रों में सहायता मिलती है, जैसे खेती करने में, ईंधन के रूप में इत्यादि। पशुओं की देखभाल का कार्य ज्यादातर महिलाएँ ही करती हैं। महिलाएँ द्वारा सम्पन्न जीव-जंतु सम्बंधी कार्य निम्नलिखित है

1. मधुमक्खी पालन   ग्रामों में शहद की प्राप्ति हेतु मधुमक्खी पालन किया जाता है । महिलाएँ भी इस कार्य में अपना सहयोग देती हैं। खादी ग्रामोद्योग भी यह कार्य करता है। कई स्थानों पर सरकार द्वारा मधुमक्खी पालन के लिए पचास प्रतिशत राशि अनुदान के रूप में एवं पचास प्रतिशत राशि ऋण के रूप में प्रदान की जाती

है। इस उद्योग से शहर के व्यापार को बढ़ावा मिलता है एवं मक्खियों द्वारा परागण की क्रिया से उपज में सत्तर प्रतिशत तक वृद्धि होती है। कई प्रदेशों में परागण में वृद्धि करने हेतु मधुमक्खियाँ खरीदनी पड़ती हैं किंतु मधुमक्खी पालन से दोहरा फायदा होता है, मधु भी प्राप्त होता है तथा स्वतः परागण हो जाता है। यह कार्य आसान होता है, इसमें अधिक श्रम की आवश्यकता नहीं पड़ती।

(2) रेशम के जीव-जन्तु का पालन पोषण रेशम के कीड़ों को शहतूत के वृक्ष पर पाला जाता है। इस कीड़े की तितलियाँ शहतूत के पेड़ों पर अण्डे देती हैं। इन अण्डों से इल्लियाँ निकलकर भरपेट पत्तियाँ खाती हैं एवं अपनी लार को शरीर पर लपेटती हैं। यही लार सूखकर रेशम का तार बन जाता है एवं रेशमी तारों में लिपटी इल्ली 'ककून' कहलाती है। इल्ली से तितली बनने से पहले ककून एकत्रित कर लिए जाते हैं। इन्हें उबालकर, साफ कर रेशम प्राप्त किया जाता है। महिलाएँ बहुत से कार्य करती हैं जैसे रेशम के कीड़े पालने, कूनाकून इकट्ठे और रेशम के काम भी सही ढंग से करती हैं।

(3) मुर्गी-पालन ग्रामों में मुर्गियाँ दो उद्देश्यों से पाली जाती हैं एक मांस की प्राप्ति हेतु तथा दूसरे, अंडों की प्राप्ति के लिए। मुर्गियों के निमित्त रहने का स्थान का निर्माण एवं चारे का प्रबंध तो पुरुष करते हैं किंतु दाना-पानी देने का कार्य महिलाएँ करती हैं। महिलाएँ ही मुर्गी के अंडों को एकत्र करके गिनती, सहेजती एवं बेचने का कार्य करती हैं।

(4) दुधारु पशु-पालन पशुपालन द्वारा दुग्ध के साथ-साथ चमड़ा व गोबर की भी प्राप्ति होती है। दूध की प्राप्ति हेतु गाय, भैंस, बकरी, भेड़ इत्यादि पशुओं को घरेलू पशु के रूप में पाला जाता है। इन घरेलू पशुओं को चारा देना सानी तथा पानी देना , दुध दुहना, उनके बच्चों की देखभाल करने का काम ज्यादातर महिलाएँ ही करती हैं। इन पशुओं को बाँधने के स्थान की सफाई करना एवं गोबर गोइठा (कंडे) बनाने का कार्य महिलाएँ करती हैं।

भेड़ एवं विशेष किस्म की (अंगोरा) बकरियाँ दूध के साथ-साथ ऊन की प्राप्ति हेतु पहाड़ी प्रदेशों में पाली जाती हैं। इन्हें चराने एवं इनकी देखभाल का कार्य महिलाएँ एवं किशोरी लड़कियाँ भी करती हैं। ग्रामीण क्षेत्रों में यह भी एक प्रमुख व्यवसाय है। आज भी यह कार्य किया जा रहा है।

1. मत्स्य पालन ग्रामीणों के जीविकोपार्जन का यह प्रमुख साधन है। जिन क्षेत्रों में नदी तालाब पास होते है वहाँ यह कार्य किया जाता है। महिलाएँ कभी-कभी मछली पकड़ने में पुरुषों की मदद करती हैं किंतु मछलियों को नमक लगाकर सुखाने

का कार्य ज्यादातर महिलाओं के जिम्मे ही होता है। जहाँ मछली उद्योग के तहत उनकी डिब्बाबंदी कार्य होता है वहाँ महिलाएँ ही मछली काटने, साफ करने, उसमें मसाले लगाकर डिब्बाबंद के लिए तैयार करती हैं। हमारे देश की डिब्बाबंद मछलियाँ विदेशों में भी निर्यात की जाती हैं। इस प्रकार मछली उद्योग को चलाने में महिलाओं की महत्वपूर्ण भूमिका होती है। विश्व में सर्वाधिक मछली का उत्पादन भोजन के रूप में जापान में होता है।

इस प्रकार यह स्पष्ट होता है कि ग्रामीण महिलाएँ विभिन्न जीव-जन्तुओं के पालन का कार्य करके दूध, माँस, मछली, अण्डे जैसे प्रोटीन बहुल आहार की प्राप्ति में सहायक होकर पोषण स्तर उन्नत करती हैं। भेड़-पालन तथा रेशमी कीड़ों के पालन द्वारा ऊन तथा रेशम उद्योग का भी विकास करती हैं। ग्रामीण क्षेत्रों में महिलाएँ इसे भी व्यवसाय के रूप में अपनाती हैं।

(2) जमीन से संबंधित कार्य कृषि कार्यों के अलावा और भी काम जमीन से किये जाते हैं। जमीन के बहुत से कामों में खेती का खास स्थान है। खेती में पुरुष लोग अधिक मेहनत करते हैं जैसे टैक्टर चलाना, क्यारियाँ बनाना, पानी से सिंचाई करना आदि। क्योंकि शारीरिक स्तर पर महिलाओं की तुलना में वे अधिक बलिष्ठ होते हैं, कृषि-कार्यों में महिलाएँ भी पीछे नहीं रहतीं। शेष कई महत्त्वपूर्ण कृषि-कार्य उन्हीं की मदद से किए जाते हैं, जैसे बीज बोना, धान रोपना, तैयार फसल काटना, खेत से खलिहान में लाकर अनाज को बालियों में से निकालना, फटकना, चुनना, बीनना एवं अनाज का उचित रीति से भण्डारण करना।

पेड़ों की टहनियों को काटकर व सुखाकर इसे ईंधन के रूप में उपयोग करते हैं। कभी जंगल से जलाने हेतु सूखे पत्ते भी बटोर कर लाती हैं। वे सिर्फ पेड़ की टहनियाँ ही नहीं काटती अपितु जंगल लगाने का, वृक्षारोपण का कार्य भी करती हैं।

देश के कई स्थानों में महिलाओं ने फूलों की खेती का कार्य भी आरम्भ किया है। महानगरों या नगरों के समीप के ग्रामों में इस प्रकार की खेती होती है। नगरों तथा महानगरों में पूजा, विवाह अथवा विशिष्ट समारोहों में फूलों के गुलदस्ते एवं फूलमालाओं की माँग अधिक होती है। अतएव इनकी बिक्री में अधिक कठिनाई नहीं होती। कम धन व्यय करके, कम समय में फूलों के बाग से पर्याप्त धन अर्जित किया जा सकता है। कई ग्रामीण महिलाएँ घर में अथवा घर के भीतर रखे जाने वाले पौधों के गमले तैयार करके बेचती हैं; पौधों की नर्सरी लगाकर बिक्री हेतु छोटे पौधे तैयार करती हैं। इससे भी उन्हें पैसे मिलते हैं।

(3) उत्पादन का कार्य कृषि कार्यों के अलावा ग्रामीण क्षेत्रों के लोग शेष

समय में अन्य व्यवसाय को भी चुनती हैं। लघु व कुटीर उद्योगों से सम्बंधित कार्य भी किये जाते हैं। इन कार्यों में महिलाओं का योगदान व्यापक होता है। इसके कुछ प्रमुख कार्यों का विवरण निम्न प्रकार दिया गया है

(क) हस्तशिल्प के उत्पाद अधिकांश ग्रामीण महिलाएँ हस्तशिल्प के कार्य में पारंगत होती हैं। ये कार्य वे घर पर ही करती हैं। जिससे घर पर बैठे-बैठे धन की प्राप्ति हो जाती है। वे विभिन्न प्रकार के आकर्षक सामग्रियों का निर्माण करती हैं। कुछ प्रमुख निम्न प्रकार हैं

(i) *चित्रकारी* चित्रकारी का कार्य करने में भी महिलाओं को महारत हासिल है। इस कार्य को यह तल्लीनता से करती है। बिहार के मधुबनी, दरभंगा क्षेत्र की ग्रामीण महिलाएँ मधुबनी पेंटिंग करने में प्रसिद्ध हैं। यह चित्रकारी दीवार, सूप, डगरों पर की जाती है। अब कागज पर भी मधुबनी पेंटिंग करके वॉल हैंगिग अथवा बधाई-पत्र बनाकर बेचे जाते हैं। एक भारतीय ट्रेन में भी मधुबनी पेंटिंग की गई है। मधुबनी पेंटिंग करने वाली कई ग्रामीण महिलाएँ भारत के राष्ट्रपति द्वारा पुरस्कृत व सम्मानित हुई हैं। मधुबनी पेंटिंग भारत में ही नहीं विश्व में भी प्रसिद्ध है। इसके अतिरिक्त अपनी कला को लेकर वे विदेश भ्रमण भी करके आई हैं। इस प्रकार ग्रामीण महिलाओं ने हमारी इस लोक परम्परा को अन्तर्राष्ट्रीय ख्याति स्तर तक पहुँचाया है एवं इस कला को पश्रय देकर धनोपार्जन का माध्यम बनाकर ग्रामीण विकास में मदद की हैं।

(ii) *लाख की चूड़ियाँ बनाना* विशेषकर राजस्थान तथा गुजरात की महिलाएँ लाख की चूड़ियों पर रंगीन काँच एवं मोती चिपकाकर सुन्दर नमूने बनाती हैं।

(iii) *गुड़िया बनाना* गुड़िया बनाने का कार्य भी महिलाएँ ही करती हैं। विभिन्न प्रदेशों की ग्रामीण महिलाएँ अपने ढंग की गुड़िया, गुड्डे बनाकर उन्हें पारम्परिक रूप से वस्त्र, आभूषण पहनाकर सजाती हैं। इन गुड़ियों का व्यापार विदेशों तक फैला है।

(iv) *मोती की वस्तुएँ* महिलाएँ मोतियों की माला तथा विभिन्न प्रकार के सौन्दर्य की वस्तुओं का निर्माण करती हैं। मोतियों से बहुत प्रकार की रंग-बिरंगी मनमोहक मालाएँ, कान की चीजें आदि बनाई जाती हैं। गुजरात की ग्रामीण बालाएँ इस कार्य में निपुण होती हैं।

(v) *प्लास्टिक की वस्तुएँ* प्लास्टिक के रंगीन फीतों, रस्सियों से बिनाई करके ग्रामीण महिलाएँ बेल्ट, पर्स, थैले आदि बनाती हैं।

(iv) *मूर्ति निर्माण* मूर्ति निर्माण का कार्य भी महिलाएँ करती हैं विशेषकर

राजस्थान की ग्रामीण महिलाएँ प्लास्टर ऑफ पेरिस से सुन्दर मूर्तियाँ बनाती हैं। बंगाल की ग्रामीण महिलाएँ सरस्वती, दुर्गा, लक्ष्मी, गणेश इत्यादि देवी-देवताओं की मूर्ति बनाने में पुरुषों के साथ काम करती हैं।

(ख) वस्त्र उद्योग सम्बन्धी उत्पाद वस्त्र उद्योग सम्बन्धी उत्पाद निम्नलिखित है

बाँधनी कार्य यह कार्य भी राजस्थान तथा गुजरात की ग्रामीण महिलाएँ निपुणता से करती हैं। वस्त्रों पर विभिन्न प्रकार के डिजाइन बनाकर, सूत से बुंदकियों को लपेटकर, विविध रंगों में रंगकर चूनर, साड़ी, दुपट्टे, सलवार-कुरते के कपड़े, स्कार्फ इत्यादि आकर्षक, रंगीन छटा वाले वस्त्र तैयार किए जाते हैं। बाँधनी का कार्य महिलाओं ही करती हैं एवं रंगाई में महिलाओं के साथ पुरुष भी सहयोग देते हैं।

बाँधनी के वस्त्र विदेशों तक लोकप्रिय हैं। वहाँ के कई बुटीक (परिधानों की दुकानों) में भारत के ग्रामों में निर्मित्त ये वस्त्र निर्यात होते हैं। भारतीय ग्रामोद्योग को विदेशों तक पहुँचाने का श्रेय ग्रामीण महिलाओं को जाता है।

कढ़ाई कढ़ाई का कार्य प्राचीन काल से ही हो रहा है। भारत की कढ़ाई विश्व में प्रसिद्ध है। साड़ियों, चादरों, दुपट्टों, महिलाओं, लड़कियों के वस्त्रों पर पारम्परिक कशीदाकारी की जाती है अथवा शीशे टाँककर मनमोहक नमूने बनाये जाते हैं। आधुनिक फैशन में ग्रामीण पारम्परिक वस्त्रों का प्रचलन बहुत अधिक है। पारम्परिक कशीदाकारी में पंजाब की फुलबारी, लखनऊ की चिकनकारी, बंगाल का कन्था, कर्नाटक की सूती, बिहार का एप्लिक वर्क का काफी नाम है।

बुनकर उद्योग इसके तहत ग्रामीण औरतें रूई की पोनी बनाती हैं, सूत कातती हैं, हाथ करघे पर वस्त्र बुनने का कार्य करती हैं।

कपड़ों की सिलाई भारत में सिलाई का कार्य पंजाब में सबसे अधिक होता है। इसमें महिलाएँ व पुरुष दोनों संलग्न रहते हैं किन्तु वैसी महिलाओं की संख्या शहरों में अधिक तथा ग्रामों में बहुत कम है। ग्रामों में ज्यादातर वे ही महिलाएँ यह कार्य करती हैं जो सिलाई प्रशिक्षण प्राप्त करती हैं तथा सिलाई मशीन रखती हैं या सिलाई मशीन सरकारी अनुदान द्वारा प्राप्त करती हैं।

वस्त्रों की रंगाई-छपाई रंगाई-छपाई का कार्य भारत के सभी राज्यों राजस्थान की साँगानेरी की चादरें विशेष लोकप्रिय हैं।

वाटिका कार्य यह कला बंगाल के गाँवों में अधिक प्रचलित है। इसका बाजार देश एवं विदेश में भी है। वस्त्रों अथवा चमड़े पर चित्रकारी करके उसे बारम्बार

मोम से ढँककर पुनः रंगकर अन्त में मोम छुड़ाकर सुन्दर, कलात्मक, प्राकृतिक डिजाइन प्राप्त किए जाते हैं। इससे भी इनको अपनी जीविका के लिए धन की प्राप्ति हो जाती है।

ग्रामीण वन सम्पदा द्वारा निर्माण कार्य वनों का हमारे जीवन में महत्त्वपूर्ण उपयोग है। वनों से बाँस, पत्ते, सींक इत्यादि एकत्र करके ग्रामीण महिलाएँ विभिन्न कार्य करती हैं जिनमें बेंत का सामान बुनना, सींकों की झाड़ू, टोकरी, सूप बनाना, फूल झाड़ू बनाना, पत्तल-दोने बनाना, टोकरी बुनना, चटाई बुनना, अगरबत्ती बनाना, साबुन बनाना, मोमबत्ती बनाना, मिट्टी के खिलौने बनाना ग्रामीण महिलाएँ कुम्हार के साथ मिट्टी काटती हैं, मिट्टी के बर्तन एवं खिलौने बनाती हैं, उन्हें सुखाकर आग में पकाती हैं एवं उन पर चित्रकारी करके उन्हें रंगती हैं।

3. आहार से सम्बन्धित उत्पाद ग्रामीण क्षेत्रों में रहने वाली महिलाएँ आहार से भी विभिन्न प्रकार के उत्पाद बनाती हैं। फल, सब्जियों, दालों से ग्रामीण महिलाएँ घरों में कई प्रकार की भोज्य सामग्री बना लेती हैं जो शहरों की दुकानों पर सरलता से बिक जाता है। भोज्य सामग्री बनाने सम्बन्धी कार्यों में अचार बनाना, फलों से मुरब्बे, शरबत (स्क्वैश) बनाना, आटा पीसना, आलू, साबूदाने, चावल इत्यादि के पापड़ बनाना, दालों की बड़ियाँ, तिलौड़ी, आलू चिप्स इत्यादि बनाना, मसाले, जैसे हल्दी, मिर्च, धनिया, जीरा, काली मिर्च, गरम मसाला पीसना आदि प्रमुख हैं।

इस प्रकार ग्रामीण महिलाएँ स्वयं की बुद्धि तथा श्रम से विभिन्न खाद्य वस्तुएँ बनाकर, बेचकर अर्थोपार्जन कर लेती हैं। जहाँ की महिलाएँ आत्मनिर्भर होती हैं, वह ग्राम अवश्य विकास करता है।

(4) अन्य कार्य इन सब कार्यों के अलावा बहुत से कार्य और भी हैं, जिसे महिलाएँ करती हैं। गाँव की महिलाएँ गाँव में अनेक प्रकार के काम करती हैं, यथा दूध बेचना, सजावटी सामान बेचना, दही बेचना, बोझा ढोना, घी बेचना, मजदूरी करना, ईंट ढोना, नारियल तोड़ना, पत्थर काटना, ईंट के भट्टे पर काम करना, चाय की दुकान चलाना, पास बेचना, भुंजा, मुरमुरे चने बेचना, पकौड़ियाँ बेचना, सब्जी बेचना, फूल-फल बेचना, फूल मालाएँ बेचना आदि। इसके अलावा महिलाएँ और भी बहुत से कार्य करती हैं, जैसे स्वास्थ्य सेविका, नर्स, अध्यापिका, चिकित्सालय तथा स्वास्थ्य केन्द्रों में सहायिका के रूप में भी कार्य करती हैं। अब सभी संस्थाओं में ये कार्य कर रही हैं।

इस प्रकार हम निष्कर्ष के रूप में कह सकते हैं कि ग्रामीण महिलाएँ विभिन्न कार्यों में, व्यवसायों में संलग्न रहकर ग्राम के औद्योगिक, आर्थिक, शैक्षणिक,

सामाजिक तथा सांस्कृतिक विकास में इनका योगदान पुरुषों से कम नहीं हैं।

व्यवसाय में उन्नति

ग्रामीण महिलाएँ अपने व्यवसाय में उन्नति निम्नलिखित प्रकार से कर सकती हैं

(1) नवीन व्यवसाय की शुरुआत ग्रामीण महिलाएँ मौसम के हिसाब से अपने व्यवसाय का चुनाव करती हैं। यदि ग्रामीण महिलाएँ टोकरियाँ बेचती हों और तेज गर्मी के दिन आ गए हों तो टोकरियों के साथ सुराही बेचने का काम भी आरम्भ कर दें। खेतों की रखवाली करते समय अगर टोकरी भी बुनेंगी तो दो काम एक साथ हो जाएँगे। मुर्गी पालन कर रही हों तो साथ में एक बकरी भी पाल लें। जहाँ मुर्गियाँ चरेंगी वहीं बकरी को लम्बी रस्सी से बाँधकर चरा सकती हैं या कोई ऐसा नया कारोबार आरम्भ करें जो इससे पहले गाँव में न चलता हो और जिसकी आवश्यकता है।

(2) आय में वृद्धि यदि भैंस अधिक दूध दे रही हो एवं दूध की माँग भी अधिक हो तो दूध का दाम कुछ अधिक कर दें। अगर आधार प्लास्टिक के थैले में बेचती थीं तो अब डिब्बे अथवा शीशी में बेचें एवं उस पर लेबल लगाकर बेचें तो अधिक आय होगी।

(3) सामान की बिक्री स्वयं करना प्रायः तैयार सामग्री बिचौलिए से दुकानदार एवं दुकानदार से ग्राहकों तक पहुँचती है। ग्रामीण व्यवसायी महिलाओं का ग्राहकों से सीधा सम्बन्ध न होने के कारण, उनके बीच अधिक दूरी होने के कारण उन्हें अधिक आमदनी नहीं हो पाती क्योंकि कुछ राशि बिचौलिए और दुकानदार ले लेते हैं। ग्राहक सही मायने में कैसी चीजें चाहते हैं, वे कितना दाम चुका रहे हैं, इससे ग्रामीण महिलाएँ ज्यादातर अनभिज्ञ रहती हैं। इसके लिए जरूरी है कि वे अपने द्वारा तैयार की गई सामग्री स्वयं बेचें। ग्राहकों के सीधे सम्पर्क में रहें। बिचौलियों को न रखकर अपना कारोबार स्वयं चलाएँ। स्वयं विक्रेता बनें। इसके लिए ग्रामीण महिलाओं को शिक्षित होने की जरूरत है।

(4) कार्य विस्तार कार्यों का विस्तार कैसे किया जाए इसके लिए भी ग्रामीण क्षेत्रों की महिलाएँ ध्यान दे रही हैं। जैसे अगर वे फूलों की खेती करती हैं तो अलग-अलग किस्म के फूलों के पृथक् दाम रखने चाहिएँ। फूल न बेचकर अगर फूल की मालाएँ बनाकर बेची जाएँ जो मन्दिर, मंडप अथवा समारोह स्थल की सजावट करने में सीधे उपयोग में लाई जा सकें तो बिक्री बढ़ेगी और ज्यादा फायदा होगा।

गुलाब के फूलों का गुलकन्द बनाकर बेचने से अधिक फायदा होगा। ये कार्य संगठित होकर भी किए जा सकते हैं। महिलाएँ संगठित होकर माला बनाने का कार्य कर सकती हैं या गुलकन्द बनाने का प्रशिक्षण प्राप्त कर सकती है। कार्य को अधिक अच्छे ढंग से किया जायेगा तो अधिक फायदा होगा; जैसे अचार बड़ी, पापड़ यूँ ही न बेचकर स्वयं पॉलिथीन के पैकेटों में बन्द करके बचे जाएँ तो बिक्री अधिक होगी। बिचौलियों की मदद लिए बिना स्वयं अपनी बनाई सामग्री बेचने से अधिक धन कमाया जा सकता है।

(5) किसी कार्य को करने से पूर्व विचार महिलाओं को अपने व्यवसाय द्वारा अधिक आय प्राप्त करना जरूरी है अन्यथा उनका श्रम व्यर्थ हो जाएगा। वे व्यवसाय में अपना जो समय, साधन तथा कौशल व्यय करती हैं, बेकार चला जाएगा। इसके लिए हर व्यवसाय को सोच-समझकर योजनाबद्ध पद्धति से करना जरूरी है। जैसे अगर वे मुर्गीपालन करती हैं तो पहले ही यह निश्चित कर लेना चाहिए कि मुर्गी का माँस बेचना है अथवा अंडे बेचना है। मुर्गियों को अच्छा दाना-पानी देना चाहिए। वे अधिक मोटी होंगी अथवा अधिक अंडे देंगी तो आमदनी भी अधिक होगी। जहाँ मुर्गी और अण्डों की माँग अधिक हो वहीं बिक्री हेतु जाएँ। जहाँ अधिक शाकाहारी रहते हों, वहाँ मुर्गी के व्यवसाय से फायदा नहीं मिलेगा। चॉक बनाने वाली महिलाओं को स्कूल खुलने से पहले ही चॉक तैयार कर लेना चाहिए, उसी प्रकार गर्मियों से पहले बेचने हेतु घड़े बना कर रख लें। मौसम के आरम्भ तथा अन्त में सब्जियों के मूल्य अधिक होते हैं इसे देखते हुए ही सब्जियाँ बोएँ। जितनी सब्जी बिकने की आशा हो उतनी ही उगाएँ। बिना योजना बनाए अनावश्यक पौधे न लगाएँ।

(6) अपने कार्य को अच्छा बनाना महिलाओं में इतनी जागरूकता आ गई है कि वे अच्छे कार्यों के विषय में सोच सकती हैं। जैसे फूल उगा रही हों तो मिट्टी में अधिक खाद, पानी देने से अच्छे बड़े फूल पैदा होंगे जो महँगे बिक सकेंगे। मुर्गी पालन कर रही हों तो मुर्गियों को स्वच्छ जल पीने हेतु दें। अच्छी किस्म का दाना खिलाएँ ताकि वे मोटी और स्वस्थ रहें और अण्डे भी अधिक दे सकें।

(7) सामग्री का भण्डारण साम्रगी उत्पादन के व्यवसाय में तीन प्रकार की सामग्री होती हैं कच्ची सामग्री, अधबनी सामग्री, तैयार सामग्री। सभी प्रकार की सामग्रियाँ अच्छी क्वालिटी की होनी चाहिएँ तभी उत्पाद अच्छा बनेगा। प्रत्येक अवस्था में सामग्रियों का उचित भण्डारण करना अनिवार्य है। इसके लिए जरूरी है कि कच्चा माल उतना ही खरीदें जितना जरूरी हो; न कम, न अधिक। उनका उचित भण्डारण

करें ताकि वे सामान खराब न हों एवं घाटा न सहना पड़े जैसे लकड़ी अथवा लकड़ी की वस्तुओं को अगर सीलन वाले स्थान में रख दिया जाएगा तो घुन या दीमक लग सकती है। जो मसाले पीसने का व्यवसाय करती हों उन्हें मसालों को सूखे, सुरक्षित स्थान में नमी से बचाकर रखना चाहिए। अण्डे विक्रेताओं को अण्डे एक के ऊपर एक नहीं रखने चाहिएँ, अन्यथा उनके फूटने का भय रहता है।

पशु-पालन व्यवसाय में मुर्गियों को रोशनी तथा सुविधाजनक स्थान पर ही रखे। उनके दर्बों के ऊपर अगर टीन की छत होगी तो मुर्गियाँ गर्मी से तपने लगेंगी। अतः जरूरी है कि टीन की छत न बनवाकर पक्की या फूस की छत बनवाएँ। यदि टीन की छत ही उपलब्ध हो तो उस पर बोरे (टाट) डाल दें एवं बोरे पर हर समय पानी का छिड़काव करें। नौकरी या व्यापार करने वाली महिलाओं को हमेशा ही अपने सामानों को सुरक्षित स्थान पर रखना चाहिए तथा उसकी देखभाल भी जरूरी है।

कच्चा अथवा अधबना माल अधिक देर तक यूँ ही पड़ा नहीं रहने देना चाहिए। एक बात और ध्यान देने योग्य है कि कच्चा माल जैसे-जैसे तैयार माल में परिवर्तित होता है उसका मूल्य बढ़ जाता है। अतएव अधिक आमदनी हेतु यह प्रयास करना चाहिए अधूरा या बिना बना माल न बेचकर तैयार माल बेचना चाहिए। जैसे दूध न बेचकर दूध का दही, खोआ अथवा मिठाइयाँ बेची जाएँ तो अधिक फायदा होगा। फलों की अपेक्षा उनसे तैयार जैम, जेली, मुरब्बों से अधिक आय प्राप्त होगी। कच्चे आम की जगह उसका अचार बनाकर बेचने से अधिक आय प्राप्त होगी। वैसे कुछ भी बेचते समय बाजार की माँग को भी ध्यान में रखना चाहिए। चाहे कच्चा माल हो अथवा अधबना, या तैयार माल, उसका उचित भण्डारण अवश्य करना चाहिए।

महिला उत्थान कार्यक्रम

माना जाता है कि किसी कार्य की सफलता में महिलाओं का योगदान उल्लेखनीय होता है। इसी प्रकार देश के विकास में भी वे महत्त्वपूर्ण भूमिका निभाती हैं। कई क्षेत्रों में तो इनका योगदान पुरुषों के समान होता है, फिर भी इन्हें समाज में हीन की भावना से देखा जाता है। यही कारण है कि विकास की गति अभी भी भारत में धीमी है। प्राचीन भारत में नारी का स्थान जितना ऊँचा था उतना अब नहीं है। दूसरी ओर भारत में जनसंख्या तीव्र गति से बढ़ रही है। परिणामस्वरूप गरीबी, कुपोषण, अशिक्षा, बेरोजगारी विकराल रूप धारण कर रही है। महिलाएँ तथा बच्चे इससे बुरी तरह प्रभावित हो रहे हैं। गरीबी के कारण गर्भवती महिलाओं को सन्तुलित,

पौष्टिक आहार नहीं मिलता। जिससे न वे स्वस्थ रहती हैं न उनके बच्चे, जो जन्म लेने के उपरांत भी सुपोषण से वंचित रह जाते हैं। वे कई प्रकार के संक्रामक तथा पोषणहीनता जनित रोगों के शिकार हो जाते हैं। रोगी बच्चे बड़े होने पर भी कठिन श्रम नहीं कर पाते हैं, देश में उत्पादन कम होता है, आय कम होती है एवं फिर गरीबी आ जाती है।

इस प्रकार यह चक्र चलता रहता है। पौष्टिक आहार की कमी से विभिन्न प्रकार की बीमारियाँ फैलती हैं। इस समस्या का समाधान करने के लिए सरकार विभिन्न प्रकार की योजनाओं को चला रही है। हमारी सरकार इन विकट समस्याओं को दूर करने के लिए सतत् प्रयत्नशील है। पुरुषों तथा महिलाओं को गरीबी की रेखा के ऊपर लाने हेतु कई योजनाएँ क्रियान्वित की गई हैं। विशेष रूप से ग्रामीण महिलाओं एवं बच्चों हेतु कल्याणकारी कार्यक्रम तैयार किया गया है। ग्रामीण महिलाओं को इन योजनाओं के तहत रोजगार दिया जाता है। अगर वे अकेली कोई रोजगार नहीं चला सकतीं तो महिला संगठन में शामिल जो महिलाएँ नौकरी करती हैं। वह अपने छोटे-बच्चों को सुरक्षा के लिए बच्चे पालने वाली आया के घर पर ही छोड़ कर जाती हैं। बच्चों की देखरेख तथा स्वास्थ्य रखने के लिए इस प्रकार की व्यवस्था की जाती है।

महिलाओं के विकास पर प्रभाव डालने वाले तत्व

प्राचीन काल में महिलाओं की स्थिति काफी सोचनीय थी परन्तु आज इनकी दशा में काफी सुधार हुआ है। आज देश के विभिन्न क्षेत्रों में उनकी सहभागिता काफी सराहनीय है। विकास एक ऐसी प्रक्रिया है जो भारत जैसे अन्य विकासशील देशों के व्यक्तियों की अवधाणाओं से सम्बन्धित होती है। अगर उस आकांक्षा व अवधारणा को मानव हित के रूप में उनके सम्पूर्ण व्यावहारिक परिवेश से जोड़ दिया जाए तो यह जनसामान्य हेतु उपयोगी हो जायेगा। अन्य शब्दों में विकास का अर्थ प्रायः समाज के द्वारा उनकी सांस्कृतिक धरोहर व प्रतिमानों व दूसरों की रुचियों को नष्ट किए बिना ही उच्चता की ओर परिवर्तन से है।

विभिन्न शोधकर्ताओं का मानना है कि महिला व पुरुष के विकास के प्रभाव में भिन्नता पायी जाती है। उनके अध्ययनों से विदित हुआ है कि विकास प्रभावों की इस भिन्नता के कारण समाज व परिवार में महिलाओं का विशिष्टीकरणा हुआ है। यह प्रभाव साधनहीन परिवारों तथा जनसंख्या के उन वर्गों में दृष्टिगोचर होता है जहाँ महिलाएँ अभी तक परिवार के लिए आर्थिक क्रियाओं के संपादन के बावजूद

भोजन बनाना, सफाई करना, बच्चों की देखभाल करना आदि से संबंधित कार्यों का संपादन करती हैं। ऐसे में कार्यक्रमों की क्रियान्विति का अर्थ भी केवल परिवार की आय में वृद्धि से ही लिया जाता है न कि अनिवार्य रूप से महिलाओं की स्थिति में सुधार से। वास्तव में यह तथ्य सत्य ही है कि महिलाएँ उत्पादन प्रक्रिया में विभिन्न प्रकार से हाथ बटाँती हैं। तथापि विभिन्न कार्यक्रमों के माध्यम से उन्हें प्रशिक्षण व समर्थन सेवाएँ प्रदान की जाएँ तो उन्हें अधिक उत्पादक बनाया जा सकता है। चूंकि विकास परिवर्तनों का ही पर्याय है, अतः किसी क्षेत्र अथवा वर्ग के विकास संबंधी मुद्दे का आकलन करने हेतु परिवर्तन से पूर्व अथवा उपरान्त की समस्त परोक्ष एवं अपरोक्ष दोनों बदलाव के वातावरण का अध्ययन करने के लिए भी उन समस्त परोक्ष एवं अपरोक्ष तत्वों पर ध्यान देना होगा, जिनके कारण नीति-निर्माता, योजक, प्रशासक तथा कार्यकर्ता उनकी संपूर्ण स्थिति को प्रदर्शित करने हेतु निरन्तर प्रयासरत हैं। महिलाओं के विकास पर कुछ सकारात्मक एवं नकारात्मक प्रभाव दोनों तत्वों का प्रभाव पड़ता है जो निम्नलिखित है

प्रत्यक्ष सकारात्मक प्रभाव या परिवर्तन

महिलाओं की स्थिति व विकास को प्रभावित करने वाले सकारात्मक प्रभाव इस प्रकार हैं

1. लिंग अनुपात के आधार पर यह परिवर्तन नाम-मात्र का होता है। 1971 में प्रति हजार पुरुषों पर यह अनुपात 930 था, 1981 में 934 एवं 1991 में यह 929 हो गया।
2. महिलाओं के कार्यक्रमों में धन कल्याण की अपेक्षा विकास पर ध्यान दिया जाने लगा है। परिणामस्वरूप महिला विकास हेतु पृथक् विभाग की स्थापना की गयी।
   - (i) उच्च शिक्षा की शिक्षण प्रक्रियाओं एवं शोधों में महिलाओं के उत्साह को प्रोत्साहन।
   - (ii) लिंगानुसार पक्षपात हटाने हेतु विद्यालय की पुस्तकों का अवलोकन तथा विद्यालय के पाठ्यक्रम में समानता को बढ़ावा देने हेतु विकासशील अभिगम प्रयुक्त किया जाना।
   - (iii) अध्यापन में लिंगानुसार समानता को बढ़ावा देने हेतु अध्यापकों का रिओरिएन्टेशन।

3. 1971 में महिलाओं की विवाह के समय आयु 17.2 वर्ष निर्धारित की गई थी। 1981 में 18.3 वर्ष हो गई, इस दृष्टि से प्रथम बार औसत से अधिक लक्ष्य को प्राप्त किया गया।
4. राष्ट्रीय शिक्षा नीति (1980) की क्रियान्विति के कार्यक्रम में महिलाओं की समानता के अधिकार पर विशेष ध्यान दिया गया और प्रथम बार विशेष ध्यान देने हेतु तीन क्षेत्रों को चयनित किया गया। इन तीनों क्षेत्रों को निम्नलिखित पंक्तियों में स्पष्ट किया गया है।
5. जन्म के समय जीवन अवधि की प्रत्याशा 1961-71 में 44.7 प्रतिशत थी जो 1971-81 में बढ़कर 52.9 तथा 1986-91 की अवधि में यह 57.1 तक हो गई।
6. प्रधानमंत्री की अध्यक्षता में महिलाओं के लिए एक राष्ट्रीय सलाहकार कमेटी नियुक्त की गयी।
7. 1947 के उपरान्त भारत में पहली बार संसद में निर्वाचित महिलाओं का प्रतिनिधित्व कुल सदस्यों का लगभग 10 प्रतिशत तक हो गया है।
8. महिलाओं की स्थिति व रुचियों के संरक्षण के लिए कई विधेयक तथा सुधार हुआ है।
9. प्रधानमंत्री के कार्यालय से महिलाओं के लिए 27 कल्याण कार्य योजनाओं का शुभारंग किया गया। हालाँकि यह सभी योजनाएँ अलग-अलग मंत्रालयों तथा महिला व बाल-विकास विभाग, मानव संसाधन विभाग आदि द्वारा संचालित की गईं।
10. समाज में चेतना तथा व्यवहारगत परिवर्तन लाने हेतु विद्यार्थी व अध्यापकों को स्रोत के रूप में प्रयुक्त करने के उद्‌देश्य से अनेक विश्वविद्यालयों के संघटक महाविद्यालयों में महिला अध्ययन व विकास केन्द्र की स्थापना की गई है।
11. भारत सरकार के व्यक्तिगत विभाग द्वारा वरिष्ठ प्रशासकों के लिए संचालित प्रशिक्षण कार्यक्रमों में महिला सम्बन्धी तत्वों का परिचय देने के रूप में विकास कार्यक्रमों में महिलाओं के मुद्‌दे को प्रशासन में सुग्राह्य करने का एक प्रयत्न किया गया है।
12. महिलाओं के कार्यक्रमों की योजना निर्माण से लेकर क्रियान्वयन तक की गतिविधियों के समस्त पक्षों में महिलाओं को शामिल करने के लिए प्रमुख रूप से ध्यान दिया गया है।

उपरोक्त सकारात्मक तत्वों के बावजूद कुछ नकारात्मक परिवर्तन भी हुए हैं जो महिलाओं के विकास को अवरुद्ध करते हैं। वे इस प्रकार हैं

नकारात्मक प्रभाव या परिवर्तन

महिलाओं की स्थिति व विकास को प्रभावित करने वाले अपरोक्ष बदलाव अथवा नकारात्मक परिवर्तन इस प्रकार हैं

1. जन्म से पूर्व बच्चे के लिंग का पूर्वानुमान करने, कमी का दुरुपयोग कर जाँच में महिला संतान का अनुमान होने पर उसका जन्म ही नहीं होने दिया जाता, जन्म से पूर्व उसे नष्ट कर दिया जाता है।
2. महिला श्रमिकों का लगभग 90 प्रतिशत असंगठित क्षेत्रों में कार्य कर रहा है। इसमें 80 प्रतिशत से अधिक महिलाएँ कृषि कार्यों में संग्लन हैं। संगठित क्षेत्रों में कुल महिला रोजगार का केवल 13.3 प्रतिशत ही लगा हुआ है। सार्वजनिक क्षेत्र में कुल रोजगार का केवल 11 प्रतिशत तथा निजी क्षेत्रों में 17.8 प्रतिशत महिलाएँ कार्यरत हैं।
3. आयु निर्दिष्ट मृत्यु दरें बाल-महिलाओं के लिए अत्यधिक उच्च दरों की ओर संकेत करती हैं और महिलाओं के लिए 35 वर्ष की आयु का संकेत करती हैं।
4. 1981 की जनगणना के अनुसार 75 प्रतिशत महिलाएँ निरक्षर थीं। इसमें 55.5 प्रतिशत महिलाएँ प्राथमिक स्तर पर तथा 33.3 प्रतिशत उच्चतर शिक्षा के लिए महिलाओं का पंजीकरण 1975 से 1985 की अवधि तक लगभग स्थिर रहा है। विश्वविद्यालय स्तर तथा तकनीकी व व्यावसायिक प्रशिक्षण, महाविद्यालयों में महिलाओं व पुरुषों के पंजीकरण में अत्यधिक विषमताएँ पाई गई हैं। 1991 में महिला साक्षरता दर मात्र 39.42 प्रतिशत थी।
4. यद्यपि लिंग अनुपात में सीमान्त रूप से सुधार हुआ है तथापि A.D. के लिए नियोजित अनुपात घटकर मात्र 480 महिलाएँ प्रति 500 पुरुष ही रह जाएगा।
5. 1981 में उत्पादकता दर में कोई परिवर्तन नहीं हुआ। एक महिला द्वारा उसके जीवन काल में औसतन 4 से 6 बच्चों को जन्म दिया जाता है। इसमें उनका अपूर्ण मातृत्व भी शामिल है)। 50 प्रतिशत से अधिक

महिलाएँ मातृत्व धारण के दौरान एनीमिया जैसे रोग से पीड़ित हो जाती है, जिसके कारण प्रत्यक्षतः कुल प्रसवकालीन मृत्यु का 15-20 प्रतिशत तक हो जाती है।

6. 1975 में रोजगार सूचना केन्द्रों में रोजगार की इच्छुक महिलाओं की संख्या 11.2 लाख थी जो 1986 में बढ़कर 15 लाख तक पहुँच गयी 1975 से 1982 तक की अवधि में इस वृद्धि के बावजूद परवर्ती वर्षों 1983-86 में महिलाओं की रोजगार के प्रतिशत में गिरावट आँकी गयी।

7. विभिन्न अध्ययनों से स्पष्ट हुआ है कि आधुनिकीकरण व मशीनीकरण कई क्षेत्रों में महिलाओं के सीमान्तीकरण को प्रवृत्त कर रहे हैं। वे या तो कार्य से निकाल दी जाती हैं अथवा उन्हें इससे संबंधित कार्य नहीं करने दिये जाते। यह भी संकेत मिलते हैं कि कृषि आधुनिकीकरण औद्योगिक वृद्धि नीतियों में अत्यधिक लिंग भेद के दृष्टिकोण दिखाई देते हैं।

8. पिछले दशक में चयनित कार्यालयों में महिलाओं की सहभागिता का स्तर कम हुआ है अथवा पूर्व की स्थिति में स्थिर है। यह आम चुनावों में उनके मतों में वृद्धि का प्रतिरोध नहीं है।

9. महिलाओं के खिलाफ अपराध बढ़ा है। 1987 में बलात्कार के 6668 अपराध तथा दहेज के कारण जलाकर मारने के 1517 अपराध दर्ज किये गये थे।

भारतीय स्वतन्त्रता के उपरान्त विभिन्न वर्गों व क्षेत्रों के विकास के लिए पंचवर्षीय योजनाएँ संचालित की गयी, जिनके फलस्वरूप ही आज हमारे देश की गणना विकास के पथ पर तेजी से बढ़ने वाले चंद विकासशील राष्ट्रों में की जाने लगी है। इन योजनाओं में विकास से संबंधित अन्य महत्वपूर्ण मुद्दों के साथ-साथ एक सर्वाधिक महत्वपूर्ण व आवश्यक मुद्दे के सन्दर्भ में भी सकारात्मक एवं नकारात्मक दोनों दृष्टियों से विभिन्न कार्यक्रमों का निर्माण किया गया है।

10. महिलाओं द्वारा उनके घर से बाहर के औसत घंटों का अनुमान 6.1 से 7.5 घंटे तक किया गया है। कुछ महिलाओं के लिए यह घंटे 10 अथवा इससे भी अधिक हैं। घरेलू कार्यों का संपादन करने के पश्चात्

महिलाएँ कृषि कार्यों में लगभग कार्य करती 12 घंटे प्रतिदिन हैं। इसके बावजूद भूमि पर उनका अधिकार, उनकी प्रतिष्ठा तथा उत्पादकता स्रोतों में उनका प्रवेश न के बराबर है।

12. कुछ अध्ययनों से स्पष्ट हुआ है कि 30-35 प्रतिशत तक ग्रामीण गृहस्थियाँ, पुरुषों के प्रवासन, उनकी उपेक्षा तथा परित्याग के कारण महिलाओं द्वारा संचालित हैं।
13. सभी भारतीय सेवाओं में प्रशासनिक पदों पर 15,993 पुरुषों के मुकाबले मात्र 994 महिलाएँ पदासीन हैं जो कि मात्र पुरुषों की संख्या का 5.8 प्रतिशत है। भारतीय पुलिस सेवाओं में 2418 पुरुषों के मुकाबले मात्र 21 महिला अधिकारी हैं जो कि केवल 0.9 प्रतिशत है। भारतीय प्रशासनिक सेवाओं में 4209 पुरुषों के तुलना में उनका केवल 7.5 प्रतिशत अर्थात् 339 महिलाएँ पदासीन हैं।
14. पंजीकृत व्यापार संघों की सहायता का केवल 7.5 प्रतिशत महिलाएँ तथा लगभग एक प्रतिशत कार्यकारिणी समिति के सदस्य हैं।

महिला व बाल विकास की योजनाएं

वर्तमान समय में प्रशासन द्वारा महिलाओं के विकास के सन्दर्भ में 27 से भी अधिक योजनाओं को क्रियान्वित किया जा रहा है। कुछ विशेष रूप से केवल महिलाओं के लिए तथा अन्य महिला व पुरुष दोनों के लिए हैं। ये योजनाएँ भारत सरकार के विभिन्न विभागों तथा मंत्रालयों जैसे ग्रामीण विकास, श्रम, शिक्षा, स्वास्थ्य, विज्ञान व तकनीकी कल्याण महिला व बाल विकास इत्यादि के तहत संचालित हैं। सातवीं पंचवर्षीय योजना में इन महिला प्रधान योजनाओं पर कुल व्यय राशि का 2.4 प्रतिशत व्यय करने का प्रावधान है जबकि सामान्य योजनाओं में लाभों व उद्देश्यों को उपलब्ध कराने में कोई लिंग भेद नहीं किया गया है, जैसे RLEGP, NREP इत्यादि में। 1985 में भारत सरकार ने महिला व बाल विकास हेतु मानव संसाधन विकास मंत्रालय ने पृथक् विभाग की स्थापना की है। यह विभाग केन्द्रीय सामाजिक कल्याण ब्यूरो के कोष से संचालित है, जिसके द्वारा महिलाओं के लिए अनेक विकासात्मक व कल्याणात्मक कार्यक्रम संचालित किये जाते हैं। यह विभाग अन्य मंत्रालयों तथा विभागों का कार्य करता है। इनमें से अधिकांश कार्यक्रमों यथा महिला विकास निगम प्रशिक्षण व रोजगार के लिए समर्थन (STEP), महिलाओं के लिए प्रशिक्षण जनित

उत्पादन केन्द्र, ग्रामीण व निर्धन महिलाओं के लिए चेतना-निर्माण शिविर, संकट के समय महिलाओं के पुनर्वासन हेतु महिला प्रशिक्षण केन्द्र व संस्थाएँ, महिलाओं व बालिकाओं हेतु अल्पकालीन आवास, स्वैच्छिक कार्य ब्यूरो, परिवार परामर्श केन्द्र, मुफ्त वैधानिक सहायता व वैधानिक प्रशिक्षण तथा कामकाजी महिलाओं हेतु आवास आदि सम्बन्धित तत्वों पर छठवीं तथा सातवीं पंचवर्षीय योजना के दौरान विचार-विमर्श किया गया।

महिला व बाल विकास के अन्तर्गत जिन महिला प्रधान कार्यक्रमों का क्रियान्वयन एवं सम्मिलित किया गया, जो निम्नलिखित हैं

1. कृषि, लघु पशुपालन, दुग्ध व्यवसाय, मछली-पालन, हैण्डलूम, हस्तकला, खादी व ग्रामोद्योग तथा रेशम उद्योग में महिलाओं के कार्य व रोजगार में सुधार व दृढ़ता।
2. एक सिद्ध आधार पर प्रशिक्षण व रोजगार के रूप में समाज के कमजोर वर्गों से महिलाओं का आर्थिक पुनर्वासन।
3. राष्ट्रीय विकास की मुख्य धारा में महिलाओं को लाने हेतु बेहतर रोजगार की विधि।
4. महिलाओं व बालिकाओं को नैतिक खतरे से बचाने हेतु उन्हें विभिन्न सुविधाओं, यथा-परामर्श स्वास्थ्य सुविधा, आत्मिक पथ-प्रदर्शन, उपचार व सुविधाएँ तथा दक्षताओं के विकास सहित अल्पकालीन आवास प्रबन्ध।
5. क्रूरता व शोषण की शिकार महिलाओं व बालकों हेतु पुनर्वासन की व्यवस्था तथा उसे नियंत्रित करने की विधि।

उपर्युक्त वर्णित कार्यक्रमों के आधार पर तीव्रगति से लक्ष्यों को पूरा करने के लिए पाँच प्रकार की सेवाएँ प्रदान की गयीं है जो निम्नवत् हैं

सामान्य चेतना जागृति की सेवाएँ, वैधानिक समर्थन सेवाएँ, रोजगार व आयजनित सेवाएँ, शिक्षण व प्रशिक्षण सेवाएँ तथा समर्थन सेवाएँ

अतः थोड़े में यह कहा जा सकता है कि आज भी भारत में महिलाओं में संतोषजनक विकास नहीं हो पाया है। महिलाओं के विषय में किये गये विभिन्न अध्ययन में दिखाए गये आँकड़ों से उनकी स्वास्थ्य, शिक्षा, पोषण का स्तर तथा समस्त जननांकीय तत्व दर्शाते हैं कि महिलाओं की स्थिति हर क्षेत्र में द्वितीय श्रेणी के नागरिक की है। अनगिनत कृत्यों का संपादन किया जाने तथा उत्तरदायित्व वहन

किये जाने के बावजूद उन पर व्यय करना अथवा विनियोग करना समाज की दृष्टि से आज भी आवश्यक नहीं माना जाता। महिलाएँ स्वयं भी भावनात्मक से परिपूर्ण होने के कारण पुरुष वर्ग की स्थिति को ही दृढ़ करने का प्रयास करती हैं तथा स्वयं को नजर-अंदाज कर देती हैं। अतः भारत सरकार द्वारा उनके विकास हेतु अनेक कार्यक्रम संचालित किये जा रहे हैं तथा नीतियों का इस प्रकार निर्धारण करने का प्रयास किया जा रहा है कि महिलाएँ आत्म-जागृत होकर स्वयं की स्थिति में सुधार लाने और आगामी नस्ल तथा देश के उत्थान में सक्रिय भागीदारी निभायेंगे।

2

महिलाओं की शैक्षिक एवं आर्थिक स्थिति

विश्व के किसी भी देश के वांछित विकास में शिक्षा की महत्वपूर्ण भूमिका होती है। क्योंकि एक पढ़ा-लिखा व्यक्ति ही देश के विकास के लिए विशिष्ट भूमिका का निर्वहन कर सकता है। चूँकि हमारे देश मे पुरुषों की अपेक्षा में महिलाओं की स्थिति काफी सोचनीय है फिर भी पहले की तुलना में आज महिलाओं की शिक्षा में काफी सुधार हुआ है। प्राचीन काल में महिलाओं की शिक्षा पर कुछ सीमा तक प्रतिबंध था परंतु आज उनके शिक्षा के विकास पर विशेष रूप से प्रोत्साहन दिया जा रहा है। अतः आज भरतीय समाज में महिलाओं की क्या स्थिति है इसका पता हम शिक्षा के माध्यम से लगा सकते हैं। भारत में महिला पुरूषों की साक्षरता दर में काफी भिन्नता व्याप्त है। सन् 2001 की जनगणना के अनुसार भारत में पुरूषों की साक्षरता 75.85% और महिलाओं की 54.16 % है। शहरी व ग्रामीण दोनों ही क्षेत्रों में निर्धन वर्ग की महिलाएँ इस होड़ में बहुत पीछे रह गईं। यही कारण था कि वे पूर्णतः पुरुषाधीन तथा जीवन के प्रत्येक क्षेत्र यथा आर्थिक, सामाजिक, राजनैतिक व सांस्कृतिक क्षेत्र में शोषण व अत्याचारों का शिकार हुईं।

वैदिक युग की गार्गी व मैत्रेयी के समान उच्च-स्तरीय ज्ञान-विज्ञान की विदुषियाँ घर की चारदीवारी में कैद होकर रह गईं। अगर महिलाओं में शिक्षा का स्तर

ऊँचा होता तो ये इसका डटकर मुकाबला करतीं। महिलाओं में शिक्षा के अभाव का तात्पर्य उनमें आत्म-निर्भरता तथा आत्म-विश्वास की कमी है जिसके कारण वह अपनी समस्याओं का स्वतः ही समाधान करने में सक्षम नहीं है। महिलाओं का शिक्षित होना अति आवश्यक है क्योंकि वह परिवार को शिक्षित करती है। गाँधीजी ने कहा था कि एक लड़की की शिक्षा एक लड़के की शिक्षा की अपेक्षा अधिक महत्त्वपूर्ण है क्योंकि लड़के को शिक्षित करने पर वह अकेला शिक्षित होता है किन्तु लड़की की शिक्षा से पूरा परिवार शिक्षित हो जाता है। इसीलिए गाँधीजी ने महिलाओं की शिक्षा पर अधिक बल दिया। स्वतंत्रता के पश्चात् भी भारत में पुरुषों व महिलाओं में अन्तर पाया जा रहा है। पुरुष की शिक्षा-दीक्षा को अधिक महत्त्वपूर्ण माना जाता है, उनकी शिक्षा पर गर्व किया जाता है तथा उन्हें शिक्षा ग्रहण करने हेतु सुविधाएँ प्रदान ही जाती हैं जबकि यदि कोई महिला बिना किसी विशेष सुविधा के भी शिक्षा ग्रहण करना चाहे तो उसे प्रताड़ित किया जाता है। महिलाओं की शिक्षा के लिए पर्याप्त सुविधा नहीं दी जाती, जिस कारण इनकी शिक्षा बाधित हो जाती है।

अधिकांश लोग शिक्षा को चूँकि नौकरी प्राप्त करने का साधन मात्र समझते हैं, अतः वे लड़की के शिक्षा प्राप्त करने को सामाजिक दृष्टि से हेय समझने लगते हैं। अधिक शिक्षित होने पर विवाह तथा दहेज संबंधी समस्याएँ उपस्थित होने के भय से भी कुछ लोग लड़कियों को इसीलिए अधिक नहीं पढ़ाते हैं।

भारत की अधिकांश जनसंख्या गरीबी रेखा के नीचे जीवनयापन करती है, जिस कारण पैसे के अभाव में भी इनके माता-पिता इनके पढ़ने की व्यवस्था नहीं कर पाते। अतः उनका विद्यालय जाना परिवार के हित में नहीं होता। यही कारण है कि निःशुल्क शिक्षा की व्यवस्था होने पर भी वे साक्षर नहीं हो पातीं और यदि शिक्षा की दृष्टि से परिवार में कभी विचार किया भी जाता है तो प्रथम अवसर लड़कों को ही दिया जाता है और महिला अभ्यर्थी इच्छुक होते हुए भी शिक्षा से वंचित रह जाती हैं।

शिक्षा की दृष्टि से महिलाओं की स्थिति को निम्नलिखित तीन निर्धारकों के माध्यम से नापा जा सकता है।

साक्षरता दर

ऐसा अनुमान लगाया गया है कि विश्व में निरक्षरों की संख्या 850 मिलियन है जिसका 50 प्रतिशत भारत में निवास करते हैं और यदि महिलाओं की साक्षरता दर की बात करें तो स्थिति निश्चित रूप से चुनौतीपूर्ण है। दुनियाँ के प्रत्येक तीन

निरक्षरों में से दो महिलाएँ हैं। 1981 की जनगणना के अनुसार भारत में पुरुषों की साक्षरता दर 56.37 प्रतिशत व महिलाओं की केवल 29.75 प्रतिशत तथा 1991 में पुरुषों की साक्षरता दर 63.86 प्रतिशत व महिलाओं की साक्षरता दर 39.42 प्रतिशत थी। 2001 में, कुछ क्षेत्रों में यह दर 5 प्रतिशत से भी नीचे थी। 6 से 14 वर्ष की आयु के लगभग 50 मिलियन बच्चों ने अभी स्कूल में भी कदम नहीं रखा है जिसमें से लगभग 71 प्रतिशत लड़कियाँ हैं। सर्वेक्षण द्वारा पता चला है कि जो बच्चे प्रथम कक्षा में प्रवेश पाते हैं उनमें से 64 प्रतिशत प्राथमिक शिक्षा पूरी होने से पहले ही विद्यालय छोड़ देते हैं तथा 77 प्रतिशत विद्यार्थी उच्च प्राथमिक शिक्षा प्राप्त करने से पूर्व ही शिक्षा समाप्त कर देते हैं। अपव्यय व अवरोधन के कारण ऐसा होता है वे अपनी शिक्षा पूरी नहीं कर पाते।

एक ओर जहाँ साक्षरता दर में वृद्धि हो रही है वहीं महिलाओं की निरक्षरता दर में वृद्धि हुई है। भारत में 1951 में 158.7 मिलियन महिलाएँ निरक्षर थीं जबकि 1981 में यह संख्या 241.7 मिलियन (असम को छोड़कर) हो गई जो 1981 में कुल निरक्षरों की जनसंख्या का 57 प्रतिशत है जिसमें से 70 प्रतिशत लड़कियाँ ऐसी हैं जिनका कभी विद्यालय में प्रवेश ही नहीं कराया गया। महिलाओं व पुरुषों के मध्य साक्षरता दर का अंतर 1951 में 17 प्रतिशत से बढ़कर 1991 में 18.4 प्रतिशत हो गया है वहीं 2001 में 21.59 प्रतिशत हो गया। साक्षरता के प्रतिशत में ह्रास देखा गया है।

सारणी

विभिन्न दशकों में महिला/पुरुष साक्षरता दर

जनगणना वर्ष	कुल साक्षरता दर	पुरुषों की साक्षरता दर	महिलाओं की साक्षरता दर
1901	5.35	9.83	0.60
1911	5.35	10.56	1.05
1921	7.16	12.21	1.81
1931	9.50	15.59	2.73
1941	16.67	24.90	7.30
1951	24.0	24.95	7.78
1961	29.34	34.44	12.95

1971	36.31	39.45	18.69
1981	43.56	46.74	24.89
1991	52.11	63.86	39.42
2001	64.84	75.26	53.67

स्रोतः 1. नेशनल पर्सपेक्टिव प्लान फार वीमेन 1988-2000।

2. सेन्सस ऑफ इण्डिया, 1991, सीरिज-21, राजस्थान।

उपरोक्त सारणी के अध्ययन से स्पष्ट है कि यद्यपि जनगणना वर्ष 1901 से 2001 तक साक्षरता दरों में निरन्तर वृद्धि हुई है तथापि महिलाओं व पुरुषों के मध्य साक्षरता दरों का अन्तर बढ़ता गया है। वर्ष 1901 में जहाँ यह अन्तर 9.23 था। वहीं वर्ष 1951 में यह अन्तर बढ़कर 17.17 तथा वर्ष 1991 में 24.44 तथा 2001 में यह अन्तर 21.59 प्रतिशत हो गया। यह इस बात का सूचक है कि साक्षरता दरों में वृद्धि के बावजूद महिलाओं की शैक्षिक स्थिति में निरन्तर गिरावट आई है। अगर 2001 की जनगणना को देखें तो 1991 की अपेक्षा 2001 में महिलाओं की साक्षरता दर 1991 की अपेक्षा 3 प्रतिशत कम है।

इस प्रकार साक्षर पुरुषों की संख्या साक्षर महिलाओं की संख्या की तुलना में लगभग दुगुनी मापी गई। यह इस बात का प्रतीक है कि महिलाओं को देश में उपलब्ध शैक्षिक सुविधाओं को प्राप्त करने में पुरुषों से पीछे रहना पड़ा है। ग्रामीण शहरी क्षेत्रों के आधार पर साक्षरता दर को नीचे दी गयी सारणी के माध्यम से स्पष्ट किया गया है

सारणी

साक्षरता दर में अन्तर 1951-2001

वर्ष	व्यक्ति	पुरुष	महिला	अन्तर
1951[+]	18.33	27.17	8.86	18.31
1961[+]	28.30	40.40	15.35	25.05
1971[+]	34.45	45.96	21.97	23.99
1981[0]	43.57	56.38	29.76	26.62
1991[0]	52.21	64.13	39.29	24.84
2001[0]	64.84	75.26	53.67	21.59

\+ 5 वर्ष से अधिक आयु को शामिल किया गया।

0 7 वर्ष से अधिक आयु को शामिल किया गया।

सारणी

राज्यों और केन्द्रशासित प्रदेशों में व्यक्तियों, पुरुषों तथा महिलाओं की साक्षरता दर, जनगणना 2001

क्र. सं.	राज्य/केंद्रशासित प्रदेश	साक्षरता दर	पुरुष साक्षरता दर	महिला साक्षरता दर
1.	केरल	90.86	94.24	87.72
2.	मिजोरम	88.80	90.72	86.75
3.	लक्षद्वीप	86.66	92.53	80.47
4.	गोवा	82.01	88.42	75.37
5.	चंडीगढ़	81.94	86.14	76.47
6.	दिल्ली	81.67	87.33	74.71
7.	अंडमान और निकोबार द्वीपसमूह	81.30	86.33	75.24
8.	पांडिचेरी	81.24	88.62	73.90
9.	दमन और दीव	78.18	86.76	65.61
10.	महाराष्ट्र	76.88	85.97	67.03
11.	हिमाचल प्रदेश	76.48	85.35	67.42
12.	तमिलनाडु	73.45	82.42	64.43
13.	त्रिपुरा	73.19	81.02	64.91
14.	उत्तराखंड	71.62	83.28	59.63
15.	मणिपुर	70.53	80.33	60.53
16.	पंजाब	69.65	75.23	63.36
17.	गुजरात	69.14	79.66	57.80
18.	सिक्किम	68.81	76.04	60.40
19.	पश्चिम बंगाल	68.64	77.02	59.61
20.	हरियाणा	67.91	78.49	55.73
21.	कर्नाटक	66.64	76.10	56.87

22.	नागालैंड	66.59	71.16	61.46
23.	छत्तीसगढ़	64.66	77.38	51.85
24.	मध्य प्रदेश	63.74	76.06	50.29
25.	असम	63.25	71.28	54.61
26.	उड़ीसा	63.08	75.35	50.51
27.	मेघालय	62.56	65.43	59.61
28.	आंध्र प्रदेश	60.47	70.32	50.43
29.	राजस्थान	60.41	75.70	43.8
30.	दादरा और नगर हवेली	57.63	71.18	40.23
31.	उत्तर प्रदेश	56.27	68.82	42.22
32.	जम्मू और कश्मीर	55.52	66.60	43.00
33.	अरुणाचल प्रदेश	54.34	63.83	43.53
34.	झारखंड	53.56	67.30	38.87
35.	बिहार	47.00	59.68	33.12

उपरोक्त सारणी के अध्ययन से पता चलता है कि जनगणना 2001 के अनुसार भारत में सर्वाधिक साक्षर राज्य केरल है, यहाँ की कुल साक्षरता 90.86 प्रतिशत है, जिसमें पुरुषों की 94.24 प्रतिशत तथा महिलाओं की 87.72 प्रतिशत साक्षरता है। वहीं सबसे कम साक्षर राज्य बिहार है जहाँ का साक्षरता प्रतिशत 47. 00 प्रतिशत है जिसमें पुरुष 59.68 प्रतिशत तथा महिला 33.12 प्रतिशत है। 1991 से 2001 की साक्षरता में वृद्धि 12.73 प्रतिशत की है जिसमें पुरुषों की 11.4 प्रतिशत एवं महिलाओं की 14.25 प्रतिशत साक्षरता वृद्धि हुई है।

सकल पंजीकरण अनुपात

स्वतंत्रता के 63 वर्ष पश्चाति भी आज यह स्थिति है कि भारत में अधिकांश बच्चे शिक्षा से वंचित रह जाते हैं। निर्धनता तथा अन्य समस्या भी हैं। आँकड़ों से पता चलता है कि स्वतंत्रता प्राप्ति के समय से 6 से 11 वर्ष की आयु के तीन बच्चों में से केवल एक अर्थात् कुल बच्चों की संख्या का 1/3 भाग तथा 11-14 वर्ष की आयु के 11 में से केवल एक अर्थात् कुल संख्या का 1/11 भाग ही विद्यालय में अपना पंजीकरण करवा पाता था। 1981 में प्राथमिक स्तर पर 6-11 वर्ष की आयु

में 83% बच्चों का (73 मिलियन) पंजीकरण कराया गया तथा 11-14 की आयु के 40% बच्चों (19.8 मिलियन) का उच्च प्राथमिक स्तर पर पंजीकरण करवाया गया, जिसमें से लड़कियां क्रमशः 28.58 मिलियन (65.9%) तथा 7.084 मिलियन (29. 10%) ही हैं। 1984-85 में प्राथमिक स्तर पर कुल (83.93 मिलियन), उच्च प्राथमिक स्तर पर 50.6% (26.15 प्रतिशत) बच्चों का पंजीकरण किया गया जिसमें से लड़कियों का प्रतिशत क्रमशः 76.7% (33.19 मिलियन) तथा 36.3% (90. 68 मिलियन) था। सैकण्डरी स्तर पर इस वर्ष में 49.37% लड़कियों का पंजीकरण हुआ जिसका लड़कों की संख्या से अनुपात 100:44 था। लड़कों की अपेक्षा लड़कियों का पंजीयन कम हुआ है।

प्राथमिक स्तर पर पंजीयन

पहले की अपेक्षा वर्तमान समय में पंजीयन में बढ़ोत्तरी हुई है, इसका प्रभाव विद्यालय की संख्या पर पड़ा है। फलतः आजकल लगभग 98% बच्चों को उनके निवास स्थान के समीप ही कोई न कोई प्राथमिक विद्यालय पंजीकरण की सुविधा हेतु उपलब्ध हो जाता है तथा दो-तिहाई बच्चों को उनके निवास के समीप ही उच्च प्राथमिक स्तर पर पंजीकरण की सुविधा उपलब्ध हो जाती है। पहले की अपेक्षा छात्रों के पंजीयन में वृद्धि हुई है, लेकिन लड़कों की अपेक्षा लड़कियों का पंजीयन कम हुआ है। अभी भी 6-11 वर्ष की आयु की एक तिहाई तथा 11-14 वर्ष की आयु के 89% से अधिक लड़कियाँ स्कूल में प्रवेश नहीं ले पातीं और राजस्थान में लगभग 70 प्रतिशत बालिकाओं को इसका लाभ नहीं मिल पाता।

ग्रामीण क्षेत्र में यह अनुपात न्यूनतम हिमाचल प्रदेश में 28 प्रतिशत तथा अधिकतम नागालैण्ड में 98 प्रतिशत है। भारत में 1983-86 में महिलाओं व पुरुषों के पंजीकरण का अनुपात 76:107 था जो कि माध्यमिक स्तर पर केवल 24:75 ही रह गया। महिला की प्राथमिक शिक्षा के आधार पर यदि भारत की तुलना विश्व के अन्य देशों से की जाए तो पता चलता है कि दुनिया के 131 देशों में से भारत का स्थाना 84वाँ है। इस दृष्टि से भारत एशिया के अन्य विकासशील देशों यथा कम्पूचिया, ईरान, इंडोनेशिया, टर्की, इराक, वियतनाम, फिलीपीन्स, थाईलैण्ड, चीन, श्रीलंका तथा मलेशिया, अफ्रीका के अनेक देशों जैसे तंजानिया, नाईजीरिया, जाम्बिया, कीनिया, जिम्बाब्वे आदि तथा लेटिन अमेरिका में हैटी को छोड़कर लगभग अन्य सभी देशों से काफी पीछे हैं। एशिया, अफ्रीका तथा लेटिन अमेरिका के कुछ देशों में तो महिलाओं के पंजीकरण का अनुपात 100 तक हो गया है।

0. दादरा और नगर

इससे अनुमान लगाया जा सकता है कि भारत पंजीयन में इन देशों से कितना पीछे है। सामान्य वर्ग के छात्रों की अपेक्षा अनुसूचित जाति व जनजाति का पंजीयन आज भी बहुत कम है। यद्यपि अनुसूचित जाति व अनुसूचित जनजाति की जनसंख्या देश की कुल जनसंख्या का केवल 15 प्रतिशत तथा 8 प्रतिशत ही है। प्राथमिक स्तर पर इनके पंजीकरण के कुल अनुपात का केवल क्रमशः 11 प्रतिशत तथा 5 प्रतिशत ही है। उच्च प्राथमिक स्तर पर तो उनकी स्थिति और भी खराब है। ज्यों-ज्यों उच्च कक्षा की तरफ बढ़ते हैं, इनके प्रतिशत में कमी आती है। इस स्तर पर यह प्रतिशत कुल का केवल 8 प्रतिशत तथा 3 प्रतिशत ही है। अनुसूचित जाति के केवल 56 प्रतिशत तथा अनुसूचित जनजाति के 78 प्रतिशत बच्चे प्राथमिक स्तर पर विद्यालय की सुविधाएँ प्राप्त करते हैं, जबकि उच्च प्राथमिक स्तर की सुविधाएँ क्रमशः 13% तथा 21% बच्चों को ही मिल पाती है।

विद्यालय से निष्कासन का अनुपात

आज भी विद्यालय से छात्रों का निष्कासन किया जाता है। इसका भी प्रभाव छात्र के पंजीयन पर पड़ता है। समानता के अवसर, पाठ्यक्रम तथा अनुदेशों की आवश्यकता आदि के कारण बच्चों का इसके लिए विभिन्न कारक उत्तरदायी हैं, जैसे आर्थिक रूढ़िवादी विचार से भी इस पर प्रभाव पड़ता है। 1978 के आँकड़ों से विदित होता है कि प्राथमिक स्तर पर ही लगभग 62% विद्यार्थियों को अध्ययन से वंचित रहना पड़ता है। यह दर कम नहीं हो पा रही है। माध्यमिक स्तर पर यह दर 78% पर स्थिर है। भारत की तुलना में चीन में प्राथमिक स्तर पर यह दर 34% पर स्थिर है। 1971 में प्रथम कक्षा में पंजीकृत विद्यार्थियों में से पंचम कक्षा तक केवल 37% विद्यार्थी ही पहुँच पाते हैं तथा प्राथमिक स्तर पर 23% ही अध्ययनरत रह पाते हैं। 1980 में प्राथमिक स्तर पर 63% विद्यार्थी तथा अन्य स्तर पर 77 प्रतिशत विद्यार्थी अध्ययन से विमुख हो गये थे।

वर्तमान स्थिति का मूल्यांकन

स्वतंत्रता के पश्चात् सरकार का ध्यान महिला शिक्षा की तरफ गया। साक्षरता में वृद्धि करने तथा इन्हें विद्यालय भेजने के लिए सरकार ने अथक प्रयास किया। महिला शिक्षा की वर्तमान स्थिति को निम्नलिखित बिन्दुओं के तहत स्पष्ट किया जा सकता है

(1) नामांकन में वृद्धि बालिकाओं के पंजीयन के लिए अनेक प्रकार की योजनाएँ चलायी गईं, लेकिन सही जानकारी न मिलने से यह कार्यक्रम पूर्णरूप से सफल नहीं हुआ। प्राप्त आँकड़े दर्शाते हैं कि वर्ष 1978-79 में 6 से 14 वर्ष आयु वर्ग के बच्चों में नामांकन न कराने वाली लड़कियों की संख्या 66 प्रतिशत थी।

(2) राष्ट्रीय समिति का गठन शिक्षा आयोग भारत सरकार द्वारा महिलाओं की शिक्षा के लिए राष्ट्रीय समिति ने 1974 में अपनी 13वीं बैठक में विभिन्न मुख्य सिफारिशें कीं लड़कियों के नामांकन में वृद्धि हेतु विशेष सुविधाएँ उपलब्ध करायी जाएँ, केन्द्र द्वारा राज्य सरकारों तथा स्वायत्तसेवी संस्थाओं को अनुदान के रूप में महिला शिक्षा के विकास के लिए धनराशि की व्यवस्था की जाए, महिलाओं को शिक्षण प्रशिक्षण कण्डेन्स कोर्स के द्वारा प्रदान किया जाए, ऐसी बालिकाओं के लिए जो बीच में ही अपनी पढ़ाई छोड़ देती हैं ऐसा पाठ्यक्रम तैयार करना चाहिए जिसे वे घर पर रहकर ही इसे प्राप्त कर सकें। स्थानीय महिलाओं को शिक्षक के रूप में कार्य करने हेतु उन्हें प्रोत्साहन दिया जाय जिससे वे इस दिशा में अग्रसर हो सकें। महिला शिक्षकों के लिए शहरों और नगरों में स्टाप क्वाटर्स बनाये जाने चाहिएँ तथा उन्हें पूरी सुरक्षा प्रदान किये जाने की व्यवस्था की जानी चाहिए।

यह बहुत खुशी की बात है कि केन्द्र सरकार महिलाओं की परेशानियों को देखा और पाया है कि अधिकतर महिलाएँ आज भी शैक्षिक और आर्थिक असमानताओं से प्रभावित हैं लेकिन यह दुर्भाग्य ही कहा जायेगा कि महिला शिक्षा के लिये बनायी गयी योजनाएँ ठीक प्रकार से लागू नहीं हो पायीं और महिलाओं के जीवन और शिक्षा में कोई अहम् बदलाव नहीं हो सका। भारतीय महिलाओं के सामाजिक स्तर सम्बन्धी समिति की रिपोर्ट 18 मई 1975 को राज्य सभा के पटल पर रखी गयी। इस पर बोलते हुए तत्कालीन शिक्षा मंत्री **नुरूल हसन** ने कहा कि "पिछले 28 वर्षों में महिलाओं की दशा में व्यापक सुधार आया है। उन्हें संविधान ने पूरी सुरक्षा के साथ-साथ कई शैक्षिक योजनाओं में भी सहभागी बनाया है तथा कानूनी मापदण्ड भी उनकी प्रगति में सहायक हुए हैं।"

किसी भी देश के सामाजिक स्तर का पता वहाँ की महिलाओं से लगाया जाता है, यह कथन पूर्व प्रधानता श्रीमती इंदिरा गाँधी का है। आज की पुरुष प्रधन समाज में महिलाएँ अपना जीवनयापन कर रही हैं। उन्हें जन्म से लेकर जीवनपर्यन्त हर क्षेत्र में इस मानसिकता से गुजरना पड़ता है। चाहे वह शिक्षा का क्षेत्र हो अथवा समाज में रहने की बात। महिलाओं का निम्न स्तर अथवा उन्हें विकास की कम सुविधाएँ

उपलब्ध कराना समाज को विकलांग बना देता है। इससे उनमें हीन भावना का विकास होता है। संसद में महिलाओं की दशा की सही तस्वीर प्रस्तुत करते हुए राजा देशपाण्डे ने कहा कि यह वर्ष महिला वर्ष है। मैं जानना चाहूँगी कि सरकार महिलाओं के बारे में क्या सोच रही है। यदि आपका उत्तर यह है कि आप उन्हें पुरुषों के समान ही स्तर प्रदान कर रहे हैं तो मैं आपके प्रति आभारी हूँ। मैंने देखा है कि बहुत से स्थानों पर ऐसे स्कूल तथा होस्टल हैं जहाँ बालिकाएँ स्वयं रहकर पढ़-लिख सकती हैं। परन्तु यदि गाँवों में जाकर हम बालिकाओं की शिक्षा के बारे में देखें तो स्थिति पूर्णतः विपरीत है। यहाँ पर लोग बालिकाओं को स्कूल भी नहीं भेजना चाहते। ग्रामीण क्षेत्रों में भी बालिकाओं के लिए छात्रावास की व्यवस्था करनी होगी जहाँ बालिकाओं को ऐसी सुविधाएँ उपलब्ध हों। विशेष रूप से इस महिला वर्ष में हमें बालिकाओं की शिक्षा पर विशेष ध्यान देने की आवश्यकता है।

(3) राष्ट्रीय महिला आयोग महिलाओं के उत्थान के लिए भारत सरकार ने 1990 में राष्ट्रीय महिला आयोग की नियुक्ति की। इसमें एक अध्यक्ष, एक सचिव एवं पाँच पूर्णकालिक सदस्य थे। यह आयोग 31 जनवरी, 1992 से प्रभावी हुआ। इस आयोग को विभिन्न कार्य सौंपे गये जिनमें प्रमुख हैं

> महिलाओं को प्रदान की गयी कानूनी सुरक्षा को कारगर ढंग से लागू करने के उपाय सुझाना। महिलाओं को प्रभावित करने वाले कानूनों में कमी, अपर्याप्त या त्रुटि पर संशोधन के भी सुझाव देना जिससे इनका विकास किया जाय व समाज में पुरुषों के समान इन्हें भी स्थान मिले। महिलाओं को आर्थिक एवं सामाजिक विकास के लिए योजनाएँ बनाने के लिए प्रक्रिया में भाग लेना, सुधार गृहों, जेलखानों व अन्य स्थानों पर उनके पुनर्वास तथा दशा सुधारने के बारे में सिफारिशें करना। महिलाओं की शिकायतों पर ध्यान देना एवं समस्या का समाधान करना तथा सम्बन्धित अधिकारी तक शिकायत को पहुँचाना।

(4) गोष्ठी का आयोजन स्वतंत्रता के पश्चात् भी हमारे देश में महिलाएँ सुरक्षित नहीं है। बालिकाओं में रेप व बलात्कार के संबंध में आयोग द्वारा सात, व आठ अक्टूबर 1992 को एक सभा उत्पन्न की जा सके, आयोजित की गयी जिसमें घृणित अपराध की घटनाओं की रोक-थाम के उपायों पर विचार किया गया था। मार्च 1993 में इलेक्ट्रॉनिक मीडिया के लिए महिला परिप्रेक्ष्य पर गोष्ठी हुई जिससे समाचार पत्रों व मुद्रित सामग्री के बारे में जागरूकता उत्पन्न की जा सके।

(5) साक्षरता में वृद्धि भारत में साक्षरता के प्रतिशत में वृद्धि पायी गई है। 1901 में जहाँ भारत की कुल साक्षरता मात्र 5.3 प्रतिशत थी वहीं 2001 में बढ़कर 65.38 प्रतिशत हो गई। साक्षरता के बारे में राष्ट्रीय आँकड़े दशकवार निम्नलिखित सारणी द्वारा दर्शाये गये। साक्षरता प्रतिशत में गत दशक में पर्याप्त वृद्धि हुई है।

भारत में साक्षरता प्रतिशत

वर्ष	*पुरुष*	*महिलाएँ*	*कुल (व्यक्ति)*
1901	9.8	0.6	5.3
1911	10.6	1.6	5.9
1921	12.2	1.8	7.2
1931	15.6	2.9	9.4
1941	24.9	7.3	16.1
1951	24.9	7.9	16.7
1961	34.9	13.0	24.0
1971	39.5	18.7	29.5
1981	46.9	24.8	36.2
1991	63.86	34.42	52.11
2001	75.8	54.16	65.38

स्रोत भारत की जनगणना 2001

सन् 1981 की साक्षरता दरों में असम राज्य सम्मिलित नहीं है तथा 1991 की साक्षरता दरों में असम तथा जम्मू व कश्मीर सम्मिलित नहीं हैं क्योंकि वहाँ जनगणना नहीं हो पाई थी।

दी गई सारणी से स्पष्ट होता है 1951 में 17% आबादी पढ़ी-लिखी थी और 50 साल बाद अर्थात् 2001 में मात्र 65% आबादी ही साक्षर बन सकी अर्थात् आज भी अत्यधिक लोग अनपढ़ हैं। जिसमें महिलाओं की स्थिति तो और भी असन्तोषजनक है। 2001 में जहाँ पुरुष 75.8 प्रतिशत साक्षर हैं वहीं महिला 54.16 प्रतिशत है। विश्व बैंक ने भारत की प्राथमिक शिक्षा योजना को पर्याप्त सफल माना है।

महिलाओं की आर्थिक स्थिति

समाज के विकास में महिलाओं का भी कम योगदान नहीं है। महिलाएँ भी प्रत्यक्ष अथवा परोक्ष रूप से समाज के विकास में योगदान देती हैं। परिवार की सारी जिम्मेदारी महिलाओं के ऊपर रहती है। वे पुरुष को केवल आर्थिक क्रियाओं के लिए बल देती हैं तथा पारिवारिक कार्यों में पुरुषों के साथ बराबर का योगदान देती हैं। आज भागीदारी की दृष्टि से कृषि, पशु, व्यवसाय, हैण्डलूम आदि में महिलाओं के अनुपात में काफी हद तक वृद्धि हुई है। यही नहीं, पिछले दशक में महिलाओं की क्रियाओं से संबंधित नये आयाम उभरकर सामने आए हैं। अब वे इलेक्ट्रोनिक्स, टेलीकम्युनिकेशन, उपभोक्ता उत्पादन संगठित क्षेत्र के उद्योगों, विधि संबंधी, चिकित्सा संबंधी, प्रशासनिक तथा अन्य महत्त्वपूर्ण व्यवसायों में भाग ले रही हैं। आज ऐसा कोई क्षेत्र नहीं बचा होगा जिसमें इनकी भागीदारी न हो। इसी का परिणाम है कि आज भारत की राष्ट्रपति महिला ही है। महिलाओं की आर्थिक स्थिति को स्पष्ट करने हेतु कुछ विशेष पहलुओं पर प्रकाश डाला गया है।

कार्य में भागीदारी की दर

महिलाओं की कार्य में सहभागिता पुरुषों की अपेक्षा काफी कम है, इसमें वृद्धि करने की आवश्यकता है। 1981 की जनगणना के अनुसार पुरुषों व महिलाओं का अनुपात 935 है। इस जनगणना के अनुसार कुल जनसंख्या 684 मिलियन थी जिसमें 330 मिलियन महिलाएँ थीं। इसी जनगणना में 1981 में कार्य में भागीदारी की दर 37.55% आँकी गई जो 1971 में 34.17% थी। महिलाओं की कार्य में भागीदारी की दर 1971 की 14.22% की तुलना में 1981 में 20.85% तक पहुँच गई। ग्रामीण क्षेत्र में यह 15.92% (1971) की तुलना में 10.64% (1981) हो गई। वर्तमान समय में भी पुरुषों की अपेक्षा महिलाओं की कार्य में सहभागिता बहुत कम है। 1981 में पुरुषों की कार्य में भागीदारी की दर 53.91% थी जो कि महिलाओं की तुलना में 32.44 अधिक थी। यह अंतराल शहरी क्षेत्र में अधिक (पुरुषों की 49.70% व महिलाओं की 10.64%) तथा ग्रामीण क्षेत्रों में कम (पुरुषों की 54.32% तथा महिलाओं की 28.89%) मापा गय। पहले की अपेक्षा आज देखा जाय तो इनके प्रतिशत में वृद्धि हुई है लेकिन जिस गति से होनी चाहिए उस गति से नहीं हुई है।

रोजगार

महिलाएँ भी रोजगार में अपना महत्त्वपूर्ण योगदान दे रही हैं। यद्यपि वे राष्ट्रीय अर्थव्यवस्थाओं में 60-80% तक योगदान देती हैं तथापि उनकी क्रियाओं को सकल राष्ट्रीय उत्पादन में सम्मिलित नहीं किया जाता है। अनुमानों के आधार पर महिलाओं के अभुगतानित श्रम की नकद वार्षिक कीमत लगभग 4 ट्रिलियन डॉलर होती है जो विश्व के सकल राष्ट्रीय उत्पादन का एक-तिहाई भाग है। आँकड़ों से पता चलता है कि भारत के कुल महिलाओं की जनसंख्या को केवल 13.99% महिलाएँ ही आर्थिक उत्पादक क्रियाओं में वर्ष भर संलग्न रह पाती हैं। 5.77% महिलाएँ आंशिक रूप से अर्थात् पूरे वर्ष भर संलग्न नहीं रहती हैं तथा 80.23% महिलाएँ बिल्कुल नॉन वर्कर्स की श्रेणी में आती हैं। दूसरे शब्दों में कुल श्रम शक्ति का केवल 20.22% भाग ही प्रमुख कार्यकर्ताओं के रूप में महिलाएँ हैं। अभी भी रोजगार के क्षेत्र में महिलाओं का प्रतिशत बहुत कम है।

श्रम मंत्रालय द्वारा प्रदत्त आँकड़ों के अनुसार 1986 में लगभग 35.4 मिलियन लोग सब्सिडियरी स्टेट्स-वर्कर्स थे। ग्रामीण क्षेत्रों में इनकी संख्या 31.28 मिलियन थी जिसमें से (अधिकांशतः) 25.8 मिलियन महिलाएँ थीं। उच्च शिक्षा से संबंधित रोजगार में लगभग 22% महिलाएँ शहरी क्षेत्रों में कार्यरत थीं, जबकि पुरुषों का प्रतिशत ग्रामीण क्षेत्रों में 77.4% तथा शहरी क्षेत्रों में 81% था। सैकण्डरी स्तर तथा इससे उच्च स्तर की शिक्षा संबंधी रोजगार क्रियाओं में ग्रामीण क्षेत्र में 7.21% पुरुष व 1.08% महिलाएँ तथा शहरी क्षेत्रों में 29% पुरुष व 16.5% महिलाएँ कार्यरत थीं। अभी भी देश की अधिकांश महिलाएँ कार्य में सहभागी नहीं हैं। भारत में 15-29 वर्ष की आयु समूह के बेरोजगारों की संख्या 7.3 मिलियन आँकी गई जिसमें से 5.8 मिलियन पुरुष तथा 1.3 मिलियन महिलाएँ हैं।

देश की अर्थव्यवस्था को सुदृढ़ करने में महिलाएँ भी अगर योगदान करें तो देश और समृद्धशाली बन जायेगा। यद्यपि समाज इसके बावजूद भी आज तक सामाजिक व आर्थिक आकलनों में उनके आर्थिक योगदान को नकारता रहा है तथापि उनकी क्रियाओं के सहयोग के अभाव में अर्थव्यवस्था के अस्तित्व व विकास पर ही प्रश्न चिह्न लग जाता है।

प्रतिफलों में विभेदीकरण

विभेदीकरण के कारण महिलाओं को पुरुषों के समान दर्जा नहीं दिया जाता। पहले की अपेक्षा आज देखा जाय तो कुछ आर्थिक कार्यों में आंशिक रूप से संलग्न

है तो कुछ रूप से। इसका कारण यह बताया जाता है कि चूँकि महिलाएँ प्रत्येक दृष्टि से पुरुषों से कम जोर हैं, शारीरिक दृष्टि से पुरुषों की अपेक्षा कमजोर हैं, उनमें पुरुषों की अपेक्षा कार्य करने की क्षमता कम है, अतः उन्हें प्रतिफल भी पुरुषों की अपेक्षा कम मिलना चाहिए।

इतिहास का अध्ययन करने से पता चलता है कि समय पड़ने पर महिलाओं ने वे कठोर व परिश्रमपूर्ण कृत्य करके दिखाए हैं, जिन्हें शायद पुरुष के लिए भी सहज में करना संभव नहीं है। आज विश्व में प्रत्येक क्षेत्र में महिलाएँ पुरुषों के समान सुविधाएँ न मिल पाने पर भी होड़ में उनसे आगे निकल रहीं हैं, वे उनसे शारीरिक, मानसिक या बौद्धिक किसी भी दृष्टि से पीछे नहीं हैं।

अतः समान कार्य के लिए समान प्रतिफल का न मिलना महिलाओं के साथ अन्याय है। समान वेतन विधेयक पारित होने के इतने लम्बे समय बाद भी आज तक अनेक क्षेत्रों में इसे व्यवहार में नहीं लाकर, विकास मार्ग में बाधा उपस्थित की जा रही है। यही कारण है कि इन्हें पुरुषों के समान सभी पदों पर पहुँचने पर काफी समस्या का सामना करना पड़ता है।

आर्थिक अधिकार

महिलाओं को पुरुष का पूरक माना गया है। संपत्ति के अर्जन में महिलाओं का महत्त्वपूर्ण योगदान है। इसके बावजूद भी इसे इस अधिकार से दूर रखा जाता है। जैसा कि विजय लक्ष्मी पंडित ने अपने संस्मरणों में लिखा है कि उनके पति रणजीत की मृत्यु के पश्चात् वह उत्तराधिकारस्वरूप कुछ प्राप्त नहीं कर सकती थीं क्योंकि उनके कोई पुत्र नहीं था। वे अपने पति के जीवनकाल में जहाँ मनचाही धनराशि प्राप्त कर सकती थीं, वहीं उनकी मृत्यु के उपरान्त उनके पास अपनी कोई संपत्ति नहीं थी। अब इसमें परिवर्तन किया जा चुका है। यद्यपि कानूनी तौर पर आज महिलाओं को संपत्ति का समान अधिकार प्राप्त है तथापि वे आर्थिक दृष्टि से अपने जीवन के सभी कालों में पुरुष की दया पर ही आश्रित हैं बचपन में पिता पर, विवाहोपरान्त पति पर तथा वृद्धावस्था में पुत्र पर ये निर्भर रहती हैं।

विरासत संबंधी अधिकार

स्वतंत्रता पूर्व के भारत में हिन्दुओं के बीच उत्तराधिकार की कई प्रणालियाँ प्रचलित थीं जिसमें से अधिकांश प्रणालियों में महिलाओं की स्थिति पराश्रिततता की थी और उनके स्वत्वाधिकार नहीं के बराबर थे। वे अपनी इच्छा से कोई कार्य नहीं

कर सकती थीं। यदि उन्हें कुछ अधिकार प्राप्त भी थे जो वे मात्र जीवनयापन के अधिकार थे पूर्ण स्वामित्व के नहीं। “हिन्दू उत्तराधिकार अधिनियम, 1956” ने कुछ आमूल परिवर्तन किए। इनमें सर्वाधिक महत्त्वपूर्ण एक ही श्रेणी (भाई और बहन, पुत्र और पुत्री) के महिला और पुरुष वारिसों के बीच उत्तराधिकार के बराबर अधिकार है। इस परिवर्तन ने मिताक्षरा और दायभाग सम्प्रदायों के अन्तर्गत प्रचलित भिन्न प्रणालियों का उन्मूलन करके कानून को सरल बना दिया और इस कानून की सबसे बड़ी प्रगतिशील विशेषता यह है कि इसमें महिलाओं के विरासत के अधिकार को मान्यता दी गई है और महिला वारिसों के मात्र जीवन यापन हेतु संपत्ति प्राप्ति के अधिकार का उन्मूलन कर दिया गया। पति की मृत्यु के पश्चात् महिला का सम्पत्ति में पूरा अधिकार होगा। इस कानून के अनुसार किसी व्यक्ति के पहली श्रेणी के वारिस जो पूर्ण स्वामित्व के अधिकारी बनते हैं और आय में बराबर का हिस्सा लेते हैं वे हैं : उसकी विधवा, पुत्र, पुत्री, पूर्वमृत पुत्र की विधवा तथा पूर्वमृत पुत्रों और पुत्रियों के पुत्र और पुत्रियाँ। महिलाओं के लिए कुछ समझौता भी किया गया। उदाहरणार्थ, पुत्रों और पुत्रियों के बीच असमानता बनाए रखने वाला एक मुख्य कारक मिताक्षरा बपौती को बनाए रखना है, जिनकी साझेदारी सदस्यता केवल पुरुषों तक ही सीमित है। बहुत सारे निर्णयों और कानूनों ने, यथा “हिन्दू महिला का संपत्ति अधिकार अधिनियम” और “हिन्दू उत्तराधिकार अधिनियम” ने बपौती की इस संकल्पना पर प्रहार किए हैं।

प्रवर समिति द्वारा संशोधित “हिन्दू कोड विधेयक 1948” में वस्तुतः बपौती के अर्थात् पुरुष के जन्मसिद्ध अधिकार के उन्मूलन का सुझाव दिया गया था। इसे लेकर जो समझौता किया गया था वह आज के कानून में इस रूप में समाविष्ट हो गया है, कि बपौती के साझीदार पुरुष सदस्य के महिला वारिसों को भी उसकी संपत्ति का कुछ भाग मिलता है जो कि अभिप्रायात्मक विभाजन द्वारा सीमांकित किया गया होता है। इसके फलस्वरूप पुत्रों की बपौती-साझेदार के रूप में जो लाभ मिलता है वह तो मिलता ही है किन्तु इसके अतिरिक्त उसे पिता की संपत्ति में भी हिस्सा मिलता है अब पुत्रियों को भी पुत्रों के समान हिस्सा मिलता है, क्योंकि इस प्रणाली में पुत्रों का कोई जन्मसिद्ध अधिकार नहीं माना गया है। बपौती साझेदरी में अपने हिस्से का त्याग करने के बपौती साझेदार से अधिकार का प्रयोग प्रायः महिला-वारिसों को संपत्ति में हिस्सा न देने अथवा कम हिस्सा देने के लिए किया जाता रहा है। अतः पुरुष के जन्मसिद्ध अधिकार को समाप्त कर मिताक्षरा बपौती को दायभाग बपौती में परिवर्तित कर दिया जाना चाहिए। इसमें भी परिवर्तन करने के लिए लोग विचार करने लगे।

"हिन्दू उत्तराधिकार अधिनियम 1956" की धारा 4(2) में राज्य कानूनों के अन्तर्गत आने वाली कृषि जोतों पर काश्तकारी अधिकारों के हस्तान्तरण को अधिनियम की परिधि से बाहर रखा गया है। इसके कारण बहुत से राज्यों में भूमि संबंधी कानूनों के अन्तर्गत हिन्दू उत्तराधिकार अधिकार के लाभकारी प्रभाव समाप्त हो गए हैं। इसका एक विशिष्ट उदाहरण "उत्तरप्रदेश, जमींदारी उन्मूलन" और "भू-सुधार अधिनियम, 1950" है जिसके आगे चलकर उस राज्य की सभी कृषि-भूमियों में लागू होने की संभावना है। इसी प्रकार के भेदभावपूर्ण लक्षण कर्नाटक, पंजाब, मध्यप्रदेश आदि राज्यों में अपनाए गए भूमि की उच्चतम सीमा संबंधी कुछ कानूनों में दिखाई देते हैं। महिलाओं के लिए सामाजिक समानता और कानूनों की एकरूपता के हित में "हिन्दू उत्तराधिकार अधिनियम, 1956" की धारा 4(2) को रद्द कर दिया जाना चाहिए। महिलाओं के लिए समान दर्जा मिले तथा पिता व पति दोनों की सम्पत्ति में इसे हिस्सा मिले, इसके लिए कानून बनाये गये हैं। "हिन्दू उत्तराधिकार अधिनियम, 1956" की आवासी घरों के विरासत अधिकार से संबंधित धारा 23 के परिणामस्वरूप भी अविवाहित विधवा और विवाहित पुत्रियों में भेदभाव होते हैं। इसका प्रमुख उद्देश्य परिवार की प्रधानता पर बल देना है। विभक्तिकरण पर यह प्रतिबन्ध लगाता है किन्तु इसके द्वारा विवाहिता और अन्य पुत्रियों के बीच भेदभाव किया जाता है क्योंकि निवास का अधिकार केवल उन्हीं पुत्रियों को दिया जाता है जो अविवाहिता हैं अथवा विधवा हो गई हैं तथा जिन्हें उनके पतियों ने छोड़ दिया है अथवा जो पति से अलग हो गई हैं।

वसीयत के अनिबंधित अधिकार का परिणाम प्रायः महिला वारिसों को उनके विरासत अधिकारों से वंचित करना होता है। अतः "हिन्दू उत्तराधिकार अधिनियम, 1956" के अन्तर्गत इस अधिकार को निबन्धित किया जाना चाहिए।

महिलाओं की अर्जित एवं वैवाहिक संपत्ति

अधिसंख्य महिलाएँ आजीविका अर्जन के लिए कुटुम्ब के प्रयासों में हाथ बंटाती हैं, और जब वे ऐसा नहीं करतीं तब भी गृह संचालन में तो वे सारे घरेलू दायित्वों का वहन करते हुए अपने-अपने पतियों को इस बात के लिए स्वतंत्र रखती हैं कि वे अपना कारोबार कर सकें। इसे आर्थिक मूल्यों के सन्दर्भ में अस्वीकार किया जाता है। विवाहित महिलाएँ , जिनका अपनी स्वतंत्र आय का कोई साधन नहीं होता या फिर जो विवाह के बाद, अपना पूरा समय पारिवारिक दायित्वों के निर्वाह में लगाने के लिए नौकरी छोड़ देती हैं, वे भी आर्थिक रूप

से अपने पतियों पर आश्रित रहती हैं। अधिकांश मामलों में, विवाहित जीवन के दौरान अर्जित चल और अचल संपत्ति का कानूनी स्वामित्व पति का होता है क्योंकि इसका दाम उसकी कमाई से चुकाया जाता है।

विवाह-विच्छेद अथवा अलग हो जाने की स्थिति में जिन महिलाओं की अलग से अपनी कोई कमाई अथवा बचत नहीं होती वे पैतृक संपत्ति से वंचित कर दी जाती हैं यहाँ तक कि विवाह के समय उन्हें जो संपत्ति पति अथवा उसके परिवार से मिलती है, वह कतिपय समुदायों में महिलाओं को नहीं दी जाती। इस प्रकार वित्तीय योगदान के आधर पर स्वामित्व निर्धारित करने का सिद्धान्त महिलाओं के साथ न्याय नहीं करता और इसलिए यह वित्तीय अथवा सामाजिक असुरक्षा उन्हें विवाहित जीवन सफल न होने की स्थिति में भी पति से अलग होने अथवा विवाह-विच्छेद करने से रोकती रहती है। इसके लिए यह उपयोगी है कि वास्तविक वित्तीय योगदान की पुरातन कसौटी जारी रखने के स्थान पर घरेलू कार्य के माध्यम से महिलाओं द्वारा किए गए योगदान के आर्थिक मूल्य को भी वैवाहिक संपत्ति के स्वामित्व का निर्धारण करने के प्रयोजन से विधिक मान्यता दी जाए एवं विवाह-विच्छेद अथवा पति से अलग हो जाने की स्थिति में पत्नी को विवाह के समय और विवाहित जीवन के दौरान प्राप्त परिसम्पत्तियों का कम से कम एक-तिहाई हिस्से का हकदार माना जाना चाहिए जिससे उन्हें समाज में पुरुषों के समान दर्जा प्राप्त हो।

अन्य स्थित

भारत एक विकासशील देश है, इसकी अधिकांश जनसंख्या ग्रामीण क्षेत्रों में निवास करती है। यहाँ कन्या को एक आर्थिक दायित्व समझा जाता है। कन्या के जन्म से माता-पिता उसके दहेज की तैयारी में जुट जाते हैं। दहेज अपने विकृत रूप में आज प्रत्येक लड़की के माता-पिता हेतु वह आर्थिक दायित्व बन गया है जो उन्हें कन्या के विवाह के समय अपनी कन्या की खुशहाली को दृष्टिगत रखते हुए इसलिए निभाना होता है क्योंकि वर के माता-पिता ने वर की शिक्षा-दीक्षा पर तथा उसके पालन-पोषण पर व्यय करके उसे योग्य बनाया। यही कारण है कि अधिकांश लोग लड़की की शिक्षा पर चाहते हुए भी व्यय नहीं कर पाते क्योंकि इससे उन्हें दुगुना आर्थिक भार वहन करना होता है।

दहेज लेना व देना दोनों अपराध हैं। दहेज विरोधी कानून बनने के बाद भी दहेज प्रथा अभी पूर्ण रूप से समाप्त नहीं हुई है। आज भी लोग कन्या पक्ष से दहेज

लेते हैं जो कानूनन दण्डनीय है। उसके माता-पिता द्वारा वर पक्ष की माँगों की पूर्ति न किये जाने पर कन्याओं पर अमानवीय अत्याचार किये जाते हैं उनकी हत्या कर दी जाती है अथवा उन्हें आत्महत्या हेतु विवश कर दिया जाता है। इस उत्पीड़न से बचने के लिए जो कन्याएँ किसी तरह शिक्षा प्राप्त कर आर्थिक क्षेत्र में योगदान देती हैं और उन्हें आत्मनिर्भर होने के बावजूद समाज द्वारा थोपे गए कलंकों से तंग आकर उन्हें अपने प्राणों की आहुति देनी पड़ती है।

स्वतंत्रता के पश्चात् आज भी भारत की निर्धनता दूर नहीं हुई है, पैसे के लिए छोटे-छोटे बच्चों को उनके माता-पिता काम करने के लिए भेज देते हैं, ताकि वे परिवार की आर्थिक रूप से मदद कर सकें। इस तरह के कार्यों में उन्हें अत्यधिक परिश्रम करना पड़ता है अथवा कई बार उन्हें विकलांगता का सामना करना पड़ता है अथवा रूई आदि से संबंधित अनेक कार्य ऐसे हैं जिनसे उनके स्वास्थ्य पर अत्यधिक प्रतिकूल प्रभाव पड़ता है तथा वो अकाल मृत्यु के मुँह में ढकेल दिये जाते हैं। बाल महिलाओं को श्रम शक्ति योगदान में महत्त्वपूर्ण स्थान प्राप्त है। चेन्नई शहर में बाल महिला श्रमिकों के एक अध्ययन में पाया गया कि लगभग 3/4 महिला श्रमिकों ने परिवार की आय बढ़ाने हेतु रोजगार प्राप्त किया। 24 प्रतिशत अपने माता-पिता की नकल के कारण रोजगार में थे। धनीवर्ग इन बाल श्रमिकों से अत्यधिक कठोर परिश्रम करवाते हैं उसके बदले में उन्हें इतना ही पैसा मिलता है जिससे केवल अपना पेट भर सकते हैं। महिला बाल श्रमिकों की अज्ञानता का लाभ उठाकर उन्हें भोग विलास की सामग्री के रूप में भी प्रयुक्त करते हैं। कई दृष्टान्तों में देखा गया कि माता-पिता वास्तविक स्थिति को जानते हुए भी इस भय से प्रतिक्रिया व्यक्त नहीं कर पाते कि उन्हें कहीं रोजगार से विलग कर दिया गया तो वे पारिवारिक आवश्यकताओं की पूर्ति कैसे करेंगे? इसलिए डरवश जानकर अनजान बनकर बैठे रहते हैं।

महिलाओं की शिक्षा में सबसे बड़ी समस्या निर्धनता है। धन के अभाव में भी वे शिक्षा से वंचित रह जाती हैं। दूसरी ओर दहेज प्रथा के कारण माता-पिता पर केवल आर्थिक बोझ बन कर रह जाती हैं अथवा विधवा हो जाने पर जब समाज उन्हें स्वीकार नहीं करता तो वे सामाजिक अत्याचार व निर्धनता का शिकार होकर वेश्यावृत्ति जैसे व्यवसाय को स्वीकार करने हेतु विवश हो जाती हैं। कुछ आँकड़ों से विदित हुआ है कि कुछ निम्न मध्यवर्गीय परिवारों में तो दहेज की कीमत वसूल करने, ऋण मुक्त होने अथवा परिवार के सदस्यों का जीवनयापन करने के उद्देश्य से उन्हें वेश्यावृति हेतु बाध्य किया जाता हैं। जो समाज के लिए एक घिनौना काम है। इससे नैतिक

पतन होता है। अपहरण कर उन्हें व्यापारियों के संघों को बेच देते हैं जहाँ उन्हें वेश्यावृति हेतु बाध्य होना पड़ता है। कुछ आदिवासी व ग्रामीण क्षेत्रों में तो माता-पिता स्वयं आर्थिक दायित्वों से मुक्त होने व वित्तीय सहायता के लालच के कारण अपनी कन्याओं का विक्रय कर देते हैं अथवा उन्हें वेश्यावृति हेतु उकसाते हैं। धन के लालच में ये ऐसा कदम उठाते हैं। कुछ स्थानों पर धर्म के नाम पर इस वृत्ति को प्रोत्सहित किया जाता है जैसे दक्षिणी भारत में किसी कन्या का देवदासी बनना उसके माता-पिता हेतु गौरव व प्रतिष्ठा का सूचक माना जाता है।

3

महिला विकास कार्यक्रम एवं महिला आन्दोलन

स्वतंत्रता के पूर्व महिलाओं के विकास एवं उत्थान पर कोई खास ध्यान नहीं दिया गया था अतः इनकी स्थिति काफी शोचनीय थी परंतु स्वतंत्रता के उपरांत भारत सरकार द्वारा उनके विकास एवं उत्थान के लिए विशेष कार्यक्रम का संचालित थे। फिर भी आजादी के लगभग 64 वर्ष बीत चुके तक भी महिलाओं के विभाग में संतोषजनक प्रगति नहीं हो पायी है। आज भी इन्हें समानता का दर्जा नहीं प्राप्त हो पाया है। आज भी कुछ क्षेत्र ऐसे हैं जहाँ महिलाएँ नहीं पहुँच पाती हैं। इनके विकास की दिशा में सरकार अग्रसर हुई और महिला विकास कार्यक्रम का शुभारम्भ किया गया। साक्षरता की दृष्टि से देखा जाय तो आज भी पुरुषों की अपेक्षा महिलाओं का प्रतिशत कम है। जनगणना 2001 के अनुसार भारत का साक्षरता प्रतिशत 64.8 हैं, जिसमें 75.3 प्रतिशत पुरुष तथा 53.7 प्रतिशत महिलाएँ साक्षर हैं। अभी भी पुरुषों की साक्षरता से महिलाओं की साक्षरता में न्यूननता पाई जा रही है। महिलाओं को कुछ लोग घर की चारदीवारी से बाहर नहीं निकलने देते। जिनकी वजह से महिला विकास कार्यक्रम का प्रस्ताव बिन्दु उनकी जनन यंत्र की भूमिका से ध्यान हटाने के रूप में देखा जा सकता है, जो महिलाओं की ओर सहानुभूति व कल्याण के उद्‌देश्यों के रूप में उन्हें संगठित करने का एक गंभीर प्रयत्न था अर्थात् एक ऐसी दृश्य भूमिका दोहराई गई जिसमें विकास की प्रक्रिया में पुरुषों के साथ समान भागीदारी तथा समानता के अर्थ की सुस्पष्टता को रोकने वाले कुछ

अवरोधों को हटाने में सहायक होने की एक क्रमिक मान्यता थी। आज भी भारत की अधिकांश महिलाएँ पुरुषों के ऊपर निर्भर हैं। सभी स्तरों पर महिलाओं के इन उत्तरदायित्वों को सुनिश्चित करने की आवश्यकता को महसूस किया गया। इन दोनों उपागमों को साथ-साथ रखते हुए महिला विकास कार्यक्रम का प्रधान लक्ष्य महिलाओं की सामाजिक व आर्थिक स्थिति में परिवर्तन लाना है।

महिला विकास कार्यक्रम

महिलाओं के विकास के लिए नीति बनाई जा रही है। सही योजनाओं के न होने के कारण भी ये सफल नहीं हैं तथा इस तरह की यांत्रिकी को लचीले तथा विभेदीकृत ढाँचे द्वारा भूमिगत स्तर पर महिलाओं की प्रभावित भागीदारी की पृष्ठभूमि में सृजित किया जा सकता है। महिला विकास कार्यक्रम इस तथ्य की ओर भी संकेत करता है कि बहुत लम्बे समय तक पुरुषों ने परिवार, सरकार व समाज में महिलाओं के विकास के उत्तरदायित्व को सुनिश्चित किया है तथा सभी स्तरों पर महिलाओं की इन जिम्मेदारियों को सुनिश्चित करने के क्रम में आवश्यक धोखेपूर्ण परिवर्तन किए हैं। महिलाओं को लाभ दिलाने के लिए तथा इनकी स्थिति में परिवर्तन के लिए विकास कार्यक्रम के माध्यम से इस लक्ष्य को प्राप्त करने की कोशिश की जा रही है। इस अर्थ में महिला विकास कार्यक्रम का मुख्य लक्ष्य महिलाओं को सूचना प्रसारण, शिक्षा व प्रशिक्षण के माध्यम से सशक्त करना तथा उन्हें उनकी सामाजिक व आर्थिक स्थिति की पहचान व सुधार के योग्य बनाना है, जिससे उनका समग्र विकास किया जा सके। इसके प्रमुख उद्देश्यों को निम्न प्रकार स्पष्ट किया गया है

महिला विकास कार्यक्रम के प्रमुख प्रयोजन

इसके प्रमुख उद्देश्यों को निम्न प्रकार स्पष्ट किया गया है

1. महिलाओं का आर्थिक स्तर किस प्रकार अच्छा हो सकता है तथा वे अपने परिवार की देख-रेख किस तरह कर सकती हैं इस पर प्रकाश डालना।
2. महिलाओं की वित्तीय व सामग्री सम्बन्धी तथ्यों के विषय में प्रकाश डालना।
3. उन कार्यक्रमों का परिचय कराना जिनका महिलाओं के विकास हेतु प्रत्यक्ष व निर्णायक महत्व हो तथा महिलाओं के लाभ हेतु इन कार्यक्रमों का सही ढंग से प्रचार-प्रसार करना।

4. अन्य कार्यक्रम की तरह महिला विकास कार्यक्रम को सफल बनाना तथा कार्यक्रमों का निर्धारण करना।
5. सामाजिक रूप से पिछड़ी हुई व शारीरिक अक्षमता के कारण अयोग्य महिला के विषय में प्रकाश डालना।
6. इस तथ्य को मान्यता प्रदान करना कि बाल कल्याण महिला विकास से संबद्ध है, असंबद्ध नहीं है। महिलाओं को बच्चे के जन्म से पूर्व व जन्म के पश्चात् की सेवाओं तथा बाल सुरक्षा के संदर्भ में महिलाओं को सूचित, शिक्षित व प्रशिक्षित करना।
7. पर्यवेक्षकीय तथा सह-अस्तित्वपूर्ण ढाँचों की महत्ता के विचार में एक यंत्र की रचना करना जो आधारभूत केन्द्रों का संचालन, समर्थन व मूल्यांकन करेगा तथा अनेक सरकारी संस्थाओं, साख संस्थाओं, स्वैच्छिक संस्थाओं इत्यादि के समर्थन की सुरक्षा करेगा।

उपरोक्त लक्ष्यों से स्पष्ट होता है कि नीति के निर्धारण में इस ओर ध्यान दिया जाना चाहिए। अनेक ऐसे कार्यक्रम हैं जिनका प्रत्यक्ष या अप्रत्यक्ष उद्देश्य महिलाओं की समस्याओं में सुधार लाना है, महिला विकास कार्यक्रम में इन कार्यक्रमों के क्रियान्वयन के उत्तरदायित्व का उद्देश्य सम्मिलित नहीं है। यह कार्यक्रम येन-केन प्रकारेण इन कार्यक्रमों के प्रयोगों के स्पष्टीकरण तथा प्रभावशाली नियमन से महिलाओं को वास्तविक रूप से विकसित किया जा सकेगा। इसके लिए सरकार को ध्यान देकर इसे पूर्ण रूप से सफल बनाया जा सकता है।

महिला विकास कार्यक्रम के प्रमुख क्षेत्र

नीति रूपरेखा के भाग 1 व भाग 2 में वर्ण योजना के रूप में सामाजिक-आर्थिक विकास की समस्या के विचार को दृष्टिगत रखते हुए, तीन वृहद् क्षेत्रों पर ध्यान केन्द्रित करने का प्रस्ताव किया गया है। शिक्षा तथा प्रशिक्षण, स्वास्थ्य, पोषण तथा परिवार कल्याण व रोजगार तथा आर्थिक विकास, ये क्षेत्र नीति रूपरेखा के भाग 3 में वर्णित रणनीति व उपागम को वृहद् रूप से अनुकूल बनाते हैं। कार्यक्रमों से संबंधित कुछ विस्तृत बिन्दु जिन्हें इसमें सम्मिलित किया गया है, निम्नलिखित प्रकार से समझा जा सकता है

1. शिक्षा व प्रशिक्षण कार्यक्रम

1. प्रदत्त सहायक व्यवसायों हेतु कौशल प्रशिक्षण।

2. लड़कियों के लिए अनौपचारिक शिक्षा।
3. पारिवारिक व्यवसायों में दक्षता एवं सुधार हेतु प्रशिक्षण पाठ्यक्रम--इससे इनका उन्नयन किया जा सकता है।
4. शिक्षा स्वास्थ्य सुरक्षा सहकारी संघों इत्यादि में सामुदायिक श्रमिक तैयार करने हेतु ग्रामीण महिलाओं के लिए संक्षिप्त पाठ्यक्रम।
5. स्वरोजगार हेतु दीर्घकालीन प्रशिक्षण कार्यक्रम व उद्यमता।
6. युवक नेतृत्व प्रशिक्षण (गनोरंजन व खेलकूद में)
7. साक्षरता व सामान्य प्रौढ़ शिक्षा।

2. स्वास्थ्य, पोषण व परिवार कल्याण कार्यक्रम

स्वास्थ्य, पोषण व परिवार कल्याण कार्यक्रम निम्नलिखित हैं

1. रोग के उपचार के लिए कार्यक्रम चलाना।
2. प्राथमिक स्वास्थ्य, सुरक्षा, पोषण व परिवार कल्याण के प्रति समझ पैदा करना।
3. बीमार महिलाओं व बच्चों की स्वास्थ्य संबंधी नियमित जाँच की व्यवस्था करना तथा उनके स्वास्थ्य की जाँच व्यवस्था करना।
4. सफाई तथा आरोग्य गतिविधियाँ।
5. परिवार कल्याण गतिविधियों में सहायता देना।
6. संबंधित पोषण कार्य जैसे सब्जियों के बगीचे व फलों के वृक्ष लगाना। इससे उनको पौष्टिक तत्वों की प्राप्ति होगी।

3. रोजगार व आर्थिक विकास कार्यक्रम

1. महिलाओं के लिए रोजगार की व्यवस्था करना- ये पूर्णकालिक या अंशकालिक दोनों हो सकते हैं।
2. उत्पादन योजनाएँ तैयार करके इनका आर्थिक विकास करना।
3. आश्वासित विपणन के आधार पर स्व-रोजगार कार्यक्रमों का प्रारम्भ।
4. वाणिज्यिक बैंकों व सहकारी संस्थाओं के माध्यम से सहायक व्यवसायों हेतु साख प्रदान करना। चूँकि उपर्युक्त योजनाओं में से कुछ कार्यक्रम कार्य के क्षेत्र से संबंधित हैं, अतः महिला विकास कार्यक्रम के तहत क्षेत्र कार्यात्मक व्यवस्थाओं के साथ अनेक विद्यमान योजनाओं से संबद्ध करने हेतु महत्वपूर्ण हैं।

संगठनात्मक ढाँचा

इस कार्यक्रम के विकास हेतु 1984 में संगठनात्मक ढांचे को अपनाया गया, जिसके चारों ओर महिला विकास कार्यक्रम अपनी गतिविधियाँ संपादित करता है। यह निम्नलिखित स्तरों पर चलता है

1. ब्लॉक स्तर

महिलाओं के विकास के लिए विकास खण्ड स्तर पर प्रचेता गैर-सरकारी कार्य प्रणाली है, साथिनों को समर्थन व निर्देशन प्रदान करता है। वह जिला स्तर को भी संचार संबंध प्रदान करती है।

2. जिला स्तर

यह एक क्रम से दूसरे क्रम तक चलता रहता है, विकास खण्ड के ऊपर जिला स्तर पर जिला महिला विकास संस्था जिलाधीश की अध्यक्षता में है। प्रत्येक जिला महिला विकास संस्था का एक योजना निर्देशक होता है जिसे योजना अधिकारी द्वारा सहायता प्रदान की जाती है। जिला स्तर पर तकनीकी साधन समर्थन सूचना विकास तथा संसाधन संस्था (इडार) द्वारा प्रदान किया जाता है। ये प्रौढ़ शिक्षा कार्यक्रम के अन्तर्गत कार्य करती हैं।

3. ग्राम स्तर

संगठनात्मक ढाँचे के अन्तर्गत ग्राम स्तर पर इस कार्यक्रम को चलाया जाता है। प्रत्येक ग्राम पंचायत में एक प्रशिक्षित ग्राम स्तर कार्यकर्त्री होती है जिसे साथिन कहा जाता है। यह ग्राम पंचायत के गाँवों में से किसी भी गाँव की ही सकती है। साथिन ग्राम स्तर पर महिला मंचों के निर्माण हेतु उत्तरदायी है। वह अन्य आस-पास की ग्राम पंचायतों व अन्य साथिनों के साथ संबद्ध होकर कार्य करती है। 10 ग्राम पंचायतों की 10 साथिनों का समूह एक प्रचेता द्वारा समन्वित होता है।

4. राज्य स्तर

राज्य स्तर पर इसका क्रियान्वयन निम्न प्रकार से होता है

1. महिला विकास कार्यक्रम के निर्देशक कार्यक्रम के सबसे बड़े अधिकारी व नियंत्रक होते हैं।
2. राज्य स्तर पर जिला स्तरीय (सूचना विकास व साधन संस्था) राज्य स्तरीय इडाराज द्वारा समन्वित है।
3. कार्यक्रम के मूल्यांकन व नेतृत्व को विकास अध्ययन संस्थान, जयपुर

द्वारा सुविधाजनक बनाया गया है। इसका प्रारम्भ राजस्थान सरकार द्वारा किया गया था।

इडारा जिला महिला विकास संस्था को तकनीकी प्रशिक्षण, समर्थन प्रदान कर रही है। यह महिला विकास कार्यक्रम की कार्यात्मकता में दोहराए गए दृश्य-पटल हेतु नई सामग्री की रचना कर रही है। इसके चहुँमुखी विकास में यह महत्त्वपूर्ण भूमिका निभाता है।

साथिन की भूमिका ग्रामीण जीवन की कमजोरियों व शक्ति के अध्ययन, विश्लेषण व सर्वेक्षण (विशेष तौर पर महिलाओं व बच्चों की समस्याओं के संदर्भ में) हेतु ग्रामीण महिलाओं के साथ घनिष्ठ रूप से कार्य करने की है। प्रचेताओं की भूमिका प्राथमिक तौर पर साथिनों को समुदाय के साथ उनके कार्य करने में सहायता प्रदान करना तथा दोनों ओर से सूचना का नियमित प्रवाह बनाकर जिला महिला विकास संस्था के साथ संबद्ध कर संचार व्यवस्था को स्थापित करने की है। ग्रामीण महिला विकास में यह सहायता प्रदान करता है।

योजना निर्देशक की भूमिका उन अनेक सरकारी विभागों, उन संस्थाओं के साथ एक अनौपचारिक सहयोगपूर्ण संबंध स्थापित करने की है जो महिला विकास कार्यक्रम में सहायक हो सकते हैं। यह ग्राम स्तरीय व ब्लाक स्तरीय समस्त गतिविधियों की भी एक सामान्य समर्थक के रूप में देखभाल करेगा। इसके माध्यम से कार्यक्रम को अधिक सफल बनाया जा सकता है।

विशेषताएँ

महिला विकास कार्यक्रम की प्रमुख विशेषताएँ निम्नलिखित हैं

1. महिला विकास कार्यक्रम में साथिन के माध्यम से महिला मंच का निर्माण किया जाता है जिनके मूल्यांकन हेतु समर्थित तंत्र 'जाजम' है जो कि ग्राम स्तरीय मासिक सभा (मीटिंग) का नाम है।
2. इन सूचनाओं का परिमार्जन निदेशक द्वारा प्रचेताओं, जिला महिला विकास संस्था नियोजक तथा निदेशकों इत्यादि के माध्यम से बाद के कार्य हेतु किया जाता है।
3. महिला विकास कार्यक्रम में साथिन के माध्यम से महिला मंच का निर्माण किया जाता है जिनके मूल्यांकन हेतु समर्थित तंत्र 'जाजम' है जो कि ग्राम स्तरीय मासिक सभा (मीटिंग) का नाम है।

4. इडारा कार्य के अन्तर्गत सूचना प्रवाह प्रणाली को निरन्तर बनाए रखते हैं। 'ज्ञान' के रूप में सूचना जिसकी सभी स्तरों पर आवश्यकता है।

साथिनों की गतिविधियों को ग्रामीण स्तर पर ग्रामीण महिलाओं को स्वयं उनके संबंधों को पहचानने के योग्य बनाने हेतु विचारतः अपरिभाषित छोड़ा गया है। निरन्तर प्रशिक्षण तथा अनुकूलीकरण जो इडारा के माध्यम से प्रदान किया जाता है, साथिनों की उनके कार्य में कौशलों के विकास में सहायता प्रदान करता है।

इस विधि द्वारा विभेदित क्षेत्रों, न्यूनतम मजदूरी भूमि आवंटन तथा श्रमिकों आदि में निर्णय-प्रक्रिया को प्रभावित करने योग्य बनी है।

इस कार्यक्रम के तहत चयनित प्रत्येक जिले में 100 महिला विकास केन्द्रों की स्थापना का प्रावधान रखा गया। ये प्रावधान भी किये गये कि महिला विकास केन्द्र दस के समूहों में स्थापित किये जाएँगे। दस महिला विकास केन्द्रों के प्रत्येक समूह हेतु एक पर्यवेक्षक की नियुक्ति होगी, पर्यवेक्षक को प्रचेता के नाम से जाना जायेगा। एक प्रचेता की नियुक्ति ग्रामीण क्षेत्रों में पूर्णकालिक रोजगार के आधार पर महिला श्रेणी से ही की जाएगी। वे अध्यापक महिला स्वास्थ्य निर्देशक ANMs, LNEOs, ग्राम सेविकाएं इत्यादि हो सकती हैं। उसकी नियुक्ति के पश्चात् एक प्रचेता महिला विकास केन्द्र को धीरे-धीरे आयामीय आधार पर इस उद्देश्य के आधार पर व्यवस्थित करेगा कि सभी दस महिला विकास केन्द्र उसकी नियुक्ति से 6 से 9 माह की अवधि में स्थापित किए जाएँ।

जिला महिला विकास संस्था को जिला स्थापित करने का प्रावधान रखा गया है। जिलाधीश की अध्यक्षता में इसकी स्थापना होगी। यह संस्था एक पंजीकृत संघ होगा तथा स्वायत्त रूप में कार्य करेगी। इस विकास संस्था के सदस्यों में कुछ कार्यालय संबंधी व इस कार्यक्षेत्र में कार्यरत कुछ महिलाएँ अथवा महिला विकास में सक्रिय रूप से रुचि रखने वाली महिलाओं को सम्मिलित किया जाएगा। महिला विकास केन्द्रों हेतु सभी कोषों से तात्पर्य उनका इस संस्था के खाते में स्थानान्तरित किया जाना होगा। जिले स्तर पर योजना निर्देशक का चयन किया जायेगा जिसका वेतनमान जिला ग्रामीण विकास संस्था के योजना निदेशक के बराबर होगा। वह संस्था का सचिव सदस्य होगा और जिले में महिला विकास कार्यक्रम हेतु उत्तरदायी होगा। वह राजस्थान प्रशासनिक सेवा में अन्य सेवाओं से या विश्वविद्यालय प्रणाली से अथवा स्वैच्छिक संस्था से लिया जा सकता है। उसे एक योजना अधिकारी द्वारा सहायता दी जाएगी तथा कार्यालय कर्मचारियों को साधारणतया सहयोग प्राप्त होगा। योजना निदेशक को एक डीजल जीप कार्यक्रम में गति लाने हेतु प्रदान की जाएगी।

विभिन्न स्तरों पर इस कार्यक्रम का निर्माण अलग-अलग तरीके से होगा। राज्य स्तर पर महिला विकास कार्यक्रम ग्रामीण विकास तथा पंचायती राज विभाग का निर्माण करेगा। यह सह-अस्तित्व की सुविधा प्रदान करेगा तथा पंचायती राज संस्थाओं के साथ एक संबंध स्थापित करेगा। एक संयुक्त विकास कमिश्नर इस योजना के अधिकारी होंगे। उसे कुछ योजना अधिकारियों द्वारा सहायता प्रदान की जाएगी। आवश्यक मंत्रालय संबंधी तथा श्रेणी 4 का समर्थन प्रदान किया जाएगा। कमिश्नर को निरीक्षण के लिए कार उपलब्ध करायी जायेगी। एक निर्णय स्टीयरिंग समिति राज्य स्तर पर मुख्य सचिव अथवा प्रसिद्ध महिला सामाजिक कार्यकर्त्री की अध्यक्षता में स्थापित की जाएगी। स्टीयरिंग समिति में कार्यालय संबंधी, गैर कार्यालय संबंधी तथा समाज कल्याण विभाग यूनीसेफ से एक प्रतिनिधि को सम्मिलित किया जाएगा।

प्राथमिक विकास कार्य

1983-84 के अन्तिम कुछ माह तथा 1984-85 के प्रथम एक दो माह पूर्व प्राथमिक कार्य हेतु प्रयुक्त किये गये जिनमें निम्नलिखित गतिविधियाँ सम्मिलित हैं

1. एक महिला विकास केन्द्र की स्थापना करना व उसके कार्य की जाँच करना।
2. कर्मचारी चयन की प्रक्रियाओं को कार्य रूप देना तथा जिला स्तर पर कर्मचारियों में कार्य के प्रति सही दृष्टिकोण उत्पन्न करना।
3. जिला महिला निकाय संस्थाओं की स्थापना समुदाय के पंजीकरण तथा अनुकूलन (आवास) की पहचान इत्यादि को सम्मिलित करते हुए।
4. गैर पुनरावृत्त मदों की खरीद।
5. एक या दो प्रारम्भिक सेमिनार। कार्यशालाओं का उपागम के स्पष्टीकरण तथा कार्यालय संबंधी व और कार्यालय पूर्व कार्यक्रमों के संचालन हेतु संगठन।
6. इडाराज की पहचान, उनके कर्मचारियों का चयन, कुछ प्रशिक्षण कार्यक्रमों का प्रारम्भ इत्यादि।

प्रारम्भिक समय में WDP के अन्तर्गत छः जनपद का चुनाव किया गया, जिसमें से एक जिला द्वारा विकास कार्यक्रम के एक अंश निर्माण में तथा दूसरा उप-योजन में लिया गया। शेष पाँच जिलों तथा राज्य स्तरीय व्यय हेतु यूनीसेफ से सहायता दी गई।

इस योजना को सुदृढ़ बनाने के लिए विभिन्न संस्थाओं से सहायता ली जाती है। राज्य स्तर पर WDP को अन्य उसी की तरह की योजनाओं के साथ सम्बद्ध करने तथा उनके साथ सहअस्तित्व बनाने हेतु प्रयत्न किये जाएँगे। इससे इस योजना की प्रभावी व्यवस्था को सुदृढ़ किया जा सकेगा। जिला स्तर पर पाँचों जिलों हेतु आवश्यक सभी कोषों को योजना में सम्मिलित किया गया है। महिला विकास केन्द्र स्तर पर गैर-आवृत्ति व्यय प्रत्येक MVK हेतु 1300 रु. आता है तथा प्रशिक्षण समेत आवृत्ति व्यय 5700 रु. आता है। जैसा कि इस योजना प्रस्ताव के भाग-2 में संकेत किया गया है, MVK आयामीय क्रम में स्थापित किए जाएँगे तथा प्रथम वर्ष में कोषों में महत्वपूर्ण बचत होगी। परिणामतः वित्तीय अनुमानों के मूर्तरूप में महिला विकास केन्द्र पर आवृत्ति व्यय 18.50 लाख रु. वास्तविक गणना 28.20 लाख रु. के विरुद्ध दिखाया गया।

1985-86 के तथा उसके पश्चात् के अनुमान 1984-85 की गणना पर आधारित है। किसी भी तरह इस सम्बन्ध में स्पष्ट हो सकता है कि

(क) महिला विकास केन्द्र पर व्यय 25 लाख रुपये लिया गया है, यद्यपि सही गणना 28.50 लाख रु. आती है। (जैसा कि भाग-5 में गणनाओं के विस्तार को सम्मिलित करते हुए संकेतों में स्पष्ट किया गया), और

(ख) 1.50 लाख रु. की एक राशि इसके क्रियान्वयन के दूसरे वर्ष से WDP में कार्यक्रम के मूल्यांकन को सम्मिलित करने के उद्देश्य से जोड़ी गई है। इसे निम्नलिखित तालिका के माध्यम से प्रदर्शित किया गया है

सारणी योजना अनुमान (लाख रु. में)

	1983-84 गैर-आवृत्ति	1984-85 गैर-आवृत्ति	1984-85 हेतु कुल अनुमान	1984-85 हेतु वार्षिक अनुमान
1. हैड क्वार्टर पर व्यय	1.00	2.50	3.50	2.50
2. राज्य स्तरीय इडारा		1.00	1.00	1.00
3. जिला महिला विकास संस्था (5 जिला)				
4. महिला विकास केन्द्र (5 जिलों हेतु-प्रत्येक जिलें में 100 केन्द्र, 5 रु. प्रति जिले की दर से)	6.50	18.50	25.00	25.00
5. जिला स्तरीय इडारा (5 जिलों में प्रति जिला 1 रु. की दर से)				
6. मूल्यांकन				1.50
(1983-84 तथा 1984-85 हेतु कुल अनुमान	12.50	42.00	54.50	50.00

स्रोत : वीमेंस डेवेलपमेंट प्रोजेक्ट 1984 पेज नं. 15,16 व 17।

बहुत से ऐसे खर्च हैं, जिनको यहाँ प्रस्तुत नहीं किया गया। किसी भी तरह कुछ अनिवार्य आवश्यकताएँ इस कार्यक्रम के वास्तविक क्रियान्वयन से उभर कर सामने आएँगी। स्टेट स्टीयरिंग कमेटी DWDAS तथा कार्यालय संस्थाओं को आवश्यकता पड़ने पर आन्तरिक पुनः आवंटित करने की शक्तियाँ प्रदान की जाएँगी। कोषों आदि के पुनः आवंटन हेतु शक्तियों के संदर्भ स्टेट स्टीयरिंग समिति द्वारा इसका निर्णय लिया जायेगा।

योजना का प्रस्ताव सातवीं योजना के अन्त तक यूनीसेफ के समक्ष समर्थन हेतु प्रस्तुत किये जाने का प्रावधान रखा गया। प्राप्त किये गये अनुभवों के आधार पर तथा साधन की उपलब्धता को मद्देनजर रखते हुए राज्य सरकार का यह प्रयत्न होगा कि वह अन्य शेष जिलों में भी इस कार्यक्रम का अधिकारिक विस्तार कर सके। इस योजना के अन्य जिलों में विस्तार में नियुक्त राष्ट्र की अन्य संस्थाओं के समर्थन के लिए भी प्रयास करें जिससे इसे अधिक प्रभावकारी बनाया जा सके।

महिला आन्दोलन

आज भी समाज में पुरुषों की प्रधानता है। महिलाओं को आज भी वह अधिकार प्राप्त नहीं हैं जो पुरुषों को प्राप्त है। समाज में आज भी कुरीतियों तथा अंधविश्वास का बोलबोला है। महिलाओं ने न्याय पाने के लिए समाज के समक्ष आवाज उठाई है। समान अधिकार आर्थिक स्वतन्त्रता, धार्मिक, संस्तुति, तलाक के अधिकार, मताधिकार, स्वतन्त्रता, शिक्षा के अधिकार आदि के सन्दर्भ में जागरूक हुई हैं। भारत में ऐसे अनेक कानून बने हैं जिनका सम्बन्ध महिलाएँ से है।

बम्बई के न्यायाधीश **रानाडे** (1842-1901) एक बहुत बड़े समाज-सुधारक थे। उन्होंने सन् 1881 में एक **'विधवा-विवाह-संघ'** की स्थापना की और बाद में **'प्रार्थना-सभा'** से अपना नाता सन् 1889 में **पंडिता रमाबाई** ने मुम्बई में विधवा महिलाओं के लिए **'शारदा सदन'** खोला। **रमाबाई ईसाई** थीं और अपने आश्रम की महिलाओं को ईसाई बना लेती थीं। इसलिए सन् 1896 में **श्री कार्वे** ने **'हिन्दू विधवा आश्रम'** खोला।

महिलाओं के विकास में राजा राममोहन राय के बाद ज्योतिबा ने प्रमुख भूमिका निभाई तथा मुक्ति के कार्य को आगे बढ़ाया। **ज्योतिबा** ने महिलाओं पर होने वाले अत्याचारों व रूढ़ियों, बाल विवाह, बहुविवाह, केशवपन, नियोग, वेश्यागमन का पूरी शक्ति से विरोध किया। बाल विधवाओं के लिए उन्होंने **"बालहत्या प्रतिबन्धन गृह"** स्थापित किया। उन्होंने विधवाओं के पुनर्विवाह का समर्थन किया। इससे

उनकी स्थिति में परिवर्तन आया। महिलाओं को सम्मान दिलाने के लिए **ज्योतिबा** ने **खोती प्रथा** का जोरदार विरोध किया।

महिलाओं के लिए राजा राममोहन राय ने भी उल्लेखनीय कार्य किया। इन्होंने ब्रह्म समाज की स्थापना 1828 में की थी। इस समाज की स्थापना उपनिषदों के आदेशों को सम्मुख रखकर की गई थी। उनकी मृत्यु के बाद **महर्षि देवेन्द्रनाथ टैगोर** ने ब्रह्म-समाज का संचालन करते हुए समाज-सुधार के आन्दोलन को चलाया और खुले रूप से वेद और वेदान्त का प्रचार करना शुरू कर किया। उन्होंने हिन्दू-समाज को सुधारने हेतु बहुपत्नी-विवाह का विरोध किया और विधवा-पुनर्विवाह व महिलाओं की शिक्षा का समर्थन किया। इससे भी महिलाओं की स्थिति पहले की अपेक्षा अच्छी हुई। ब्रह्म समाज के संचालक के रूप में सुधार-आन्दोलन को चलाने वालों में **श्री केशवचन्द्र सेन** का नाम उल्लेखनीय है। सन् 1863 में उन्होंने ही सर्वप्रथम महिलाओं के लिए **'वामाबोधिनी'** नामक पत्रिका प्रकाशित की तथा जाति-भेद को ठुकराकर अन्तर्जातीय विवाह का खुलेआम प्रचार किया। इससे जाति-पाँति का भेद-भाव दूर होने लगा। इनके नेतृत्व में **ब्रह्म-समाज** का सन्देश बंगाल के गाँव-गाँव में पहुँचा।

इसके पश्चात् सन् 1875 में **स्वामी दयानन्द सरस्वती** ने 'आर्य-समाज' की स्थापना की। इनका उद्देश्य न केवल हिन्दू-धर्म को पुनर्जीवित करना था, बल्कि जाति-पाँति के भेदभाव, अन्तर्जातीय विवाह के सम्बन्ध में प्रतिबन्ध, विधवा-पुनर्विवाह पर प्रतिबन्ध आदि के विरुद्ध भी क्रियात्मक आन्दोलन चलाना था। आर्य-समाज द्वारा **स्वामी दयानन्द** के आदर्शों के अनुसार आज भी इस देश के अलग-अलग भागों में इस दिशा में प्रयास किया जा रहा है।

महाराष्ट्र में मराठा शासनकाल में और विशिष्ट तौर पर पेशवाई काल में खोती विधि का विकास हुआ। इसमें खोत ब्राह्मण होता था जो कि एक गाँव या कई गाँवों की भूमि का स्वामी होता था। खोत का काम शूद्रों को जमीन जोतने बोने के लिए देना और फसल के समय तीन-चौथाई अनाज जबरन वसूलना होता था। शूद्र बहुओं को शादी की पहली रात उसी खोत के बंगले पर गुजारनी पड़ती थी। इस प्रथा को समाप्त करने के लिए ज्योतिबा ने इसका विरोध किया। उस समय हमारे देश में दलितों और महिलाओं को शिक्षा से दूर रखा जाता था। **ज्योतिबा** ने इन्हीं वर्गों के लिए शिक्षा की व्यवस्था की। 1848 में उन्होंने पूना दलितों के लिए पहला स्कूल खोला। पूना के सनातनी ब्राह्मणों ने दलितों के लिए स्कूल खोलने के काम को अधर्म घोषित करते हुए **ज्योतिबा** को समाज से बहिष्कृत करने की धमकी दी। किन्तु ये

टस से मस नहीं हुए। 3 जुलाई 18957 को **ज्योतिबा** ने सिर्फ लड़कियों के लिए एक स्कूल खोला। ज्योतिबा पहले भारतीय थे जिन्होंने लड़कियों के लिए स्वतन्त्र स्कूल खोला। स्कूल के लिए अध्यापक न मिलने पर उन्होंने अपनी पत्नी सावित्री को पढ़ाने के लिए तैयार किया। इस प्रकार सावित्री भारत की प्रथम भारतीय शिक्षिका बनीं। **ज्योतिबा** शिक्षा को शूद्रों, अतिशूद्रों एवं महिलाओं की मुक्ति के लिए आवश्यक मानते थे।

सर सैय्यद अहमद खाँ ने भी समाज सुधार के लिए प्रयास किया। सन् 1875 में उन्होंने एक शिक्षा संस्था की स्थापना की जो बाद में 'अलीगढ़ विश्वविद्यालय' के नाम से विख्यात हुई। वही अलीगढ़ विश्वविद्यालय आज केन्द्रीय विश्वविद्यालय हो गया है।

सन् 1887 में समाज-सुधार के लिए एक नया संगठन शुरू किया गया जिसका नाम **'भारतीय समाज सम्मेलन'** रखा गया। इस सम्मेलन का काम दहेज-प्रथा को समाप्त करना, बाल-विवाह को रोकना, विवाहों की अवस्था की उन्नति करना, महिला-शिक्षा का प्रचार करना, सामाजिक शुद्धि तथा आत्मसंयम की शिक्षा देना, अन्तर्जातीय विवाह को प्रोत्साहित करना, छूआछूत की भावना को समाप्त करना तथा अछूतों को समाज में बराबर का दर्जा देना एवं हिन्दू, मुस्लिम में आपसी सद्भाव व एकता रखना था। यह सम्मेलन **श्री रानाडे** की अध्यक्षता में सराहनीय काम करता रहा।

बहुत-से हिन्दू-विधवा आश्रमों की स्थापना सन् 1906 और 1912 के बीच देश-भर में हुई जिसमें मैसूर का 'विधवा-गृह' (1907), कलकत्ता का 'शिल्प आश्रम' (1907), बंगलौर का 'विधवा आश्रम' (1910), ढाका का 'दत्ता विधवा आश्रम', मद्रास का ब्राह्मण विधवा छात्रावास (1912) विशेष रूप से महत्वपूर्ण हैं।

सन् 1917 में दो महिलाओं, **डॉ. एनी बेसेण्ट** और **श्रीमती काउसिन्स** ने मद्रास में ''महिलाओं के भारतीय संघ'' की स्थापना की। इस कार्यक्रम में समाज से कठिवार्दता का अन्त होने लगा। अखिल भारतीय महिला सम्मेलन सन् 1927 में बनाया गया। इसके द्वारा बहुपत्नी-विवाह, महिला-शिक्षा, दहेज-प्रथा आदि से सम्बन्धित सुधार कार्यक्रम चालू किए गए। अपनी 'हरिजन' पत्रिका के माध्यम से **गाँधी जी** ने इस प्रकार के जनमत का निर्माण करने का प्रयास किया जिससे पर्दा-प्रथा, महिला-शिक्षा, छुआछूत, जातिवाद, विधवा-पुनर्विवाह आदि से सम्बन्धित कुप्रथाओं का अन्त हो सके। अपने जीवन के अन्तिम दिन तक गाँधीजी एक महान सुधारक बने रहे। हरिजनों के लिए उन्होंने अथक प्रयास किया।

15 अगस्त 1947 के पश्चात् भारत के स्वतंत्र होने पर समाज सुधार का दायित्व कांग्रेस ने अपने ऊपर ले लिया। 'विशेष विवाह अधिनियम, 1954', 'हिन्दू-विवाह तथा विवाह विच्छेद अधिनियम, 1955', 'दहेज प्रतिबन्ध अधिनियम, 1961 (1886 तक संशोधित), 'अस्पृश्यता (अपराध) अधिनियम, 1955', तथा 'वेश्यावृत्ति (निवारण) अधिनियम 1956' (1986 तक संशोधित), भारत सरकार के द्वारा पारित कुछ ऐसे कानून हैं, जिनका प्रत्यक्ष उद्देश्य समाज-सुधार या सामाजिक कुप्रथाओं को रोकने का प्रयास करना है। समाज-कल्याण विभाग, राज्य तथा केन्द्रीय समाज-कल्याण मण्डल आदि भी ऐसी राजकीय संस्थाएँ हैं जो इस दिशा में सक्रिय होकर इस पर ध्यान दे रही हैं। समाज-कल्याण मण्डल का मुख्य कार्य समाज-सुधार के काम में लगी ऐच्छिक संस्थाओं को सहायता देना है। महिलाओं तथा अखिल भारतीय सम्मेलन, विश्वविद्यालय महिला संघ, भारतीय महिला समिति, अखिल भारतीय महिला शिक्षा संस्था, कस्तूरबा गाँधी स्मारक ट्रस्ट आदि ने प्रयत्न किए। 1956 के हिन्दू उत्तराधिकार अधिनियम महिलाओं और कन्याओं का अनैतिक व्यापार निरोधक अधिनियम, दहेज निरोधक अधिनियम 1961 आदि ने महिलाओं को सुधारने की दृष्टि से महत्त्वपूर्ण भूमिका निभाई है। समाज सुधार के लिए तथा महिलाओं की दशा में परिवर्तन करने के लिए विभिन्न प्रकार के कार्यक्रम चलाये गये।

पुरुषों के समान महिलाओं को भी समाज में बराबर का दर्जा मिले इसके लिए संगठन बनाए गए तथा आन्दोलन की स्थापना हुई। इन संगठनों ने कई मुद्दे उठाए हैं तथा उनको लेकर आन्दोलनों एवं प्रदर्शन भी किए गए हैं। इन मुद्दों में से मुख्य हैं पुरुषों के समान महिलाओं को अधिकार देने तथा दहेज के कारण महिलाओं को जला देना या प्रताड़ित करना, हत्या, बलात्कार, शोषण, महिलाओं के साथ अमानवीय व्यवहार आदि विभिन्न प्रकार के असामाजिक कार्य उनके साथ किया जाता है।

राजनेताओं, सामाजिक कार्यकर्त्ताओं एवं महिला संगठनों ने नारी चेतना पैदा करने एवं उन्हें अपने अधिकारों से अवगत कराने में महत्त्वपूर्ण भूमिका निभाई है। परिणामस्वरूप सन् 1975 और वर्ष 2001 को **अन्तर्राष्ट्रीय महिला वर्ष** घोषित किया गया। सन् 1971 में भारत सरकार ने महिलाओं की प्रस्थिति के बारे में एक समिति गठित की जिसने 1974 में महिलाओं की उन्नति के बारे में कई महत्त्वपूर्ण सुझाव दिए। इन सुझावों का सर्वत्र स्वागत किया गया।

महिलाओं की समस्याओं एवं समाधान हेतु एक अखिल भारतीय संगठन की स्थापना की गयी है।

महिलाओं के विकास के लिए महिला विकास निगम की स्थापना की गई है। उद्योगों को चलाने के लिए उनके लिए कम ब्याज पर बैंक से पैसे की भी व्यवस्था की गई है।

निष्कर्ष रूप में यह कहा जा सकता है कि देश में संचालित किए गए महिला विकास कार्यक्रम एवं आंदोलनों में महिलाओं के क्षेत्र में काफी सुधार आया है और आगे ऐसे ही कार्यक्रमों को संचालित करने की आवश्यकता है।

4

सामाजिक कल्याण एवं गरीबी उन्मूलन

भारत एक विकासशील देश है। यहाँ के अधिकांश लोगों की आर्थिक स्थिति काफी निर्बल है। भारत की अधिकांश परिवार गरीबी रेखा के नीचे जीवनयापन करते हैं हालाँकि स्वतंत्रता के उपरांत भारत के गरीबों के उत्थान एवं विकास के लिए जवाहर रोजगार योजना, इंदिरा आवास योजना, अंत्योदय आदि योजनाओं को क्रियान्वित किया गया है फिर भी गरीबों की समस्याओं का कोई खास समाधान नहीं हो पाया। चूँकि समाज कल्याण एवं गरीबी उन्मूलन दोनों में सकारात्मक सम्बन्ध पाया जाता है। भारतीय सांस्कृतिक इतिहास का अध्ययन करने से यह स्पष्ट होता है कि कल्याण कार्यक्रम परोपकार की दृष्टि से चलाये जाते रहे हैं, चाहे उनके पीछे ख्याति प्राप्त करने या परलोक सिधारने की भावना भी निहित क्यों न हो। लेकिन कल्याण कार्यक्रमों के प्रति आधुनिक दृष्टिकोण कुछ भिन्न है। आधुनिक दृष्टिकोण में मानसिक व शारीरिक रूप से असमर्थ लोगों को गरिमा के साथ जीवन जीने के उद्देश्य से सरकार अथवा सरकारी अभिकर्ता के रूप में सहायता दी जानी चाहिए। शायद इसी तर्क के आधार पर सरकार को कल्याण कार्यक्रम तैयार करके उनके लिए धन निर्धारित करना चाहिए। विकासशील देशों में असमर्थ विकलांगों के अतिरिक्त कुछ ऐसे वर्ग भी हैं जिनमें इस तरह का अभाव है लेकिन वे सामाजिक, सांस्कृतिक

अथवा राजनीतिक कारणों से आर्थिक दृष्टि से उपेक्षित रहे हैं, इन देशों की सरकारों को चाहिए कि उनकी असमर्थता को दूर करने के लिए व्यापक कार्यक्रम चलायें तथा इन्हें सामाजिक दृष्टि से ज्ञान तथा कौशल प्राप्ति एवं उपयोग के अवसर प्रदान करें। ऐसी स्थिति पाकर ये लोग समान नागरिकता के सभी अधिकारों एवं दायित्वों का उपयोग निर्वाह करने के उपाय बन सकेंगे। कमजोर वर्गों की देखभाल एवं कल्याण के मामलों में सरकार द्वारा किये जाने वाले मामलों में सरकार द्वारा किये जा रहे कार्यों के लिए दिशा निर्देशों की दृष्टि रो भारतीय संविधान एक अनूठा उदाहरण है। भारतीय संविधान में प्रत्येक भारतीय नागरिक को स्वतंत्रता, गरिमा और बुनियादी तौर पर जीने का अधिकार दिया गया है।

भारत का सामाजिक एवं आर्थिक दृष्टि से पिछड़ेपन देश की सीमाओं के बाहर भी ज्वलन्त अध्ययन का केन्द्र रहा है। ब्रिटिश शासन की घोर उपनिवेशवादिता तथा सांस्कृतिक कारणों के फलस्वरूप भारत जैसे देशों में जो कि विश्व का सबसे बड़ा प्रजातंत्र है, कल्याण की जरूरतें अत्यधिक मात्रा में परिलक्षित होता है। इसी कारण से यहाँ गरीबी उन्मूलन का कार्य भी विशाल है। यही नहीं कल्याण कार्यों में सामाजिक, सांस्कृतिक तथा आर्थिक असमर्थताओं के अनुरूप कार्यक्रम की रूपरेखा निर्धारित करनी होती है। भारत में अनुसूचित जातियों, अनुसूचित जनजातियों, अल्पसंख्यकों तथा पिछड़े वर्गों की जनसंख्या का प्रतिवाद क्रमशः 16.48, 8.08, 16. 47 तथा 52.0 है। इन सभी वर्गों की अलग-अलग तरह की आवश्यकताओं को पूरा करना होता है जिससे कल्याण कार्यक्रम काफी बड़ा और विविधपूर्ण बन जाता है।

सामाजिक कल्याण कार्यक्रम

सामाजिक कल्याण कार्यक्रमों की कुछ प्रमुख पंक्तियों में स्पष्ट किया गया है

1. विकलांग तथा वंचित लोगों के प्रशिक्षण व पुनर्वास के लिए अनेक स्थानों का प्रबन्ध देखना और अनुदान आदि के माध्यम से इन गतिविधियों में स्वयंसेवी संगठनों में अधिक से अधिक सहयोग लेना आदि।
2. बेसहारा बच्चों के लिए योजना चलाना।
3. नशीले पदार्थों के सेवन पर रोक लगाना तथा मद्यनिषेध लागू करना।
4. मानसिक रूप से पीड़ित लोगों के लिए सेवाएँ चलाना तथा
5. विकलांग व्यक्तियों का उपचार तथा पुनर्वास करना।

6. उपेक्षित वर्गों की सामाजिक-आर्थिक दशा सुधारने के उद्देश्य से गठित अनेक आयोगों का कामकाज देखना।
7. भिखारियों को मदद तथा कामधन्धों का प्रशिक्षण देना, सामाजिक सुरक्षा कार्यक्रमों का संचालन करना।
8. वृद्धजनों की देखभाल करना।
9. सहायता और राहत देने के लिए जातियों एवं समुदायों पर आधारित मामलों को निपटाना।
10. समाज के वंचित वर्गों की महिलाओं व लड़कियों के कल्याण की योजना बनाना।
11. छात्रों को छात्रवृत्ति देना।

समाज कल्याण संबंधी कार्यों को इस सूची में सम्मिलित करने की जरूरत है। परंतु फिलहाल यह इस बात का पर्याप्त संकेत दे देती है कि भारत जैसे विशाल जनसंख्या वाले देश में कल्याण संबंधी आवश्यकताएँ तथा उन्हें पूरा करने के लिए सरकार द्वारा किये जा रहे कार्य कितने व्यापक तथा जटिल हैं। इसी परिप्रेक्ष्य में प्रधानमंत्री ने अगस्त 1995 में देश के सरपंचों, पंचों के नाम भेजे गए अपने पत्र में नई योजनाओं की जिम्मेदारी पंचायतों पर डाली।

गरीबी उन्मूलन कार्यक्रम देश की लगभग आर्थिक व्यवस्था में सुधार व मजबूत बनाने के लिए हमने कई कदम उठाये। देश में राजनैतिक स्थिरता एवं आर्थिक विकास का माहौल बनाया ताकि हम ग्रामीण विकास के कार्यक्रम बड़े पैमाने पर लागू कर सकें। इसके सफल कार्यान्वयन के लिए हमारे राजीव जी के सपने के अनुरूप पंचायती राज को संविधान का अंग बनाया जब संविधान (73वाँ संशोधन) अधिनियम 1992 लागू हुआ था, ''उस वक्त मैंने आपको पत्र लिखा था। मैंने पंचायती राज के नये स्वरूप के बारे में विस्तार से चर्चा की थी। इसमें समाज के कमजोर वर्ग जैसे अनुसूचित जातियों, पिछड़े वर्गों और महिलाओं के पर्याप्त प्रतिनिधित्व के बारे में बताया था। विकास के क्षेत्र में आपकी नयी जिम्मेदारियों की आपको जानकारी दी थी। मेरा मत है कि ग्रामीण क्षेत्र में विकास कार्यक्रम, पंचायतों के माध्यम से ही सफल हो सकता है।''

इस तथ्य से लगभग सभी लोग भली-भाँति परिचित ही होंगे कि आठवीं पंचवर्षीय योजना में ग्रामीण विकास के लिए राशि के आवंटन में बड़ी वृद्धि की है। हमने यह भी सुनिश्चित किया है कि जवाहर रोजगार योजना, इंदिरा आवास योजना, सुनिश्चित रोजगार योजना, समन्वित ग्रामीण विकास कार्यक्रम आदि के लिए, गरीबी

की रेखा से नीचे जीवन बिता रहे लोगों के लाभ के लिए जिलों तथा पंचायतों को आर्थिक सहायता प्रदान की जाए। इसी तरह, क्षेत्र विकास कार्यक्रम जल तथा भूमि संरक्षण, फसल सुधार, घरेलू उद्योगों का प्रोत्साहन, ग्रामीण आधारभूत ढाँचे के निर्माण के लिए भी मदद पंचायतों को जिला योजना द्वारा प्रदान की जाए। हमने यह भी सुनिश्चित किया है कि गरीबी उन्मूलन के सभी केन्द्र प्रायोजित कार्यक्रमों के कार्यान्वयन में हमारी पंचायतों तथा गाँव सभाओं को महत्त्वपूर्ण भूमिका सौंपी जाय।

गरीबी उन्मूलन कार्यक्रमों पर इनसे अधिक ध्यान देने और इनके लाभ जनता के सबसे जरूरतमंद और कमजोर वर्गों तक पहुँचाने के लिए अब हमने तीन और बड़े कार्यक्रम शुरू किए हैं। इसके कार्यान्वयन के लिए पंचायतों को जिम्मेदारी सौंपी गई है। वे तीनों कार्यक्रम इस प्रकार हैं

राष्ट्रीय सामाजिक सहायता कार्यक्रम इस कार्यक्रम में विभिन्न केन्द्रीय मदद प्रदान की जायेगी जो निम्नलिखित है

1. गरीब परिवारों के रोजी कमाने वाले मुखिया की स्वाभाविक मृत्यु पर 5000 रुपये और दुर्घटना से हुई मृत्यु पर 10,000 रुपये की एकमुश्त परिवार सहायता।
2. गरीब परिवारों की महिलाओं को दो जीवित बच्चों के लिए (प्रसूति पूर्व और प्रसूति के बाद देखभाल के अलावा) 300 रुपये मातृत्व सहायता।
3. 65 वर्ष और उससे ऊपर की आयु के गरीब एवं निःसहाय व्यक्तियों को 75 रुपये प्रतिमाह वृद्धावस्था पेंशन।

प्राथमिक पाठशालाओं में बच्चों के लिए पौष्टिक आहार की व्यवस्था प्रथम चरण में, संपुष्ट सार्वजनिक विफल प्रणाली के तहत आने वाले 2,446 पिछड़े ब्लॉकों में प्राथमिक पाठशालाओं में पहली से पाँचवीं तक की कक्षाओं में पढ़ने वाले बच्चों को प्रतिदिन 100 ग्राम प्रति बालक की दर से खाद्यान्न दिए जाएँगे। इस तरह प्रति माह 3 कि.ग्रा. प्रति बालक की दर से खाद्यान्न दिए जाएँगे। यह संभावना बतायी जा रही है कि स्थानीय स्वयंसेवी संगठनों, अभिभावक शिक्षक समितियों, ग्रामीण महिला समूहों और अन्य संगठनों के साथ मिलकर पंचायतें भारत सरकार द्वारा दिए गए खाद्यानों से स्कूलों में छात्रों के लिए पके हुए भोजन की व्यवस्था कराएँगी। पंचायतों को अपनी-अपनी प्राथमिक पाठशालाओं के इस योजना को सफल बनाकर दिखाना है। इस कार्यक्रम को आने वाले दो वर्षों में देश के शेष राज्यों में भी संचालित किया जायेगा।

ग्रामीण सामूहिक जीवन बीमा योजना इस योजना के आधार पर 40 वर्ष

तक की आयु के लोगों द्वारा 60 रुपये प्रति वर्ष और 40 से 50 वर्ष की आयु के लोगों के द्वारा 70 रुपये प्रतिवर्ष की आसान किस्त अदा किए जाने पर ग्रामीण क्षेत्रों के सभी लोगों के लिए 5,000 रुपये का जीवन बीमा किया जाएगा। गरीबी की रेखा से नीचे बसर करने वाले परिवारों के लिए हर ऐसी पालिसी की किस्तों का खर्च केन्द्र और राज्य सरकारें बराबर-बराबर वहन करेंगी। पंचायतें इस योजना के एजेंट के रूप में कार्य करेंगी और इसका प्रचार-प्रसार करेंगी। वे भारतीय जीवन बीमा निगम द्वारा निर्धारित मानदंड एवं प्रक्रियाओं के अनुसार सदस्यों का नामांकन करेंगी, किस्तों को वसूल और जमा करेंगी और बीमा दावों को आगे भेजेंगी। इस प्रकार, पंचायतों के सक्रिय सहयोग से ग्रामीण क्षेत्रों में सामाजिक बीमा को प्रोत्साहन मिलेगा। गरीब परिवारों को यह योजना रियायती दर पर जीवन सुरक्षा प्रदान करेगी। इससे राष्ट्रीय सामाजिक सहायता कार्यक्रम के तहत परिवारों को मदद मिलेगी जो परिवार के लिए वरदान साबित होगी।

"मैं गरीबों के लिए नई योजनाओं पर 29 जुलाई, 1995 को दिए गए राष्ट्र के नाम अपने संदेश की एक प्रति संलग्न कर रहा हूँ। इन सभी योजनाओं के कार्यान्वयन में लाभार्थियों को सक्रिय रूप से शामिल किया जाना चाहिए। इन कार्यक्रमों में लोगों की अधिक से अधिक भागीदारी प्राप्त करने के लिए लाभार्थी समिति, वर्क्स कर्मटी, उपभोक्ता समिति आदि का गठन किया जाना चाहिए। इनके सहयोग से कार्यक्रमों के कार्यान्वयन में आने वाली बहुत सी समस्याएँ दूर हो जाएँगी।

लगभग समस्त ग्रामीणों ने चुनाव हिस्सा किया होगा। चुनाव में आपकी जीत हुई अब आपको निरंतर प्रयत्नशील रहना है कि ग्राम पंचायतों के अधीन जितने कार्यक्रम संविधान ने दे रखे हैं, उन सबका कार्यान्वयन सुचारु रूप से होता रहे। आपका कर्त्तव्य बने कि आपके कार्यकाल में हर महिला/पुरुष को हर योजना का लाभ पहुँचे। यदि इतना कार्य आपने कर लिया तो गाँव आपके साथ होगा और आप गाँव के गाँधी होंगे। राष्ट्रपिता महात्मा गाँधी एक ऐसे महान/पुरुष थे जो मात्र सेवा, प्रेम, सद्भाव अहिंसा और निष्ठा के बल पर जन-मन में बस गये और भगवान स्वरूप हो गए। नेकनीयती का यह चमत्कार है।

यह तथ्य सत्य है कि कल्याण संबंधी अधिकांश आवश्यकताएँ गरीबी को जन्म देती हैं। अतः गरीबी के अनुपात में कमी होने से कल्याण संबंधी आवश्यकताओं में भी स्वतः कमी आ जायेगी। इस दृष्टिकोण से गरीबी निवारण को राष्ट्रीय मुद्दा बनाना होगा।

गरीबी से नीचे की आबादी

स्वतन्त्रता के उपरान्त भारतीय प्रशासन ने देश की सर्वांगीण काल व भविष्य की नव आकांक्षाओं एवं सोपानों को दृष्टिगत रखते हुए अप्रैल, 1951 से देश में योजनाबद्ध विकास की आधारशिला रखी। इसी परिप्रेक्ष्य में भारतीय संविधान के नीति निर्देशक सिद्धान्तों के निहितार्थों के अनुरूप गरीबी उन्मूलन एक विशेष आकर्षण का विषय (मुद्दा) बना। लेकिन योजना की संस्थापना से आज तक के 35 वर्षों में औसत प्रति व्यक्ति आय में अपेक्षित वृद्धि होना बाकी है। यह सत्य है कि रहन-सहन की परिस्थितियों में बहुत कम मात्रा में सभी क्षेत्रों में परिवर्तन आया है तो भी काफी लोग ऐसी गरीबी का जीवन व्यतीत कर रहे हैं जो उन्नत समृद्ध लोकतांत्रिक समता व समाजवादी ढाँचे की न्यायकारी परिधि में निर्मित समाज में असंगत मानी जा सकती है, शायद इसी कारण से आज हम गरीबी को अपनी योजनाओं में सर्वोच्च प्राथमिकता देते हैं। गरीबी उन्मूलन हेतु एक उपयुक्त व्यूह रचना के निर्माण हेतु इसके कारण, प्रकृति व व्यापकता को देखना आवश्यक है।

देश में अत्यधिक गरीबी तथा आयामों के मूल्यांकन हेतु समय-समय पर योजना आयोग सहित विशेषज्ञों द्वारा बहुत से अध्ययन हुए हैं। विभिन्न धारणाओं पर आधारित इनमें से बहुत से विवादास्पद हैं, लेकिन इस दृष्टि से महत्त्वपूर्ण है कि उन्होंने नीति निर्माण से संबंधित कई महत्त्वपूर्ण विचारार्थ बिन्दु उठाये हैं। गरीबी की परिभाषा संबंधी विवाद साठ की दशाब्दी के शुरू में उस समय आरम्भ हुआ जब गरीबी उन्मूलन न्यूनाधिक मात्रा में एक राजनैतिक नारा बन गया था। आँकड़ों की कमी तथा वार्षिक आधार पर राष्ट्रीय प्रतिदर्श सर्वेक्षण के प्रतिवेदन के अभाव में भारत में गरीबी के अभ्युदय की एक बोधोन्मुख तस्वीर खींचना बहुत कठिन है। राष्ट्रीय प्रतिदर्श सर्वेक्षण की रिपोर्ट प्रति पाँच वर्ष की अवधि में उपभोग-व्यय के आँकड़े प्रदान करती है तो भी इस क्षेत्र में विभिन्न अनुमानों को एक साथ रखकर जाँचने से भारत में गरीबी की संरचना का पता चल सकता है।

गरीबी के अर्थ को दो प्रकार से परिभाषित कर सकते हैं   निरपेक्ष गरीबी व सापेक्षिक गरीबी। हम यहाँ निरपेक्ष गरीबी से ही गरीबी की रेखा का अध्ययन करेंगे।

गरीबी की रेखा   योजना आयोग द्वारा 1962 में संगठित एवं कार्यकारी दल के अनुसार पाँच व्यक्तियों के परिवार के लिए न्यूनतम पोषण तत्त्व भोजन और भोजन के स्तर सामान्य स्तर के पदार्थ उपलब्ध रहने के लिए न्यूनतम 1960-67 के मूल्य पर कम से कम 100 रुपये प्रतिमाह अर्थात् 20 रुपये प्रति व्यक्ति प्रति

माह होना चाहिए, लेकिन गरीबी की रेखा की अवधारणा और उस रेखा से नीचे के व्यक्तियों की प्रतिशत निर्धारित करने की पहली बार कोशिश छठी पंचवर्षीय योजना में की गई थी। जो कुछ निश्चित किया गया था वह योजना आयोग (1980-85) द्वारा 1977 में न्यूनतम आवश्यकताओं और कारगर उपभोग माँग पर नियुक्त कार्यबल की अनुशंसाओं पर आधारित था, जिनकी परिभाषा के अनुसार गरीब व्यक्ति वे हैं, जिनका प्रति व्यक्ति उपभोग-व्यय प्रति-दिन प्रति व्यक्ति के भोजन में ग्रामीण क्षेत्रों में 2400 कैलोरी और शहरी क्षेत्रों में 2100 कैलोरी होने के बराबर होता है। ऐसे भोजन गरीबी की रेखा (की रुपयों में कीमत 1973-74) की मूल्य दर के हिसाब से प्रति व्यक्ति प्रति मास ग्रामीण क्षेत्रों में 49.09 रुपये और शहरों में 56.65 रुपये लगाई गई है। 1979-80 में ये मध्य बिन्दु ग्रामीण क्षेत्रों में प्रति व्यक्ति प्रतिमाह 76 रुपये और शहरी क्षेत्रों में 88 रुपये रखे गये हैं। इनसे नीचे प्रति व्यक्ति प्रतिमाह का उपभोग करने वाले व्यक्ति निर्धन माने जाते हैं। इन आंकलनों के लिए राष्ट्रीय प्रतिदर्श सर्वेक्षण के पंचवार्षिक उपभोक्ता व्यय सर्वेक्षण में दिये गये आँकड़े हैं। उपर्युक्त वर्णित विश्लेषणों के अन्तर्गत कैलोरी के इन्हीं मापदण्डों का अनुकरण किया गया है।

सातवीं योजना के लिए नवीनतम अनुमान के अनुसार गरीबी की रेखा का मापदण्ड 1984-85 के मूल्य स्तर पर ग्रामीण क्षेत्रों के लिए 107 रुपये तथा शहरी क्षेत्रों के लिए 14 रुपये प्रति व्यक्ति प्रति माह लगाया गया है। इस माप के अनुसार योजना मंत्री का यह मानना है कि 1984-85 में गरीबी की रेखा के नीचे रहने वाली आबादी की प्रतिशतता 35.9 है। इससे यह प्रतीत होता है कि बढ़ती हुई जनसंख्या और न्यूनतम जीवन निर्वाह व्यय के साथ गरीबी का प्रतिशत भी बढ़ता रहा। विगत तीन दशकों में करोड़ों व्यक्ति न्यूनतम भोजन व अन्य सामग्री जुटाने में असमर्थ रहे।

योजना आयोग ने 1977-78 के वर्ष के लिए शहरी व ग्रामीण क्षेत्रों के लिए अलग-अलग गरीबी की रेखा से नीचे रहने वाली जनसंख्या के प्रतिशत का अनुमान लगाया। जिसके आधार पर गरीबी की रेखा से नीचे रहने वाले ग्रामीण व शहरी की कुल जनसंख्या क्रमशः 50.8 प्रतिशत, 38.2 प्रतिशत थी। अतः यह स्पष्ट है कि योजना आयोग के मानदण्ड के अनुसार योजनाबद्ध विकास के तीन दशकों के बावजूद देश में गरीबी व्याप्त है। समस्या की गहनता उस समय और अधिक है जब हम यह मानते हैं कि उपरोक्त सभी देश में गरीबी के सन्दर्भ मात्र हैं। भारत संघ के भीतर कुछ ऐसे भी राज्य हैं जहाँ गरीबी अपनी चरम सीमा पर पहुँच चुकी है। इसके अलावा हर गरीब व्यक्ति एक समान गरीब नहीं हैं। गरीबी की कुछ स्थितियाँ

हैं जहाँ लोग निराश्रयता (अभावपूर्ण) अथवा जीवन की मूलभूत आवश्यकताओं में कमी के कारण नंगी गरीबी में जी रहे हैं।

गरीबी के माप के रूप उपभोग व्यय का मानदण्ड तो 1970 के दशक में प्रयुक्त हुआ। इससे पूर्व भी उपभोग व्यय सहित कुछ अन्य मानदण्डों को आधार मानकर विभिन्न विद्वानों ने ग्रामीण भारत में गरीबी के विभिन्न अनुमान लगाये जिनमें कीमत सूचाकांक प्रमुख रहे हैं। यदि हम विभिन्न अनुमानों का संक्षिप्त चार्ट प्रस्तुत करें तो विगत तीन-चार दशकों के अंतर्गत गरीबी की स्पष्ट तस्वीर हमारे सम्मुख आ जाती है। इतनी लम्बी अवधि के ये आँकड़े तुलनात्मक अध्ययन प्रस्तुत करने के अतिरिक्त इस दृष्टि से भी महत्त्वपूर्ण हो जाते हैं कि गरीबी निवारण नीतियों में हम इन अनुमानों की मौलिक अवधारणाओं पर दृष्टिपात करके कुछ उचित सुधार कर सकते हैं।

गरीबी निवारण नीतियाँ

स्वतन्त्रता के उपरान्त भारत में संचालित की गयी प्रथम चार पंचवर्षीय योजनाओं के अन्तर्गत हालाँकि गरीबी को कम करने के लक्ष्य उपस्थित था। परन्तु इसके लिए विशिष्ट कार्यक्रम की कमी थी। इन योजनाओं में गरीबी निवारण हेतु वास्तविक नियोजन की अपेक्षा आलंकारिक स्वरूप अधिक रहा। चतुर्थ पंचवर्षीय योजना में तो केवल इस समस्या को विलक्षित किया गया। प्रारूप पंचवर्षीय योजना में नीचे के 30 प्रतिशत लोगों का उपभोग स्तर 1972-73 की कीमतों पर 25 रुपये प्रति माह से न्यूनतम वांछनीय 40.6 रुपये तक बढ़ाना था। कृषि श्रमिकों तथा छोटे व सीमान्त किसानों जैसे गरीब समूहों पर अधिक ध्यान केन्द्रित किया गया। छठी पंचवर्षीय योजना में व्यापक रूप से गरीबी के अनुमान लगाये गये व पुनर्वितरणात्मक नीतियाँ अपनाई गईं। सातवीं पंचवर्षीय योजना ने गरीबी के स्तर को 1983-84 में 37.4 प्रतिशत पर रखा है। ग्रामीण क्षेत्रों में कुल जनसंख्या के 40.4 प्रतिशत तथा शहरी क्षेत्र में 28.10 प्रतिशत जनसंख्या के गरीबी की रेखा से नीचे होने का अनुमान है। भारत ग्रामीण क्षेत्रों में गरीब उग्र रूप धारण कर चुकी है। अपर्याप्त रोजगार तथा उसके फलस्वरूप निम्न क्रय शक्ति उनको दरिद्रता के कुचक्र में रखता है। सूखे व अकाल की समस्या ने भी गरीबी के सामाजिक उपचार के लिए बाध्य किया।

गरीबी उन्मूलन के कार्यक्रम के विभिन्न कार्यक्रमों पर ध्यान देने से यह स्पष्ट हो जाता है कि उनकी सफलता कोई खास नहीं थी। विभिन्न क्षेत्रों में कार्यक्रमों की कार्यप्रणाली से लगता है कि ये सभी कार्यक्रम केवल अनुदान प्रदायक कार्यक्रम ही

रह गए तथा ऐसी परिसम्पत्ति का सृजन नहीं करने पाये जिससे भविष्य में एक परिवार पर्याप्त उत्पादन करके निर्वाह कर सके। कुछ मामलों में यह पाया गया है कि लाभान्वित व्यक्ति सहायता के मानदण्ड पूरे नहीं करता। जरूरतमंद व्यक्ति इन सुविधाओं को प्राप्त नहीं कर पाता। कई बार परिसम्पत्ति की खरीद का सौदा केवल कागजों पर ही होता है। मूल्यांकन अध्ययनों से पता चलता है कि उपयुक्त क्षेत्र स्तर का नियोजन नहीं किया गया जिससे बहुत सारी परियोजनाएँ गैर जीवनक्षम बन सकती हैं। गरीबी उन्मूलन कार्यक्रमों में क्षेत्रीय असंतुलन तो रहा ही है। जहाँ अच्छी अन्तःसंरचना, स्थानीय सहभागिता व उचित अनुवर्ती कार्यवाही रही वहीं परिणाम संतोषजनक रहा। सातवीं पंचवर्षीय योजना के दस्तावेज में यह स्वीकारा गया है कि इन कार्यक्रमों की कमियों ने ही इसकी प्रगति को अवरुद्ध किया है।

हमारे देश में गरीबी उन्मूलन नियोजित विकास का एक प्रमुख उद्देश्य है। नियोजन युग के आरम्भ से ही इस उद्देश्य को ध्यान में रखकर कार्यक्रम तथा नीतियाँ बनाई गईं और आवश्यकतानुसार समय-समय पर उनमें परिवर्तन किया गया। 1980 में तत्कालीन प्रधानमंत्री श्रीमती इंदिरा गाँधी ने गाँवों में गरीबी पर सीधा प्रहार करने का उद्देश्य स्पष्ट रूप से सामने रखा। फलस्वरूप योजना में ग्रामीण समस्या पर अधिक ध्यान दिया गया जिसे सातवीं योजना में और अधिक सम्बल प्रदान किया गया। इस संदर्भ में कुछ विशिष्ट गरीबी निवारण कार्यक्रमों का अध्ययन करना आवश्यक होगा।

समन्वित ग्रामीण विकास कार्यक्रम

इस कार्यक्रम के आधार पर गाँवों में गरीबी से नीचे जीवनयापन करने वाले परिवारों को अभिचिह्नत करके उन्हें उत्पादक परिसम्पत्ति अथवा उपकरण खरीदने या स्वरोजगार के लिए उपयुक्त कौशल प्राप्त करने के लिए सहायता प्रदान की जाती है, जिसके परिणामस्वरूप व्यक्ति अपनी आय में इतनी वृद्धि कर सकता है कि वह विकास प्रक्रिया द्वारा गरीबी रेखा से ऊपर उठ जाये। छठी योजना में शुरू किये गये इस कार्यक्रम का इस योजना के अन्त में मूल्यांकन करने से अनेक कमियों का पता चला। इन कमियों तथा राज्य सरकारों से प्राप्त प्रतिपोषक सूचना के आधार पर सातवीं योजना में अनुकूल परिवर्तन किये गये। गरीबी रेखा का आधार 6400 रुपये था, लेकिन आई.आर.डी.पी. के अन्तर्गत सहायता देने का लक्ष्य रखा गया था जिनमें एक करोड़ तो नये परिवार थे तथा एक करोड़ ऐसे पुराने हितग्राही थे जो गरीबी की रेखा पार नहीं कर सके थे तथा जिन्हें दोबारा लेने की आवश्यकता थी।

किसी भी समाज या वर्ग के लिए गरीबी एक कलंक है। इस गरीबी व दरिद्रता को हटाने के लिए विभिन्न कार्य किये गये हैं परन्तु व्यावहारिक जीवन में उनका आनुपातिक परिणाम देखना बाकी है। सत्तारूढ़ दलों के द्वारा समय-समय पर इस तरह के कुछ कदम उठाए गए हैं, जिसमें गरीब वर्ग को राहत मिल सके। चूँकि गाँधी जी दरिद्र वर्ग के उत्थान के लिए चिन्तित रहे हैं, अतः उन्हीं के जन्मदिन 2 अक्टूबर, 1977 से तत्कालीन राज्य सरकार ने एक ऐसा कार्यक्रम प्रारम्भ किया जो गाँधीजी के दर्शन से निकट का महसूस हुआ एवं जिसमें समाज के गरीब वर्ग को ऊपर उठाने का प्रयत्न किया गया। इस कार्यक्रम को 'अन्त्योदय' कहा गया।

अन्त्योदय अन्त + उदय इन दो शब्दों से मिलकर बना है। जिसका आशय है उन्नति व प्रगति की श्रेणी में खड़े सबसे अन्तिम व्यक्ति का उत्थान अर्थात् ऐसा व्यक्ति जो गरीबतम, निराश्रित, निरीह, लेकिन कार्यशील होते हुए भी अपनी जीविका अर्जित करने में असमर्थ हो, का उत्थान करना। राज्य के ग्रामीण समुदाय में गरीबों में भी सबसे गरीब व्यक्ति के लिए अभीष्ट यह कार्यक्रम 'अन्त्योदय' कहलाया। यह आर्थिक विकास के संक्रमण में एक श्लाघनीय उपागम है जो विकास की शुरुआत नीचे से करती है, अर्थात् जो व्यक्ति विकास लाभों से अब तक वंचित व उपेक्षित है, सबसे पहले उन्हीं व्यक्तियों को उठाना आवश्यक है।

अन्त्योदय कार्यक्रम गाँधी चिन्तन व दर्शन पर निर्भर एक विकास उन्मुख कार्यक्रम है। गाँधी जी के सपनों का भारत सम्पन्नता एवं सौहार्द्रता पर आधारित है। उन्होंने एक ऐसे समाज का स्वप्न देखा था जो गरीबी उन्मुक्त हो तथा प्रत्येक भारतवासी स्वतंत्र राष्ट ्र के निर्माण में अपनी प्रभावपूर्ण आवाज रख सके। राजस्थान में जनता सरकार द्वारा ग्रामीण निर्धनता को दूर करने की दिशा में 'अन्त्योदय' कार्यक्रम अपनाया गया है। 33 हजार गाँव वाले राजस्थान का इस कार्यक्रम को अग्रणी होने का सौभाग्य प्राप्त होना, कार्यक्रम के ऐतिहासिक महत्त्व को और भी सुदृढ़ कर देता है।

भारतीय संविधान की प्रस्तावना में भी यह उल्लेख किया गया है कि हम समानता व न्याय के आधार पर रचित एक समाजवादी समाज का निर्माण करना चाहते हैं। केन्द्रीय व राज्य सरकारें भी गरीबी उन्मूलन के लिए आरम्भ से ही अपने प्रयासों के प्रति प्रतिबद्ध रही हैं, लेकिन कुछ अप्रत्याशित बाधाओं के कारण कार्यान्वयन में कोई कमी रही। इस तथ्य को दृष्टिगत रखते हुए अन्त्योदय को एक विशिष्ट रूप प्रदान किया। आर्थिक दृष्टि से निर्बल व्यक्ति के विषय में अन्त्योदय कार्यक्रम अन्य कार्यक्रमों से कुछ दृष्टियों से भिन्न है जो इस प्रकार है

1. चयन का मानदण्ड गरीबी है।
2. क्षेत्रीय विषमता का पूर्ण अभाव है।
3. प्रक्रिया नीचे से चलकर ऊपर की ओर यात्रा करती है।
4. कार्यक्रम के क्रियान्वयन में अपनाई गई पद्धति में गुणात्मक परिवर्तन किया गया।

चुनाव हेतु मानदण्ड

गरीबी की रेखा से नीचे वाले परिवारों में से गरीबतम परिवार के चयन की सुविधा के लिए, सामान्यतः निम्न मानदण्ड निर्धारित किए गए हैंः

1. आर्थिक क्रियाओं योग्य (15-59 वर्ष के वर्ग के व्यक्ति) विहीन विपन्न परिवार।
2. ऐसे परिवार जिनकी कुछ परिसम्पत्ति है, पर फिर भी आय कम है।
3. ऐसे परिवार जिनके पास जमीन व दूसरी परिसम्पत्ति है लेकिन गरीबी की रेखा से नीचे रह रहे हैं।
4. ऐसे परिवार जिनके पास जमीन व दूसरी परिसम्पत्ति नहीं है लेकिन आर्थिक क्रिया में संलग्न व्यक्तियों की वार्षिक आय गरीबी की रेखा के निर्धारित मानदण्ड से नीची हो।

प्रशासन व्यवस्था से लेकर अन्त्योदयी परिवार तक सम्बन्ध स्थापित करने में अनेक व्यक्तियों की शृंखला अपनी भूमिका अदा करती है। लाभार्थी परिवारों के चयन में मदद पहुँचाने में पटवारी की भूमिका अत्यधिक सराहनीय है। साथ ही सरपंच, ग्राम सभा, ग्राम सेवक व अध्यापक इन परिवारों के चयन में सहायता करते हैं। जिला नियोजन की सुगमता प्रक्रिया से लोगों को इस योजना से विज्ञ कराया जाता है।

गरीबी की रेखा से नीचे गुजारा करने वाले अन्त्योदयी परिवारों को प्रदान की जाने वाली सुविधा अथवा सहायता चहुँमुखी विकास की दिशा में एक महत्त्वपूर्ण कदम है। इन परिवारों को भूमि, भूमि व ऋण दोनों ऋण तथा अनेक प्रकार की सहायता दी जाती है जिसमें सामान्यतः ऋण व अनुदार का प्रतिशत अधिक पाया जाता है। सहायता देते समय इस बात को ध्यान में रखा जाता है कि सहायता की प्रकृति व्यवसाय के अनुरूप हो ताकि उनकी उत्पादकता में धनात्मक प्रवृत्तियाँ फलीभूत हो सकें। ग्रामीण भारत में एक ऋणग्रस्तता का एक स्थायी स्वरूप बन चुका है। अधिकांश व्यक्तियों ने ऋण ले रखे हैं, ऋण का

स्वरूप नगद मुद्रा या पशु खरीदना या अनाज खरीदना अथवा अन्य कुछ हो सकता है।

अन्त्योदय कार्यक्रम के अन्तर्गत भूमिहीन मजदूरों एवं ग्रामीण दस्तकारों को ज्यादा से ज्यादा लाभान्वित हों यद्यपि अन्त्योदयी परिवार सर्वोच्च प्राथमिकता कृषि भूमि को देते हैं और उसके बाद पशुपालन, कुटीर उद्योग, हथकरघा उद्योग आदि को महत्त्व देते हैं। ऐसे विचार प्रगट किये गये कि यदि इस कार्यक्रम के लिए बड़ी मात्रा में धनराशि की व्यवस्था की जाए तो निर्धनता को आसानी से दूर किया जा सकता है। किसी भी अन्य योजना की भाँति अन्त्योदय योजना भी अपने आप में अच्छी या बुरी नहीं थी। यह तो तत्कालीन राजनीतिक चेतना एवं सत्ता संगठन की सूझबूझ तथा दूरदृष्टि के कारण इतनी अधिक लाभदायक तथा लोकप्रिय सिद्ध हो गई। निःसन्देह यह योजना काफी लुभावनी आकर्षक व महत्वाकांक्षी रही है। योजना के विभिन्न गरीबी उन्मूलन एवं रोजगारदायक प्रावधानों का निम्नलिखित समुदायों को विशेष रूप से प्रभावित किया है और आने वाली अवधियों में गरीबी उन्मूलन योजनाँ संचालित की गयीं उनका मूल आधार सबसे अल्प मात्रा में अत्योदय ही था।

5

ग्रामीण महिला शिशु विकास कार्यक्रम

भारत में ग्रामीण महिला शिशु के उत्थान की दृष्टि से विभिन्न कार्यक्रमों को चलाया गया और आज भी चलाया जा रहा है। ग्रामीण क्षेत्रों में रहने वाली महिला इस कार्यक्रम के माध्यम से बच्चों के विकास पर बल देती है तथा इन्हें स्वस्थ्य रखने के लिए तत्पर रहती है। इस कार्यक्रम को संक्षिप्त में DWCRA भी कहा जाता है। समेकित ग्रामीण विकास कार्यक्रम की समीक्षा करने पर पाया गया कि उक्त कार्यक्रम के अन्तर्गत लाभ उठाने वाली महिलाओं की संख्या अत्यन्त कम है जिस कारण पारिवारिक अर्थव्यवस्था की नींव कमजोर रह जाती है। यह देखते हुए समेकित ग्रामीण विकास कार्यक्रम की एक उपयोजना के तहत यह कार्यक्रम सितम्बर, 1982 में आरम्भ किया गया। इस कार्यक्रम का प्रमुख उद्देश्य औरतों को रोजगार प्राप्त कराके पारिवारिक आय में वृद्धि करना है जिससे शिशु की देखरेख अच्छी तरह हो सके। जिन परिवारों में पुरुषों के साथ महिलाएँ भी धनोपार्जन करके पारिवारिक आय में वृद्धि करती हैं उन परिवारों का स्वास्थ्य, पोषण एवं शिक्षा का स्तर अच्छा होता है। महिला की आय बच्चों को पौष्टिक आहार देने एवं शिक्षा की सुविधाएँ जुटाने में मदद पहुँचाती है। इसलिए निर्धन परिवारों की औरतों को रोजगार देना जरूरी है। इसी लक्ष्य को समक्ष रखकर यह कार्यक्रम बनाया गया। गाँवों में अतिरिक्त आय का स्रोत

सृजित करने से महिलाएँ भी पुरुषों के समान बराबरी से आगे आकर आय अर्जित करने वाले उद्यमों में भाग लेती हैं पहले की अपेक्षा आज की स्थिति बदल चुकी है। महिलाएँ भी अब जागरूक हो रही हैं।

ग्रामीण विकास कार्यक्रम के उद्देश्य

ग्रामीण विकास कार्यक्रम द्वारा महिलाओं की आय बढ़ाने की कोशिश की जाती है। इस कार्यक्रम का उद्देश्य है महिलाओं को पारिवारिक आय बढ़ाने के मौके प्रदान करके उनके परिवार की आर्थिक तथा पोषणीय स्थिति में सुधार लाना। इसके अतिरिक्त इस कार्यक्रम के तहत ऐसी व्यवस्था की जाती है जिससे ग्रामीण महिलाएँ उस क्षेत्र में उपलब्ध सेवाओं का फायदा आसानी से उठा सकती हैं। इसी क्रम में विभिन्न विभागों के प्रयासों द्वारा समेकित बाल विकास सेवा (ICDS), प्रौढ़ शिक्षा, प्राथमिक स्वास्थ्य सुविधा आदि सेवाएँ इन्हें उपलब्ध कराई जाती हैं। ग्रामीण महिलाओं के लिए विभिन्न प्रकार के कार्यक्रमों का आयोजन करके इन्हें आत्मनिर्भर बनाने का प्रयास किया जाता है। स्वच्छ पेयजल, वातावरण में सुधार के लिए शौचालय तथा रसोईघर को आदर्श, स्वास्थ्यकर बनाने हेतु धूम्ररहित चूल्हे की सुविधाओं पर विशेष ध्यान दिया जाता है। महिलाओं को चुने हुए व्यवसायों में प्रशिक्षण दिया जाता है। प्रशिक्षण प्राप्त करने के बाद इन्हें ऋण एवं अनुदान अधिक उत्पादन उन्मुख परिसम्पत्ति पर पूँजी निवेशित करने हेतु प्रेरित किया जाता है जिससे वे अपनी आय को बढ़ा सकें। इससे वे अपने शिशु की देख-रेख आसानी से कर सकती हैं।

समेकित बाल विकास कार्यक्रम

स्वतंत्रता प्राप्ति के बाद से लेकर अभी तक महिला व बाल विकास के लिए सभी पंचवर्षीय योजनाओं में व्यवस्था की गयी। भारत सरकार के प्रयासों से इसमें पर्याप्त सफलता भी मिली, परंतु कतिपय कारणों से इस दिशा में शत-प्रतिशत लक्ष्य नहीं प्राप्त किया जा सका है। स्वास्थ्य कार्यक्रमों को संचालित किए जाने के बाद भी आज बहुत सी महिलाएँ कुपोषण की शिकार हैं। उचित शिक्षा न मिल पाने के कारण वे अपने बच्चों को ठीक ढंग की शिक्षा नहीं दे पाती हैं। गाँव से लेकर शहर तक की अधिकांश महिलाएँ मूलभूत सुविधाओं से वंचित हैं। इसी उद्देश्य से सरकार ने समेकित बाल विकास सेवा (I C D S) को प्रारंभ किया है। सरकार इस दिशा में बुनियादी परिवर्तन करना चाहती है। इसलिए उसने आँगनबाड़ी (आई सी डी एस) प्रमुख केन्द्र है। यहीं से इस योजना को क्रियान्वित किया जाता है। स्कूल पूर्व बच्चों

और उनकी माताओं को जीवित रहने की दर बढ़ाने और उन्हें स्वास्थ्य, पौष्टिक भोजन एवं सीखने के मौके प्रदान कराने वाली इस महत्त्वाकांक्षी योजना का प्रतिपादन किया है। बहुत से विकासशील देशों की तरह हमारे भारत में भी कुपोषण रोग की समस्या गंभीर है। शिशुओं तथा छोटे बच्चों की इतनी ऊँची मृत्यु-दर होने से मानव संसाधनों की बरबादी होती है।

समेकित बाल विकास द्वारा गर्भवती महिलाओं हेतु सेवाएँ

समेकित बाल विकास सेवा के तहत छः वर्ष तक के बच्चों एवं गर्भवती महिलाओं हेतु उन बातों पर संक्षिप्त प्रकाश नीचे डाला गया है। उपलब्ध करायी हैं पोषाहार तथा स्वास्थ्य-शिक्षा, सहायक पोषाहार, स्वास्थ्यपरीक्षण, बीमारियों से मुक्ति, शाला-पूर्व शिक्षा तथा विशेषज्ञ सुविधाएँ आदि।

(1) सहायक पोषाहार गरीबी रेखा के नीचे जीवनयापन करने वाली माताओं को सहायक पोषाहार की सुविधा प्रदान की जाती है। खाद्य सामग्री क्या हो, यह अनेक बातों पर निर्भर है, जैसे स्थानीय उपलब्धता, फायदा पाने वाले लोग, परियोजना के स्थान, प्रशासनिक सम्भावना आदि। यह प्रयास किया जाता है कि स्थानीय उपलब्ध खाद्य सामग्री का ही उपयोग किया जाए। सहायक पोषाहार देने का प्रमुख उद्देश्य यह है कि एक वर्ष से कम आयु के बच्चों को लगभग 200 कैल, 8-10 ग्राम प्रोटीन, एक से छः वर्ष के बच्चों को लगभग 300 कैलरी, 10-12 ग्राम प्रोटीन और गर्भवती महिलाओं और धातृ माताओं को 500 कैलरी एवं 25 ग्राम प्रोटीन वाला अतिरिक्त आहार सुलभ कराया जाए। यह पोषाहार कार्यक्रम 300 दिनों तक चलता है। उन बच्चों को ज्यादा पोषाहार दिया जाता है जो बच्चे गम्भीर रूप से कुपोषित होते हैं भोजन का प्रकार हर राज्य में भिन्न-भिन्न होता है। केन्द्र में ही तैयार करके गर्म भोजन दिया जाता है। इस भोजन में विभिन्न प्रकार के अनाजों का मिश्रण, दालें, सब्जियाँ, तेल और चीनी रहते हैं। कुछ केन्द्रों में तुरन्त खाने हेतु तैयार भोजन दिया जाता है। जो बच्चे घोर कुपोषण के शिकार होते हैं उन्हें अन्य बच्चों को दिए जाने वाले भोजन से दुगुना भोजन दिया जाता है।

जिन बच्चों को विटामिन 'ए' पर्याप्त मात्रा में नहीं मिल पाता है वे बहुत जल्दी अच्छे हो जाते हैं। बच्चों में विटामिन 'ए' की कमी रोकने के लिए हर छठे माह बच्चे को विटामिन 'ए' की बहुत बड़ी खुराक अथवा मेगाडोज दी जाती है। रक्ताल्पता नियन्त्रण कार्यक्रम के तहत खून की कमी से बचने हेतु बच्चों को वर्ष में एक बार सौ दिनों तक निरंतर लौह-गोलियाँ खिलाई जाती हैं।

(2) स्वास्थ्य परीक्षण आँगनबाड़ी में उपकेन्द्र से आई हुई नर्स और प्राथमिक स्वास्थ्य केन्द्र के डॉक्टर सभी बच्चों के स्वास्थ्य का नियमित रूप से परीक्षण करते हैं, उनकी स्वास्थ्य सम्बन्धी समस्याओं का पता लगाकर उनका इलाज करते हैं। इसके लिए केन्द्र को नियमित रूप से दवा का बक्सा अथवा किट भेजा जाता है। आँतों के कीड़ों को समाप्त करने हेतु बच्चों को नियमित रूप से दवा दी जाती है। इसके अतिरिक्त आँगनबाड़ी कार्यकर्त्री दस्त अथवा अतिसार होने पर उसकी चिकित्सा के बारे में उचित सलाह देती है और ओ. आर. एस. के पैकेट केन्द्र में आते हैं तो उनसे घोल तैयार करके बच्चों की चिकित्सा करना सिखाती है।

(3) पोषाहार तथा स्वास्थ्य शिक्षा समेकित बाल विकास सेवा के अन्तर्गत महिलाओं की पोषाहार तथा स्वास्थ्य शिक्षा की प्राप्त जानकारी दी जाती है। इस शिक्षा में उन महिलाओं को विशेष प्राथमिकता दी जाती है जो गर्भवती हैं। जिनके बच्चे कुपोषण अथवा अन्य रोगों से पीड़ित होते हैं उन पर विशेष ध्यान दिया जाता है। पोषण तथा स्वास्थ्य सम्बन्धी शिक्षा देने हेतु गाँवों में विभिन्न पाठ्यक्रम आयोजित किए जाते हैं।

(4) सहायक पोषाहार गरीबी रेखा के नीचे जीवनयापन करने वाली माताओं को सहायक पोषाहार की सुविधा प्रदान की जाती है। खाद्य सामग्री क्या हो, यह अनेक बातों पर निर्भर है, जैसे स्थानीय उपलब्धता, फायदा पाने वाले लोग, परियोजना के स्थान, प्रशासनिक सम्भावना आदि। यह प्रयास किया जाता है कि स्थानीय उपलब्ध खाद्य सामग्री का ही उपयोग किया जाए। सहायक पोषाहार देने का प्रमुख उद्देश्य यह है कि एक वर्ष से कम आयु के बच्चों को लगभग 200 कैल, 8-10 ग्राम प्रोटीन, एक से छः वर्ष के बच्चों को लगभग 300 कैलरी, 10-12 ग्राम प्रोटीन और गर्भवती महिलाओं और धातृ माताओं को 500 कैलरी एवं 25 ग्राम प्रोटीन वाला अतिरिक्त आहार सुलभ कराया जाए। यह पोषाहार कार्यक्रम 300 दिनों तक चलता है। उन बच्चों को ज्यादा पोषाहार दिया जाता है जो बच्चे गम्भीर रूप से कुपोषित होते हैं भोजन का प्रकार हर राज्य में भिन्न-भिन्न होता है। केन्द्र में ही तैयार करके गर्म भोजन दिया जाता है। इस भोजन में विभिन्न प्रकार के अनाजों का मिश्रण, दालें, सब्जियाँ, तेल और चीनी रहते हैं। कुछ केन्द्रों में तुरन्त खाने हेतु तैयार भोजन दिया जाता है। जो बच्चे घोर कुपोषण के शिकार होते हैं उन्हें अन्य बच्चों को दिए जाने वाले भोजन से दुगुना भोजन दिया जाता है।

जिन बच्चों को विटामिन 'ए' पर्याप्त मात्रा में नहीं मिल पाता है वे बहुत जल्दी अच्छे हो जाते। बच्चों में विटामिन 'ए' की कमी रोकने के लिए हर छठे माह बच्चे

को विटामिन 'ए' की बहुत बड़ी खुराक अथवा मेगाडोज दी जाती है। रक्ताल्पता नियन्त्रण कार्यक्रम के तहत खून की कमी से बचने हेतु बच्चों को वर्ष में एक बार सौ दिनों तक निरंतर लौह-गोलियाँ खिलाई जाती हैं।

(5) स्वास्थ्य परीक्षण आँगनबाड़ी में उपकेन्द्र से आई हुई नर्स और प्राथमिक स्वास्थ्य केन्द्र के डॉक्टर सभी बच्चों के स्वास्थ्य का नियमित रूप से परीक्षण करते हैं, उनकी स्वास्थ्य सम्बन्धी समस्याओं का पता लगाकर उनका इलाज करते हैं। इसके लिए केन्द्र को नियमित रूप से दवा का बक्सा अथवा किट भेजा जाता है। आँतों के कीड़ों को समाप्त करने हेतु बच्चों को नियमित रूप से दवा दी जाती है। इसके अतिरिक्त आँगनबाड़ी कार्यकर्त्री दस्त अथवा अतिसार होने पर उसकी चिकित्सा के बारे में उचित सलाह देती हैं और ओ. आर. एस. के पैकेट केन्द्र में आते हैं तो उनसे घोल तैयार करके बच्चों की चिकित्सा करना सिखाती हैं।

(क) आँगनबाड़ी बच्चों की देखभाल के ये केन्द्र गाँव में अथवा गन्दी बस्ती में ही स्थापित किए जाते हैं। ये केन्द्र आँगनबाड़ी कार्यकर्त्री चलाती हैं। आँगनबाड़ी कार्यकर्त्री बदलाव लाने वाली एक बहुउद्देशीय कार्यकर्त्री होती हैं जो उसी समुदाय में से ली जाती हैं और इस कार्यक्रम के तहत बच्चों और माताओं से सीधा सम्पर्क रखने की कड़ी है। दिन के समय में आँगनबाड़ी कार्यकर्त्री गाँव के अलग-अलग घरों में जाती हैं। वहाँ वह बच्चों और विशेष रूप से माताओं को पोषाहार तथा स्वास्थ्य के सम्बन्ध में बताती हैं और उन्हें केन्द्र में मिलने वाली सेवाओं से फायदा उठाने हेतु प्रेरित करती हैं।

आँगनबाड़ी के सदस्यों में 15 वर्ष से लेकर 45 वर्ष तक की महिलाओं को शामिल किया जाता है। आँगनबाड़ी में बच्चों और माँ की देखभाल के विभिन्न विषयों की चर्चा की जाती है और उनके बारे में सिखाया जाता है। गाँव अथवा शहर में प्रति 1000 जनसंख्या पर एवं आदिवासी क्षेत्र में प्रति 700 जनसंख्या पर एक 'आँगनबाड़ी' खाली जाती है। आँगनबाड़ी बाल कल्याण केन्द्र होता है। 30 जून, 1990 तक दो लाख से भी अधिक 'आँगनबाड़ी' कार्यकर्त्रियों और उनकी इतनी ही सहायिकाएँ देश भर से स्कूल पूर्व बच्चों और उनकी माताओं को स्वास्थ्य, पौष्टिक आहार और शिक्षा के बारे में सेवाएँ प्रदान कर रही थीं।

इस प्रणाली के तहत छः वर्ष से कम उम्र के एक करोड़ 24 लाख बच्चों और 23.5 लाख गर्भवती महिलाओं और दूध पिलाने वाली माताओं को पूरक पौष्टिक आहार दिया जा रहा था। आँगनबाड़ी केन्द्रों में 65.5 लाख बच्चों को स्कूलपूर्व शिक्षा दी जा रही थी।

आँगनबाड़ी कार्यकर्त्रियों को अपने पूरे प्रयासों से परियोजना स्तर पर कार्यकताओं की टोली का सहयोग मिलता है इसमें पर्यवेक्षक और बाल-विकास परियोजना अधिकारी होते हैं। कुछ बड़ी परियोजनाओं में बाल विकास परियोजना अधिकारियों की सहायता हेतु सहायक बाल विकास परियोजना अधिकारी भी होती हैं। स्वास्थ्य के बारे में प्राथमिक स्वास्थ्य केन्द्र के डॉक्टरों, स्वास्थ्य कार्यकर्ताओं और सुपरवाइजरों की एक टोली इन परियोजना क्षेत्रों की समेकित बाल विकास सेवा की टोली को अपना सहयोग और समर्थन देती है।

आँगनबाड़ी के सभी सदस्य गाँव के ही होते हैं, जिसमें एक प्रमुख कार्यकर्त्री होती है, जो इस कार्य में ज्यादा निपुण होती है। आँगनबाड़ी कार्यकर्त्री सामान्य पढ़ी-लिखी होती है और विशेष प्रशिक्षण संस्थाओं में उसे गाँव में माँ और बच्चे की देखभाल करने की विशेष शिक्षा दी जाती है। सुपरवाइजर पर 17 से 25 आँगनबाड़ी केन्द्रों की जिम्मेदारी होती है। वह आँगनबाड़ी कार्यकर्ताओं के कामकाज की देखभाल करती है और उनकी मित्र, विचारक और मार्गदर्शक के रूप में कार्य करती है एवं रिकार्ड रखने, सभी घरों में जाने एवं महिलाओं की बैठकें आदि बुलाने में उन्हें मदद देती है। वह उनके काम का ओरिएन्टेशन भी करती है।

बाल-विकास परियोजना अधिकारी समेकित बाल-विकास सेवा की कार्यकर्त्रियों और सरकारी प्रशासन के बीच कड़ी का कार्य करती है।

(5) जानलेवा रोगों से बचाव आँगनबाड़ी केन्द्र के अन्तर्गत आने वाले गाँव के बच्चों को छः जानलेवा बीमारियों से बचाव के लिए टीके लगाये जाते हैं। ये बीमारियाँ हैं गलघोंटू अथवा डिप्थीरिया, काली खाँसी, धनुष्टंकार अथवा टिटेनस, पोलियो, खसरा और तपेदिक (क्षय)। क्षेत्र में रहने वाली गर्भवती महिलाओं को टिटेनस टॉक्साइड के दो इंजेक्शन लगाए जाते हैं।

आंगनबाड़ी में प्रसव-पूर्व तथा प्रसवोपरांत सभी महिलाओं को शिक्षा प्रदान की जाती है। गर्भवती महिलाओं को प्रोटीनयुक्त आहार के अतिरिक्त लौह-लवण तथा फोलिक एसिड की गोलियाँ भी दी जाती हैं। इस अवधि में चार बार उनकी स्वास्थ्य जाँच होती है। खतरे की सम्भावना वाली गर्भवती महिला को उपयुक्त संस्थानों में भेजा जाता है।

यह टीका एक प्रकार का सुरक्षा कवच है जो माता एवं शिशु दोनों को भयानक बीमारियों से बचाता है। शहरों में बच्चे अस्पतालों तथा ग्रामों में घर में ही जन्म लेते हैं उस समय माता की रक्षा जरूरी है इसलिए कम से कम 1-2 बार घर पहुँचकर उनके स्वास्थ्य की देखभाल की जाती है। छः से आठ सप्ताह उपरांत माँ को प्रसवोपरांत परीक्षण हेतु स्वास्थ्य केन्द्र में आने हेतु प्रेरित किया जाता है।

(5) शालापूर्व शिक्षा जो बच्चे तीन से छः वर्ष के हैं, उन्हें अनौपचारिक शिक्षा प्रदान करनी चाहिए, ताकि वह विभिन्न विषय के बारे में जानकारी प्राप्त कर सकें। छोटे-छोटे बच्चों को खेल शिक्षा प्रदान की जाती है। खेलों के माध्यम से भी ताकि बच्चे का मानसिक विकास हो और बच्चे की उत्सुकता को शांत किया जा सके। बच्चे मिलकर खेलना सीखते हैं, शिशु-कविताएँ और गीत गाते हैं और रंगों की पहचान एवं पास-पड़ोस के वातावरण के सम्बन्ध में सीखते हैं। इस प्रकार आगे के वर्षों में प्राथमिक शिक्षा पाने की उनकी नींव मजबूत होती है। इस शिक्षा हेतु औपचारिक रूप से कोई कार्यक्रम नहीं बनाया गया है। आँगनबाड़ी कार्यकर्त्रियों को प्रोत्साहित किया जाता है कि वह शिक्षा देने का अपना ढंग और अनूठी पद्धतियाँ अपनाएँ।

(6) विशेषज्ञ सुविधाएँ प्राथमिक स्वास्थ्य केन्द्रों एवं शहरी स्वास्थ्य प्रणाली के डॉक्टरों और नर्सों की स्वास्थ्य टोली स्वास्थ्य सुविधाएँ प्रदान करती हैं। गम्भीर मामलों को अस्पतालों और अन्य विशेष संस्थानों में भेजने की व्यवस्था भी है। बच्चों के स्वास्थ्य का विवरण कार्डों पर दर्ज किया जाता है। माताओं को शिक्षित करने और बच्चे के स्वास्थ्य विकास में उनकी रुचि बनाए रखने हेतु एक कार्ड उन्हें भी दिया जाता है। इसी तरह एक कार्ड पर गर्भवती महिलाओं का विवरण लिखा जाता है जो प्रसवपूर्व देखभाल करने में सहायक होता है।

समेकित बाल विकास सेवा की परिधि में आने वाले लोग

किसी देश के सामाजिक तथा आर्थिक विकास के लिए मानवीय संसाधनों का विकास महत्त्वपूर्ण है, सामाजिक विकास की योजना बनाने वालों हेतु शिशुओं और बच्चों की मृत्यु-दर और रोग-दर में कमी लाना सबसे महत्त्वपूर्ण कार्य है।

अब कई अध्ययनों से साबित हो चुका है कि कुपोषण के कारण ही भारत में शिशुओं और बच्चों की मृत्युदर ज्यादा है। देश की 40.6 प्रतिशत जनता गरीब है। भोजन पर 80 प्रतिशत राशि व्यय करने पर भी वे सन्तुलित आहार प्राप्त नहीं कर सकते हैं। बालकों का भविष्य उत्तम रहे इसलिए उन्हें आवश्यक सेवाएँ प्रदान की जाती हैं। इसका कारण यह है कि बचपन में ही बच्चों के शारीरिक, मानसिक और सामाजिक विकास की आधारशिला रखी जाती है।

यह भी अनुभव किया गया है कि अगर बच्चों को सभी सुविधाएँ एक साथ उपलब्ध कराई जाएँ तो उसका प्रभाव अलग-अलग सेवाएँ प्रदान करने से बेहतर होगा। ऐसा इसलिए है कि किसी एक सेवा की क्षमता इस बात पर निर्भर करती है कि दूसरी सम्बन्धित सेवाओं से इसे कितना सहारा मिलता है। इन्हीं

विचारों को लेकर भारत सरकार ने 2 अक्टूबर, 1975 में समेकित बाल-विकास सेवा I C D S की स्थापना की। भारत में पहले 33 परियोजनाएँ प्रायोगिक आधार पर आरम्भ की गईं। यह भारत सरकार द्वारा बनाई गई राष्ट्रीय बाल-नीति के उद्देश्यों की पूर्ति की दिशा में एक महत्त्वपूर्ण योगदान है। इनमें से 18 परियोजनाएँ ग्रामीण खण्डों में, 11 आदिवासी खण्डों में और 4 झुग्गी-झोंपड़ी वाले इलाके में आरम्भ की गईं। सन् 1990 तक यह योजना 2200 से अधिक खण्डों में आरम्भ हो गई थी।

उद्देश्य समेकित बाल विकास सेवा I.C.D.S के निम्नलिखित उद्देश्य है

1. बच्चों के उचित मनोवैज्ञानिक, शारीरिक और सामाजिक विकास की नींव रखना।
2. एक से छः वर्ष तक के बच्चों और गर्भवती महिलाओं के आहार तथा स्वास्थ्य में सुधार लाना।
3. मृत्यु, रोग, कुपोषण और स्कूल छोड़ देने की प्रवृत्ति को कम करना।
4. पोषण तथा स्वास्थ्य-शिक्षा द्वारा माताओं में बच्चों की स्वास्थ्य और पोषण सम्बन्धी सामान्य आवश्यकताओं की पूर्ति करने की क्षमता में वृद्धि करना।
5. बाल विकास को बढ़ावा देने हेतु विभिन्न विभागों की नीति और कार्यों में प्रभावी सामंजस्य स्थापित करना।

प्रशिक्षण आँगनबाड़ी के सदस्यों में कक्षा आठ से लेकर दसवीं तक की महिलाओं को शामिल किया जाता है। देश की सैकड़ों प्रशिक्षण केन्द्रों में से किसी एक में उसे तीन महीने का बुनियादी प्रशिक्षण दिया जाता है। इसके अतिरिक्त उसे आई. सी. डी. एस. परियोजना स्तर के एवं स्वास्थ्य कर्मचारी नियमित मासिक सतत् शिक्षा भी देते हैं। समय-समय पर प्रत्यास्मरण पाठ्यक्रम चलाए जाते हैं। सामाजिक विज्ञान विषय से स्नातक कोई भी व्यक्ति सुपरवाइजर बन सकता है। उन्हें दो महीने की अवधि का सेवापूर्व प्रशिक्षण दिया जाता है। बाल-विकास परियोजना अधिकारियों को जन-सहयोग और बाल विकास की राष्ट्रीय संस्थान के बंगलौर, गुवाहाटी, लखनऊ स्थित तीन क्षेत्रीय केन्द्रों में से किसी एक में अपने कार्य का प्रशिक्षण दिया जाता है।

मूल्यांकन अखिल भारतीय आयुर्विज्ञान चिकित्सा सस्थान स्थित सेंट्रल टैक्निकल कमेटी देश के विभिन्न मेडिकल कॉलेजों द्वारा नियमित रूप से मूल्यांकन अध्ययन कराती है।

अनुश्रवण का मॉनिटरिंग हर एक महीने पर आँगनबाड़ी कार्यकर्त्री को कार्यक्रमों का मॉनिटरिंग करना पड़ता है। इन रिपोर्टों का उपयोग परियोजना, जिला, राज्य और राष्ट्रीय स्तरों पर कार्यक्रमों की विवेचना करने और उसमें समुचित बदलाव करने हेतु किया जाता है।

ग्रामशिविका में चयन की प्रक्रिया

यह कार्यक्रम ग्रामीण क्षेत्रों में उन महिलाओं के लिये चलाया जाता है जो गरीबी रेखा से नीचे जीवनयापन करती हैं। इनके चयन का आधार वही है जो समेकित ग्रामीण विकास कार्यक्रम का है अर्थात् वैसे परिवारों का चयन करना जिनकी सालाना आय 4,800 रु. से कम हो। इन चयनित परिवारों की महिलाओं को समूह के रूप में गठित किया जाता है। हर समूह किसी व्यवसाय का चयन कर लेता है। उसके उपरांत व्यवसाय हेतु प्रशिक्षिण, कच्चे माल की व्यवस्था, तैयार माल की बिक्री, बैंकों एवं कार्यालयों के समन्वय से उस समूह एवं समूह के प्रमुख का दायित्व हो जाता है। इस कार्यक्रम के माध्यम से इनकी आत्मनिर्भरता बढ़ जाती है।

कार्यक्रम हेतु जिलों का चयन करते समय उन परिवारों को प्राथमिकता दी जाती है जहाँ शिशु-मृत्यु-दर अधिक है। ऐसा इसलिए किया जाता है जिससे ग्रामीण समाज के पिछड़े हुए वर्गों को पहले फायदा प्राप्त हो सके। चयन के अन्य आधार हैं क्षेत्र का पिछड़ापन, अनुसूचित जाति-जनजाति की संख्या, महिलाओं में निरक्षरता, जनसंख्या वृद्धि दर, इत्यादि। चयनित जिलों के हर प्रखण्ड में 30 समूह गठित किए जाते हैं। ये 30 समूह प्रखण्ड की हर पंचायत 6-6 समूह के हिसाब से 5 चयनित पंचायतों में गठित होते हैं। हर समूह में 15-20 महिलाएँ होती हैं। इसका चयन कई प्रकार से किया जाता है। पंचायत का चयन पंचायत में अनूसूचित जाति-जनजाति की जनसंख्या, बाजार की उपलब्धता, दुग्ध उत्पादक सहकारी समिति आदि के साथ समन्वय, समेकित बाल विकास सेवा के साथ समन्वय को देखते हुए किया जाता है। प्राथमिकता के आधार पर साधारणतया हरिजन बस्ती की महिलाओं का चयन किया जाता है।

प्रशिक्षण प्रशिक्षण के माध्यम से ग्रामशिविका को ग्रामीण विकास शिशु कार्यक्रम के विषय में बताया जाता है। राष्ट्रीय ग्राम विकास के लिए अनेक संस्थाएँ खोली गईं जैसे हैदाराबाद की मॉडल एजेंसी का गाँव के विकास से जुड़े कार्यों को सौंपा गया। राष्ट्रीय विकास संस्थान, अपने परिसर में प्रशिक्षण कार्यक्रम चलाता है। ऐसे

प्रशिक्षण कार्यक्रम राज्यों के ग्रामीण विकास संस्थानों में भी आयोजित किए जाते हैं। हर स्तर के कर्मचारियों हेतु प्रशिक्षण प्रक्रियाओं हेतु मानक सुनिश्चित करने हेतु वर्ष के दौरान व्यापक प्रशिक्षण मैनुअल का संकलन तैयार किया गया है। इस कार्यक्रम द्वारा महिला को पूरी जिम्मेदारी प्रदान की जाती है कि किस प्रकार समूह गठित किया जाए, बाजार का सर्वेक्षण किया जाए, कच्चे माल की उपलब्धता सुनिश्चित की जाए, व्यवसाय-विशेष में प्रशिक्षण देने के लिए किस प्रकार प्रशिक्षण का चयन किया जाए, बैंकों से ऋण किस प्रकार प्राप्त किया जाए एवं चयनित महिलाओं में से ऐसी महिला का किस प्रकार चयन किया जाए जो बिक्री कर सके।

शिशु विकास तथा मातृ-शिशु स्वास्थ्य व पोषण के सम्बन्ध में भी प्रशिक्षण दिया जाता है। सभी महिला कार्यकर्ताओं को वर्ष में एक बार प्रशिक्षण देना जरूरी होता है।

स्वरूप

यह समेकित ग्रामीण विकास कार्यक्रम की एक उप-परियोजना है। इसका क्रियान्वयन राज्य सरकारों द्वारा यूनिसेफ के सहयोग से किया जाता है। ग्रामशिविका के तहत राज्य स्तर पर परियोजना निदेशक का पद सृजित है जिसके पदाधिकारी भारतीय प्रशासनिक सेवा के वरीय वेतनमान के पदाधिकारी होते हैं।

जिला स्तर पर जिला विकास अभिकरण (D. R. D. A) में सहायक परियोजना पदाधिकारी का पद सृजित है जिस पर प्रशासनिक सेवा के पदाधिकारी इस पद पर कार्य करते हैं। प्रखण्ड स्तर पर समेकित ग्रामीण विकास कार्यक्रम के तहत महिला प्रसार पदाधिकारी का पद होता है। इनकी सेवाएँ इस कार्यक्रम के कार्यान्वयन के लिए प्रयोग में लाई जाती हैं। सामुदायिक विकास के अन्तर्गत हर प्रखण्ड में ग्राम सेविका के दो पद सृजित हैं। आज देखा जाय तो कहीं भी यह पद खाली नहीं रहता है। उन पदों पर पदस्थापित ग्रामसेविकाओं की सेवाएँ भी इस कार्यक्रम के क्रियान्वयन में प्रयुक्त की जाती हैं।

इसके अतिरिक्त हर ग्रामशिविका जिले में ग्रामीण विकास कार्यक्रम के तहत एक ग्रामसेविका का पद सृजित किया गया है, जिसके वेतन की प्रतिपूर्ति यूनिसेफ द्वारा की जाती है। ग्रामीण क्षेत्रों में यह कार्यक्रम भी तीव्र गति से चल रहा है। इसी तरह सहायक परियोजना पदाधिकारी तथा परियोजना निदेशक के वेतन की प्रतिपूर्ति भी यूनिसेफ द्वारा की जाती है। हाल ही में कार्यों के नए मास्टर प्लान में यह निर्धारित किया गया है कि अब भविष्य में यूनिसेफ पद के निर्माण की तारीख से लेकर सिर्फ

5 वर्षों की अवधि हेतु ही कर्मचारियों के वेतन की लागत को वहन करेगा। इसके लिए यूनिसेफ भी सहयोग प्रदान कर रहा है।

ग्रामशिविका व अन्य विभाग

इस कार्यक्रम के माध्यम से महिलाओं की आय में वृद्धि होती है तथा रोजगार के अवसर प्राप्त होते हैं। फिर भी इसमें एक महत्त्वपूर्ण कल्याण घटक भी निहित है। महिलाओं और बच्चों के सभी कार्यक्रमों में उचित समन्वय होना चाहिए ताकि प्रसार की पुनरावृत्ति से बचा जा सके। इस उद्देश्य को प्राप्त करने हेतु राज्य सरकारों को सलाह दी गई है कि वे अन्य कार्यक्रमों के अधिकारियों के साथ सम्पर्क बनाने हेतु राज्य, जिला, प्रखण्ड स्तर पर समन्वय समितियाँ का गठन करें ताकि ग्रामशिविका, आई. सी. डी. एस., राष्ट्रीय साक्षरता मिशन, माँ एवं शिशु की देखभाल आदि जैसे कार्यक्रमों के लाभों का आपसी आदान-प्रदान किया जा सके। अनेक राज्यों से आई. सी. डी. एस. की परियोजनाएँ समन्वित रूप से चलाई जा रही हैं। इससे भी लोगों को लाभ मिल रहा है।

स्वतंत्रता के पश्चात् भी भारत में अभी अंधविश्वास, रूढ़ियों, कुरीतियों आदि का बोलबाला है। इससे महिलाओं के ऊपर बुरा प्रभाव पड़ता है। महिलाएँ ग्रामीण समाज में प्रचलित विभिन्न बाधाओं और कुरीतियों से, जो उन्हें समाज में सही दर्जा प्राप्त करने हेतु अड़चन पैदा करती हैं, अपने को मुक्त करने हेतु पूर्ण रूप से तैयार नहीं हो पाई हैं। अतः ग्रामीण महिलाओं में सामाजिक कार्यकर्ताओं, स्वयंसेवी एजेंसियों, उत्प्रेरकों के माध्यम से इन्हें जागरूक करना आवश्यक है। इसके अतिरिक्त आकस्मिक खर्चों को पूरा करने हेतु महिलाओं को ऋण उपलब्ध कराने की जरूरत है। इसके लिए थ्रिफ्ट एवं क्रेडिट ग्रुप बनाने का प्रयत्न किया जा रहा है। इससे महिलाएँ अपनी तत्काल वित्तीय आवश्यकताओं की पूर्ति करने में आत्मनिर्भर बन जाएँगी। उनमें आत्म-विश्वास जागृत होगा। इस सम्बन्ध में प्रयत्न बढ़ाने हेतु जिलों ग्रामीण विकास एजेन्सियों को अधिकार दिया गया है कि वे किसी समूह को उसकी बचत के बराबर 15000 रुपये तक अनुदान दे सकती हैं। ग्रामीण विकास कार्यक्रम में शिशुओं की देखरेख के लिए यह कार्यक्रम बहुत उपयोगी है।

6

परिवार नियोजन (कल्याण) कार्यक्रम

भारत एक विशाल देश है जनसंख्या की दृष्टि से विश्व में भारत का दूसरा स्थान है। अधिक जनसंख्या का होना भारत के पिछड़ेपन का प्रमुख कारण है। यह सच है कि स्वस्थ शरीर में स्वस्थ मस्तिष्क का वास होता है। अतः जब स्वस्थ मस्तिष्क का विकास होगा तब देश का भी विकास होगा। हमारा कहने का मतलब यह है कि जिस देश में व्यक्ति जितने स्वस्थ होंगे वह देश उतना ही विकास करेगा। अच्छा स्वास्थ्य तभी सम्भव होगा जब सीमित या छोटा परिवार होगा, लोग अपनी आवश्यकतानुसार नैसर्गिक संसाधनों का उपयोग करें। लेकिन इस सुखद इच्छाओं को प्राप्त करना तो दूर की बात है, भारत में बढ़ती आबादी ने प्राकृतिक संसाधनों का दोहन करने पर मजबूर कर दिया है। इसका सबसे ज्यादा प्रभाव सामाजिक जीवन पर पड़ा है। परिवार का आकार बढ़ता ही जा रहा है। इस समस्या को हल करने के लिए परिवार नियोजन कार्यक्रम को अपनाया गया है।

परिवार नियोजन का आशय एवं आवश्यकता

परिवार नियोजन का आशय पति-पत्नी द्वारा, अपने सामने उपलब्ध सामाजिक, आर्थिक तथा स्वास्थ्य परिस्थितियों को ध्यान में रखते हुए, परिवार के सदस्यों के सुख एवं शान्ति के लिए, उनके शारीरिक एवं मानसिक स्वास्थ्य के लिए, परिवार के आकार को जान-बूझ कर छोटा बनाए रखना तथा दो बच्चों के बीच अंतराल को अधिक से अधिक लम्बी बनाए रखने का प्रयास करना आदि है।

परिवार नियोजन तभी सफल हो सकता है जब छोटे परिवार के परिणामस्वरूप स्वस्थ माताएँ स्वस्थ बच्चों को जन्म दें एवं परिवार के सभी सदस्यों के स्वास्थ्य का स्तर ऊँचा तथा संतोषप्रद हो। जनसंख्या वृद्धि का प्रभाव न केवल राष्ट्र पर बल्कि परिवार, माता एवं बच्चे पर भी प्रत्यक्ष रूप से पड़ता है। राष्ट्रीय आर्थिक योजनाएँ, जनसंख्या वृद्धि के कारण असंतुलित हो जाती हैं। मकान की समस्याएँ पैदा हो जाती हैं। आहार के उत्पादन एवं वितरण में अव्यवस्था हो जाती है। बेरोजगारी, निम्न स्तर का रहन-सहन, असामाजिक तत्त्वों की बहुलता, बाल-अपराध, शिक्षा एवं चिकित्सा की अपर्याप्त सुविधाएँ आदि जनसंख्या वृद्धि के फलस्वरूप पैदा हो जाते हैं।

संयुक्त परिवार का प्रमुख दोष यह है कि परिवार में आपसी सामंजस्य खत्म हो जाता है। बच्चों की अधिक संख्या हमेशा आर्थिक कठिनाइयों को जन्म देती है तथा उनमें हमेशा मानसिक तनाव बना रहता है। माता द्वारा हर बच्चे पर पूर्ण ध्यान नहीं दे पाना, भोजन एवं मकान का अभाव, शिक्षा एवं चिकित्सा के अपर्याप्त साधन, असुरक्षा की भावना, साधन एवं सुविधाओं की कमी आदि परिवार के सदस्यों के मानसिक संतुलन को बिगाड़ देते हैं। ज्यादा बच्चे पैदा करने पर मातायें अधिक दुर्बल हो जाती हैं। उदाहरण के लिए शारीरिक एवं मानसिक थकान, हर बच्चे के जन्म के पश्चात् बढ़ता ही जाता है। पिछले गर्भ धारण एवं प्रसव के परिणामों से सचेत होने से पूर्व ही यदि वह पुनः गर्भवती हो जाती हैं तो उसका प्रभाव माँ एवं भ्रूण, दोनों पर गंभीर रूप से पड़ता है। कहने का आशय यह है कि माता को पिछले परिणामों से सबक ग्रहण करने के लिए पर्याप्त समय ही नहीं मिल पाता है। उसमें हर बच्चे के लालन-पालन के लिए आवश्यक शारीरिक शक्ति नहीं रह पाती है।

माता का स्वास्थ्य खराब होने पर नवजात शिशु भी रोगग्रस्त हो जाता है। माता के निम्न स्वास्थ्य स्तर के कारण शिशु में भी संचित पोषक तत्त्व अल्प मात्रा में होते हैं जिससे वह बहुत जल्द ही संक्रामक और अन्य बीमारियों से ग्रसित हो जाता है। माता उसका सही से देख-भाल नहीं कर पाती है। उसे अपनी प्रसुप्त क्षमताओं के विकास के लिए कम या नहीं के बराबर मौका मिल पाता है। रोगों से लड़ने की क्षमता भी कम ही रहती है। इससे शिशु-मृत्यु दर बढ़ जाती है। अगर माता और शिशु दोनों का स्वास्थ्य, खराब हो गया तो यह अवश्यम्भावी है कि भविष्य में उस देश का सामाजिक व आर्थिक विकास बाधित होगा। यदि नागरिकों के स्वास्थ्य एवं पोषण-स्तर ऊँचा होता है, तो वह प्रत्यक्ष रूप से आर्थिक उन्नति एवं उत्पादन की क्षमता को प्रभावित करता है। माता के निम्न पोषण स्तर के कारण मृत-शिशु का जन्म हो सकता है अथवा जन्म के बाद शिशु के बचने की संभावना कम हो जाती

है। पोषण के अलावा अन्य कारणों जैसे दो शिशुओं के मध्य का अंतराल यदि 9 अथवा 10 माह हो, टॉक्सीमिया अपरा की अव्यवस्था, रक्त स्राव, भ्रूण का गर्भाशय में उल्टा होकर रहना आदि से भी शिशु-मृत्यु-दर बढ़ जाती है। कुछ अन्य व्याधि भी शिशु-मृत्यु-दर को बढ़ाने में महत्त्वपूर्ण होते हैं।

अत्यधिक बच्चों को जन्म देने वाली माताएँ आमतौर पर मधुमेह, ग्रीवा का कैंसर आदि रोगों से ग्रस्त हो जाती हैं। अधिक बच्चों का शिशु के भाई-बहनों पर भी प्रभाव पड़ता है। उदाहरण के लिए भाई-बहनों पर बजट के संकुचित होने से अतिरिक्त बोझ पड़ता है। उनके लिए आवश्यक पोषण, वस्त्र, शिक्षा, चिकित्सा तथा मनोरंजन की व्यवस्था, आर्थिक तंगी के कारण नहीं हो पाती है। बच्चों की बुद्धिलब्धि भी कम हो जाती है। इससे देश का सम्पूर्ण विकास नहीं हो पाता है। बड़े परिवार का छोटे-छोटे मकानों में रहने से श्वसन तथा पाचन संबंधी रोग पैदा होते हैं। बड़े परिवार में ही प्रायः कुपोषण देखने को मिलता है। इससे शिशु की ही नहीं बल्कि माता की मृत्यु-दर भी बढ़ जाती है।

परिवार नियोजन का उद्देश्य

परिवार नियोजन के माध्यम से प्रत्येक विषम परिस्थितियों से निपटा जा सकता है। अतः इसका तीव्र रूप से प्रसार तथा प्रचार का होना आवश्यक ही नहीं बल्कि अनिवार्य भी है। परिवार-नियोजन संबंधी शिक्षा विभिन्न विद्यालयों और महाविद्यालयों में दी जाती है। प्राथमिक चिकित्सा केन्द्रों, चिकित्सालयों एवं परिवार-कल्याण केन्द्रों में इसकी उचित सेवाएँ तथा व्यवस्था होनी चाहिए जिससे गर्भ निरोध की विभिन्न विधियाँ जनप्रिय हो सकें। सरकार की ओर से विवाह की आयु बढ़ा देनी चाहिए, महिला शिक्षा पर विशेष बल देना चाहिए, बच्चों की 12 साल की उम्र तक अनिवार्य शिक्षा की भी व्यवस्था होनी चाहिए। इस योजना के निम्नलिखित उद्‌देश्य बतलाये जा सकते हैं

1. जनसंख्या की वृद्धि की दर को नियंत्रित करना।
2. मातृत्व एवं पितृत्व को सुनियोजित कर प्रत्येक परिवार में बच्चों की संख्या को सीमित बनाना।
3. प्रेम, यौन, विवाह आदि के प्रति स्वस्थ दृष्टिकोण लोगों में पैदा करना।
4. परिवार के विकास एवं व्यवहारों के प्रति सजग रहना अथवा सक्रिय रूप से भाग लेना एवं उचित परामर्श देना।
5. प्राथमिक तथा द्वितीयक बन्ध्यता अथवा नपुंसकता को दूर करने का उपाय करना।

चूँकि, रोगों एवं वातावरण के नियंत्रण के कारण मृत्यु दर घट गई है, इसलिए यदि जन्मदर पर उचित नियन्त्रण नहीं हो पाता है तो राष्ट्र में जनसंख्या की वृद्धि का विस्फोट हो जाएगा।

भारत संसार का दूसरा सबसे बड़ा देश है जहाँ जनसंख्या बहुत ज्यादा है। यहाँ निम्नलिखित सारणी में जनसंख्या वृद्धि का ब्यौरा दिया गया है

भारत में जनसंख्या वृद्धि का ब्यौरा

वर्ष	*जनसंख्या*	*10 साल में हुआ अन्तर*	*10 साल के अन्तर की प्रतिशत मात्रा*
1901	238,396,327		
1911	252,093,390	13,697,063	5.75
1921	251,321,213	772,177	0.31
1931	278,977,238	27,656,025	11.00
1941	318,660,580	39,638,342	14.22
1951	361,088,090	42,420,485	13.31
1961	439,294,771	77,682,873	21.51
1971	548,159,652	108,924,881	24.80
1981	684,000,000	13,5,1,69,445	24.46
1991	84,64,21,039	16,30,91,942	23.87
2001	1,02,87,37,436	18,23,16,397	21.54

भारत विकसित देशों की श्रेणी में नहीं आ पा रहा है, क्योंकि वह अमेरिका रूस तथा जापान आदि विकसित देशों द्वारा चलाये जा रहे परिवार कल्याण कार्यक्रमों में सफलता प्राप्त नहीं कर सका है। कहने का आशय यह है कि भारत की जनसंख्या 12 मिलियन प्रति वर्ष की रफ्तार से बढ़ रही है। प्रत्येक वर्ग किलोमीटर में 178 लोग रहते हैं। भारत ही ऐसा एकमात्र देश है जिसमें महिलाओं की अपेक्षा पुरुषों की संख्या अधिक है। 1971 ई. में हुए सेन्सस के अनुसार महिलाओं की अपेक्षा पुरुषों की संख्या 20 मिलियन (20,000,000) अधिक थी : इसका कारण सम्भवतः, मातृ-शिशु मृत्यु, लड़कियों के प्रति उदासीनता आदि हो सकता है। 2001 ई. तक

जनसंख्या एक बिलियन (Billion) को पार कर गई। भारत में ग्रामीण आबादी आज भी ज्यादा है। 1901 ई. में केवल 11% लोग ही शहरों में रहते थे; 1971 ई. में 20% लोग शहरों में रहते थे, अब भी काफी जनता गाँवों में ही रह रही है। 1901 ई. की अपेक्षा शहरों की संख्या भी 1971 ई. में बढ़ गई है। पहले 1885 शहर थे, 1971 ई. में ये बढ़कर 3119 हो गये। भारत में अशिक्षित और निरक्षर व्यक्तियों की संख्या अत्यधिक है। 1971 ई. में केरल में सबसे अधिक 60.4% शिक्षित लोग थे, राजस्थान में 19% तथा बिहार में 19.4% लोग शिक्षित थे। जम्मू, कश्मीर में 18.6%, तमिलनाडु में 39.5% तथा महाराष्ट्र में 39.2% शिक्षित थे। भारत के लगभग सभी राज्यों में महिला शिक्षा की कमी पाई गई है।

उपरोक्त आँकड़ों के आधार पर कहा जा सकता है कि निम्न लक्ष्यों की प्राप्ति के लिए दम्पत्ति द्वारा उठाए गए कदमों को परिवार नियोजन कह सकते हैं। अनिच्छित सन्तान पर रोक, इच्छा से सन्तानोत्पत्ति, गर्भावस्था के मध्य के अन्तराल को नियंत्रित करना, दम्पत्ति की उम्र के अनुसार शिशु के जन्म के समय को नियन्त्रित करना, परिवार में बच्चों की संख्या का निर्धारण करना आदि।

परिवार नियोजन मानव का मूलभूत अधिकार है। यह बात सन् 1968 ई. में तेहरान में हुए संयुक्त राष्ट्र सम्मेलन में कहा गया था। प्रत्येक मानव अथवा दम्पत्ति को यह अधिकार प्राप्त है कि वे अपने बच्चों की संख्या, उनके बीच का अन्तराल, विवाह या गर्भ सम्बन्धी जानकारी, शिक्षा तथा विधियों या साधनों के विषय में मुक्त रूप में तथा उत्तरदायित्व के साथ निर्णय लें। 1974 ई. में बुखारेस्ट में हुए सम्मेलन में उपर्युक्त बातों का समर्थन किया गया तथा 'अत्युत्तम गर्भनिरोधी विधि; को खोज निकालने पर भी बल दिया गया। 1975 ई. में 'अन्तर्राष्ट्रीय नारी वर्ष' के उपलक्ष्य में हुए विश्व सम्मेलन में महिला के अधिकारों के सन्दर्भ में गम्भीर चर्चा हुई जिसमें महिलाओं को भी सन्तान की संख्या, उनके मध्य अन्तराल की अवधि का निर्णय लेने का अधिकार मिलना चाहिए। परिवार नियोजन अब अन्तर्राष्ट्रीय समस्या व मानव के मूल अधिकार के रूप में उभर कर सामने आया है। यह परिवार के स्वास्थ्य की उन्नति के लिए ही नहीं बल्कि सामाजिक कल्याण के लिए भी परम आवश्यक है।

हमारा देश ऐसा पहला देश है जहाँ राष्ट्रीय स्तर पर परिवार नियोजन कार्यक्रमों को लागू किया गया है। 1953 ई. में भारत सरकार ने इस कार्यक्रम को अधिकारपूर्वक चलाया तथा प्रथम एवं द्वितीय पंचवर्षीय योजनाओं में इस मद पर 22 मिलियन रुपये खर्च करने का लक्ष्य रखा गया। लेकिन इसमें अधिक काम नहीं हो पाया। पत्रिकाएँ वितरित की गईं, कुछ चिकित्सालय खोले गए लेकिन तृतीय पंचवर्षीय योजना

(1961-66) में परिवार नियोजन कार्यक्रम के लिए 248.6 मिलियन रुपये व्यय किए गए। सरकार ने लागों को सीमित परिवार अपनाने के लिए अनेक प्रकार के प्रचार एवं प्रसार कार्यक्रम आरम्भ किये हैं। 1966 ई. में स्वास्थ्य मन्त्रालय की ओर से परिवार नियोजन केन्द्र भी स्थापित किए गये। 1969 से 74 ई. तक की चतुर्थ योजना के अन्तर्गत उपर्युक्त कार्य के लिए 3150 मिलियन रुपये खर्च किए गए। 1972 ई. में गर्भपात को कानून के अनुसार स्वीकृत किया गया। पाँचवीं पंचवर्षीय योजना (1974-79) में 5,160 मिलियन रुपये परिवार-नियोजन कार्यों के लिए किए गए। छठी योजना में 76,500 लाख रुपये इस उद्देश्य के लिये रखे गये। छठी पंचवर्षीय योजना में परिवार नियोजन के लिए दस अरब रुपये खर्च किए गए।

भारत में परिवार नियोजन कार्यक्रमों को अन्तर्राष्ट्रीय संस्थाओं से भी प्रोत्साहन मिलता है। यथा विश्व स्वास्थ्य संगठन (World Health Organisation), आहार तथा कृषि संगठन (Food & Agricultural Organisation), संयुक्त राष्ट्र शिशु कल्याण एवं संकट कालीन निधि (United Nations Children's Emergency Fund), केयर (CARE) आदि ने एक कार्यक्रम चलाया जिसका नाम 'शोध, विकास तथा मानव सन्तानोत्पत्ति की शिक्षा का विस्तृत कार्यक्रम' था। इसका उद्देश्य मानव प्रजनन की प्रक्रियाओं का अध्ययन, सन्तानोत्पत्ति पर नियन्त्रण के लिए विभिन्न तरीके खोजना आदि है। भारत में यूनिसेफ परिवार नियोजन सम्बन्धी अनेक कार्यक्रम चलाये जाते हैं। यूनिसेफ (UNICEF) ने 1975 ई. में एशिया के लिए 40,321,000 डॉलर दिए तथा भारत के लिए 21.5 मिलियन डॉलर शिशु कल्याण के लिए 1980 ई. में 56.8 मिलियन डॉलर नकद राशि तथा 98,000 टन आहार दिया जिससे अकाल से पीड़ित, निम्न आर्थिक स्थिति के कारण तथा कुपोषित 2 मिलियन माता एवं बच्चों की चिकित्सा, जल एवं पोषण सम्बन्धी माँगों की पूर्ति की जाए। आहार तथा कृषि संगठन ने आहार वितरण पर बल दिया है। जनता के स्वास्थ्य के स्तर को विकसित के लिए, मातृ-शिशु कल्याण केन्द्र, सामुदायिक विकास कार्यक्रम (Communituy Development Programme), प्रौढ़ शिक्षा, विद्यालयी मध्यान्तर पोषण कार्यक्रम (School Lunch Programme), बच्चों की शिक्षा आदि को चलाता है, साथ ही परिवार-नियोजन कार्यक्रम को राष्ट्रीय और सरकारी स्तर पर तथा व्यक्तिगत संस्थाओं के स्तर पर आहार तथा कृषि संगठन चलाता है। आहार तथा कृषि संगठन की सहायता से किसानों को सन्तानोत्पत्ति शिक्षा मिलती है, गर्भ निरोधी तरीकों एवं उनकी सेवा के लिए उचित स्थानों के विषय में भी उन्हें जानकारी मिलती है।

UNFPA (United Nations Fund for Population Activities) ने भी

भारत को बढ़ती जनसंख्या से निपटने के लिए मिलियन डॉलर अनुदान दिये। इसके अलावा UNFPA ने उपकरण एवं तकनीक दक्ष समूह की सेवाएँ प्रदान की हैं। उपयुक्त राशि का उपयोग, परिवार-नियोजन कार्यक्रम चलाने, चिकित्सालय खोलने, नसबन्दी के उपकरणों की खरीददारी, कानूनी गर्भपात की व्यवस्था के लिए परिवार कल्याण परामर्श समिति, कर्मचारियों को प्रशिक्षण देने, विरोध की खरीददारी तथा उसके उत्पादन के लिए, गोलियों (Oral Pills) के उत्पादन के लिए किया जा रहा है। सरकार लोगों में परिवार नियोजन के बारे में जागरूकता लाने के लिए विभिन्न तकनीकी उपकरणों का उपयोग करती है। वर्तमान समय में इस कार्य के लिए एफ. ए.ओ. भारत के प्रत्येक राज्य में परिवार नियोजन केन्द्र स्थापित किये गये हैं। दृश्य-श्रव्य उपकरणों का सार्वाधिक प्रयोग किया जा रहा है यथा फिल्म, रेडियो, टी.वी., पत्र-पत्रिकाएँ, पोस्टर, ड्रामा, डान्स, समूहगान, कहानी, कठपुतली आदि के द्वारा शिक्षा दी जा रही है। एफ.ए.ओ. ने भी कई शिविर लगाए, नर एवं नारी की नसबन्दी कार्यक्रम चलाया गया। गरीबी, कुपोषण एवं अज्ञानता, निरक्षरता को दूर करने के लिए भी FAO ने कड़ी मेहनत की। आजकल FAO वनस्पति-गर्भनिरोधी तत्त्वों का अनुसन्धान कर रहा है। अधिक समय तक स्तनपान कराने से भी गर्भ धारण नहीं हो सकता है।

भारत के प्रत्येक राज्य में परिवार-नियोजन केन्द्र स्थापित किये गये हैं। यह केन्द्रीय परिवार कल्याण मन्त्रालय के अन्तर्गत है। इसकी अध्यक्षता परिवार कल्याण का केन्द्रीय मन्त्रिमण्डल करता है। विभिन्न राज्यों के स्वास्थ्य मन्त्री, सांसद इसके सदस्य होते हैं। वर्तमान समय में 21 राज्य परिवार नियोजन ब्यूरो (F. P. Bureaus) तथा 334 जिला परिवार ब्यूरो बने हैं। इनमें सरकारी एवं गैर-सरकारी दोनों प्रकार की संस्थाएँ हैं। प्रत्येक ग्रामीण संस्था में एक दाई, एक नर्स, एक स्वयंसेवी रहते हैं। इसके अलावा डॉक्टर, प्रसार के सेवक, स्वास्थ्य सेविका, परिवार कल्याण के कर्मचारी आदि भी सम्मिलित हैं।

विश्व स्वास्थ्य संगठन परामर्श, फैलोशिप एवं उपकरणों के रूप में सहायता प्रदान करता है। विश्व स्वास्थ्य संगठन बड़े पैमाने पर नसबन्दी का शिविर लगाना, सेमिनार के आयोजन एवं उसके लिए आए मेहमानों तथा भाग लेने वालों के खर्च का वहन करना आदि कार्य करता है।

नार्वे ने प्रसवोपरांत की सेवाओं के लिए सहायता दी है। जापान (Japan) ने निरोध की खरीददारी के लिए मदद दी है। स्वीडन (Sweden) ने 325 मिलियन निरोध तथा 20 प्रिंटिंग मशीन दी हैं।

परिवार नियोजन कार्यक्रम में केन्द्रीय सूचना तथा प्रसारण मन्त्रालय, डाक तार विभाग, रेलवे, रक्षा मन्त्रालय ने भी सक्रिय सहयोग प्रदान किया है। रेडियो, अखबार, पत्रिकाएँ, दीवार की पेंटिंग, बसों पर तथा जगह-जगह पर सूचना लिखाना, पोस्टकार्ड, माचिस, लेबिल आदि पर सूचना देना, चलन प्रसार इकाइयों की व्यवस्था, गाना, ड्रामा, स्लोगन की प्रतियोगिता करवाना, प्रत्यक्ष और परोक्ष रूप से छोटे परिवार के लिए प्रोत्साहन-प्रेरणा देना। परिवार नियोजन कार्यक्रम के अन्तर्गत क्लिनिक द्वारा कई सेवाएँ भी प्रदान की जाती हैं, यथा डायाफ्राम, जैली, झाग की गोलियाँ, निरोध का वितरण आदि। नसबन्दी की सुविधाएँ, निरोध की गोलियों का वितरण, आन्तरिक गर्भाशयी साधनों जैसे लूप, कॉपर टी आदि को लगवाने की भी इसमें व्यवस्था होती है। इसके अतिरिक्त सरकार द्वारा विशेष कार्यक्रम भी चलाए जा रहे हैं। यथा-निरोध उत्पादन कार्यक्रम, अखिल भारतीय प्रसवोपरान्त कार्यक्रम, बृहद् नसबन्दी शिविर चलाना, महिला नसबन्दी-लेपरोस्कोपी शिविर सप्रमाण प्रदर्शन आदि।

परिवार कल्याण कार्यक्रम

भारत सरकार के केन्द्रीय स्तर पर परिवार नियोजन कल्याण मन्त्रालय की स्थापना की है। दिल्ली में केन्द्रीय परिवार कल्याण समिति स्थित है। यह उच्च क्षमतायुक्त समिति है। यह अन्य राज्य-स्तर के मन्त्रालयों पर नियन्त्रण रखती है। समाज कल्याण से सम्बन्धित व्यक्ति एवं अन्य कार्य दक्ष, कुशल व्यक्ति इसके सदस्य होते हैं। इसके अध्यक्ष प्रधानमंत्री होते हैं। राज्य के स्तर पर मुख्य मंत्री अध्यक्ष होता है। इसमें परिवार कल्याण एवं मातृ-शिशु-स्वास्थ्य के बारे में उचित कार्यक्रम बनाने का कार्य इस मंत्रालय के तकनीकी विभाग के अध्यक्ष आयुक्त द्वारा होता है।

भारत के प्रत्येक राज्य में अलग-अलग परिवार कल्याण की इकाई होती है। इसे राज्य परिवार कल्याण ब्यूरो की संज्ञा दी जाती है। चलित चिकित्सालयों की इकाइयों की व्यवस्था ग्रामीण क्षेत्रों के लिए की जाती है। प्रति 5 लाख लोगों पर एक चलित इकाई होती है। इन स्थानों पर नसबन्दी एवं आन्तरिक गर्भाशयी साधन के लिए सुविधाएँ बनी रहती हैं। हर राज्य में परिवार कल्याण ट्रेनिंग केन्द्र भी स्थापित हैं। यह कर्मचारियों को शिक्षा देने में सक्रिय भाग लेता है। राष्ट्रीय स्वास्थ्य प्रबन्ध तथा शिक्षा संस्था (National Institute of Health Administration and Education) द्वारा समय-समय पर सेमीनार चर्चा आदि का आयोजन किया जाता है। साथ ही गर्भवती महिलाओं तथा बच्चों को तेल में विटामिन 'ए' मिलाकर वितरित करती है। इसके अलावा भारत में अन्य कई ऐच्छिक (Voluntary) संस्थाएँ हैं जो

स्वतन्त्र रूप से परिवार कल्याण कार्यक्रम चलाती हैं। आन्तरिक गर्भाशयी साधनों का उत्पादन कानपुर में स्थित एक कारखाने में होता है, जबकि निरोध का उत्पादन हिन्दुस्तान लैटेक्स लिमिटेड त्रिवेन्द्रम में किया जाता है। परिवार कल्याण केन्द्रों द्वारा निरोध को मुफ्त में ही वितरित किया जाता है।

सन् 1949 में भारत सरकार ने भारतीय परिवार कल्याण समिति की स्थापना की। इसको प्रत्येक पंचवर्षीय योजनाओं में महत्त्वपूर्ण स्थान दिया गया है। इसका उद्देश्य न केवल परिवार नियोजन तथा गर्भ निरोधी तरीकों के विषय में जनता को अवगत कराना है, बल्कि पति-पत्नी के पारस्परिक सम्बन्धों के सुधार के लिए सुझाव देना एवं गर्भपात बन्ध्यता का उपचार, आवश्यक शल्यचिकित्सा, नशबन्दी आदि सेवाएँ उपलब्ध करना भी है। भारत की सरकार देश में बढ़ती आबादी से चिंतित है। इसलिए वह इस समस्या से निपटने के लिए परिवार नियोजन के विभिन्न कार्यक्रमों को आयोजित कर रही है। राज्य सरकारों के स्वास्थ्य निदेशालयों में भी आजकल परिवार कल्याण व परिवार नियोजन विभाग को अलग से चलाया जा रहा है। जनता की जानकारी के लिए परिवार कल्याण सम्बन्धी ज्ञान का प्रचार-प्रसार भी तीव्र गति से हो रहा है। जनता की पूर्ण सजगता एवं सहयोग के लिए आवश्यक है कि गर्भनिरोध तथा अन्य पारिवारिक समस्याओं को विधायक ढंग से उनके समक्ष प्रस्तुत किया जाए।

उद्देश्य परिवार कल्याण सम्बन्धी लक्ष्यों की प्राप्ति निम्नलिखित बिन्दुओं पर निर्भर है

1. नवविवाहित दम्पति को विवाह एवं मातृत्त्व के उत्तरदायित्वों के विषय में भली-भाँति अवगत कराना।
2. उन्हें वंश परम्परा तथा लैंगिक ज्ञान प्रदान करना।
3. पति-पत्नी के पारस्परिक मनोवैज्ञानिक सम्बन्धों के सन्दर्भ में भी सुझाव एवं उपदेश देना।
4. पति-पत्नी को बन्ध्यता, नपुंसकता एवं यौन सम्बन्धी समस्याओं तथा अंध- विश्वासों के विषय में जानकारी देना।

राष्ट्रीय परिवार नियोजन कार्यक्रम का मूल उद्देश्य है जन्म दर कम करना अर्थात् प्रति 1000 में से 30 तक लाना। इससे पहले यह अनुमान लगाया गया था कि 1982-83 तक जन्म-दर प्रति हजार 35 रहे। परिवार नियोजन विकासशील देशों के लिए आवश्यक ही नहीं, बल्कि अनिवार्य है। 1970 में विश्व स्वास्थ्य संगठन के निरीक्षण में परिवार कल्याण समिति ने अग्रलिखित कार्यों के प्रति सक्रिय रुचि दिखाई

1. प्रथम शिशु के आगमन की तैयारी के लिए प्रसूता को माता का मानस।
2. अविवाहित माताओं के लिए उचित सेवा एवं सुविधाएँ प्रदान करना।
3. विवाह-पूर्व की स्थिति में परीक्षण करना तथा उचित परामर्श देना।
4. गर्भावस्था के दौरान विभिन्न प्रकार के परीक्षण करना।
5. पुत्र-ग्रहण या गोद लेने सम्बन्धी सेवाएँ प्रस्तुत करना।
6. यौन शिक्षा।
7. यौन अंगों की विकृतियों की पहचान एवं उनके लिए उचित व्यवस्था करना जैसे ग्रीवा का कैन्सर।
8. छोटे परिवार के लिए प्रोत्साहन देना एवं बच्चों के बीच में अन्तराल को बढ़ाना।
9. मातृत्त्व के लिए उचित उपदेश एवं शिक्षा देना।
10. वंशोत्पत्ति एवं परम्परा सम्बन्धी ज्ञान देना।
11. विवाह सम्बन्धी उपदेश देना।
12. गृह प्रबन्ध तथा पोषण विज्ञान की शिक्षा देना।

माताओं के स्वास्थ्य के लिए परिवार नियोजन आवश्यक है ही साथ में बच्चों की स्वास्थ्य की दृष्टि से भी इसे आवश्यक माना जाता है। शिशु-मृत्यु-दर को घटाने के लिए परिवार नियोजन को अपनाना चाहिए। बच्चे के विकास के लिए माता से पूर्ण प्रेम, स्नेह एवं देखभाल प्राप्त करने के लिए, उचित पोषण की प्राप्ति के लिए बच्चों के बीच की अवधि अधिक से अधिक लम्बी होनी चाहिए। कुपोषण को रोकने के लिए एवं राष्ट्रीय पोषण स्तर को उन्नत बनाने के लिए परिवार नियोजन महत्त्वपूर्ण होता है। बच्चों की बुद्धिलब्धि को बढ़ाने के लिए भी छोटे परिवार का होना परम आवश्यक है। इससे मातृ-मृत्यु-दर पर भी नियन्त्रण रखा जा सकता है।

परिवार नियोजन की विशेषताएँ

परिवार नियोजन की कुछ प्रमुख विशेषताएँ इस प्रकार हैं

1. राष्ट्रीय आहार उत्पादन तथा वितरण प्रणाली सशक्त बनती है जिससे राष्ट्र विकास की ओर तीव्र गति से बढ़ने लगता है।
2. अनुसन्धानों से साबित हो चुका है। कि एकल परिवार वाले बच्चे संयुक्त परिवार की तुलना में बड़ी तेजी से विकास करते हैं।
3. परिवार नियोजन के अन्तर्गत सीमित परिवार अपनाने के लिए इसलिए

ज्यादा जोर दिया जाता है क्योंकि इसमें ही बच्चे अपने गुणों का विकास कर पाते हैं। व्यक्ति के चारित्रिक तथा नैतिक विकास का मौका मिलता है जिससे उसकी आंतरिक उन्नति होती है। फलस्वरूप सामाजिक शान्ति तथा स्थिरता बनी रहती है। उचित पोषण, शिक्षा आदि के कारण बाल-अपराधों की संख्या कम हो जाती है।

4. सामाजिक तथा आर्थिक उन्नति का मूल आधार परिवार नियोजन ही है। परिवार में बच्चों की कम संख्या का आशय यह है कि हर बच्चे के लिए उचित सुविधाएँ प्रदान कर सकें। यदि बच्चे कम संख्या में होंगे तो पर्याप्त पोषण की सुविधाएँ शिक्षा, पर्यावरण की स्वच्छता, मकान का सही प्रबन्ध, कम भीड़, अधिक आय, नगरीकरण, उद्योग, रोजगारी, उच्च स्वास्थ्य का स्तर आदि प्राप्त कर सकते हैं।

5. माताओं को उन बच्चों के लालन पालन में कठिनाई आती है, जिनके दो बच्चों के बीच अवधि ज्यादा होती है। गर्भधारण तथा प्रसवोपरान्त उसे पुनः स्वास्थ्य लाभ करने के लिए समय मिल जाता है।

6. माता का स्वास्थ्य उन्नत होने के साथ-साथ मातृ-मृत्यु दर में कमी भी आती है। माता के पोषण के स्तर में आश्चर्यजनक बदलाव आते हैं। गर्भपात अथवा अन्य गर्भकालीन विषमताओं से मुक्त रह सकती हैं। माता का मानसिक संतुलन बना रहता है। परिवार में तनाव कम हो जाता है।

7. भ्रूण के स्वास्थ्य के स्तर में भी सुधार होता है। शिशु मृत्यु दर घट जाती है। शिशु की असामान्य अथवा विकृत होने की सम्भावना नहीं के बराबर रहती है। माता की जैसे-जैसे आयु बढ़ती है वैसे-वैसे शिशु में विकृतियाँ पैदा होने की सम्भावना रहती है। वंश परम्परा सम्बन्धी रोगों से पीड़ित व्यक्तियों द्वारा विकृत बच्चे ही पैदा होते हैं, इसलिए ऐसे व्यक्तियों का शल्य चिकित्सा द्वारा उपचार करके बच्चों के जन्म को रोक सकते हैं। विक्षिप्त एवं कोढ़ी मनुष्यों की जबरन शल्य चिकित्सा करवानी चाहिए।

8. परिवार नियोजन के माध्यम से भ्रूण तथा शिशु के स्वास्थ्य को भी उन्नत बनाया जा सकता है। परिवार का आकार यदि छोटा है तो हर बच्चे की पोषण सम्बन्धी आवश्यकताओं की पूर्ति हो जाती है जिससे

उनमें रोगरोधी क्षमता पैदा होती है। उनकी वृद्धि एवं विकास सही ढंग से हो पाता है। परिवार नियोजन से कुपोषण, मानसिक तनाव, बाल अपराध आदि कम हो जाते हैं।

उपरोक्त लाभों की प्राप्ति के लिए लड़कों तथा लड़कियों के विवाह की आयु को बढ़ाना जरूरी है लड़कियों की उम्र 18 वर्ष होनी चाहिए तथा लड़कों की उम्र 21 वर्ष हो। इस उम्र को संवैधानिक मान्यता भी दी गई है। सरकार को परिवारों की पोषण स्थिति में सुधार लाने के लिए विभिन्न प्रकार के कार्यक्रम चलाने चाहिएँ। इसके अन्तर्गत लोगों को मुफ्त में आहार वितरित करना चाहिए। इससे नारी के स्वास्थ्य में अत्यधिक सुधार आता है। नारी के स्थान एवं भूमिका के विषय में विधायक दृष्टिकोण को जनता में जागृत करना चाहिए। नारी शिक्षा, नौकरी आदि के लिए उचित मौका प्रदान करने चाहिए इससे परिवार नियोजन की सफलता पर विधायक परिणाम एवं प्रभाव पड़ते हैं। सामाजिक एवं राजनैतिक स्थिरता के लिए उपर्युक्त कारकों की महत्त्वपूर्ण भूमिका है।

परिवार-नियोजन की प्रमुख विधियाँ

परिवार-नियोजन की दो प्रमुख विधियाँ हैं स्थायी तथा अस्थायी विधियाँ। एक आदर्श, उत्तम गर्भनिरोधी विधि वह होती है जो प्रभावशाली ढंग से गर्भ धारण को रोके, उपयोग के लिए अधिक कुशलता की आवश्यकता न हो, सुविधापूर्ण हो, लम्बी अवधि तक, बिना निरीक्षण, परीक्षण के भी सफल एवं प्रभावशाली बनी रहे, सस्ती हो, उत्क्रमणीय चिकित्सक के परामर्श की माँग कम से कम हो। परिवार नियोजन से सम्बन्धित कुछ प्रमुख विधियों का वर्णन निम्नलिखित शीर्षकों में किया गया है

स्थायी विधियाँ स्थायी विधियों से पुरुष नसबन्दी, महिला नसबन्दी एवं लैसर किरणों के उपयोग आदि को अपनाया जाता है। पुरुष नसबन्दी के लिए आवश्यक है कि उसकी उम्र 25 वर्ष से अधिक हो, महिला की उम्र 20 वर्ष से अधिक एवं 45 वर्ष से कम हो। उनके कम से कम दो बच्चे हों, छोटे की उम्र भी कम से कम 2 साल हो। इसके लिए पति-पत्नी, दोनों की स्वीकृति जरूरी होती है। पुरुष के वृषण कोश में एक या दो चीरे किया जाता है तथा एक सेण्टीमीटर के शुक्रवाहिनी के भाग को काट कर निकाल दिया जाता है। शुक्रवाहिनी के कटे हुए दोनों सिरों को अलग-अलग बाँध दिया जाता है। बहुत शीघ्र और सरलतापूर्वक पुरुष नसबन्दी किया जा सकता है, जबकि महिलाओं में यह प्रक्रिया बहुत कठिन होती है। एक

महिला नसबन्दी में जितना व्यय होता है उसमें 5 पुरुष नसबन्दी कराई जा सकती है। वैसेक्टामी के बाद भी पुरुष के हार्मोन तथा वृषण के अन्तराकाशी कोष सामान्य रूप से कार्य करते हैं। इसमें शुक्राणुओं का नाश स्थानीय फैगोसाइट के कारण हो जाता है।

वैसेक्टामी के साथ प्रमुख समस्या यह है कि ऑपरेशन के बाद इसमें संक्रमण होने का भय रहता है। सही एण्टीबायोटिक्स के उपयोग से इसे रोका जा सकता है। कुछ लोगों में कटे हुए दोनों सिरे प्राकृतिक कारणों से पुनः जुड़ जाते हैं एवं उससे निकले शुक्राणु प्रायः विकृत होते हैं जिससे इसका दुष्प्रभाव युग्मनज पर पड़ता है। कुछ मनोवैज्ञानिक परिवर्तन भी होते हैं यथा लैंगिक इच्छा में कमी आ जाती है। सिर दर्द एवं अनिद्रा, थकान आदि। यह समस्या सही परामर्श से दूर हो सकती है। 15 दिनों तक व्यक्ति को वजन नहीं उठाना चाहिए एवं साइकिल नहीं चलानी चाहिए। वीर्य का नियमित परीक्षण करवाना चाहिए। ऑपरेशन के बाद 15 दिन संयम बरतना चाहिए।

पुरुष नसबन्दी की तुलना में महिला नसबन्दी बहुत ही जटिल होता है। यह इतना सरल नहीं है। इसे किसी भी समय किया जा सकता है लेकिन प्रसव के 3-4 दिन बाद करना ज्यादा सुविधाजनक होता है। इस आपरेशन में दोनों अण्डवाहिनियों को काट कर बाँध दिया जाता है। ऑपरेशन के उपरान्त महिला को एक दो सप्ताह तक आराम करने की जरूरत होती है। महिला नसबन्दी के दो तरीके अपनाए जाते हैं पहला योनिमार्ग से तथा दूसरा उदर के ऊपरी भाग से। उदर पर से किए जाने वाले ऑपरेशन को लेपरोस्कोपी तथा योनिमार्ग द्वारा की जाने वाली नसबन्दी को कल्डोस्कोपी के नाम से जाना जाता है। ऊपर पर 2.5 से 3 सेमी. तक चीरा लगाया जाता है तथा अण्डवाहिनियों को पहचान कर उन्हें काट कर सिरों को बाँध दिया जाता है। इन सिरों पर कैप (Cap), किल्प (Clip), डाट (Plug) लगाए जा सकते हैं अथवा रासायनिक पदार्थों की सहायता से बन्द किया जाता है। रासायनिक पदार्थों में ज्यादातर सिल्वर नाइट्रेट (Silver Nitrate-$AgNO_3$) का उपयोग किया जाता है। यह पीड़ा रहित, सस्ती विधि है। क्लिप भी स्टील अथवा प्लास्टिक का बना होता है लेकिन इसमें असफलता की भी सम्भावना रहती है। लैसर की किरणों से भी अण्डवाहिनियों के सिरों को बन्द कर सकते हैं। इस प्रक्रिया में किरणों के तीव्र ताप के कारण नलिका के कोष जल जाते हैं।

लेपरोस्कोपी एक अति आधुनिकतम जैव-भौतिक प्रणाली है। इसमें से एक फाइबर-ऑप्टिक रोशनी उत्पन्न होती है जो उदर से प्रवेश करके अण्डवाहिनी के स्थान

को खोज लेती है। लैपरोस्कोप के पोर (Tip) को उदर-प्रदेश में एक छोटे से छेद द्वारा प्रवेश कराया जाता है। नलिका को उठाकर उसे किन्हीं माध्यमों से अथवा बिजली के करण्ट से बन्द किया जाता है। बिजली से कोषीय निर्जलीकरण हो जाता है तथा नलिका का कोना पड़ जाता है। यह विधि अधिक प्रचलित नहीं है, क्योंकि बिजली के प्रयोग से खतरा पैदा हो सकता है। उसमें चिंगारी उत्पन्न होकर आस-पास के तन्तुओं को भी जला सकती है। आजकल निम्न थर्मल करण्ट का भी प्रयोग होता है।

परिवार नियोजन के स्थायी विधियों में हिस्टेरोस्कोप प्रणाली को भी अपनाया जाता है। इससे ज्यादा उपकरणों की आवश्यकता होती है लेकिन इसमें रक्त स्राव एवं असफलता की सम्भावना रहती है। हिस्टेरोस्कोप को योनिमार्ग से अण्डवाहिनी के मुँह तक लाया जाता है। इसके पश्चात् एक बिजली से चालित को-एग्युलेटिंग करण्ट से नलिका के मुँह को बन्द किया जाता है।

(2) अस्थायी विधियाँ परिवार नियोजन की अस्थायी विधियों के अन्तर्गत रासायनिक विधि, यांत्रिक विधि या व्यवहार सम्बन्धी विधि गर्भाधान के बाद की विधियों तथा मिश्रित विधि को शामिल किया गया है। इनका वर्णन यहाँ आतांकित शीर्षकों के माध्यम से किया जा रहा है

(1) यांत्रिक विधियाँ परिवार नियोजन के लिए कुछ यांत्रिक विधियों का भी प्रयोग किया जा रहा है। इसकी प्रमुख विधियों में शिश्नावरण प्रमुख विधि है जिसे "निरोध" के नाम से जाना जाता है। ये दो प्रकार के लैटेक्स तथा चमड़े के बने होते हैं। लैटेक्स आवरण का प्रयोग ज्यादातर किया जाता है। एक आवरण की लम्बाई 17.5 सेन्टीमीटर एवं व्यास 4.4 सेन्टीमीटर होती है। यह एक थैली के समान होता है जिसे सम्भोग से पहले पुरुष अपने लिंग पर चढ़ा लेता है। इसके कारण वीर्य, योनि में प्रविष्ट नहीं हो पाता है, बल्कि थैली के अन्दर ही रह जाता है। इसे सबसे ज्यादा विश्वसनीय साधन माना जाता है। इसके कई बार फटने से योनि में वीर्य स्थापित हो जाता है, अथवा दम्पत्ति इसे काम तुष्टि में बाधक समझते हैं। यह परिवार कल्याण केन्द्रों, सार्वजनिक स्वास्थ्य केन्द्रों तथा उपकेन्द्रों में मुफ्त मिलता है तथा सस्ती दर पर बाजार में भी दिया जाता है। अगर एक ही थैली को कई बार उपयोग किया जाता है तो उसमें छेद होने का अथवा फटने की भी सम्भावना हो जाती है। इसके परीक्षण के लिए थैली में 300 मिली लीटर पानी भरकर लटकाया जाता है जिससे छेद का पता लगता है। इसका अधिक प्रचलन है। इसके प्रयोग से कोई दुष्परिणाम नहीं होते हैं। इससे यौन रोगों से भी रक्षा होती है।

निरोध के लिए **डायफ्राम तथा पैसरी** का भी उपयोग किया जाता है। जो कि

कृत्रिम रबड़ अथवा प्लास्टिक के बने होते हैं। इसका व्यास 5 से 10 सेन्टीमीटर है। इसका किनारा स्प्रिंग अथवा लोहे का बना होता है। इसे सम्भोग से पहले योनि में प्रविष्ट किया जाता है एवं सम्भोग के 5-6 घंटे बाद निकाला जाता है। पैसरी मुलायम रबड़ की कटोरी-सी होती है। इसे योनि में प्रविष्ट करके गर्भाशय के मुँह को ढक दिया जाता है। यह अलग-अलग नाप की होती है। जब तक डॉक्टर इसकी सलाह न दे, तब तक इसे नहीं खरीदना चाहिए। डायफ्राम के साथ, अधिक सुरक्षा की दृष्टि से जैली अथवा क्रीम का भी प्रयोग करना चाहिए। इससे शुक्राणु मर जाते हैं एवं डायफ्राम को योनि में प्रवेश कराते समय भी सहायता मिलती है। सही नाप की पैसरी का उपयोग अगर नहीं किया जाए तो गर्भधारण हो सकता है। यह ग्रामीण अशिक्षित महिलाओं के लिए उपयोगी नहीं है। इसमें एक खतरा यह भी है कि यह अपने स्थान से हट सकता है।

आंतरिक गर्भाशयी साधन के अन्तर्गत मुख्यतः लूप, कॉपर-टी, कॉपर-7, Y-साधन, नोवा-टी आदि आते हैं। सन् 1909 में जर्मनी के एक चिकित्सक रिचर्ड रिचर्टर ने प्रथम आन्तरिक गर्भाशय साधन को मानव गर्भनिरोधी साधन के रूप में प्रयुक्त किया। वह गोल आकार का, रेशमी कीड़े की आँतों का बना हुआ था लेकिन बाद में रेशमी धागे, चाँदी के तार, चाँदी के छल्ले, पॉलीथीन अथवा प्लास्टिक के छल्ले का प्रयोग होने लगा। यह सबसे ज्यादा सरल एवं प्रभावशाली विधि है जिसे लगा लेने के बाद बार-बार तैयार होने की जरूरत नहीं होती है। अब तक 75 प्रकार के आन्तरिक गर्भाशयी साधनों का उपयोग किया जा रहा है जिनके आकार व आकृति अलग-अलग होते हैं यथा-लूप, सर्पाकार, छल्ले कुण्डली, ताँबे के लेप अथवा तरल पदार्थ भरे साधनों अथवा धनुषाकार साधन आदि।

लिप्पी के लूप का प्रयोग सबसे ज्यादा लोकप्रिय रहा है। इसका आकार दो 'S' के समान होता है जो पॉलीथीन अथवा प्लास्टिक का बना हानिरहित साधन होता है। यह धागों के साथ जुड़ा हुआ होता है जो योनि से बाहर निकले रहते हैं। गर्भाशय में यह कई वर्षों तक रह सकता है। यह सबसे सरल, प्रयोग के लिए आसान, समय बचाने वाला साधन होता है। यह सस्ता भी होता है। लेकिन कई महिलाओं में इसके प्रयोग से मासिक रक्त स्राव की मात्रा बढ़ जाती है। ऐसी स्थिति में संक्रमण हो सकता है अथवा यह बाहर निकल सकता है। इससे महिलाओं में अनीमिया अथवा रक्ताल्पता भी हो सकती है। कॉपर-T तथा कॉपर-7 का प्रयोग भी पर्याप्त लोकप्रिय हो रहा है। ये रोजदिन 2 माइक्रोग्राम प्राजेस्टीरोन को 5 साल तक छोड़ते रहते हैं जिससे मासिक रक्त स्राव की मात्रा का नियन्त्रण हो जाता है। यह अस्थायी विधि

है, संतान की इच्छा होने पर लूप अथवा कॉपर-टी को निकलवाया जा सकता है। ये आसानी से अपने आप निकल नहीं सकते क्योंकि उनका आकार ही ऐसा होता है कि वे गर्भाशय में ही बने रहते हैं। अतः इन्हें डॉक्टर से निकलवाया जा सकता है। कॉपर-टी का आविष्कार ICMR द्वारा किया गया।

(2) गर्भाधान के बाद की विधियाँ परिवार नियोजन के अस्थायी विधियों में गर्भाधान के बाद की विधियों की भी प्रमुख भूमिका होती है। 'मासिक स्राव का नियन्त्रण' उस विधि को कहते हैं जिसमें महिला अपने नियमित मासिक चक्र के न आने पर चिकित्सक के पास जाकर गर्भाशय के पदार्थों को यान्त्रिक विधि से निकलवा लेती है। इसमें कुछ महिलाएँ पहले गर्भावस्था के परीक्षण भी करवा लेती हैं। इस विधि में ग्रीवा को विस्फारित करके गर्भाशयी आन्तरिक पदार्थों को चूसने की मशीन द्वारा निकालते हैं। इस तरह की क्रिया बार-बार करने से बाद गर्भ नहीं ठहर पाता है तथा प्रायः गर्भपात हो जाता है, समय से पूर्व प्रसव आना, बन्ध्यता, मासिक चक्र की अव्यवस्था आदि कठिनाइयाँ पैदा हो जाती हैं। मासिक स्राव को प्रेरित करने के लिए हार्मोन का प्रयोग किया जाता है। इसके लिए गर्भाशय के अन्दर 1-5 मिली ग्राम का प्रोस्टा ग्लाँडिन करवाया जाता है। इसके तुरन्त बाद गर्भाशय की माँसपेशियों का संकुचन-विमोचन होने लगता है। प्रथम संकुचन 7 मिनट तक रहता है। इस विधि के प्रयोग के 7 दिनों में ही रक्तस्राव होने लगता है।

(3) रासायनिक विधियाँ यह परिवार नियोजन के अस्थायी विधियों में प्रमुख विधि है। यह विधि विश्वसनीय जरूर है लेकिन इसके कुछ दुष्परिणाम बाद में हो सकते हैं। परिवार नियोजन के कार्य में झागदार गोलियों का प्रयोग किया जाता है। जो एक शुक्राणुनाशक दवा होती है। इन गोलियों को उँगलियों की मदद से योनि में प्रविष्ट करते हैं। नमी के सम्पर्क में आने पर ये गोलियाँ झाग पैदा करती हैं। प्रत्येक गोली का आकार 25 पैसे के सिक्के के समान होता है। सम्भोग के पाँच से दस मिनट पूर्व इस गोली को साफ पानी से नम करके योनि में प्रविष्ट किया जाता है। गोली ताप एवं नमी के कारण घुलकर, कार्बन डाई आक्साइड निकालती है जो झाग बन जाती है। यह झाग शुक्राणुओं की सक्रियता का नाश करता है। ये गोलियाँ बहुत सस्ती होती हैं। इन गोलियों में फीनाइल मरकुरिक एसीटेट नामक रासायनिक पदार्थ होता है। ये गोलियाँ सामान्य रूप से सुरक्षित एवं हानिरहित होती हैं लेकिन ग्रीवा और योनि में पर्याप्त नमी की सामान्य रूप से उस भाग में जलन, पीड़ा होती है तथा गोली भी पूर्ण रूप से घुल नहीं पाती है। उचित संग्रह के अभाव में गोलियों का नाश हो जाता है। ऐसे एक-चौथाई लोग है जिन्हें इस दवा से लाभ नहीं मिल

पाता है। प्रयोगकर्ता कई बार योनि में अधिक तरलता एवं चिपचिपाहट की शिकायत करते हैं। कई बार योनि में सूजन भी हो जाती है।

जैली, पेस्ट अथवा क्रीम भी रासायनिक शुक्राणुनाशक पदार्थ होते हैं। इन्हें एक विशेष पिचकारी द्वारा योनि में प्रविष्ट कराया जाता है। ये दवाइयाँ योनि में वीर्यपात होने पर उसके शुक्राणुओं को निष्क्रिय करके नष्ट कर देती हैं। इससे गर्भधारण नहीं हो सकता है। शारीरिक तापमान के कारण ये दवाइयाँ योनि में फैल जाती हैं। लेकिन इनके साथ डायफ्राम अथवा शिश्नावरण का प्रयोग करना सुरक्षित रहता है। अगर योनि में जलन अनुभव हो तो इनका प्रयोग ठीक नहीं रहता है।

गर्भ निरोध के लिए सेण्ट स्क्वेयर नामक घुलनशील कागज का प्रयोग किया जाता है, जिस पर यूरिया का एक आवरण लगा होता है, यह 2 इंच का पतला, सेल्यूलोज का बना कागज होता है जिस पर यूरिया का गाढ़ा आवरण होता है। इसे सम्भोग से पहले योनि में गहराई तक प्रविष्ट कराया जाता है। यूरिया शरीर में घुल कर, मूत्र द्वारा निकल जाता है। इससे शुक्राणुओं का नाश हो जाता है। हार्मोन की बनी कुछ गोलियों के सेवन से अण्डोत्सर्ग देर से कराया जा सकता है। इस तरह प्राकृतिक चक्र के स्थान पर एक कृत्रिम चक्र स्थापित हो जाता है। इसके लिए प्रोजेस्टीरोन, ईस्ट्रोजन, स्टीराइड का उपयोग किया जाता है। इन्हें नियमित रूप से लेना आवश्यक होता है। उल्टी आना, जी मिचलाना, स्तनों की सूजन और पीड़ा, शारीरिक बालों की वृद्धि आदि प्रभाव दिखाई दे सकता है। लेकिन यह शत-प्रतिशत सफल होती है। ये गोलियाँ महँगी होती हैं। अधिक समय तक प्रयोग करने से रतनों के कैंसर, यकृत की बीमारियाँ, सूजन, मधुमेह, हृदय के रोग, एलर्जी, कुपोषण, सिर दर्द आदि उत्पन्न हो जाते हैं। यह गोलियाँ 21 दिनों तक ली जाती हैं। जी मिचलाने के लक्षण को कम करने के लिए रात को दूध के साथ अथवा अन्य एण्टासिड के साथ गोली लेनी चाहिए। ग्रामीण महिलाओं अथवा अशिक्षित महिलाओं के लिए यह विधि उपयुक्त नहीं है। हर वर्ष उन महिलाओं का पूर्ण परीक्षण होना चाहिए जो लगातार गोलियों का प्रयोग करती हैं।

परिवार नियोजन हेतु युग्मनज विरोधी गोलियों का प्रयोग किया जाता है। इन गोलियों को सम्भोग के बाद एक से दो दिन तक लिया जाता है। इससे महिलाओं के मासिक चक्र में कोई बदलाव नहीं आता है। रोपण विरोधी कारक हार्मोन के बने होते हैं यथा स्टीराइड, लेकिन इसका प्रभाव हानिकारक होता है। वीर्योत्पत्ति विरोधी कारक भी स्टीराइड हार्मोन के ही बने होते हैं जिसे पुरुष प्रयोग में लाता है। इससे शुक्राणुओं का नाश हो जाता है। गोलियों के प्रयोग से कुछ महिलाओं के वजन में

वृद्धि हो जाती है। दिल्ली के एम्स संस्थान में डॉ. तलवार द्वारा गर्भनिरोधी टीकों का निर्माण कराया गया था। यह मानव के अपरा से उत्पन्न होने वाले गोनेडोट्रोपिन हार्मोन से बनता है। गर्भवती महिलाओं के मूत्र में यह हार्मोन प्रचुर मात्रा में पाया जाता है। गर्भवती महिलाओं के मूत्र को टिटनस टॉक्साइट के साथ मिलकर इन्जेक्शन दिया जाता है जो 5 माह तक महिला को गर्भधारण से रोकता है। उसके उपरान्त उसे पुनः इन्जेक्शन लेने की जरूरत पड़ती है।

दिल्ली की अखिल भारतीय आयुर्विज्ञान संस्थान द्वारा ही नासिक फुव्वारा का अविष्कार भी हुआ है। इसमें यौन स्टीराइड होती है। यह गर्भधारण को नियन्त्रित करता है।

गर्भधारण को रोकने के लिए प्रमुख विधियों में ट्रैफिक लाइट नियंत्रण की विधि प्रमुख है। यह सबसे पहले आस्ट्रेलिया के मेलबोर्न में उपयोग में लाई गई। यह 5 सेन्टीमीटर लम्बी कागज की पेन्सिल होती है जिस पर भरपूर रासायनिक पदार्थों का लेप होता है, यह पेन्सिल असुरक्षित काल में लाल बन जाती है एवं सुरक्षित काल में हरी ही रहती है। इस परीक्षण के लिए महिला को चाहिए कि वह पेन्सिल को अपने मूत्र के साथ सम्पर्क में लाएँ। यह सबसे सरल, सस्ती एवं आसान विधि है।

(4) व्यवहार सम्बन्धी विधियाँ व्यवहार सम्बन्धी विधियों में परिवर्तन लाकर भी परिवार नियोजन के तथ्यों को प्राप्त किया जा सकता है। लेकिन आम जनता के लिए ऐसा कर पाना कठिन होता है। क्योंकि अत्याधिक संयम नहीं रख सकते हैं। इसी वजह से ब्रह्मचर्य के आदर्शों को भारत में प्राप्त नहीं किया जा सका है। अतः केवल 15-20% लोगों के लिए संयम सम्भव हो सकता है। इससे नाड़ी-विकृतियाँ, मनोविकार आदि बीमारियाँ हो सकती हैं। अगर वे अपनी इच्छा से संयम के मार्ग को अपनाते हैं तो इससे अधिक दुष्परिणाम नहीं हो सकते हैं। बाह्य स्खलन अथवा मैथुन-अवरोध में वीर्यपात योनि में न होकर बाहर होता है। इसके लिए कृत्रिम साधन अथवा पूर्व तैयारी की जरूरत नहीं होती है। इस पर व्यय नहीं होता है। लेकिन इस विधि में पुरुष के आत्मनियंत्रण की क्षमता अद्‌भुत होनी चाहिए अन्यथा वीर्यपात योनि द्वार पर भी हो सकता है। इस स्थिति में गर्भ ठहरने का भय रहता है। इससे कई लोगों में मूत्र, नाड़ी एवं मन सम्बन्धी बीमारियाँ हो जाती हैं। इस विधि में एक कमी यह है कि पुरुष जननेन्द्रिय से बहने वाली मैथुन-पूर्व स्राव में भी शुक्राणुओं की उपस्थिति हो सकती है इसलिए यह सुरक्षित विधि नहीं है।

कुछ प्रमुख अनुसंधानों से यह भी पता चला है कि असुरक्षित काल में सम्भोग नहीं करने से गर्भ धारण नहीं होता है। इसका आशय महीने के उन दिनों से है जब

महिला की अण्डवाहिनी से अण्डाणु निकलकर गर्भाशय में प्रवेश कर सकता है और शुक्राणु से मिलकर गर्भ स्थापित कर सकता है। हर महीने में कुछ दिन ऐसे होते हैं जब सम्भोग के बाद गर्भ ठहरने की सम्भावना नहीं रहती है। इस अवधि को सुरक्षित अवधि कहा जाता है। इसकी गणना महिला के ऋतु चक्र की तिथि के आधार पर की जाती है। यथा यदि मासिक स्राव 20 तारीख को शुरू होने वाला है तो इसके 11 दिन पहले की तारीख 9 होगी। अब तारीख से 9 दिन और पीछे 5 दिन और पीछे की गिनती करें और उन 5 तारीखों को नोट कर लें, अर्थात् 5, 4, 3, 2 से किसी भी दिन महिला के अण्डाशय से अंडाणु निकलकर गर्भाशय में प्रवेश कर सकता है। सुरक्षा के लिए इन पाँच दिनों के साथ 3 दिन और जोड़ लें क्योंकि शुक्राणु 2 दिनों तक तथा अण्डाणु एक दिन तक जीवित रह सकते हैं। इस प्रकार 5, 4, 3, 2, 1, 30, 29, एवं 28 ऐसे तारीख हैं जिनमें गर्भ ठहरने की संभावना रहती है। इसे ही असुरक्षित काल कहते हैं।

इस विधि को अपनाने में प्रमुख समस्या यह है कि इससे सम्भोग करने के अवसर बहुत कम मिलते हैं। कुछ औरतों के मासिक धर्म भी अनियमित होते हैं। इनके लिए भी यह तरीका उपयुक्त नहीं है। अन्य प्राकृतिक विधियों BBT विधि आती है-प्रोजेस्टीरोन की अधिकता के कारण अण्डोत्सर्ग के समय शारीरिक तापमान 0.3^0-0.5^0C बढ़ जाता है। नई दिल्ली की राष्ट्रीय भौतिक प्रयोगशाला द्वारा एक फिल्म तैयार की गई है जिसे तरल-क्रिस्टलीस तापीय कागज (Liquid Crystal Thermal Flim) कहते हैं। यह महिला के शरीर के सम्पर्क में आने पर यह बता सकता है कि उसमें अण्डोत्सर्ग हुआ है अथवा नहीं। अण्डोत्सर्ग के दौरान उसके रंग में परिवर्तन आ जाता है और शारीरिक तापमान बढ़ जाता है।

अण्डोत्सर्ग से पूर्व ग्रीवा में भी बदलाव आ जाता है। यथा ग्रीवा अधिक नर्म हो जाती है, श्लेष्मा का स्राव भी बढ़ जाता है। अण्डोत्सर्ग के उपरान्त स्राव गाढ़ा हो जाता है। अतः यह विधि प्राकृतिक गर्भनिरोधी विधियों में बहुत अधिक सरल है। कुल मिलाकर व्यवहार सम्बन्धी विधियाँ सामान्य जनता के लिए उपयुक्त नहीं हैं। यह मात्र शिक्षित, आत्म-नियन्त्रण में दक्ष लोगों के लिए सरल हो सकती हैं।

(5) मिश्रित विधि यान्त्रिक एवं रासायनिक दोनों विधियों को मिलाकर बनायी गयी विधि को मिश्रित विधि कहते हैं। यथा पैसरी या डायफ्राम के साथ जैली का प्रयोग या शिश्नावरण के साथ झागदार गोलियों का प्रयोग आदि। इस प्रकार कहा जाय तो गर्भपात तब होता है, जब भ्रूण का निकास जब 28 सप्ताह से पहले होता है तथा भ्रूण का वजन एक किलोग्राम से कम होता है, भारत के प्रति वर्ष 6

मिलियन गर्भपात होते हैं जिसमें 4 मिलियन प्रेरित होते हैं तथा 2 मिलियन प्राकृतिक होते हैं। गर्भपात से कई समस्याएँ पैदा हो सकती हैं। जैसे रक्त स्राव, सदमा, विषाक्तता, गर्भाशय में छेद होना, तीव्र रक्तअल्पता तथा भविष्य में बन्धता का भय आदि। कानून के अनुसार 20 सप्ताह तक ही गर्भपात करवा सकते हैं, उसके बाद करवाना अपराध माना जाता है। गर्भपात का आधार चिकित्सा सम्बन्धी हो सकता है यथा महिला की किसी बीमारी के कारण गर्भपात आवश्यक हो जाता है। परिवारों में महिलाओं के विकलांग जन्म लेने का प्रमुख कारण यह है कि उनके वंश में परिवार नियोजन सम्बन्धी पहलूओं पर पर्याप्त ध्यान नहीं दिया गया। मानवीय कारणों से भी गर्भपात करवाते हैं यथा बलात्कार से उत्पन्न गर्भ, सामाजिक कारण यथा अविवाहित महिला का गर्भधारण आदि में भी गर्भपात करवाने की स्वीकृति रहती है।

गर्भपात (1) विस्फारण एवं खुरचने की विधि तथा (2) वेक्यूम निकास जिसमें विशेष चूसने वाली मशीन की सहायता से गर्भाशय के पदार्थों को बाहर निकाला जाता है। यह विधि कम खतरनाक होती है। विस्फारण एवं खुरचने की विधि में पदार्थों को तथा दीवारों को खुरच कर बाहर निकाला जाता है। इसमें पीड़ा अधिक होती है एवं खतरा भी रहता है।

परिवार नियोजन का महिलाओं पर प्रभाव

महिलाओं की दशा में परिवार नियोजन उतना प्रभावी नहीं रहता जितना कि विवाह की आयु बढ़ने, अच्छी शिक्षा देने, रोजगार के अवसर बढ़ने, जीवन की परिस्थितियों के सुधरने और सामान्य जानकारी में वृद्धि होने से महिलाओं का स्तर ऊँचा हुआ है और इन्हीं का परिवार नियोजन प्रणालियों को स्वीकार करने पर सीधा प्रभाव पड़ा है। इसमें कोई संदेह नहीं कि परिवार नियोजन का ज्ञान महिलाओं को बार-बार और अक्सर बच्चों को जन्म देते रहने के बंधन से मुक्त करा देता है। अपने जीवन और भविष्य पर अधिक नियन्त्रण रखना सिखा देता है तथा अपने शारीरिक संसाधनों को अत्यधिक खपाने से बचाता है। पति-पत्नी संबंधों में परिवर्तनशीलता भी उसमें सुधार का कारण है। इन सब बातों में से प्रत्येक का सामाजिक, आर्थिक, सांख्यिकीय और राजनीतिक परिवर्तनों के एक जटिल समूह से अभिन्न संबंध है। इनमें से अपने परिवार का आकार सीमित रखने वाली महिला की योग्यता, उसकी स्थिति को सुधारने में योगदान कर सकती है।

भारत में परिवार नियोजन के संदर्भ में जो राष्ट्रीय सर्वेक्षण किया गया है उससे पता चला है कि पत्नी की आयु, जीवित बच्चों की संख्या, पत्नी की शिक्षा, परिवार

की आय, शहर या गाँव के आकार इन सभी बातों के बढ़ने के साथ-साथ परिवार नियोजन के तरीके अपनाने वाले दम्पत्तियों की संख्या बढ़ती है। यहाँ यह बता देना रोचक होगा कि भारत में मुस्लिम परिवार नसबन्दी व परिवार नियोजन को धार्मिक रूढ़ियों के कारण नहीं अपनाते। परन्तु कुछ दूसरे अध्ययनों के अनुसार मुस्लिम समाज में धार्मिक आधार पर परिवार नियोजन को अस्वीकार करने का कोई प्रमाण उपलब्ध नहीं है। अधिकांशतः यह देखा जाता है कि महिला की शिक्षा व रोजगार स्थिति का उसके परिवार नियोजन स्वीकार करने या न करने की तत्परता से सीधा संबंध स्थापित होता है। विवाह की आयु में वृद्धि जीवन स्तर और दम्पत्ति की सामाजिक-आर्थिक स्थिति, गतिशीलता, प्रचार साधनों का प्रभाव और विभिन्न प्रकार के गर्भ निरोधकों की जानकारी इसके प्रमुख कारण हैं।

अन्य कारण

परिवार नियोजन के प्रयासों पर अत्यधिक जोर देने से न केवल प्रसूति और बाल कल्याण सेवाओं और सामान्य जन स्वास्थ्य सेवाओं की उपेक्षा हुई है, अपितु परिवार नियोजन कार्यक्रम का अपना अन्तिम उद्‌देश्य ही असफल हो गया है। इसके साथ जोड़े गए कार्यक्रम निम्नवत् हैं

1. तीन बच्चों के बाद सरकारी सेवा में लगी महिलाओं को प्रसूति हित लाभ न देने (यह नीति कुछ राज्य सराकरों ने अपना रखी है) की कार्यवाही को रद्‌द कर दिया जाए।
2. परिवार नियोजन के लिए किए जा रहे जन अभियान का इस प्रकार संचालन किया जाए जिससे वह प्रजननशीलता और उपापचयिक वंश परम्परागत रोग और लड़के को वरीयता देने के बारे में जो विद्यमान सामाजिक दृष्टिकोण हैं, जिसके लिए महिलाओं को सामान्यतया दोषी ठहराया जाता है की अवधारणा को परिवर्तित किया जा सके।
3. स्वास्थ्य सेवाओं में प्राथमिकता को बढ़ावा देने के लिए परिवार नियोजन स्वीकार करने वाली महिलाओं को एक टोकन या प्रमाण पत्र के रूप में प्रोत्साहन दिया जाए, अंन्ध्यकरण ऑपरेशन कराने वाले दैनिक मजदूरों को जो रोजगार संबंधी आर्थिक हानि हो उसकी क्षतिपूर्ति की जाए। अन्य लोगों को इस काम के लिए संवैतनिक छुट्टी दी जाए अभी तक दिए जाने वाले वित्तीय प्रोत्साहन को समाप्त कर दिया जाय।
4. ऐसे कर्मचारियों की नियुक्ति की जाय जो ग्रामीण क्षेत्रों में अपनी सेवाएँ

दे सकें। ग्रामीण क्षेत्रों में इन सेवाओं के लिए प्रौढ़ महिलाओं की सेवाएँ प्राप्त करने का प्रयास भी किया जाए।

5. प्रसूति और बाल कल्याण सेवाओं के लिए एक अलग बजट शीर्ष बनाया जाए और इसमें वे सब प्रावधान मिला दिए जाएँ जो अब तक परिवार नियोजन और सामान्य स्वास्थ्य सेवाओं के लिए अलग-अलग रखे जाते थे। देखा गया है कि शिशु प्रतिरक्षण और पोषाहर के कार्यक्रम उस समय अच्छा प्रतिफल देते हैं जब वे सामान्य प्रसूति और बाल स्वास्थ्य सेवाओं के अंश होते हैं। अतः इन सेवाओं के आवंटन को बढ़ाने में कोई दिक्कत होगी ऐसा प्रतीत नहीं होता।
6. परिवार नियोजन सहित एकीकृत प्रसूति बाल स्वास्थ्य सेवाओं के मुख्य कार्यकारी अधिकारी का पद बढ़ाकर कम से कम अपर आयुक्त के बराबर कर दिया जाए ताकि ये सेवाएँ फिर से परिवार नियोजन के अधीन न हो जाएँ। केन्द्र और राज्यों में शासन के सभी स्तरों पर इस कार्य पद्धति का पालन किया जाए।
7. प्राथमिक स्वास्थ्य केन्द्रों के स्तर पर प्रशासनिक व्यवस्था, चिकित्सा, कार्मिकी आदि और बजट के लिए प्रसूति और बाल स्वास्थ्य सेवाओं को अलग-अलग कर दिया जाए क्योंकि ऐसा करने से इलाज के काम को अधिक प्राथमिकता दी जा सकेगी। प्रसूति शैयाओं, बच्चों की प्रतिरक्षण सामग्री और महिलाओं के लिए परिवार नियोजन के रूप में उपलब्ध सुविधाओं को प्रसूति और बाल स्वास्थ्य को सौंप दिया जाए। प्राथमिक स्वास्थ्य केन्द्रों को अन्य सामान्य स्वास्थ्य सेवाओं के साथ पुरुषों की नसबन्दी की जिम्मेदारी भी सौंपी जा सकती है। प्रसूति और बाल स्वास्थ्य एकीकृत बाल विकास कार्यक्रम के आधारभूत तत्त्वों के रूप में पोषाहर और प्रतिरक्षण संबंधी उपायों का समन्वय कर सकते हैं।
8. प्रासविक मनोविकृति जैसे महिला रोगों के बारे में और परिवार नियोजन तरीकों के प्रभाव के क्षेत्र में किए जाने वाले अनुसंधान को प्रोत्साहित किया जाए।
9. परिवार नियोजन के लिए यह प्रत्येक प्रसूति और बाल स्वास्थ्य केन्द्र का यह उत्तरदायित्व होता है कि वह प्रजननशीलता और अस्वस्थता संबंधी आँकड़े इकट्ठा करें और उन्हें रखें। बाद में इनका अपेक्षित

क्षमता रखने वाले व्यक्तियों द्वारा जिला स्तर पर अध्ययन तथा मूल्यांकन किया जाए। इसके लिए जिला स्तर पर स्वास्थ्य सांख्यिकीय अनुभाग स्थापित करने की आवश्यकता पड़ेगी।

गर्भ समाप्ति अधिनियम सुधार

इसके संबंध में निम्नवत प्रावधान् बताए गए हैं

1. अधिनियम की धारा (4) के अनुसार, इस शल्य चिकित्सा के लिए अवयस्क लड़की की सहमति की आवश्यकता नहीं है जबकि अन्य शल्य चिकित्सकों में 12 वर्ष से बड़ी लड़की की ऐसी सहमति आवश्यक है। हमारे विचार से इस भेदभाव की आवश्यकता नहीं है क्योंकि इस तरह अभिभावक अवयस्क लड़की को ऑपरेशन के लिए मजबूर कर सकते हैं जबकि यह हो सकता है वह लड़की यह अपरेशन न कराना चाहती हो। तो मरीज की सहमति अनिवार्य कर दी जाए। जो अवयस्क लड़की लगभग वयस्क होने वाली हो उसके मामले में यदि मरीज और डाक्टर दोनों सहमत हों तो अभिभावक की अनुमति प्राप्त करने की शर्त को समाप्त कर दिया जाए। ऐसे सभी मामलों में डाक्टर को अपने विवेकानुसार निर्णय करने के अधिक अवसर दिए जाएँ।
3. अधिनियम की धारा 8 में व्यवस्था है कि ऑपरेशन से होने वाली किसी प्रकार की हानि में डॉक्टर की कोई खास जिम्मेदारी नहीं ठहराई गई है। यह व्यवस्था अनावश्यक लगती है और इसके कारण लापरवाही बढ़ती जा सकती है। इसे हटा दिया जाएँ।
4. अन्य अस्पताल इन ऑपरेशनों को करने के लिए आज भी पति की सहमति पर जोर डालते हैं, जबकि कानून में ऐसी काई व्यवस्था नहीं है। व्यक्ति और समाज दोनों दृष्टियों से चिकित्सा व्यवसाय से आश्वस्त करने के लिए विशेष प्रयत्न करने की आवश्यकता है।
5. इस प्रकार के ऑपरेशनों में जो कार्य पद्धति अपनाई जाती है और कागजी कार्यवाही करनी पड़ती है उसे सरल बनाया जाए। प्राधिकृत गर्भ समाप्ति की सुविधाओं का विस्तार करना और वह भी खासकर ग्रामीण क्षेत्रों में बहुत ही आवश्यक है।
6. हम उन नैतिक आधारों का आदर करते हैं जिनको ध्यान में रखते हुए अनेक डॉक्टर इस प्रकार के ऑपरेशन करने से आनाकानी करते हैं।

परन्तु हमारा विचार है कि परिवार के आकार को नियंत्रित करने का अधिकार महिला को होना चाहिए। इसके साथ-साथ यह भी महत्त्वपूर्ण है कि जब इस प्रकार का ऑपरेशन मरीज के स्वास्थ्य के लिए खतरा पैदा करता हो तो डॉक्टरों को उसे हतोत्साहित करने का अधिकार भी हो। बहुत से अस्पतालों में यह शर्त लगी रखी है कि गर्भपात तभी किया जाएगा जब मरीज बंध्यकरण के लिए तैयार हो जाए। इस शर्त को हटा दिया जाए।

कल्याण और विकास

महिला कल्याण एवं विकास के संबंध में किसी प्रकार की अस्पष्टता को दूर करने के लिए तथा कल्याण के आधारभूत उद्देश्यों के कभी-कभी विरुद्ध जाने वाली नीतियों के विकास पर रोक लगाने के लिए भारत सरकार को चाहिए कि वह संवैधानिक निर्देशों को तथा इस देश की महिलाओं और अन्तर्राष्ट्रीय जन समुदाय को समय-समय पर दिये गये वचनों को ध्यान में रखते हुए एक राष्ट्रीय नीति तैयार करे। महिलाओं और बच्चों के कल्याण और विकास कार्यक्रमों के आयोजन, समन्वय और प्रबंध के लिए केन्द्रीय और राज्य समाज कल्याण बोर्डों का सांविधिक और विशेषीकृत स्वास्थ्य अभिकरण के रूप में पुनर्गठन किया जाए।

केन्द्र और राज्य में आयोग का गठन

महिला विकास के लिए विभिन्न प्रकार के कार्यक्रम संचालित किए गये हैं। इस संबंध में एक भी ऐसा अभिकरण नहीं है जो इन कार्यवाहियों में समन्वय लाकर और उनकी जाँच कर कार्यान्वयन के तरीकों में विशेषज्ञ के रूप में सलाह दे सके। ऐसी स्थिति में निम्नवत् कार्यों के लिए स्वायत्तशासी आयोगों का गठन किया जाय।

(1) सूचना एकत्रित करना इस काम के लिए इन आयोगों को सरकार के विभिन्न संबद्ध अभिकरणों से विभिन्न विषयों में सूचना माँगने और आँकड़े इकट्ठे करने के तरीकों में सुधार करने के बारे में सुझाव देने का अधिकार होना चाहिए।

(2) विद्यमान नीतियों, कार्यक्रमों और कानूनों का मूल्यांकन इनका महिलाओं की स्थिति पर प्रभाव पड़ता है। इनके लिए इन उपायों को कार्यान्वित न किए जाने पर निंदा करना। जो अंतर या कमियाँ दिखाई दें उन्हें बताया और उनमें संशोधन या सुधारने का सुझाव देने की शक्तियाँ होनी चाहिएँ। सम्बद्ध सरकारी

विभागों के परामर्श से आयोग की टिप्पणियों और सुझावों को संसद अथवा विधान मंडलों के सम्मुख रिपोर्ट के रूप में पेश किया जाए और उनका उत्तर सम्बद्ध सरकार को निर्धारित अवधि के अंदर देना चाहिए।

(3) कथित उद्देश्यों और नीतियों के कार्यान्वयन को ध्यान में रखते हुए संसद या विधानसभाओं को नए कानूनों, नीतियों और कार्यक्रमों के बारे में सिफारिश करने का अधिकार होना चाहिए। सम्बद्ध सरकार पर इन सिफारिशों पर विचार करने का दायित्व होना चाहिए और जब स्वीकार न की जाए तो स्पष्टीकरण दिया जाना चाहिए।

वर्तमान कानूनों को वास्तव में तोड़ने के मामले में आयोगों के लिए जिन कार्यों की कल्पना की गई है उसके अनुसार उनका गठन व्यापक और प्रतिनिधिक होना चाहिए। उनके सदस्यों का एक समूह प्रमुख महिला-संगठनों, मजदूर-संघों, विधान-मंडलों और स्थानीय-निकायों तथा स्वास्थ्य, शिक्षा, सामाजिक अनुसंधान और प्रशासन के क्षेत्रों के विशेषज्ञों से हो। आयोगों को यह अधिकार होना चहिए कि वे उन क्षेत्रों में एक या दो सदस्य सहयोजित कर सकें जिनको प्रतिनिधित्व प्राप्त नहीं हुआ है। अध्यक्ष पूर्णकालिक और गैर-सरकारी हो तथा महिला ही हो। सदस्यों में ज्यादातर महिलाएँ होनी चाहिएँ और आयोग को अपने सचिव नियुक्त करने के अधिकार होने चाहिएँ। यह भी सिफारिश की जाती है कि समाज में महिलाओं के अधिकारों की सुरक्षा के लिए मानवीय अधिकारों की अवहेलना करने, महिलाओं के विरुद्ध भेदभाव बरतने तथा वर्तमान कानूनों और नीतियों की अवहेलना और वंचना करने के मामलों पर विचार करने के लिए विशेष न्यायाधिकरणों की स्थापना की जानी चाहिए तथा इनके द्वारा दिए गए आदेशों पर अमल करना चाहिए।

7

स्वास्थ्य की दृष्टि से महिलाओं की स्थिति

मानव की विभिन्न आवश्यकताएँ हैं जिनमें से एक प्रमुख आवश्यकता स्वास्थ्य है। स्वास्थ्य के लिए पौष्टिक भोजन अति आवश्यक है। इसके आभाव में कोई मानव स्वस्थ नहीं हो सकता है। कुछ लोग मोटे या भारी शरीर वाले व्यक्ति को स्वस्थ कहते हैं परंतु यह विचार वास्तव में सही नहीं है। स्वस्थ व्यक्ति वह कहलाता है जो शरीर और मस्तिष्क दोनों दृष्टियों से स्वस्थ होता है। यह भी सत्य है कि स्वस्थ शरीर में स्वस्थ मन का वास होता है। अतः यह तभी संभव होगा जब पोषक तत्वों की प्राप्ति होगी।

पोषण तत्वों की आवश्यकता

स्वतंत्रता के पश्चात् भी भारत की गरीबी पूर्ण रूप से दूर नहीं हुई है। आज भी भारत की अधिकांश जनसंख्या गरीबी रेखा के नीचे जीवन-यापन करती है। ऐसी स्थिति में निर्धनता की रेखा के नीचे जीवन-यापन करने वाली जनसंख्या के लिए हो वक्त की रोटी जुटा पाना भी मुश्किल होता है। जो लोग दोनों वक्त का खाना जुटा भी पाते हैं, उनके समक्ष जीवन की अनेक ऐसी अनिवार्यताएँ मुँह बाए खड़ी होती हैं जिन्हें पूरा करना पोषाहार की तुलना में अधिक आवश्यक होता है। सबसे

पहले उन्हें पेट भरने की समस्या होती है। अतः हमारे देश की जनसंख्या का अधिकांश भाग कुपोषण का शिकार है। यही कारण है कि देश की लगभग 50 प्रतिशत लड़कियाँ व 20 प्रतिशत लड़के 1 से 5 वर्ष की आयु में ही कुपोषण का शिकार हो जाते हैं। इससे पता लगाया जा सकता है कि पोषक तत्वों का मनुष्य के ऊपर कितना प्रभाव पड़ता है।

शारीरिक कार्यों के अनुपात में भोजन न मिलने से कुपोषण की स्थिति पायी जाती है। कार्य के हिसाब से पौष्टिक तत्वों का मिलना बहुत आवश्यक है। अधिकांश परिवारों में महिलाओं को जहाँ अत्यधिक क्रियाकलापों का संपादन करना पड़ता है, उनकी खुराक पर पुरुषों की अपेक्षा बहुत कम ध्यान दिया जाता है। भले ही पुरुषों का क्रियाकलाप महिलाओं की तुलना में सीमित ही क्यों न हो। यहाँ तक कि परिवार के बच्चों में भी जहाँ छोटी-छोटी लड़कियों से गृहस्थी के कार्यों में हाथ बँटाने, छोटे भाई-बहनों की जिम्मेदारी संभालने तथा अनेक परिश्रम करने वाले कार्य करने की अपेक्षा की जाती है, वहीं उनके भोजन में पुरुषों से बची हुई सामग्री ही सम्मिलित होती है यहाँ भी लड़कों और लड़कियों में भेद किया जाता है तथा लड़कों को किसी प्रकार का परिश्रम न करने पर भी यह कहकर अच्छी खुराक दी जाती है कि वे कुल दीपक हैं, उन्हें ही घर की जिम्मेदारी उठानी है तथा वे पढ़ाई-लिखाई तथा आर्थिक क्रियाओं का संपादन करके लड़कियों व महिलाओं की अपेक्षा अधिक परिश्रम करते हैं। अतः प्रारम्भ से ही लड़कियाँ कुपोषण का शिकार हो जातो हैं तथा मातृत्व ग्रहण करने पर यह आने वाली पीढ़ी को उत्तराधिकार में मिलता है, इसके प्रभाव से विभिन्न प्रकार की बीमारियाँ फैलती हैं, जिसके शिकार माँ व बच्चे दोनों होते हैं।

शरीर को स्वस्थ्य रखने के लिए आहार में उचित मात्रा में कैलोरी, प्रोटीन, विटामिन, वसा, खनिज, लवण, आयरन तथा कार्बोहाइड्रेट की आवश्यकता पड़ती है। इसके अभाव में कुपोषण की बीमारी फैलती है तथा इन पौष्टिक तत्त्वों में से किसी एक के भी उचित मात्रा के अभाव में उसकी कमी के कारण बीमारियाँ उत्पन्न हो जाती है। कुपोषण के कारण बच्चों को अनेक शारीरिक व मानसिक अयोग्यताओं से गुजरना पड़ता है। एक अनुमान के अनुसार 12 मिलियन बच्चे प्रतिवर्ष मानसिक बीमारियों का शिकार हो जाते हैं तथा 20,000 बच्चे विटामिन एक की कमी से अंधे हो जाते हैं। ग्रामीण क्षेत्रों में पाँच वर्ष की उम्र से कम में ही बच्चे को पर्याप्त कैलोरी भी मुश्किल से प्राप्त होती है। निर्धनता के कारण भी पर्याप्त पौष्टिक तत्व नहीं मिल

पाते हैं। जिस कारण इन्हें विभिन्न प्रकार की बीमारी हो जाती है। 1 से 3 व 3 से 5 वर्ष की आयु के लगभग 34 से 50 प्रतिशत बच्चे एनीमिक पाए गए हैं। बच्चों के आहार में 75 प्रतिशत कैल्सियम, विटामिन ए तथा बी की कमी पाई जाती है।

कुपोषण का एक प्रमुख कारण अज्ञानता व अशिक्षा भी है। अधिकांश लोगों को संतुलित आहार तथा इसकी आवश्यकता के कारणों के विषय में जानकारी नहीं होती है। वे यह नहीं जानते कि समान राशि व्यय करने पर भी वे किन आहारों का प्रयोग कर उचित मात्रा में कैलोरी प्राप्त कर स्वयं को तथा आगे आने वाली पीढ़ी को कुपोषण व उससे उत्पन्न भयँकर बीमारियों का शिकार होने से बचा सकते हैं इसके लिए उन्हें आहार पर ध्यान देना होगा।

राष्ट्रीय कुपोषण रोकथाम विभाग, राष्ट्रीय कुपोषण रोकथाम संस्थान द्वारा प्रकाशित आँकड़ों से कुपोषण की स्थिति को विभिन्न वर्षों में तथा कुछ चुने हुए राज्यों में निम्नांकित सारणियों के माध्यम से स्पष्ट किया जा सकता है।

अन्य वर्गों की अपेक्षा श्रमिक वर्गों की महिलाओं की स्थिति अधिक दयनीय हैं, यह अनुमानित किया गया है कि भारतीय महिला औसतन आठ बार मातृत्व का गौरव प्राप्त करती है, औसतन 6 से 7 शिशुओं को जन्म देती है, जिनमें से 4 से 6 तक बच्चे ही जीवित रह पाते हैं।

इस प्रकार वह अपने पुनरुत्पादनकालीन जीवन के 30 वर्षों में से 16 महत्त्वपूर्ण वर्ष केवल मातृत्व धारण करने में ही व्यतीत कर देती है। इस तरह कुपोषण का शिकार भारत की लगभग 140 मिलियन महिलाएँ होती हैं, इससे पता लगाया जा सकता है कि इससे कितने लोग शिकार हुए हैं।

लोगों का कहना है कि महिलाओं को पुरुषों की अपेक्षा कम श्रम करना पड़ता है। विभिन्न अध्ययनों के आधार पर यह धारणा सिद्ध हुई है तथा यह पाया गया कि ग्रामीण क्षेत्रों में पुरुषों, महिलाओं व बच्चों के श्रम के योगदान का अनुपात 31:53:16 प्रतिशत का है।

ग्रामीण क्षेत्रों में भी अधिकांश महिलाएँ घर के कार्यों का सम्पादन करने के पश्चात् खेतों में पुरुषों के साथ कंधे से कंधा मिलाकर कार्य करती हैं। किन्तु जब तक सामाजिक अवधारणाएँ नहीं बदल जातीं तब तक महिलाए इसी तरह अपने जीवन में कुपोषण का शिकार होती रहेंगी।

भारत में जनसंख्या की वार्षिक दर

जनसंख्या की दृष्टि से चीन के बाद भारत सर्वाधिक जनसंख्या वाला देश है। इसकी जनसंख्या में वृद्धि अभी भी हो रही है, जिसका सर्वाधिक प्रतिकूल प्रभाव महिलाओं के स्वास्थ्य, उनके जीवन-स्तर, उनकी सामाजिक, आर्थिक तथा मानसिक स्थिति पर पड़ रहा है। 1971-81 की अवधि में भारत में जनसंख्या वृद्धि दर 2.24 थी जो कि 1985 में बढ़कर 2.28 हो गई जबकि लक्ष्य वृद्धि से देखा जाए तो 1985 में अनेक एशियाई देशों जैसे श्रीलंका, भूटान, इंडोनेशिया, थाइलैण्ड तथा चीन आदि की वृद्धि दर भारत की तुलना में काफी कम थी। 1981-91 में यह दर 2.11 प्रतिशत रही। यदि हमें स्वास्थ्य संबंधी लक्ष्यों को पूरा करना है तो सबसे पहले हमें जनसंख्या को नियन्त्रित करना होगा।

भारत में अपरिपक्व शिशु जन्म दर

शिशु जन्म दर आज भी भारत में अधिक है। भारत जैसे विकासशील राष्ट्र में विकास प्रक्रिया में सम्मिलित होने के इतने वर्षों पश्चात् भी आज तक महिलाओं को मानवीय पुनरुत्पादन की सुविधा प्राप्त करने की एक मशीन मात्र ही माना जाता है और उसी रूप में उसका उपयोग भी किया जाता है। यही कारण है कि भारत में अपरिपक्व शिशु जन्म दर बहुत अधिक है। 1921 में यह दर 33.3 प्रति हजार थी, जो 1971 में 36.9 तथा 1981 में 33.3 एवं 1991 में घटकर 30 प्रति हजार हो गई। सारणी में इसका 1971 में ग्रामीण क्षेत्र में यह जन्मदर 38.9 थी जो 1981 में गिरकर 34.8 तथा शहरी क्षेत्र में 1971 की 30.1 की तुलना में 1981 में 27.3 हो गई। शहरी क्षेत्रों में भी 1971 की तुलना में 1981 में कमी आई है। भारत में विभिन्न राज्यों में भी अपरिपक्व शिशु जन्म दर में काफी अन्तर पाया गया। 1981 में ग्रामीण क्रूड बर्थ रेट- 34.8 तथा शहरी 27.3 हो गयी।

1985 में भारत की अपरिपक्व शिशु जन्म दर 33 थी जबकि लक्ष्य इस दर को 31 करने का था जो कि अनेक एशियाई देशों जैसे बर्मा, चीन, श्रीलंका, इंडानेशिया और थाइलैण्ड की दर से कहीं अधिक थी। भारत में परिवार नियोजन कार्यक्रम पर 1951 से 1985 के बीच 2446.5 करोड़ रु. खर्च होने के बावजूद (Crude Birth Rate) राजस्थान में 39.7 तथा न्यूनतम केरल मे 23.3 आँकी गई। इस समय भारत विश्व के 128 देशों में से 58वें स्थान पर है। भारत के विभिन्न राज्यों में इसका अलग-अलग प्रतिशत है।

सारणी
प्रमुख राज्यों में जन्म-दर व मृत्यु-दर
(2002 के लिए अन्तरिम आकलन)

राज्य	शिशु मृत्यु-दर	जन्म दर
आन्ध्र प्रदेश	62	20.6
असम	70	26.6
बिहार	61	30.9
गुजरात	60	24.6
हरियाणा	62	26.5
कर्नाटक	55	22.0
केरल	10	6.8
मध्य प्रदेश	85	30.3
महाराष्ट्र	45	20.2
उड़ीसा	87	23.1
पंजाब	51	20.8
राजस्थान	78	30.6
तमिलनाडु	44	18.5
उत्तर प्रदेश	80	31.6
पं. बंगाल	49	20.3
सम्पूर्ण भारत	**64**	**25.0**

नोटः 1. शिशु मृत्यु-दर प्रति एक हजार जीवित जन्म के रूप में।
2. मृत्यु-दर तथा जन्म-दर प्रति एक हजार जनसंख्या के रूप में।

सारणी से पता चलता है कि भारत में सर्वाधिक शिशु मृत्यु दर मध्य प्रदेश में तथा सबसे कम शिशु मृत्यु दर केरल राज्य में है। भारत में सर्वाधिक जन्म दर उत्तर प्रदेश में 31.6 प्रतिशत तथा सबसे कम केरल में 6.8 प्रतिशत है।

भारत में कुल प्रजनन दर

(भारत) में प्रजनन में उत्तर प्रदेश सबसे आगे है। 1985 में भारत में कुल प्रजनन दर 4.5 थी जो कि अन्य विकासशील राष्ट्रों बर्मा, थाईलैण्ड, चीन, श्रीलंका, इंडोनेशिया, फिलीपीन्स, टर्की तथा मलेशिया की तुलना में बहुत अधिक है। विश्व

में सबसे कम प्रजनन दर जर्मनी गणराज्य की 1.4 है। इससे पता लगाया जा सकता है कि भारत की प्रजनन दर अन्य राष्ट्रों से कितना अधिक है। चूँकि यह घटक महिलाओं के स्वास्थ्य को प्रभावित करने वाला अत्यधिक महत्त्वपूर्ण घटक है, अतः हमारा लक्ष्य इस दर को तीन पर लाने का है। इस समय देश की सर्वाधिक राज्य प्रजनन दर उत्तर प्रदेश में 6.2 तथा न्यूनतम केरल में 2.4 है।

भारत के राज्यों में शिशु मृत्यु दर

महिलाओं के स्वास्थ्य का शिशु मृत्यु दर पर प्रभाव पड़ता है।। यह दर अनेक तत्त्वों यथा स्वास्थ्य सुविधाओं, परिवार की आर्थिक स्थिति तथा साक्षरता दर (विशेष तौर पर महिलाओं की) पर निर्भर करता है। यूनीसेफ द्वारा किये गये एक विश्लेषण से पता चलता है कि भारत में लगभग 50% बच्चों की मृत्यु 0-4 वर्ष की आयु में हो जाती है। कुल मृतक बच्चों में से लगभग एक-तिहाई की प्रथम वर्ष में, पाँचवें भाग की प्रथम माह में तथा लगभग दसवें भाग की जन्म के प्रथम सप्ताह में ही मृत्यु हो जाती है। भारत के प्रमुख राज्यों शिशु मृत्यु दर को सारणी के माध्यम से प्रदर्शित किया गया है

सारणी

भारत में शिशु मृत्यु दर

(2002 के लिए अन्तिम आकलन)

राज्य	शिशु मृत्यु-दर
आन्ध्र प्रदेश	62
असम	70
बिहार	61
गुजरात	60
हरियाणा	62
कर्नाटक	55
केरल	10
मध्य प्रदेश	85
महाराष्ट्र	45
उड़ीसा	87
पंजाब	51
राजस्थान	78

तमिलनाडु	44
उत्तर प्रदेश	80
पं. बंगाल	49
सम्पूर्ण भारत	**64**

नोटः 1. शिशु मृत्यु-दर प्रति एक हजार जीवित जन्म के रूप में।
2. मृत्यु-दर तथा जन्म-दर प्रति एक हजार जनसंख्या के रूप में।

शिशु मृत्यु दर का संबंध अनेक तथ्यों यथा माताओं की देखभाल में असावधानी, मातृत्व ग्रहण करने के समय देखभाल, बच्चों के जन्म के पश्चात् उनकी देखभाल तथा परिवार की सामाजिक व आर्थिक स्थिति, पोषण का स्तर आदि से है। यही कारण है कि विभिन्न राज्यों में उपर्युक्त घटकों की भिन्नता के कारण इस दर में अंतर पाया जाता है जो कि इन सारणियों से स्पष्ट है।

सम्पूर्ण भारत में शिशु मृत्यु-दर 64 है जिसमें सर्वाधिक शिशु मृत्यु-दर मध्य प्रदेश में 85 एवं केरल में सबसे कम 10 है। केरल की साक्षरता भारत में सर्वाधिक है, इसलिए यहां शिशु मृत्यु-दर कम पायी जाती है।

सारणी

भारत में जन्म-दर एवं मृत्यु-दर (प्रति हजार जनसंख्या)

वर्ष	जन्म-दर	मृत्यु-दर
1901-1911	48.1	41.9
1911-1921	49.2	48.6
1921-1931	46.4	36.3
1931-1941	45.2	31.2
1950-1951	39.9	27.4
1960-1961	41.7	22.8
1970-1971	41.2	19.0
1980-1981	37.2	15.0
1990-1991	33.9	12.5
1998-1999	26.5	9.0
1999-2000	26.1	8.7
2000-2001	25.4	8.4
2001-2002	25.0	8.1

उपरोक्त सारणी से पता चलता है कि भारत में 1901 से 2001 तक जन्म-दर एवं मृत्यु-दर में काफी उतार-चढ़ाव देखने को मिला।। 1901 में जहाँ 48.1 जन्म दर थी वहीं 2001 में घटकर 25.0 हो गई। साक्षरता से भी जन्म-दर में कमी आई है। मृत्यु-दर 1901 में जहाँ 41.9 थी वहीं 2001 में घटकर 8.1 हो गई। इसका प्रमुख कारण लोगों का शिक्षित होना है।

जन्म के समय जीवन की प्रत्याशा

शताब्दी के प्रथम आठ दशकों में महिलाओं व पुरुषों की (जन्म के समय जीवन की औसत प्रत्याशा) में निरंतर वृद्धि हुई है। किन्तु आँकड़े दर्शाते हैं कि यह दर महिलाओं के लिए अत्यंत धीमी गति से बढ़ी है। भारत में जीवन प्रत्याशा 1951 में 32.1 थी जिसमें पुरुषों का 32.4 एवं महिलाओं का 31.7 था। 2003 में भारत में जीवन प्रत्याशा 63.62 था जिसमें पुरुषों का 62.92 तथा महिलाओं का 63.37 था।

सारणी
भारत में जीवन प्रत्याशा
(सम्भावित आयु वर्षों में)

वर्ष	सम्पूर्ण भारत	पुरुष	महिला
1951	32.1	32.4	31.7
1961	41.3	41.9	40.6
1971	45.6	46.4	44.7
1981	50.4	50.9	50.0
1991	58.7	58.6	59.0
1992	59.4	59.0	59.7
1998		62.3	65.3
2001	65.4	63.87	66.91
2003	63.62	62.92	64.37

स्रोतः आर्थिक सर्वेक्षण 2004-2005

विभिन्न जनगणनाओं में भारत की जन्म-दर एवं मृत्यु-दर निम्नवत् रही।

8

भारत में श्रम कल्याण

श्रम कल्याण के कोई एक निर्धारित अर्थ नहीं है बल्कि इसके अनेक अर्थ होते हैं। चूँकि श्रम कल्याण की उपयोगिता एवं महत्व विश्व के सभी देशों में एक समान नहीं पाई जाती है। जेम्स टार्ड के अनुसार "कल्याण कार्य के संप्रेरकों एवं योग्यताओं के विषय में तीव्र भिन्नता वाले विचारों की एक शृंखला पाई जाती है।" इस विविधता को उपयुक्त ठहराते हुए शाही आयोग ने लिखा हैः "श्रम कल्याण एक ऐसा शब्द है, जो बहुत ही लचीला है। इसका अर्थ एक देश से दूसरे देश की तुलना में उसकी विभिन्न सामाजिक नीतियों, औद्योगीकरण की स्थिति व श्रमिकों की शिक्षा संबंधी प्रगति के अनुसार भिन्न-भिन्न लगाया जाता है।" राष्ट्रीय श्रम आयोग (1969) के अनुसार "श्रम कल्याण का विचार आवश्यक रूप से प्रगतिशील है, जिसका अर्थ देश में समय-समय पर, यहाँ तक कि इस देश में ही उसके मूल्यांकन, सामाजिक संस्थाओं, औद्योगीकरण की मात्रा व सामाजिक तथा आर्थिक विकास के स्तर से भिन्न-भिन्न होता है।" इस प्रकार श्रम कल्याण को एक निश्चित सीमा के अन्दर बाँधना असंभव तो नहीं, कठिन अवश्य ही है, क्योंकि इनका अर्थ बहुत लचीला है। फिर भी व्यवस्थित अध्ययन के लिए कुछ विद्वानों द्वारा दी गयी परिभाषाओं को नीचे वर्णित किया जा रहा है

अंतर्राष्ट्रीय श्रम-संघ के अनुसार, "श्रम कल्याण से आशय ऐसी सेवाओं और सुविधाओं से समझना चाहिए जो कारखाने के अंदर या निकटवर्ती स्थानों में

स्थापित की गई हों, ताकि उसमें काम करने वाले श्रमिक स्वस्थ और शक्तिपूर्ण परिस्थितियों में अपना कार्य कर सकें और अपने स्वास्थ्य तथा नैतिक स्तर को ऊँचा उठाने वाली सुविधाओं का लाभ उठा सकें।''

कु.ई.टी. कैली के अनुसार, ''श्रम कल्याण से तात्पर्य किसी फर्म द्वारा श्रमिकों के व्यवहार और कार्य के लिए कुछ नियमों को अपनाया जाता है।''

सर एडवर्ड पेंटन के अनुसार, ''श्रम कल्याण का अर्थ श्रमिकों को सुख, स्वास्थ्य और समृद्धि के लिए उपलब्ध की जाने वाली संस्थाओं से है।''

सामाजिक विज्ञानों का विश्व कोष के अनुसार, ''श्रमकल्याण से तात्पर्य कानून, औद्योगिक प्रथा और बाजार की दशाओं के अतिरिक्त मालिकों द्वारा वर्तमान औद्योगिक व्यवस्था के अंतर्गत श्रमिकों के काम करने और कभी जीवन-निर्वाह और सांस्कृतिक दशाओं को उपलब्ध करने के ऐच्छिक प्रयत्न हैं।''

श्री ई. एम. ग्राउंट के अनुसार, ''श्रम कल्याण से आशय विद्यमान औद्योगिक प्रणाली तथा अपनी फैक्ट्रियों में रोजगार की दशाओं को उन्नत करने के लिए मालिकों द्वारा किए गए ऐच्छिक प्रयत्नों से है।''

विभिन्न विद्वानों द्वारा दी गयी परिभाषाओं पर गौर करने से इसमें कुछ प्रमुख विशेषताएँ देखने को मिलती हैं जो निम्नलिखित हैं

1. श्रम कल्याण मजदूरी के अतिरिक्त दिया जाने वाला लाभ है।
2. ये सुविधाएँ श्रमिकों, सेवायोजकों व समाजसेवी संस्थाओं द्वारा प्रदान की जाती हैं।
3. जो सुविधाएँ कानूनन देना अनिवार्य होता है, श्रम कल्याण नहीं कहलाती हैं।
4. श्रम कल्याण उन सुविधाओं और सेवाओं का नाम है जो मजदूरों को उनके जीवन-स्तर को ऊँचा उठाने और उनके सर्वांगीण विकास के लिए उपलब्ध की जाती है।

अतः संक्षेप में यह कहा जा सकता है कि ''श्रम कल्याण कार्यों से हमारा आशय ऐसे कार्यों से है, जो श्रमिकों, सेवायोजकों व समाजसेवी संस्थाओं द्वारा श्रमिकों के जीवन-स्तरों को ऊँचा उठाने, उनके सर्वांगीण विकास करने, उन्हें कुशल श्रमजीवी व उत्तम नागरिक बनाने के दृष्टिकोण से कारखानों के अंदर या बाहर किये जाते हैं।''

श्रम कल्याण और सामाजिक कल्याण में अंतर

इन दोनों तत्वों में मौखिक अन्तर पाया जाता है। श्रम कल्याण कार्य, जैसा कि इन शब्दों से प्रकट होता है, श्रमिकों के ही कल्याणार्थ किये जाते हैं, परन्तु सामाजिक कल्याण कार्यों में यह आवश्यक नहीं कि वे केवल श्रमिकों के ही लाभार्थ किये जायें। सामाजिक कल्याण कार्य सम्पूर्ण सामाजिक क्षेत्र में सम्पूर्ण समाज के हित के दृष्टिकोण से किये जाते हैं। इस प्रकार श्रमिकों का हित भी इसमें शामिल हो जाता है।

वस्तुतः यह तथ्य स्पष्ट हो जाता है कि श्रम कल्याण कार्यों का सम्बन्ध सेवायोजकों, श्रमिकों, समाजसेवी संस्थाओं द्वारा, श्रमिकों के नैतिक व भौतिक कल्याण के लिए किये गये कार्यों से होता है, जबकि सामाजिक कार्यों का संबंध राज्य सरकार द्वारा अथवा सामाजिक समितियों द्वारा किये गये कार्यों से होता है। स्पष्टतः सामाजिक कल्याण कार्यों का क्षेत्र श्रम कल्याण कार्यों की अपेक्षा बहुत अधिक है।

श्रम कल्याण कार्यों का वर्गीकरण

श्रम कल्याण कार्यों का वर्गीकरण निम्नलिखित आधारों पर किया गया है

स्थान के आधार पर

डॉ. ब्रउटन ने स्थान के आधार पर श्रम कल्याण के कार्यों को प्रमुख दो वर्गों में वर्गीकृत किया है जो निम्नवत् है

(1) कारखाने के अन्दर का कल्याण कार्य कारखाने के भीतर के मुख्य कल्याण कार्य निम्नलिखित हैं

वैज्ञानिक भर्ती श्रमिकों की भर्ती वैज्ञानिक ढंग से करना।

औद्योगिक प्रशिक्षण विभिन्न कारखानों में विशिष्ट कार्यों का प्रशिक्षण।

स्वच्छता, प्रकाश तथा वायु का प्रबन्ध इसमें कारखानों में सफाई, पुताई, रोशनदानों का प्रबंध, तथा सर्दी को कम करने की व्यवस्थाएँ आती हैं।

दुर्घटनाओं की रोकथाम इसमें खतरनाक यंत्रों, अत्यधिक ताप आदि से बचाव तथा आग बुझाने का प्रबन्ध आदि सम्मिलित हैं।

अन्य कार्य इसके अन्य कार्यों में जैसे कैंटीन, थकावट दूर करने की व्यवस्था, आराम की व्यवस्था आदि।

(2) कारखाने के बाहर का कल्याण कार्य कारखाने के बाहर के मुख्य कल्याण कार्यों को नीचे स्पष्ट किया गया है

1. मनोरंजन की सुविधाएँ क्लब, अखाड़े, रेडियो, सिनेमा, वाचनालय, पुस्तकालय आदि।

2. शिक्षण का प्रबंध इसमें प्रौढ़ शिक्षा, सामाजिक शिक्षा, प्राथमिक शिक्षा, महिला, पुरुष, बालकों की शिक्षा आदि।

3. चिकित्सा व्यवस्था इसमें आराम संवैतनिक अवकाश, मुफ्त उपचार आदि आते हैं।

4. सस्ते और पोषण युक्त भोजन इस कल्याण कार्य के श्रमिकों को सस्ते एवं पोषण युक्त भोजन की व्यवस्था करना।

उत्तम आवासों की व्यवस्था इस कार्य के अन्तर्गत मजदूरों के लिए आवास की व्यवस्था करना।

प्रबन्ध के आधार पर वर्गीकरण

प्रबन्ध के आधार पर श्रम कल्याण कार्य को प्रमुख तीन वर्गों में वर्गीकृत किया गया है जो निम्नवत् हैं

वैधानिक श्रम कल्याण वैधानिक श्रम कल्याण कार्यों से तात्पर्य उन समस्त कार्यों से है, जो श्रमिकों के हित के लिए सरकार की ओर से विभिन्न कानूनों के रूपों में किये जाते हैं। उदाहरण के लिए भारतीय कारखाना अधिनियम, 1948 में जिन श्रम कल्याण कार्यों की चर्चा की गई है, और उन सुख-सुविधाओं को भी जो कि 1952 के खान अधिनियम, 1951 के बागान मजदूर अधिनियम और 1966 के बीड़ी और सिगार (रोजगार की स्थिति) अधिनियम के अन्तर्गत जुटानी होती है। वैधानिक श्रम कल्याण कार्य के अन्तर्गत सम्मिलित किया जा सकता है। मिल मालिकों के लिए इन आदेशों का पालन करना आवश्यक होता है।

1. ऐच्छिक श्रम कल्याण इस वर्ग में वे कल्याण कार्य आते हैं जिनका करना कानूनन आवश्यक नहीं होता परन्तु उद्योगपति इनको सेवाभावना अथवा सार्वजनिक हित के उद्देश्य से स्वयं करते हैं।

2. पारस्परिक श्रम कल्याण कभी-कभी उद्योगपति, मजदूर तथा अन्य दल भी परस्पर हित के लिए एक-दूसरे की सहायता करके श्रम-कल्याण की

सेवाओं की व्यवस्था करते हैं। उद्योगपतियों और मजदूरों दोनों का बहुधा सहयोग इन कार्यों में होता है।

दल के आधार पर

इसके आधार पर श्रम कल्याण कार्य को निम्नलिखित चार वर्गों में वर्गीकृत किया गया है

1. सरकार द्वारा अनेक राज्य सरकारों ने मजदूरों की उन्नति के लिए व्यवस्था की है, वह इसी श्रेणी की है।

2. सेवायोजकों द्वारा मजदूरी के अतिरिक्त ऐच्छिक रूप से दिया जाने वाला लाभ इस वर्ग में आता है, जैसे-निवास, जलपान-गृह, चिकित्सा, यातायात आदि की सुविधा।

3. मजदूर संघ द्वारा श्रमिक संघों का भी यह एक कर्तव्य है कि सदस्यों के लिए कुछ कल्याणकारी कार्य करें। कुछ श्रमिक संघ शिक्षा, चिकित्सा आदि की भी व्यवस्था करते हैं।

4. समाज की अन्य संस्थाओं द्वारा अनेकों धनी व्यक्ति, संस्थाएँ आदि भी श्रमिकों के लिए शिक्षा, अस्पताल आदि खुलवाते हैं, वे इसी वर्ग में आते हैं।

कल्याण कार्य में आर्थिक निवेश

वास्तव में जो धन श्रम कल्याण में लगाया जाता है। उस धन को एक प्रकार से धन विनियोग की संज्ञा दी जाती है। क्योंकि इसी के मजदूरों की कार्यशक्ति एवं उत्पादकता में बढ़ोत्तरी होती है। परिणामस्वरूप सेवायोजकों को बढ़े हुए उत्पादन के रूप में लाभ होता है। कल्याण कार्य से सेवायोजकों को सबसे महत्त्वपूर्ण लाभ यह होता है कि श्रमिकों के हृदय में उनके प्रति सहानुभूति की भावना जागृत होती है। वास्तव में एक संतुष्ट, जागरूक व आत्मगौरव से पूर्ण श्रमिक ही राष्ट्र के आर्थिक विकास का मूल आधार होता है। राष्ट्रीय श्रम आयोग के प्रतिवेदन के उपरान्त श्रमिकों के व्यक्तित्व को स्वीकार किया जाने लगा और उद्योगों में श्रमिक समस्या के मानवीय पक्ष को लेकर पर्याप्त विधान निर्माण अथवा अन्य प्रयास किये गये हैं। **श्रम के शाही कमीशन** ने श्रमिकों के लिए किये गये कल्याण कार्यों को बुद्धिमत्तापूर्ण लागत माना जिसका प्रतिफल श्रमिकों की बढ़ी हुई कार्यक्षमता के रूप में मिलता है।

श्रम कल्याण की आवश्यकता

हमारे देश में श्रम कल्याण कार्य का महत्त्व एवं आवश्यकता दिन-प्रतिदिन बढ़ती ही जा रही है। भारतीय परिस्थितियों के परिप्रेक्ष्य में इन कार्यों का विशेष महत्त्व है। इस तथ्य को निम्नलिखित बिन्दुओं के अन्तर्गत स्पष्ट किया गया है

1. श्रमिकों की विभिन्न समस्याओं का समाधान भारतीय श्रमिकों की प्रवासी प्रवृत्ति का मूल कारण यह है कि उन्हें शहरों में अनेक असुविधाओं का सामना करना पड़ता है, जैसे-बुरी आवास व्यवस्था, खुले वातावरण का अभाव व खाने-पीने का कष्ट आदि। श्रम कल्याण कार्यों के फलस्वरूप श्रमिकों के रहने के लिए मकान, स्वास्थ्यप्रद सस्ता भोजन तथा बीमारी में दवा मिल सकेगी और सपरिवार खुशी से रह सकेंगे।

2. कार्यों को प्रभावी बनाना जिस औद्योगिक संस्था में कल्याण कार्य की योजना लागू होती है, वहाँ की सेवाएँ अपेक्षाकृत अधिक आकर्षक प्रभावी हो जाती हैं, और अधिकांश श्रमिक वही कार्य करना पसंद करते हैं। इससे स्थायी श्रम शक्ति की वृद्धि होती है।

3. श्रम संगठन को समुद्रशक्ति बनाना पश्चिमी देशों में श्रम संघों का संगठन अत्यंत दृढ़ और विकसित है। यही कारण है कि पाश्चात्य श्रमिक संघ अपने श्रमिकों के लिए श्रम कल्याण की पर्याप्त सुविधाएँ प्रदान करते हैं, परन्तु भारत के श्रमिक न तो संगठित हैं और न उनके श्रम संघों की वित्तीय स्थिति ही संतोषजनक है। अतः ऐसी परिस्थितियों में भारतीय श्रमिकों के लिए उचित जीवन-स्तर के लिए श्रम कल्याण कार्यों का करना आवश्यक है।

4. श्रमिकों को शिक्षित करना भारत के अधिकांश श्रमिक अशिक्षित हैं और अपनी स्थिति तथा अधिकारों के प्रति जागरूक नहीं हैं। श्रम कल्याण कार्य के अंतर्गत श्रमिकों को जो शिक्षा मिलेगी उससे उनकी पारिवारिक और आर्थिक समस्याओं का समाधान सरल होगा जो कि एक प्रजातांत्रिक देश के लिए आवश्यक है।

5. राष्ट्रीय समृद्धि : देश की आर्थिक व सामाजिक समस्याओं के समाधान के उद्देश्य से हमारी राष्ट्रीय सरकार ने पंचवर्षीय योजनाओं का कार्यक्रम अपनाया है। प्रत्येक योजना की सफलता कठोर श्रम पर निर्भर है। अतः श्रमिक ही हमारी योजना के आधारस्तंभ हैं। श्रमिक उसी समय पूर्ण सहयोग और सद्भावना से कार्य करेंगे, जब वे समझ लेंगे कि उद्योगपति और सरकार दोनों ही उनके वर्तमान तथा भावी जीवन को उन्नत बनाने में क्रियाशील हैं।

6. श्रम कल्याण औद्योगिक प्रशासन का अंग प्रगतिशील देशों में श्रम कल्याण को औद्योगिक प्रशासन का एक अंग स्वीकार किया गया है। अब श्रम कल्याण कार्यों का आयोजन करना उद्योगपति का उत्तरदायित्व बन गया है। इससे श्रमिक वर्ग में एक नवीन स्वाभिमान की भावना जागृत होती है।

7. औद्योगिक कल्याण की व्यवस्था श्रम कल्याण औद्योगिक कल्याण की व्यवस्था में सहायक होते हैं, क्योंकि जब श्रमिकों को इस बात का अनुभव होने लगता है कि वे सेवायोजक और राज्य उनके ही कल्याण के लिए अनेक योजनाएँ क्रियान्वित कर रहे हैं तो उनके मन में एक स्वस्थ भावना पैदा हो जाती है, जो औद्योगिक संबंधों को मधुर बनाये रखती है।

8. श्रमिकों की कार्य में रुचि श्रम कल्याण के कार्य की व्यवस्था से श्रमिकों को यह अनुभव होने लगा है कि वे उद्योग के एक हिस्सेदार हैं, इसलिए वे इस संस्था के कार्य में विशेष रुचि लेने लगते हैं।

9. कार्यक्षमता में बढ़ोत्तरी में वृद्धि कल्याण कार्य से श्रमिकों की कार्यक्षमता में वृद्धि होती है क्योंकि अनेक प्रकार से उनका मानसिक और बौद्धिक विकास होता है तथा उनकी कई परेशानियाँ दूर हो जाती हैं।

10. सामाजिक लाभ श्रम कल्याण कार्यों के द्वारा सामाजिक लाभ भी होते हैं, जैसे-कैंटीन की व्यवस्था, जहाँ श्रमिकों को स्वच्छ और संतुलित भोजन मिल सकता है, श्रमिकों के स्वास्थ्य में सुधार करती है। स्वस्थ मनोरंजन के द्वारा उनकी बुरी आदतें, जैसे-मदिरापान, जुआ खेलना आदि दूर हो जाती हैं तथा उनमें स्वस्थ आदर्श चारित्रिक विकास होता है।

उपरोक्त वर्णित तथ्यों का अध्ययन करने के बाद यह स्पष्ट रूप से कहा जा सकता है कि हमारे देश में इन कार्यों का महत्व एवं आवश्यक विश्व के अन्य राष्ट्रों की अपेक्षा कहीं ज्यादा है। श्रम कल्याण कार्यों के लाभों से प्रभावित होकर **वस्त्र श्रम अनुसंधान समिति** ने कहा था "कार्यक्षमता का उन्नत स्तर केवल उसी समय हो सकता है, जबकि श्रमिक शारीरिक दृष्टि से स्वस्थ व मानसिक दृष्टि से संतुष्ट हों। इसका तात्पर्य यह है कि केवल वही श्रमिक कुशल हो सकते हैं, जिनके लिए शिक्षा, आवास-योजना तथा वस्त्र आदि का उचित प्रबन्ध हो।"

भारत में श्रम कल्याण कार्य

प्रथम विश्व युद्ध (1914-17) के दौरा न ही हमारे देश में श्रम कल्याण कार्यों की शुरुआत हुई और इस युद्ध से ही मजदूरों में चेतना का विकास भी शुरू हो गया

था। औद्योगिक अशांति, अंतर्राष्ट्रीय श्रम संगठन का दबाव, राज्य के कल्याणकारी होने के विचार तथा बहुजन हिताय बहुजन सुखाय का ध्येय रखने वाले व्यक्तियों की मानवीय भावनाओं आदि ने श्रम कल्याण कार्यों में रुचि स्थापित की। श्रम कल्याण कार्यों की दिशा में उत्तरोत्तर प्रगति होती जा रही है। भारत में किये गये श्रम कार्यों को प्रमुख छः भागों में विभाजित करके-उसका अध्ययन बड़ी सरलता से किया जा सकता है। इन सभी कार्यों का उल्लेख नीचे किया गया है

केन्द्रीय सरकार द्वारा श्रम कल्याण कार्य

केन्द्रीय सरकार ने विभिन्न अधिनियमों के लिए अनिवार्य कर दिया है कि वे विभिन्न अधिनियमों के अधीन श्रम कल्याण कार्यक्रम अनिवार्य रूप से अपनाएँ। इन्हें 'वैधानिक व्यवस्था' भी कहते हैं। विभिन्न उद्योगों में केन्द्र सरकार द्वारा सम्पन्न विधि कार्यों की व्याख्या नीचे प्रस्तुत की जा रही है

1. कच्चा लोहा खान तथा मैंगनीज खान श्रमिक कल्याण कोष सन् 1976 में इस अधिनियम को मान्यता प्रदान की गयी जिसमें कच्चा लोहा तथा मैंगनीज की खानों में काम करने वाले श्रमिकों के लिए समान सुविधाएँ देने के लिए संयुक्त कोष की व्यवस्था की जाती है।

2. बन्दरगाह श्रमिकों की सुविधाएँ मुंबई, कोलकाता, कोचीन, चेन्नई, विशाखापट्टनम तथा अन्य बन्दरगाहों पर बन्दरगाह श्रमिकों के लिए अनेक कल्याणकारी सुविधाएँ प्रदान की जा रही हैं। इन सुविधाओं में आवास, चिकित्सा, शिक्षा और मनोरंजन व्यवस्था शामिल हैं। कुछ बंदरगाहों पर उचित मूल्य की दुकानें और सहकारी उपभोक्ता समितियाँ भी शामिल की जा सकती हैं।

3. श्रम कल्याण अधिकारी जिस कम्पनी या कारखाने में 500 से या इससे अधिक मजदूर मजदूरी करते हों तो उस कम्पनी में एक श्रम कल्याण अधिकारी की नियुक्ति करना अनिवार्य है। केंद्रीय सरकार के विभिन्न विभागीय प्रतिष्ठानों में इस समय लगभग 220 कल्याण अधिकारी हैं। 1966 में केंद्रीय उपक्रमों में स्वेच्छा कल्याण निधि आरम्भ की गई। इसके क्षेत्र विस्तार का प्रश्न सरकार के विचाराधीन है।

4. श्रमिक शिक्षा योजना यह योजना 1958 से श्रमिकों को शिक्षा व प्रशिक्षण देने के उद्देश्य से लागू की गई है।

5. परिवहन कर्मचारी कल्याणकारी कोष इस कोष से संबंधित सन् 1961 में एक कानून पास किया गया। इस अधिनियम में परिवहन कर्मचारियों के

कल्याण और उनके कार्य की परिस्थितियों को नियमन करने के प्रावधान हैं। इस अधिनियम के अनुसार जलपान गृह, विश्राम के लिए कमरे (वर्दी) छुट्टियों और कार्य के घंटे तय करने की विभिन्न योजनाएँ चालू हैं। इस अधिनियम का परिपालन राज्य सरकारें कराती हैं जिसके लिए उन्होंने आवश्यक नियम बनाये हैं।

6. बीड़ी एवं सिगरेट श्रमिक अधिनियम इस अधिनियम में बीड़ी एवं सिगरेट के कारखानों में कार्य करने वाले श्रमिकों के लिए कुछ कल्याणकारी कार्य करने की व्यवस्था की गई है जिसके अन्तर्गत श्रमिकों को चिकित्सा, शिक्षा, मनोरंजन, आवास आदि की सुविधाएँ दी जाती हैं।

7. कोयला खान श्रमिक कल्याण कोष कोयला क्षेत्रों में संगठित कल्याण कार्य शुरू करने तथा ऐसे कार्य की वित्त व्यवस्था के लिए एक कोष को कायम करने के लिए भारत सरकार ने 31 जनवरी, 1944 को कोयला खान श्रमिक कल्याण कोष अध्यादेश जारी किया जिसका स्थान बाद में कोयला खान श्रमिक कल्याण एक्ट, 1947 ने ले लिया, जो जून, 1947 से लागू हुआ। अधिनियम में कोयला खान श्रमिक आवास और सामान्य कल्याण कोष कायम करने के लिए व्यवस्था की गयी जिसके अन्तर्गत दो खाते रहेंगे आवास खाता और सामान्य कल्याण खाता। इस खाते में 7:5 के अनुपात में राशि जमा की जाती है। इस कोष में जमा राशि को कल्याणकारी कार्य, जैसे डॉक्टरी सुविधा, मनोरंजन, शिक्षा, शिशु सदन, आवास व्यवस्था आदि पर व्यय किया जाता है। इस कोष का प्रशासन एक परामर्शदाता समिति करती है जिसमें सरकार, खान मालिक व श्रमिक के बराबर-बराबर प्रतिनिधि होते हैं।

8. अभ्रक खान-श्रमिक कल्याण कोष, 1946 भारत अभ्रक के माने में अधिक सम्पन्न है। भारत अभ्रक का अन्य देशों में निर्यात करता है। अतः निर्यात पर 3.5 शुल्क लगाकर इस कोष की स्थापना की गयी जिसको चिकित्सा, मनोरंजन, प्रसूति एवं बाल कल्याण केन्द्र, बच्चों के स्कूल आदि पर व्यय किया जाता है। इस कोष के बच्चों को छात्रवृत्ति दी जाती है तथा पुस्तकें निःशुल्क वितरित की जाती हैं। अभ्रक की खानें, आन्ध्र, बिहार व राजस्थान में हैं, अतः इस कोष का उपयोग उन्हीं राज्यों के अभ्रक खान श्रमिकों के हित के लिए किया जाता है।

9. महिला एवं बाल श्रमिक कल्याण 1987 के अन्तर्गत बाल एवं महिला श्रमिकों को भी समान कार्य हेतु समान वेतन देने की व्यवस्था है। इनके कल्याण कार्य की भी उपयुक्त व्यवस्था की गई है।

10. राष्ट्रीय सुरक्षा पुरस्कार 1948 के कारखाना अधिनियम के अंतर्गत

आने वाले कारखानों तथा बन्दरगाहों में सुरक्षा का अच्छा प्रबन्ध करने के लिए राष्ट्रीय सुरक्षा पुरस्कार देने की कई योजनाएँ हैं। पर योजना में नकद पुरस्कार और श्रेष्ठता का प्रमाण-पत्र देने का प्रावधान है। 1977 के वर्ष के लिए 73 कारखानों, 2 नौभरण फार्मों और तीन बंदरगाह प्राधिकरणों को 1980 में पुरस्कार दिए गए।

11. श्रमवीर पुरस्कार इस पुरस्कार की शुरुआत सन् 1965 में की गयी यह पुरस्कार उन लोगों को दिया जाता है जो कारखानों, खानों, बागानों, गोदियों में काम कार्य करते हैं। ये पुरस्कार श्रमिकों के श्लाघ्य कार्यों जैसे ऐसे सुझाव देना जिनसे अधिक उत्पादन या मितव्ययिता हो या कार्यक्षमता बढ़े, के लिए दिए जाते हैं। 1976 के पुरस्कार वर्ष के लिए विभिन्न श्रेणियों में 50 विजेताओं को 32 पुरस्कार 1978 में दिए गए।

12. ठेका मजदूरी (नियमन तथा समापन) अधिनियम, 1970 भारत में फरवरी 1971 से इस कानून को लागू किया गया। कुछ संस्थानों में ठेका मजदूर व्यवस्था का नियमन करता है तथा किन्हीं निर्धारित हालत में उसका भी मजदूरी की अदायगी न होने पर उसके लिए मुख्य मालिक को जिम्मेदार ठहराया जाता है।

राज्य सरकार द्वारा

आज राज्य सरकारों का भी श्रम कल्याण के क्षेत्र में कम योगदान नहीं है। स्थानीय परिस्थितियों को ध्यान में रखते हुए राज्य सरकार ने श्रम कल्याण के लिए आवश्यक अधिनियम बनाये हैं। अधिकांश राज्य सरकारों द्वारा श्रम कल्याण केन्द्र स्थापित किये गये हैं जिनमें श्रमिकों को शिक्षा व व्यायामशाला, वाचनालय, पुस्तकालय व मनोरंजन आदि की व्यवस्था की जाती है। कुछ राज्यों के अन्तर्गत कार्य करने वाले श्रम कल्याण केन्द्रों की संख्या व उनके द्वारा आयोजित की गई विभिन्न प्रकार की क्रियाओं का उल्लेख नीचे की पंक्तियों में किया गया है

1. दिल्ली भारत इस केन्द्र शासित प्रदेश में कुल 10 केन्द्रों की स्थापना की गयी जिनमें मनोरंजन, संगीत तथा प्रौढ़ शिक्षा जैसे कार्यक्रमों का आयोजन किया जाता है।

2. महाराष्ट्र इस राज्य में कल्याण केन्द्रों की स्थापना की गयी है जिसमें वाचनालय व पुस्तकालय, आंतरिक व बाह्य खेल-कूद व्यायामशाला, हथकरघा उद्योग, प्रशिक्षण शिशु शिक्षा जैसे कार्यक्रमों का आयोजन किया जाता है।

3. उत्तर प्रदेश इस प्रदेश में 82 श्रम कल्याण केन्द्र तथा दो बाल मनोरंजन की स्थापना की गयी है। इस केन्द्रों में चिकित्सा सहायता, वाचनालय, पुस्तकालय,

आंतरिक व बाह्य खेल, सिलाई, कढ़ाई, बनाई बनाने का प्रशिक्षण तथा मनोरंजन आदि की सुविधाएँ दी जाती हैं।

4. मध्यप्रदेश इस राज्य में 31 कल्याण केन्द्रों की स्थापना की गयी जिसमें वाचनालय एवं पुस्तकालय, आंतरिक व बाह्य खेलकूद, प्रौढ़ शिक्षा, सांस्कृतिक कार्यक्रम, मनोरंजन सम्बन्धी कार्यक्रमों का आयोजन किया जाता है।

5. आन्ध्र प्रदेश इस राज्य के 11 केन्द्रों को स्थापित किया गया है जिनमें प्रौढ़ शिक्षा कक्षाएँ, मनोरंजन की सुविधाएँ, सांस्कृतिक क्रियाएँ, महिलाओं के लिए दस्तकारी केन्द्र, बच्चों के लिए नर्सरी स्तर तक की शिक्षा प्रदान की जाती है।

6. उड़ीसा इस राज्य में 24 केन्द्रों की स्थापना की गयी है जिनमें शैक्षणिक, सांस्कृतिक, मनोरंजनात्मक सुविधाएँ, प्राथमिक शिक्षा सुविधाएँ, सिलाई सम्बन्धित पाठ्यक्रमों का संचालन किया जाता है।

7. कर्नाटक इस राज्य में 16 केन्द्रों की स्थापना की गयी है जिसमें वाचनालय, पुस्तकालय, खेल-कूद व्यायामशाला, हथकरघा उद्योग का प्रशिक्षण, सिलाई संबंधी प्रशिक्षण दिया जाता है।

8. गुजरात इस राज्य में 38 केन्द्रों की स्थापना की गयी है जिनमें मनोरंजनात्मक एवं शैक्षिक सुविधाओं आदि की व्यवस्था की गयी है।

9. बिहार इस राज्य में कुल 25 केन्द्रों को स्थापित किया गया है जिनमें मनोरंजनात्मक तथा सांस्कृतिक गतिविधियाँ, खेल-कूद, शिल्प संबंधी प्रशिक्षण दिया जाता है।

10. राजस्थान भारत के इस राज्य में कुल 19 कल्याण केन्द्रों की स्थापना की गयी है जिसमें वाचनालय एवं पुस्तकालय, चिकित्सा संबंधी सहायता, मातृत्व एवं शिशु कल्याण सुविधाएँ, प्रौढ़ शिक्षा, हथकरघा उद्योग का प्रशिक्षण संबंधी कार्यक्रमों का आयोजन किया जाता है।

11. पंजाब इस राज्य में 21 केन्द्रों की स्थापना की गयी है। जिनमें पुस्तकालय एवं वाचनालय, आंतरिक व बाह्य खेल-कूद, मनोरंजनात्मक तथा शैक्षणिक सुविधाएँ, महिला श्रमिकों के लिए सिलाई-बुनाई का प्रशिक्षण दिया जाता है।

12. जम्मू एवं कश्मीर भारत के इन राज्यों में 9 कल्याण केन्द्रों की स्थापना की गयी है जिनमें मनोरंजनात्मक सुविधाएँ, सांस्कृतिक कार्यक्रम, चिकित्सा एवं शैक्षणिक प्रवृत्तियाँ, पुस्तकालय एवं वाचनालय की सुविधा हो।

सेवायोजकों द्वारा किये जाने वाले कल्याण-कार्य

यद्यपि भारतीय उद्योगपति श्रम कल्याण कार्यों के प्रति उदासीन रहे हैं, परन्तु हाल के वर्षों में कल्याण सुविधाओं का आयोजन करने में सेवायोजकों ने बहुत प्रगति की है। विभिन्न उद्योगों में सेवायोजकों द्वारा संपन्न विधि कार्यों का उल्लेख निम्नलिखित शीर्षकों में किया गया है

1. चीनी उद्योग चीनी के सभी बड़े कारखानों में चिकित्सा की व्यवस्था की गई है। इसके अतिरिक्त स्कूल, मनोरंजन केन्द्र, कैंटीन आदि की सुविधाएँ उपलब्ध हैं।

2. इंजीनियरिंग उद्योग भारत के सभी बड़े इंजीनियरिंग केन्द्रों के अन्तर्गत चिकित्सालयों, श्रमिकों व उनके बच्चों के लिए शिक्षा तथा जलपानगृहों की व्यवस्था है। टाटा आयरन एंड स्टील कंपनी, जमशेदपुर विशेष रूप से श्रम कल्याण कार्यों के लिए उल्लेखनीय है। कंपनी द्वारा चिकित्सालयों, आरामगृहों, शिशुगृहों, पाठशालाओं, रात्रिकक्षाओं, प्राविधिक कार्यक्रमों आदि का प्रावधान है।

3. सूती वस्त्र मिल उद्योग अधिकांश उद्योगपतियों द्वारा सूती वस्त्र मिलों में चिकित्सालय, मनोरंजन केन्द्र, वाचनालय, शिशुग्रह तथा कैंटीन आदि स्थापित किए गये हैं। जिन मिलों में श्रम हित कार्य अधिक किये गये हैं उनमें दिल्ली क्लाथ एण्ड सेंट्रल मिल्स, दिल्ली, बकिंघम एंड कर्नाटक मिल्स मद्रास (चेन्नई), एक्सप्रेस मिल नागपुर, कैलिको मिल्स अहमदाबाद, मद्रास मिल्स कंपनी मदुरै तथा बंगलौर वूलेन-काटेन एण्ड सिल्क मिल्स विशेष उल्लेखनीय हैं।

4. जूट उद्योग इस उद्योग में मिलों की ओर से कल्याणकारी कार्य सम्पन्न करने की उत्तरदायित्व भारतीय जूट मिल मालिक संघ को है। इस संघ ने पाँच स्थानों पर श्रम कल्याण केन्द्र खोले हैं, जहाँ वाचनालय के अतिरिक्त खेल तथा अन्य प्रकार की सुविधाएँ उपलब्ध हैं। सभी मिलों ने अपनी ओर से कैंटीन, शिशुगृह, प्राइमरी स्कूल, पुस्तकालय तथा औषधालय की व्यवस्था की है। सभी मिलों में श्रम अधिकारी नियुक्त किये गये हैं जो श्रम कल्याण व्यवस्था की देखरेख करते हैं। उन्होंने पाठशालाओं, अस्पतालों, मनोरंजन-गृहों की व्यवस्था की है।

5. लोहा एवं इस्पात उद्योग बड़े पैमाने के सभी लोहा एवं इस्पात संस्थानों में चिकित्सालयों की व्यवस्था की गयी। इनमें जहाँ कामकाजी अथवा महिला श्रमिक हैं, वहाँ झूलाघर व शिशु-सदर हैं। श्रम-कल्याण करने वाले उद्योगपतियों में टाटा कंपनी का नाम सुप्रसिद्ध है। टाटा आयरन एण्ड स्टील कंपनी, जमशेदपुर में 490

पलंग वाला एक टाटा आधुनिक अस्पताल, 33 हाई स्कूल, 11 मिडिल स्कूल, 16 प्रारम्भिक पाठशालायें, 9 रात्रि स्कूल तथा 12 श्रम-कल्याण केन्द्र हैं। इसके अतिरिक्त बड़े-बड़े खेल के मैदान, पुस्तकालय एवं वाचनालय, सहकारी भण्डार आदि की भी व्यवस्था की गयी है।

अन्य प्रमुख उद्योग भारत के अन्य प्रमुख उद्योगों जिनमें लोहा और इस्पात, सीमेंट, कागज, रसायन उद्योग उल्लेखनीय हैं, आदि में श्रमिकों के लिए कैंटीन, शिशु-गृह मनोरंजन, वाचनालय तथा चिकित्सालय संबंधी सुविधाएँ प्रदान की गई हैं। रेल विभाग द्वारा कर्मचारियों के कल्याणार्थ चिकित्सालयों, जलपान-गृह व एक्स-रे आदि की व्यवस्था की गई है। डाक तथा तार-विभाग द्वारा चिकित्सा पर होने वाले व्यय के भुगतान का प्रावधान किया गया है तथा सरकारी साख समितियों, जलपान-गृहों, रात्रि पाठशालाओं में मनोरंजक कार्यक्रमों का भी संगठन किया गया है, जहाँ जहाजरानी श्रमिक सुरक्षा एवं कल्याण योजना के 1961 के अधीन पेयजल, शौचालय, वाचनालय, आरामगृहों तथा जलपानगृहों की व्यवस्था की गई है, मैसूर कोलार स्वर्ण क्षेत्र में निश्चित पैमाने पर श्रम कल्याण योजना चलाई जा रही है, जिसके अधीन निःशुल्क स्वास्थ्य सेवाओं, मातृत्वगृहों, शैक्षिक एवं मनोरंजनात्मक सुविधाओं का प्रावधान किया गया है। बंदरगाह न्यास कर्मचारी कल्याण कोषों की सहायता से बंदरगाह न्यास आवास शिक्षा तथा मनोरंजन संबधी सुविधाएँ देते हैं।

9

स्वास्थ्य परिवार नियोजन एवं पोषाहार

वास्तव में स्वास्थ्य के तहत समस्त भौतिक, मानसिक तथा सामाजिक योग्यता निहित होती है। सिर्फ रोगों का नहीं होना स्वास्थ्य नहीं कहलाता है। हालाँकि पूर्ण आदर्श एवं भिन्न स्वास्थ्य के स्तर की उपलब्धता काफी जटिल है। तथापि प्रत्येक व्यक्ति परिवार, समाज या समूह का ध्येय उस प्रकार के स्वास्थ्य के स्तर की प्राप्ति ही होना चाहिए। अर्थशास्त्र के विशिष्ट भाग उत्पादन के अनेक माध्यमों में मेहनत या श्रम सबसे प्रमुख साधन माना जाता है। विकास में तीव्रता लाने के लिए उत्पादन के अन्य माध्यमों में तकनीकी सुधार लाने के साथ-साथ मेहनत या श्रम को भी 'मानवीय-पूँजी' के रूप में अधिक कुशल व परिष्कृत बनाने के प्रयास किये जा रहे हैं। इन प्रयासों के अन्तर्गत शिक्षा, स्वास्थ्य, पोषण, पीने के पानी की व्यवस्था, आवास, यातायात व संचार तथा विद्युत आदि सुविधाएँ प्रदान करने के रूप में विनियोग करके श्रम रूपी मानवीय पूँजी को सर्वाधिक कुशल एवं दक्ष बना सकते हैं। जिससे फलतः ज्यादा उत्पादन की उपलब्धता कम खर्च में हासिल की जा सकती है। चूँकि राष्ट्रीय अर्थव्यवस्थाओं के उत्पादन कार्यों में महिला-श्रम 60-80% तक (प्रत्यक्षतः व अप्रत्यक्षतः) योगदान देती है, अतः महिला-श्रम की योग्यता में वृद्धि हेतु उन पर विनियोग अति-आवश्यक है। चूँकि महिला-श्रम की सबसे बड़ी अयोग्यता उसकी अस्वस्थता

ही है और उसके कंधों पर न केवल आज की अर्थव्यवस्था के विकास का दायित्व है वरन् भावी अर्थव्यवस्था किस स्वस्थ पीढ़ी के कंधों पर टिकी होगी, यह भी उसी के स्वास्थ्य पर निर्भर करता है। अतः महिलाओं के स्वास्थ्य पर अत्यधिक ध्यान देने की आवश्यकता है।

हमारे देश में महिलाओं के स्वास्थ्य में सुधार से संबंधित प्रयास भी पक्षपातपूर्ण सामाजिक रीति-रिवाजों तथा सांस्कृतिक परम्पराओं के संदर्भ में हल किये जाते रहे हैं, जिनका उनकी स्वास्थ्य स्थिति पर प्रभाव पड़ता है। यद्यपि भारत में नियोजित विकास की शुरुआत से ही महिलाओं की समस्याओं को जानने तथा मातृत्व व बाल सेवाओं से संबंधित प्रयत्नों को प्राथमिकता प्रदान की गई तथा महिलाओं की स्वास्थ्य संबंधी गुणात्मक व मात्रात्मक दशाओं में सुधार संबंधी किये गये प्रयास आज भी पूरे नहीं किये जा सके हैं। योजनाओं के आकलन व निरीक्षण से विदित होता है कि स्वास्थ्य हेतु आवंटित साधनों में कोई सन्तोषजनक वृद्धि नहीं हुई है। महिलाओं की स्वास्थ्य स्थिति में उनकी शारीरिक, मानसिक और सामाजिक तीनों परिस्थितियों को शामिल किया गया है। इस पर जीव-वैज्ञानिकों और शारीरिक समस्याओं के अतिरिक्त उनकी आवश्यकताओं और क्षमताओं के बारे में समाज के जो वर्तमान मानक एवं धारणाएँ हैं उनका भी प्रभाव पड़ता है। इन धारणाओं का प्रसूतिकालीन देखभाल सेवाओं सहित निरोधक और उपचारात्मक स्वास्थ्य सेवा सुविधाओं की व्यवस्था और उपयोग पर प्रभाव पड़ता है। विभिन्न अध्ययनों से यह स्पष्ट हुआ है कि महिलाओं की स्थिति जितनी ही निम्न स्तर की होगी। उतनी ही कम मात्रा में उन्हें निरोधक सेवाओं का ज्ञान होगा और इन सेवाओं का उपभोग करने की मात्रा भी उतनी ही कम होगी।

सांस्कृतिक मानदंड का महिलाओं के स्वास्थ्य पर विशेष रूप से प्रभाव पड़ता है। विवाह के प्रति दृष्टिकोण, विवाह की आयु, जनन क्षमता की दर, बच्चे का लिंग, पारिवारिक संगठनों की अभिरचना, परिवार में महिलाओं का स्थान व सामाजिक मान्यताओं के अनुसार महिला की उपेक्षित भूमिका, इन सभी कारणों का अत्यधिक जनसांख्यिकीय महत्व है। कम आयु में विवाह का सांस्कृतिक आग्रह, उच्च जनन क्षमता, माता व गृहिणी की भूमिका का आदर्शीकरण महिला के शारीरिक और मानसिक दोनों स्वास्थ्य पर प्रतिकूल प्रभाव पड़ता है। विभिन्न अध्ययनों से यह स्पष्ट हो चुका है कि महिलाएँ पहले परिवार को खाना खिलाती हैं और सबके बाद जो खोना बचता है उसे खाती हैं। इसी कारण गरीब परिवारों की महिलाएँ कुपोषण का शिकार अधिकतर होती हैं।

महिलाओं की स्वास्थ्य से जुड़े प्रमुख समस्याओं के सन्दर्भ में भारत जैसे विकासशील देशों में किये गये अध्ययनों से निम्न परिणाम निकलते हैं प्रसूतिकाओं व नवजात शिशुओं की बड़ी संख्या में मृत्यु, प्रसूतिकाओं की बड़ी संख्या में रोग-त्रस्तता, जन्म के समय जीवन की संभावनाओं में कमी, कुपोषण, मानसिक विकृति, आत्महत्याओं की अधिक दर तथा कुछ स्त्रियोचित रोग। बच्चे को जन्म देना व उसका पालन-पोषण करना आज भी महिलाओं का परम कर्तव्य समझा जाता है। अधिकांश जनसमुदाय अपर्याप्त आवास व अस्वच्छ वातावरण में जीवन-यापन कर रहे हैं, जिन्हें चिकित्सा सम्बन्धी पर्याप्त सुविधाएं उपलब्ध नहीं है। ये समस्याएं समस्त सांस्कृतिक मानदंड परिवार में महिलाओं के स्थान, चिकित्सा संबंधी देखभाल की मात्रा, शिक्षा, पोषण व स्वास्थ्य संबंधी अन्य अभिगमों को निर्धारित करते हैं। महिलाओं के स्वास्थ्य में सुधार के लिए निर्णायक रूप से गैर स्वास्थ्य विकास संबंधी तत्वों यथा शिक्षा, आय-सृजन को कुशल बनाने के अवसर व निर्णय तथा महिलाओं को गुणात्मक भूमिकाओं की ओर ले जाने वाली आधारभूत सेवाओं पर निर्भर हैं।

महिलाओं की स्वास्थ्य संबंधी स्थिति भारत में महिलाओं की स्वास्थ्य संबंधी स्थिति का अध्ययन स्वास्थ्य सेवाओं की सुलभता एवं जनसांख्यिकीय प्रवृत्तियों द्वारा किया जा सकता हैं

2. जनसांख्यिकीय प्रवृत्तियाँ भारत में महिलाओं की स्वास्थ्य सम्बन्धी ख्याति के विश्लेषण में जनसांख्यिकी प्रवृत्तियाँ एक प्रमुख तत्व हैं। 1991 की जनगणना के अनुसार पुरुषों व महिलाओं का लिंग-अनुपात 929 था। न केवल यह लिंग-अनुपात विपरीत है, बल्कि 1901-1911 को छोड़कर 1991 तक इसमें निरन्तर कमी के परिणामस्वरूप यह 1901 में 972 की अपेक्षा 1971 में 930 ही रह गया। 1971-81 के दशक में इसमें नगण्य सी वृद्धि दृष्टिगोचर हुई है, किन्तु आज भी देश के राज्यों व केन्द्र सभी प्रशासित प्रदेशों में महिलाओं का यह अनुपात देश के औसत अनुपात की तुलना में कम है।

पिछले दशक में महिलाओं की जीवन की प्रत्याशित आयु 51.6 वर्ष की अपेक्षा 57.1 वर्ष हुई है। यह पुरुषों की 52.6 वर्ष की प्रत्याशित आयु की अपेक्षा 57.6 के रूप में मामूली सी बढ़ी है। महिलाओं की मृत्यु दर में सामान्य कमी हुई, किन्तु 1991 की अवधि में ग्रामीण व शहरी दोनों क्षेत्रों में इसमें लिंग-विभिन्नता अवलोकित हुई है।

भारत में सन 1991 में निकाले गये ग्रामीण व शहरी क्षेत्रों में लिंग अनुपात क्रमशः 94 तथा 893 था।

आयु निर्दिष्ट मृत्यु दर से संबंधित आँकड़े दर्शाते हैं कि 5 वर्ष की बालिकाओं से 35 वर्ष की बालिकाओं में प्रत्येक 5 वर्ष में महिलाओं की मृत्यु दर अधिक रही है।

बाल-महिलाओं व छोटी उम्र की वयस्क महिलाओं को, जो अधिक संख्या में प्रथम प्रजनन काल में ही मृत हो जाती हैं, उचित स्वास्थ्य उपचारों व स्वास्थ्य के प्रति उपेक्षा की भावना को दूर करके इस मृत्यु दर को नियंत्रित किया जा सकता है। संक्षेप में महिलाओं की स्वास्थ्य स्थिति को निम्नलिखित पंक्तियों में स्पष्ट किया गया है

1. स्वास्थ्य संबंधी अनिवार्य सुविधाओं का न होना अथवा उनकी अपर्याप्तता जैसे पीने के पानी, सफाई, महिलाओं की शिक्षा, भोजन की पूर्ति या उपलब्धि इत्यादि स्वास्थ्य को प्रभावित करती हैं।
2. जनसंख्या के विभिन्न समूहों ग्रामीण व शहरी, पिछड़े हुए, पहाड़ी व मरुस्थलीय क्षेत्र तथा सामाजिक व आर्थिक रूप से विभक्त समूहों के मध्य स्वास्थ्य सेवाओं में अत्यधिक विषमताएँ पाई जाती हैं।
3. हमें विरासत में मिली वे सामाजिक परम्पराएँ व अभिवृत्तियाँ जो महिलाओं व बालिकाओं हेतु पक्षपातपूर्ण हैं, उनके स्वास्थ्य व पोषण पर दुष्प्रभाव डालती हैं।
4. प्रसूतिकाल के दौरान संक्रमण, कुपोषण तथा अनियंत्रित बढ़ती हुई प्रजनन दर।
5. महिलाओं व बालकों हेतु आधारभूत स्वास्थ्य संबंधी सुविधाओं (जिसमें मातृत्व व शिशु स्वास्थ्य) से संबंधित सुविधाएँ, परिवार नियोजन, चिकित्सीय गर्भ समापन (Medical Termination of Pregnancy) तथा पोषण आदि शामिल हैं, की अपर्याप्यता (उनका पहुँच से बाहर होना, सेवाओं का एक निश्चित क्षेत्र, किस्म तथा उपलब्धि इत्यादि के रूप में)।
6. महिलाओं की स्वास्थ्य संबंधी देखभाल के लिए उपलब्ध साधनों का अपर्याप्त उपयोग, जिसके परिणामस्वरूप उनके लिए स्वास्थ्य विकास की गति अत्यंत धीमी हो जाती है।
7. अनभिज्ञता व ज्ञान की कमी, पोषण व परिवार नियोजन से संबंधित है, जो कि स्वास्थ्य के संदर्भ में स्वयं के प्रयत्नों तथा उपलब्ध साधनों के अपूर्ण उपयोग के परिणाम के रूप में प्रभावित करती है।

2. स्वास्थ्य सेवाओं की सुलभता

महिलाओं के विकास हेतु स्वास्थ्य सुविधा संबंधी देखभाल के एक महत्वपूर्ण तत्व के रूप में प्रथम पंचवर्षीय योजना में स्वीकारा गया है। यह अनुभव किया जा चुका था कि उच्च शिशु व मातृत्व कालीन मृत्यु दरें परिवार नियोजन तथा बाल व मातृत्व स्वास्थ्य सेवाओं के माध्यम से ही कम की जा सकती हैं। 1950 के दशक में साधारण जनता को महिलाओं की तरह स्वास्थ्य सेवाएँ प्रदान करना एक आधारभूत व्यूहरचना थी। प्रथम व द्वितीय पंचवर्षीय योजनाओं की अवधि में निम्नलिखित कार्यक्रमों को समाविष्ट किया गया था

1. संक्रामक बीमारियों (मलेरिया, फाइलेरिया, टी.बी., लिग्रेसी तथा (reneral disease) पर नियंत्रण।
2. प्रशिक्षण हेतु सुविधाएँ प्रदान करना (महिलाओं को स्वास्थ्य, वैयक्तिक प्रशिक्षण देने पर अधिक ध्यान दिया गया था, जिसमें नर्सें, धात्री (Midwife) के रूप में सहायक नर्सें, हैल्थ विजिटर्स तथा दाई आदि शामिल थीं) तथा अधिक मानव शक्ति को प्राप्त करना।
3. स्वास्थ्य हेतु भौतिक सुविधाओं का विस्तार (मातृत्व व शिशु कल्याण केन्द्र खोलने सहित)।
4. परिवार नियोजन कार्यक्रम की शुरुआत।

विभिन्न स्तरों पर अस्पतालों को एक प्रभावी 'सह संबंधित अस्पताल प्रणाली' से जोड़ने तथा उनके कार्यों को क्लिनिकों, घर में देखभाल संबंधी सुविधाओं तथा जन स्वास्थ्य गतिविधियों से सहसंबंधित करने आदि को मान्यता दी गई थी। उन मातृत्व केन्द्रों को जो कि प्रथम दो येाजनाओं की अवधियों में स्थापित किये गये थे, उन्हें जिला अस्पताल व रेफरल अस्पतालों से जोड़ा गया। शहरी क्षेत्रों में मातृत्व व शिशु स्वास्थ्य सेवाएँ सामान्य तथा अन्य सेवाओं से पृथक् मातृत्व व शिशु स्वास्थ्य केन्द्रों में प्रदान की गई। 4500 स्वास्थ्य केन्द्रों की स्थापना की गई थी कि वे मातृत्व शिशु स्वास्थ्य सेवाओं को अन्य स्वास्थ्य सेवाओं के साथ सम्मिलित रूप से प्रदान करेंगी। 1950-60 के दशक में महिला स्वास्थ्य वैयक्तिक प्रशिक्षण व रोजगार में वृद्धि हुई, जिसके परिणामस्वरूप 27000 नर्सें, 19900 सहायक नर्सें, 1500 लेडी हैल्थ विजिटर्स तथा 11,500 धात्रियाँ उपलब्ध हो गईं जो 1950 में क्रमशः 5000, 8000, 52 तथा 1800 थी। प्रथम योजना से ही परिवार की सीमितता तथा बच्चों के मध्य अंतर को माता के बेहतर स्वास्थ्य तथा बच्चे की बेहतर देखभाल हेतु आवश्यक जन

स्वास्थ्य का एक महत्वपूर्ण अंग माना गया। यद्यपि प्रारम्भिक परिवार नियोजन सेवाएँ प्राथमिक रूप से विशिष्ट परिवार नियोजन क्लिनिकों पर ही प्रदान की जाती थीं, किन्तु इन्हें सामान्य स्वास्थ्य सेवाओं के साथ एकीकृत करने की आवश्यकता अनुभव की गई तथा जब चौथी पंचवर्षीय योजना प्रारम्भ हुई, तब मातृत्व व शिशु स्वास्थ्य सेवाओं को परिवार नियोजन के साथ एकीकृत किया गया।

भौतिक आधारभूत ढाँचे के विस्तार की शर्तों में स्वास्थ्य देखभाल के लिए आधारभूत व्यूहरचना, अधिक मात्रा में महिला-स्वास्थ्य, वैयक्तिक प्रशिक्षण, संक्रामक रोगों पर नियंत्रण और परिवार-नियोजन आदि कार्यक्रम द्वितीय व तृतीय पंचवर्षीय योजनाओं में भी जारी रहे। कुछ भावी कार्यक्रमों को गर्भवती महिलाओं में एनीमिया रोकने तथा इस अवधि में 1 से 5 वर्ष के बच्चों में विटामिन A की कमी आदि को रोकने के रूप में प्रारम्भ किए गए। विद्यालय स्वास्थ्य सेवाओं को भी व्यवस्थित रूप से संचालित किया गया जिसमें विद्यालय के अध्यापकों को निर्देश का तत्व भी शामिल था।

पाँचवीं पंचवर्षीय योजना का प्रारम्भिक उद्देश्य उपेक्षित वर्गों बच्चों, गर्भवती महिलाओं व दूध पिलाने वाली माताओं हेतु परिवार नियोजन व पोषण के साथ 'न्यूनतम जन स्वास्थ्य सेवाओं' को एकीकृत करके प्रदान करना था। इस अवधि के दौरान पूर्व योजनाओं की भाँति ग्रामीण क्षेत्रों में स्वास्थ्य सेवाओं की सुगमता में वृद्धि, क्षेत्रीय असंतुलनों को दूर करना, स्वास्थ्य देखभाल हेतु रेफरल प्रणाली का विकास तथा संक्रामक रोगों के नियंत्रण पर जोर दिया गया। वैयक्तिक स्वास्थ्य की शिक्षा तथा प्रशिक्षण में गुणात्मक सुधार की आवश्यकता का भी अनुभव किया गया। माताओं के स्वास्थ्य पर विशेष बल देने हेतु इस अवधि के दौरान अनेक योजनाएँ प्रारम्भ की गईं। 1977 में देशभर में एकीकृत बाल विकास योजना (ICDS) को वृहद् रूप से लागू किया गया। यद्यपि प्राथमिक रूप से बाल विकास की यह योजना गर्भवती महिलाओं तथा सामाजिक व आर्थिक रूप से वंचित नर्स माताओं को स्वास्थ्य, पोषण व परिवार नियोजन की सेवाएँ प्रदान करती हैं। प्राचीन विधियों के आधार पर कार्य करने वाली अथवा दाइयों को उन्हें सुरक्षित कुशल यात्रियों के रूप में प्रशिक्षण प्रदान करने हेतु इस अवधि में एक योजना प्रारम्भ की गई। 1000 की जनसंख्या पर लगभग एक TBAs रखने का उद्देश्य रखा गया। समाज में स्वास्थ्य संबंधी सावधानी बरतने हेतु तथा ग्राम स्तर पर स्वास्थ्य मार्ग-दर्शन योजनाओं का प्रारम्भ किया गया। 1000 की जनसंख्या पर लगभग एक पथ प्रदर्शक का उद्देश्य रखा गया।

भारत में स्वास्थ्य में नियोजित विकास के प्रथम ढाई दशक के लिए निर्देशित सिद्धान्तों के अन्तर्गत निम्नलिखित कार्यों को सम्मिलित किया गया है

1. आवश्यक मानवीय संसाधनों का विकास करना।
2. मातृत्व व शिशु स्वास्थ्य व परिवार नियोजन सहित स्वास्थ्य सेवाओं का प्रावधान।
3. जनसंख्या हेतु स्वास्थ्य सेवाओं को अधिक सुगम बनाना।

उपर्युक्त वर्णित समस्त सेवाओं को सभी वर्गों से जोड़ने के लिये महसूस किया गया है तथा स्वास्थ्य संबंधी सावधानियों को बढ़ावा देने व असावधानियों को रोकने पर अधिक बल दिया गया। नियोजन आदि कार्यक्रम द्वितीय व तृतीय पंचवर्षीय योजनाओं में भी जारी रहे। कुछ भावी कार्यक्रमों को गर्भवती महिलाओं में एनीमिया रोकने तथा इस अवधि में 1 से 5 वर्ष के बच्चों में विटामिन-ए की कमी आदि को रोकने के रूप में प्रारम्भ किए गए। चेचक, कालरा तथा गलगंड आदि रोगों को काबू करने के लिए विभिन्न कार्यक्रम चलाए गये। विद्यालय स्वास्थ्य सेवाओं को भी व्यवस्थित रूप से संचालित किया गया, जिसमें विद्यालय के अध्यापकों को निर्देशक के तौर पर सम्मिलित किया गया था।

भारत में महिलाओं की स्थिति पर समिति-1974

हालाँकि भारत में महिलाओं की स्थिति बड़ी शोचनीय है। हमारे देश में महिलाओं की स्थिति पर गठित समिति ने महिलाओं के स्वास्थ्य के संदर्भ में सामाजिक अभिवृत्ति के प्रभाव पर प्रकाश डाला, जिसमें स्पष्टतः प्रारम्भ से ही उनके स्वास्थ्य को बदतर बताया गया। जनांकिकीय (जन्म) विश्लेषण द्वारा अधिकांश महिलाओं की बिगड़ती हुई दशा पर तीव्रता से प्रकाश डाला गया, जिससे कि चिकित्सा सुविधाओं तथा सामान्य सुधारों में प्रगति के बावजूद सामाजिक दशाओं की समालोचनात्मक की ओर संकेत मिलता है। स्वास्थ्य के पक्ष में यह संकेत किया गया कि निवारक तथा प्रगतिपरक सेवाओं की अपेक्षा उपचारात्मक सेवाओं पर अधिक साधन व्यय किए जा रहे थे तथा प्रमुख ग्रामीण/शहरी तथा क्षेत्रीय विषमताएँ स्वास्थ्य सेवाओं में विद्यमान थीं जिन्हें दुर्भाग्यपूर्ण विकृति के रूप में माना गया। रिपोर्ट में आगे जोर दिया गया कि सुरक्षा तथा गत्यात्मकता का अभाव ग्रामीण महिलाओं के वैयक्तिक स्वास्थ्य हेतु दो प्रमुख समस्याएँ हैं।

रिपोर्ट की सिफारिशें मातृ व शिशु स्वास्थ्य सेवाओं (MCH), पोषण, परिवार नियोजन पर एकीकृत रूप से प्रहार करने की आवश्यकता पर बल दिया गया,

किन्तु वे मुख्यतः केन्द्र व राज्य स्तरों पर मातृ व बाल स्वास्थ्य अधिकारियों के पदों में वृद्धि करने, मातृ व बाल स्वास्थ्य हेतु पृथक् इकाई बनाने तक ही सीमित थीं। मेडिकल टर्मीनेशन आफ प्रेगनेंसी एक्ट में कुछ नवागत परिवर्तनों की सिफारिश की गई। यद्यपि इसमें व्यवस्थापन संबंधी प्रकरणों पर विस्तार से प्रकाश डाला गया तथापि इस एक्ट से संबंधित प्रमुख समस्याओं-सेवाओं की वृहद् उपलब्धता का अभाव तथा कानूनी अनभिज्ञता पर पर्याप्त ध्यान नहीं दिया गया। सम्पूर्णतया समस्याओं का विश्लेषण विद्यमान स्थिति हेतु एक सशक्त दोषारोपण है, यह महिलाओं के स्वास्थ्य में इच्छित परिवर्तनों के बारे में विस्तृत सुझावों से मेल नहीं खाता था।

महिलाओं हेतु कार्य योजना-1976

राष्ट्रीय कार्य-योजना ने स्वीकार किया कि भारत में महिलाओं की स्वास्थ्य स्थिति दयनीय थी यद्यपि सामाजिक व स्वास्थ्य संबंधी प्रमुख मुद्दों पर ध्यानाकर्षित किया जाना था किन्तु ऐसा नहीं किया गया, सामान्य उद्देश्यों की प्राप्ति हेतु प्रत्येक क्षेत्र में कार्यों में सांमजस्य की आवश्यकता को विकसित किया जाना, वास्तव में कार्य-योजनाओं को कार्यक्रमों के एक वृहद् स्पैक्ट्रम से आच्छादित किये जाने तथा अन्य व्यूहरचनाओं के साथ स्वीकृत किये जाने पर बल दिया जाना चाहिए, था, इसे दिशा प्रदान करने हेतु कोई प्रयत्न तक नहीं किया गया तथा स्वास्थ्य हेतु कार्य-योजनाएँ तैयार की गईं, जिनमें सेवाओं का प्रावधान, आवश्यक मानव संसाधनों का विकास, शिक्षा निर्माण से संबंधित मापन, विधान निर्माण से संबंधित मापन, स्वैच्छिक संगठनों की भूमिका तथा अनुसंधान (शोध) के क्षेत्र को सम्मिलित किया गया था।

विस्तृत रूप से यह स्वीकारा गया कि महिलाओं हेतु सेवाओं को सामान्य स्वास्थ्य प्रणाली का एक अभिन्न अंग होना चाहिए, जिसमें माताओं व बाल महिलाओं को भी सम्मिलित किया जाए। इस बात की सिफारिश की गई कि भौतिक आधारभूत ढाँचे का विस्तार किया जाए तथा स्वास्थ्य सम्बन्धी देखरेख के लिए मानव संसाधन व शक्ति में विकास किया जाए। मातृ सेवा के प्रकरण में गुणात्मकता पर भी उतना ही बल दिया गया जितना कि प्रशिक्षण की अपर्याप्तता पर। साथ ही अनेक प्रकार के क्लिनिक स्थापित करने की सिफारिश की गई।

ग्रामीण क्षेत्रों के अन्तर्गत मातृ व शिशु की जरूरतों के आधार पर आकांशित पदार्थों के क्रम में चिकित्सा अधिस्नातक पाठ्यक्रम में परिवर्तन की आवश्यकता पर उचित रूप से बल दिया गया। अतः सेवाओं में डाक्टरों की स्थिति के अनुकूल कार्य

करने में समर्थ बनाने की आवश्यकता अनुभव की गई। TBA को मातृत्व सेवाओं के प्रावधान में एक सर्वाधिक महत्त्वपूर्ण व्यक्ति के रूप में परिचित कराया गया तथा उसे शामिल करने के लिए पृष्ठभूमि बनायी गयी।

समिति ने मातृ व शिशु देखभाल हेतु संगृहीत शिक्षा कार्यक्रमों को संचालित करने की आवश्यकता पर बल दिया। अनेक व्यवस्थापन संबंधी मापों का सुझाव दिया गया। उन्होंने MTP अधिनियम, विवाह की आयु, नगरपालिकाओं तथा स्थानीय निकायों में MCH (मातृ व शिशु स्वास्थ्य) सेवाओं के प्रावधान पर प्रभाव डाला। MTP हेतु बेहतर सुविधाएँ विशेष तौर पर ग्रामीण क्षेत्रों में स्थानीय निकायों में MCH सेवाओं के लिए अधिक संसाधन तथा शिक्षा प्रदान करने के साथ-साथ महिलाओं के विवाह की आयु में वृद्धि करने, उन्हें आय सृजन संबंधी अवसर उपलब्ध करना आदि पर भी बल दिया गया।

समिति ने कुछ क्षेत्रों में विद्यालय स्वास्थ्य सेवाओं, शहरों में मातृत्व, बाल स्वास्थ्य सुरक्षा, स्वास्थ्य प्रशिक्षण कार्यकर्ता सूचना प्रसारण आदि जैसे स्वैच्छिक संगठनों को सम्मिलित होने का सुझाव दिया। यद्यपि इस क्षेत्र में कुछ प्रयत्न किये गये परन्तु उस क्षेत्र में अधिकांश कार्य करना अभी बाकी है। अध्ययनों व शोधों के लिए क्षेत्रों का सुझाव दिया गया जिसका सीमित कार्य के रूप में ही निर्वाह किया गया।

महिलाओं हेतु स्वास्थ्य-1977-87

छठी व सातवीं पंचवर्षीय योजनाओं में स्वास्थ्य देखभाल के लिए प्रमुख व्यूह रचनाओं को जिसमें महिलाएँ भी सम्मिलित थीं उन्हें जारी रखा गया।

1. भौतिक आधारभूत ढाँचे का विस्तार।
2. स्वास्थ्य प्रशिक्षण मानव शक्ति की उपलब्धता में वृद्धि।
3. अन्य बीमारियों की भाँति संक्रामक रोगों हेतु सेवाओं को सशक्त करना; तथा
4. मातृ व बाल स्वास्थ्य सेवाओं की ही भाँति परिवार नियोजन का प्रावधान।

छठी पंचवर्षीय योजना अवधि 1983 में राष्ट्रीय स्वास्थ्य नीति को प्रयोगात्मक रूप में निर्मित व स्वीकृत किया गया था। प्रथम बार के लिए नीति में इन उद्देश्यों को सम्मिलित किया गया महिलाओं के स्वास्थ्य, मातृत्व के समय मृत्यु दर में कमी, प्रसव पूर्व महिलाओं की देखभाल, गर्भवती माताओं के रोगमुक्तीकरण के साथ कोढ़, टी.बी, अंधता आदि पर नियंत्रण आदि विशिष्ट थे।

इस अवधि के अन्तर्गत उपलब्धि के स्तरों का भी विशिष्टिकरण किया गया। इस योजना में बताया गया कि 'उच्चतम प्राथमिकता' समाज के कम विशेषाधिकार प्राप्त वर्गों पर विशेष प्रकार के साथ मातृ व शिशु स्वास्थ्य के सुधारों हेतु विशिष्ट कार्यक्रमों के आयोजन के प्रयत्नों पर दी जाएगी। इस प्रकार के कार्यक्रमों को अधिकतम संभावित रूप से विकेन्द्रित करने, प्राथमिक स्तर पर उनके वितरण तथा लाभों को लगभग सभी तक पहुँचाने को आवश्यक बताया गया, जबकि नव प्रशिक्षण प्रदान करने तथा परम्परागत जन्म धात्रियों को अधिक कुशल बनाने के प्रयत्नों को जारी रखना चाहिये। योजनाओं व कार्यक्रमों को निश्चित प्रकार से संचालित किया जाना चाहिये ताकि सभी प्रसव प्रशिक्षित व्यक्तियों द्वारा ही कराये जा सकें तथा जटिल मामलों को समय रहते तथा दक्षतापूर्वक जन्म से पूर्व, जन्म के समय तथा जन्म के पश्चात् विस्तारित कार्यक्रमों के अन्तर्गत निपटाया जा सके। संगठित स्वास्थ्य विद्यालय सेवा भी समग्र रूप से एक सामान्य निवारक तथा उपचारात्मक सेवाओं के साथ जोड़े जाकर समय सीमित कार्यक्रमों में स्थापित करने की आवश्यकता थी।

सातवीं पंचवर्षीय योजना में स्पष्टतः कहा गया है कि प्राथमिक स्वास्थ्य सुरक्षा तथा स्वास्थ्य में कार्य का प्रमुख क्षेत्र होगा। यह बताया गया कि सामाजिक आर्थिक विकास (स्वास्थ्य को सम्मिलित करते हुए) की प्रक्रिया में सक्रिय भागीदारी हेतु महिलाओं को उपलब्ध आर्थिक गतिविधियों के मुर्खी और संगठित करना होगा। गर्भवती महिलाओं, देखभाल करने वाली माताओं, छोटे बच्चों तथा विद्यालय के अन्दर तथा बाहर दोनों ओर की सुरक्षा को प्राथमिकता दी जाने हेतु कहा गया।

कुछ प्रमुख तत्व

वर्तमान समय में महिलाओं से सम्बन्धित संचालित स्वास्थ्य कार्यक्रमों पर विशेष ध्यान नहीं दिया गया। इस तथ्य पर भी ध्यानाकर्षण की आवश्यकता है कि लड़कियों को पर्याप्त सुरक्षा की आवश्यकता है, ताकि वे बिना किसी शारीरिक व सामाजिक अपर्याप्तता के मातृत्व-काल में प्रवेश कर सकें। इष्टतम पुनरुत्पादन तथा बच्चे के जन्म से संबंधित नमूनों (प्रथम बच्चे के जन्म के समय माता की उम्र 20 वर्ष, गर्भधारणों के मध्य लगभग 3 वर्ष का अन्तर, छोटा परिवार, 35 वर्ष की आयु के पश्चात् ऐसा कोई गर्भधारण न करें जिससे माताओं व उनके बच्चों का स्वास्थ्य प्रभावित हो) को समर्थन देने तथा नीतियों द्वारा उनको सहयोग दिये जाने की आवश्यकता है, ताकि वे उनके लिए सुगम हो सके। इन विधियों को

भी प्रोत्साहन दिया जाना चाहिए जिनसे महिलाओं का कार्यभार कम हो और उनकी शक्ति को सुरक्षा प्रदान की जा सकें। इस क्षेत्र में निर्णय निर्माण हेतु पर्याप्त तथा उचित (विशेष तौर पर गर्भधारण अवधि) सूचना उपलब्ध करवाने की आवश्यकता है।

यह स्पष्ट है कि मानवीय दौड़ का नवीनीकरण में अद्वितीय योगदान है। जिसमें महिलाएँ राष्ट्र के अस्तित्व व उत्पादकता के लिए एक महत्त्वपूर्ण वैयक्तिक लागत अदा करती हैं। इसे एक राष्ट्रीय आभार मानते हुए यह निश्चित करने हेतु माना जाना चाहिए कि उनकी इस भूमिका के निर्वहन में महिलाओं के स्वास्थ्य व उनके जीवनों की वैयक्तिक जोखिम कम से कम उठाई जा सके। पुनरुत्पादन पर नियंत्रण समस्त महिलाओं का एक आधारभूत अधिकार है, जिसे अन्य अधिकारों की भाँति स्वीकार किया जाना चाहिए।

महिलाओं के विभिन्न अधिकारों की विभिन्न प्रकार से अनदेखी की जा रही है। महिलाओं के अधिकारों की अनेक प्रकार से बलि दी जाती रही है। अधिकांश महिलाओं को परिवार से संबंधित विभिन्न समस्याओं के कारण मानसिक रूप से अवनति का सामना करना पड़ता है जो कि वर्तमान सामाजिक अभिवृत्तियों का परिणाम है। विशेष तौर पर ग्रामीण क्षेत्रों में इस प्रकार की अवनति का कारण आत्माओं द्वारा अधिकृत' होना माना जाता है। इससे कई निर्दयी अभ्यास तथा उपचारों को बढ़ावा मिलता है, जिनके कारण महिलाओं की शारीरिक क्षति होती है। प्राथमिक चिकित्सा केन्द्रों में तो सामान्य से असामान्य मानसिक विकृति हेतु भी उचित व सही उपचार-सामग्री नहीं है।

तीव्र शहरीकरण तथा वाणिज्यीकरण के कारण गाँवों में उत्पादित पोषक भोजनों जैसे सब्जियाँ, दूध तथा इसी प्रकार की वस्तुओं का शहरी क्षेत्रों में निर्यात ग्रामीण गरीबों की आवश्यकताओं को अस्वीकार करते हुए किया जा रहा है। इस तरह के निर्यातों का भी देश में गरीबी बढ़ाने में योगदान है। इसके परिणामस्वरूप ग्रामीण गरीबों का पोषण स्तर और अधिक गिरता है।

1946 में भौरे समिति ने प्रति 30,000 की जनसंख्या पर एक प्राथमिक स्वास्थ्य केन्द्र की स्थापना की थी जिसे आज तक प्राप्त नहीं किया जा सका।

सभी प्रकार की उद्देश्यों तथा घटकों में स्वास्थ्य को सर्वोपरि माना गया था और प्राथमिकता के अनुसार 2000 ई. तक मातृ व शिशु स्वास्थ्य सुरक्षा, मातृत्व कालीन मृत्युदर को आधा करना, जन्म पूर्व सुरक्षा तथा जन्म के समय शत प्रतिशत प्रशिक्षित जन्म धात्रियों की व्यवस्था आदि उद्देश्य को स्वीकारा गया था। स्वास्थ्य

सेवा कार्यक्रमों में इन उद्देश्यों की प्राप्ति हेतु कार्य करने की वचनबद्धता स्वीकार की गई। निरक्षरता के उन्मूलन, रोगमुक्तीकरण तथा सुरक्षित जल आपूर्ति हेतु तकनीकी तथा सामाजिक मिशनों को निश्चित निर्णायक घटकों के रूप में सम्मिलित किया जाना, जिससे मातृ व शिशु सुरक्षा प्रभावित होगी। अतीत की भाँति ही वर्तमान प्रयत्नों में भी अनेक तत्त्वों के व्यवस्थित संगठन तथा, पैमाने में कमी, इन दोनों के साथ-साथ होने की वजह से महिला व शिशुओं की स्थिति में तेजी से परिवर्तन किया जा सके। अतएव महिला की स्वास्थ्य सुरक्षा हेतु एक विशेष तकनीकी व सामाजिक मिशन के साथ विकास हेतु एक विस्तारित कार्यक्रम की आवश्यकता है, जिससे मातृ मृत्युदर तथा रुग्णता को सन् 2000 तक आधा ये जाने के लिए प्रस्तावित किया गया था। समुचित शिक्षा के तहत लघु परिवार के मानदण्ड का महिलाओं व बच्चों की स्थिति पर प्रभाव इस मिशन का एक (एकीकृत) समग्र भाग होगा।

10

स्वैच्छिक संगठनों की भूमिका

महिला विकास एवं स्वरोजगार में भारत के विभिन्न स्वैच्छिक संगठनों की महत्वपूर्ण भूमिका रही है। प्राचीन काल से ही भारत में स्वैच्छिक कार्य सामाजिक परंपरा का एक प्रमुख एकीकृत अंग रहा है। भारतीय स्वतंत्रता के पूर्व तथा बाद में कुछ दशकों में स्वैच्छिक संगठनों ने विभिन्न प्रकार के सामाजिक सेवाएँ प्रदान की थीं। परम्परागत रूप में स्वतंत्रता से पूर्व स्वैच्छिक संस्थानों ने समाज सुधार के क्षेत्रों में अनेक प्रकार की वृहद् गतिविधियाँ अपने अधीन ले रखी थीं। स्वतंत्रता प्राप्ति के परिणामतः सरकारी नीतियों में स्वैच्छिक संगठनों को शक्ति व समर्थन की सहमति प्राप्त हुई। स्वैच्छिक संस्थानों ने वर्तमान में भी अपने उद्देश्यों, स्थिति (शहरी/ग्रामीण) तथा साधनों की उपलब्धि के आधार पर अनेक वैकल्पिक भूमिकाओं को चुना। राष्ट्रीय विकास में स्वैच्छिक संस्थानों की भूमिका को उनके प्रत्यक्ष व पूर्व हस्तगत अनुभव, स्थानीय आवश्यकताओं, समस्याओं तथा बेकार पड़े साधनों के कारण परमावश्यक माना गया। स्वैच्छिक कार्य आंदोलन की वचनबद्धता व उत्साह के कारण इसे अधिक प्रभावी माना गया क्योंकि यह किसी भी प्रकार के स्थायी दफ्तरशाही प्रणाली से बंधित नहीं है तथा जनता के प्रति अधिक उत्तरदायी है। स्वैच्छिक क्षेत्रों में अत्यधिक कार्यात्मक लोचशीलता आँकी गई तथा इनकी गतिविधियाँ अनुमानित आवश्यकताओं पर आधारित पाई गई। इनमें कार्यक्रम के नियोजन व क्रियान्वयन इत्यादि में पूर्व अनुभवों द्वारा निरन्तर सीखने की एक प्रक्रिया है।

स्वैच्छिक संस्थानों को आवश्यक शक्ति प्रदान करने वाला सर्वाधिक महत्वपूर्ण तथ्य यह है कि वे जनता व समुदाय से अधिक घनिष्ट रूप से जुड़ी हुई हैं। वे कई मामलों में लोगों की आवश्यकताओं व आकांक्षाओं का प्रतिनिधित्व करती हैं। स्वैच्छिक संस्थाएँ प्रेरणा संबंधी समस्याओं की पहचान व विश्लेषण संबंधी योजना, निर्माण सेवाएँ प्रदान करने की नवागत विधियों तथा समुदाय का उनकी भावनाओं पर आधारित समावेश करने से संबंधित क्षेत्रों में सरकारी प्रबंध संस्थानों की अपेक्षा अक्सर अधिक प्रभावशाली ढंग से कार्य कर पाती है।

इस तरह के क्षेत्रों में अनेक सबक सीखने को मिलते हैं जैसे तकनीक को रहस्यमुक्त करना, अनुभव के पक्ष में औपचारिक शैक्षिक योग्यता पर कम बल देना, लोगों के साथ कार्य करने की योग्यता व अभिरुचि, कष्टसाध्य दफ्तरशाही के बिना गतिविधियों का विस्तार तथा समुदाय व गैर संस्थागत उपागमों पर विश्वास आदि स्वैच्छिक क्षेत्रों की अनुपम शक्ति सरकार को बिना (उसकी अधीनता माने) वशीभूत हुए तथा अपनी पहचान खोए बिना उसे प्रभावित करने की योग्यता तथा मुद्दों व विचारों पर सभा आदि के माध्यम से जनता व सरकार दोनों हेतु स्वीकार्य बनाने में ही है। स्वैच्छिक क्षेत्र में विकेन्द्रित प्रशासन न केवल प्रभावित आधार को सुविधाएं तथा यंत्र रचना प्रदान करता है। बल्कि कार्यक्रमों में लाभदायकता की भागीदारी भी सुनिश्चित करता है।

भारत में स्वैच्छिक संस्थाएं तथा ऐतिहासिक प्रक्रिया के परिणाम के रूप में प्रकट हुई हैं। जिसने उन्हें उनकी वर्तमान स्थिति व देश के विकास में वर्तमान भूमिका तक पहुँचाया है। 1950 में अधिकतर संगठन या तो राहत कार्य प्रदान करते थे अथवा विद्यालयों, निराश्रितों हेतु गृहों तथा अस्पताली जैसी कल्याणकारी गतिविधियों में संस्थागत रूप से सम्मिलित थे। 1960 में इनमें से कई संगठनों ने अनुभव किया कि आर्थिक रूप से पिछड़े हुए परिवारों को संस्थागत कल्याण तथा राहत सेवाओं के लाभ उपलब्ध कराने में वे अयोग्य सिद्ध होंगी। इससे उन्होंने यह निष्कर्ष निकाला कि सेवाएँ ऐसे लाभ प्रदान करने योग्य होनी चाहिएँ जो लाभ उत्पादक तथा आय सृजन कार्यक्रमों द्वारा आत्मनिर्भर बनाए। 1970 में अनेक स्वैच्छिक संगठनों ने यह अनुभव करना प्रारम्भ किया कि केवल आर्थिक साधनों से अकेले गरीबी पर विजय नहीं प्राप्त की जा सकती तथा विकास का निर्णायक रास्ता असमान सामाजिक संरचना पर आधारित है। शिक्षा के नये प्रकार का प्रयोग पिछड़े वर्गों में उनके अधिकारों व स्थिति के बारे में सजगता जगाने के साज-समान के रूप में किया गया ताकि वे उनके स्वयं के विकास हेतु सक्रिय अभिकर्ता बन सकें तथा परिवर्तन की

आवश्यकता को समझ सकें। कार्यकर्ताओं के समूह इन्हीं विचारों के घेरे में बनाए गये, परिणामतः स्वैच्छिक क्षेत्र में अस्तित्व में आए।

महिलाओं के संगठनों को स्वैच्छिक संगठनों द्वारा विकास प्रक्रिया में महिलाओं की भागीदारी सुनिश्चित करने की संगठनात्मक संरचनाओं हेतु आवश्यकता के प्रकट होने के रूप में महत्ता प्राप्त हुई। अनेक प्राचीन स्थापित स्वैच्छिक संस्थाओं ने देश में महिलाओं हेतु कल्याणकारी विकास सेवाओं को व्यवस्थित करने का कार्य अपने अधीन ले रखा है।

आधुनिक दृष्टिकोण

1970 से इसके पश्चात् का समय अनेक नव स्थापित संगठनों तथा कार्यकर्ता समूहों हेतु आपातकाल का समय था। इन समूहों की गतिविधियाँ वृहद् रूप में महिलाओं पर की जा रही हिंसा, क्रूरता व अत्याचारों, जैसे दहेज के कारण हत्या, दुर्व्यवहार के पाशविक तरीके व शोषण के विरुद्ध लड़ाई के चारों ओर केन्द्रित हो गई। कई मामलों में विपत्ति के समय महिलाओं ने इस तरह के समूहों में जाकर सहायतार्थ स्वयं को पंजीकृत कराया तथा मामलों के आधार पर उन्हें शरण आदि प्रदान की गई। इन कार्यकर्ता समूहों ने उत्पीड़ित, शिकार तथा सताई हुई महिलाओं को उन्हें स्वयं की पहचान कराने में मदद की थी तथा इन मुद्दों पर महिलाओं में जागृति, प्रेरणा व नई आशा का संचार किया। हाल ही में जिन्होंने महिलाओं की चेतना को संगठित करने में सफलता प्राप्त की है तथा महिलाओं से प्रत्यक्षतः कार्य करने, बाहरी भाग से सामग्री संबंधी दोषों पर कम विश्वास करने तथा आन्तरिक क्षमताओं व आर्थिक सामाजिक सांस्कृतिक और राजनीतिक साधनों को प्राथमिकता दी गई। इन समूहों ने राज्य के हस्तक्षेप को भी कम किया है। विशेष तौर पर न्यायिक व चतुर्थ जागीर को महिलाओं के अधिकारों व उनकी स्थितियों को उन्नत करने की योजना को लेकर इसी समय उन्होंने महिलाओं को संघर्ष हेतु संगठित कर लिया है।

स्वैच्छिक संस्थाओं व कार्यरत समूहों के अतिरिक्त भी अनेक कार्यात्मक समूह हैं, जैसे महिला मंडल, युवा क्लब, नेहरू क्लब केन्द्र, राष्ट्रीय सेवा योजनाएँ, सहकारी संस्थाएँ व अन्य जनसेवी संस्थाएँ जो सफलता की बढ़ती हुई मात्रा के साथ महिलाओं के मुद्दों को प्रभावशाली ढंग से ऊपर लाये हैं।

स्वैच्छिक कार्यों में प्रशासनिक दृष्टिकोण

योजना आयोग ने भी सामाजिक व आर्थिक विकास प्रक्रिया की तीव्रता में

स्वैच्छिक कार्य की भूमिका को पहचाना है। विशेषकर छठी व सातवीं पंचवर्षीय योजनाओं में स्वैच्छिक संस्थओं ने कार्यक्रम में अभिनव योजनाओं की युक्ति तथा परीक्षण कार्यक्रम के क्रियान्वयन में नये मॉडल व अधिगम तथा निश्चित पृष्ठपोषण हेतु एक आधार प्रदान करने में उतनी ही महत्वपूर्ण भूमिका निभाई है जितनी कि निर्धनता रेखा से नीचे जीवनयापन करने वाली महिलाओं की भागीदारी सुरक्षित करने में उन्होंने कई गैर-परम्परागत क्षेत्रों में प्रतिस्पर्धा विकसित की है तथा ग्रामीण गरीबों को उनकी पसंद व विकल्प प्रदान करने हेतु सरकारी प्रयत्नों के पूरक के रूप में विस्तृत भूमिका अदा की है। उन्होंने ग्रामीण स्तर पर लोगों की आँखों व कानों के रूप में उनकी सेवा की है। अत्यंत साधारण अभिनव लोचशील तथा कम खर्चीले साधन जिन्हें वे अपने सीमित स्रोतों से उपलब्ध करवा सके, उनके माध्यम से उन्होंने कोशिश की है कि वे अधिक से अधिक समुदाय को कम से कम नियंत्रणों के बावजूद अधिकाधिक लाभ पहुँचा सकें। इस प्रक्रिया में उन्होंने सफलतापूर्वक प्रदर्शन किया है कि ग्रामीण तथा स्वदेशी साधनों, ग्रामीण कौशल तथा स्थानीय ज्ञान का एक लागत प्रभावी ढंग से पूर्णतया उपयोग नहीं किया जा रहा है। स्वैच्छिक संस्थाओं ने कुछ विस्तार के साथ गरीबों को संगठित करने तथा गुणात्मक सेवाओं की माँग के प्रति चेतना व स्थानीय स्तर के कार्यों के उत्तरदायित्वों में सुधार लाने आदि की भी व्यवस्था की है। उन्होंने एक ऐसे आधारभूत कार्यकर्ता (Grass root worker) की श्रेणी को प्रशिक्षित करने में मदद की है जो पेशे संबंधी स्वेच्छा में विश्वास करते है।

महिलाओं के विकास में स्वैच्छिक संस्थाओं को बढ़ती हुई भूमिका में सरकार की इच्छा एकदम स्पष्ट है। महिलाओं को जिन समस्याओं का सामना करना पड़ता है उनका महत्व समझते हुए सरकार ने सही ढंग से यह महूसस किया कि विकास व सेवा प्रावधान की समस्त जिम्मेदारी को नहीं माना जा सकता। अतः महिलाओं के उद्देश्य से चलाये जा रहे अनेक कार्यक्रमों हेतु स्वैच्छिक संस्थाओं की सहायता की आवश्यकता है। वर्तमान कार्यक्रमों का अधिक बल केवल उन्हें कल्याणकारी सेवाएँ प्रदान करने की अपेक्षा विकास में उनकी उत्पादक भागीदारी तथा महिलाओं की सक्रियता के विकास पर है। स्वैच्छिक क्षेत्र के साथ सरकार की एक अर्थपूर्ण साझेदारी इस प्रकार से विकास में महिलाओं को एकीकृत करने के सरकारी प्रयत्नों में एक आवश्यक तत्व तथा स्वीकृत लक्ष्य बन गई है।

महिलाएँ तथा स्वैच्छिक क्षेत्र

स्वैच्छिक संस्थानों ने महिला दशक के दौरान महिला कार्यक्रमों को वेग प्रदान

करने तथा उन्हें नई दिशा देने के क्षेत्र में अत्यधिक योगदान दिया है। सरकार द्वारा निर्मित अनेक योजनाओं तथा कार्यक्रमों में विशाल मात्रा में नई विशेषताएँ स्वैच्छिक संस्थाओं द्वारा सफलतापूर्वक चलाई जा रही योजनाओं के अनुभवों पर आधारित हैं। महिलाओं के विकास में स्वैच्छिक संस्थाओं के समावेश हेतु न्यायसंगतता एकदम स्पष्ट है। भारत में महिलाओं को अनेक बंधनों के कारण पीड़ित होना पड़ता है जैसे साक्षरता की निम्न दर, साधनों की उपलब्धि में कमी तथा इस कारण उत्पन्न बाधाएँ जो महिलाओं को विभेदित करती हैं।

इस तरह की स्थिति में स्वैच्छिक संस्थाओं की भूमिका महिलाओं में उनके अधिकारों व उनकी शक्ति के प्रति जागरूकता पैदा करने, उनमें उचित प्रेरणा व नेतृत्व विकसित करने की है, ताकि वह महसूस कर सकें कि उनके अधिकारों में कटौती नहीं की जा सकती। महिलाओं की प्रगति में सहायक वातावरण निर्माण प्रक्रिया महिलाओं के विकास को प्रवृत्त करने की राजनीतिक इच्छा के साथ सामाजिक आर्थिक तत्वों की अत्यधिक संख्या पर निर्भर है। सातवीं योजना के दीर्घकालीन उद्देश्यों में वर्णित किया गया है कि महिलाओं का सामाजिक व आर्थिक स्थिति को ऊपर उठाना राष्ट्रीय विकास का एक क्रांतिक उद्देश्य है।

मौलिक रूप से महिलाओं में विश्वास की छाप छोड़ने का तथा विकास हेतु उनकी सक्रियता के बारे में सजगता लाने का सुझाव दिया गया है। इस रूपरेखा के साथ महिलाओं को लाभदायक रोजगार एक प्रभावशाली व्यूह रचना के रूप में उच्चतम प्राथमिकता के अनुसार है। अनेक मंत्रालयों व विभागों में स्वैच्छिक संस्थाओं के समावेश पर विशेष बल देने के साथ महिलाओं के विकास हेतु कार्यक्रम निर्मित किए हैं। स्वैच्छिक संस्थाओं की भूमिका को, विशेषकर महिलाओं के सैन्य-संगठन में भविष्य की विकास व्यूह रचनाओं हेतु एक निर्णायक तत्व के रूप में देखा गया है। स्वैच्छिक संस्थाओं को उच्चतर समावेश का इस प्रकार कुछ सरकारी कार्यक्रमों को क्रियान्वयन में विचार किया गया है जैसे एकीकृत ग्रामीण विकास कार्यक्रम, स्वरोजगार हेतु ग्रामीण युवाओं का प्रशिक्षण, ग्रामीण क्षेत्रों में महिला व बाल, विकास कार्यक्रम, एकीकृत बाल विकास सेवा योजना तथा प्रौढ़-शिक्षा कार्यक्रम। इन योजनाओं में समावेश के अतिरिक्त स्वैच्छिक संस्थाएँ न्यूनतम मजदूरी के प्रवर्तन को प्रभावित करने, वनों की सुरक्षा, सामाजिक-वानिकी, उपभोक्ता, संरक्षण विज्ञान व तकनीकी का विकास, ग्रामीण आवास, वैधानिक शिक्षा इत्यादि में भी सहायता कर सकती हैं। महिलाओं पर नवीन केन्द्रण के साथ कुछ कोष स्वैच्छिक संस्थाओं हेतु संबंधित मंत्रालयों विभागों के इन कार्यक्रमों के क्रियान्वयन हेतु होने चाहिएँ। इसके

अतिरिक्त केन्द्रीय समाज कल्याण बोर्ड, जनकार्य व ग्रामीण तकनीकी की प्रगति हेतु समिति तथा राष्ट्रीय ग्रामीण विकास कोष आदि में स्वैच्छिक संस्थाओं के साथ सहयोग तथा गतिविधियों को विस्तृत व दृढ़ होना चाहिए। चूँकि स्वैच्छिक संस्थाएँ जनकोषों पर निर्भर हैं अतः उनका उत्तरदायित्व सुनिश्चित होना चाहिए।

महिला संगठनों में स्वैच्छिक कार्य

महिलाओं के अधिकारों को तब तक सुनिश्चित नहीं किया जा सकता जब तक वे स्वयं को संगठित करने योग्य न हो जाएँ। सामूहिक संगठनों से शक्ति आकर्षित होती है। यह कार्य प्रारम्भ करने, सभा करने, मण्डप आदि तैयार करने, दबाव डालने तथा सौदेबाजी हेतु पूर्व शर्त हैं। आधारभूत संगठन कार्य करने के एक संगठनात्मक आधार प्रदान कर विकास कार्यक्रमों में भागीदारी हेतु निर्धन महिलाओं को अधिक विशाल स्तर पर अवसर उपलब्ध करा सकते हैं। संगठित होकर, साथ-साथ काम करके अनुभवों व स्रोतों को आपस में बाँटकर, दबाव समूहों के निर्माण द्वारा तथा इसी प्रकार के अन्य कार्य करके महिलाएँ अपनी स्थिति में सुधारों के अवसरों हेतु स्वतंत्र अभिगम खोज सकती हैं। एक विशाल मात्रा में महिलाए असंगठित क्षेत्रों में अत्यंत संकटमयी दशाओं में तथा बिना किसी वैधानिक संरक्षण के कार्यरत हैं तथा जीविका चलाने में लगी हुई हैं। असंगठित क्षेत्र में महिलाओं को सामूहिक कार्य के समस्त लाभों को देने से इंकार कर देते हैं। फैल हुए तथा असंगठित क्षेत्रों के पास न तो कोई राजनीतिक शक्ति होती है और न ही सौदेबाजी की ताकत ही।

परिणामतः मजदूरी, कार्य की दशाओं, बीमा, प्रोविडेण्ट फंड, मेटर्निटी अवकाश तथा क्रेचेस आदि से संबंधित संरक्षित श्रम कानूनों के क्रियान्वयन में बहुत अधिक कठिनाइयाँ उत्पन्न होती हैं तथा आर्थिक साधनों के स्रोतों जैसे साख, तकनीकी प्रशिक्षण व विपणन में भी कठिनाई उपस्थित होती है। महिलाओं की आर्थिक सहभागिता तथा आधाभूत स्तर पर उनके संगठनों की आवश्यकता को निर्णायक मानते हुए ग्रामीण महिलाओं हेतु ग्राम स्तर पर संगठनों के विकास पर कार्य समूह की स्थापना 1977 में कृषि मंत्रालय द्वारा की गई। ग्रामीण महिलाओं के संगठन का उद्‌देश्य विकास के प्रवाह में अधिकांश महिलाओं पर फोकस डालने हेतु नया कार्यक्रम बनाना तथा उन्हें सामाजिक परिवर्तन के यंत्रों के रूप में कार्य करने योग्य बनाना था। इस समूह ने आधारभूत स्तर पर व्यापार संघों तथा सहकारी संघों की भाँति महिला संगठनों को स्थापित करने की आवश्यकता को प्रोत्साहित करने की सिफारिश

की। गैर सरकारी निकाय की इस सिफारिश को राष्ट्रीय स्तर पर महत्वपूर्ण समर्थन प्राप्त हुआ तथा महिलाओं के स्वैच्छिक संगठनों द्वारा इसका स्वागत किया गया।

महिलाओं के विकास के उद्‌देश्यों को पुनः परिभाषित किया गया। स्वैच्छिक तथा सरकारी प्रयत्नों के फोकस को न केवल विकास प्रक्रिया में उन्हें एकीकृत करने वरन् सहभागिता के यथार्थ चित्रण में उनकी आवश्यकताओं को पुनः परिभाषित करने हेतु भी महिलाओं की समस्याओं के विशुद्ध कल्याणकारी उपागम द्वारा विस्तृत किया गया। अतएव सरकारी संस्थानों की वृद्धि के योगदान को परम्परागत रूप से जानी जाने वाली सामजिक कल्याणकारी गतिविधियों की अपेक्षा नई दिशा मिली है। गैर सरकारी संगठनों, निर्धन महिलाओं के स्पष्टीकरण तथा व्यक्ति व समष्टि स्तर पर योजनाओं में इनके एकीकृत करने व इन्हें मान्यता प्रदान करने हेतु मंचों के माध्यम से महिलाओं के विकास को समर्थन प्रदान किया गया है। असंगठित क्षेत्रों के एकीकरण तथा स्वरोजगार से संबंधित यह मुद्‌दा जिसमें 60 प्रतिशत से अधिक महिलाएँ सम्मिलित हैं, SEWA जैसे संगठनों की गतिविधियों तथा वृद्धि द्वारा सृजित था। महिला कार्यकर्ताओं ने महिला श्रमिकों की इस श्रेणी के अधिकारों पर प्रकाश डाला। यहाँ तक कि आँकड़ों की संग्रहण विधि में अपर्याप्तताओं के कारण गैर श्रमिकों के रूप में वर्गीकृत किया। स्वरोजगार प्राप्त महिलाओं के व्यापार संघों में वृद्धि को सरकारी विभागों, विशेष रूप से कल्याण मंत्रालयों, महिला व बाल मंत्रालय, श्रम, ग्रामीण विकास मंत्रालयों से समर्थन व मान्यता मिली है। ग्रामीण क्षेत्रों में महिला व बाल विकास का नया कार्यक्रम इसकी सर्वेक्षण पर आधारित कार्यविधि, महिलाओं के समूहों की व्यवसायगत पहचान तथा उनकी प्राथमिकताओं पर आधारित है। यह कार्यक्रम की वित्तीय सहायता से ग्रामीण विकास मंत्रालय द्वारा प्रारम्भ किया गया है। कार्य स्तर पर SEWA की कार्यविधि भी अन्य गैर सरकारी संगठनों की ओर ही मुड़ी हुई है।

अनेक अन्य मंचों तथा कार्य समूहों ने भी अकाल राहत गतिविधियों में वृद्धि की है। बलात्कार के विरुद्ध मंच, महिलाओं के दमन के विरूद्ध मंच हो गया। शोध स्तर पर महिलाओं से संबंधित सही आँकड़ों की कमी तथा उन्हें विकास में एकीकृत करने से संबंधित बाधाओं के प्रति जागरूकता ने महिलाओं के अध्ययनों की प्रगति हेतु मंचों तथा संघों के निर्माण हेतु अनुसंधान संगठनों का नेतृत्व किया।

पाँचवीं तथा छठी पंचवर्षीय योजनाओं में नीति स्तर, कार्यक्रम स्तर तथा व्यष्टि स्तरों पर सरकारी व गैर सरकारी संगठनों के मध्य नियमित अन्तर्सम्बन्ध पर लगातार बल दिया गया। रोजगार समिति द्वारा सिफारिश की गई कि राष्ट्रीय ग्रामीण रोजगार

कार्यक्रम (NREP) तथा न्यूनतम आवश्यकता कार्यक्रम (MUP) की तरह चलाये जा रहे कार्यक्रमों को ग्रामीण क्षेत्रों में निर्धन महिलाओं की विशाल संख्या को रोजगार प्रदान करने हेतु विकसित किया जा सकता है। स्वैच्छिक कार्य ब्यूरो ने 1982 में केन्द्रीय समाज कल्याण बोर्ड (CSWB) द्वारा महिला व बालकों पर अत्याचार तथा दहेज हिंसा के रिपोर्ट किए गये मामलों का अनुसंधान करने हेतु की गई जो स्वैच्छिक संगठनों तथा बोर्ड द्वारा सहयोग में एक प्रयोग था। ब्यूरो की गतिविधियों का मार्गदर्शन करने हेतु सरकारी तथा स्वैच्छिक संस्थाओं के प्रतिनिधियों की एक सलाहकार समिति बनाई गई।

पंडित जवाहरलाल नेहरू के पास भारत के भविष्य का आकार बनाने में महिलाओं की क्षमता व योग्यता को मान्यता देने की अन्तर्दृष्टि थी। उन्होंने कहा "मुझे पूरा विश्वास है कि हमारी वास्तविक व आधारभूत वृद्धि केवल तभी होगी जब महिलाओं को सार्वजनिक जीवन में उनकी भूमिका निभाने का पूर्ण अवसर प्रदान किया जाए। हमारे कानून पुरुष निर्मित हैं, हमारा समाज पुरुष प्रधान है और इसलिए इस मामले में हमारे विचार स्वाभाविक रूप से एक ओर झुके हुए हैं। हम वस्तुनिष्ठ नहीं हो सकते क्योंकि हमने विचारों व कार्यों के निश्चित दायरे में विकास किया है। लेकिन भारत का भविष्य संभवतया अंतिमयः पुरुषों की अपेक्षा महिलाओं पर ही अधिक निर्भर होगा।"

11

महिला विकास हेतु भारत सरकार की नीतियाँ तथा कार्यक्रम

भारत में महिलाओं की स्थिति काफी शोचनीय है। प्राचीन काल से लेकर आज तक महिलाओं का शोषण किया जा रहा है। इन्हें समाज में पूर्ण अधिकार प्राप्त नहीं हैं। इन्हें शिक्षा व समाज से दूर रखकर चारदीवारी के तहत बंद करके रखा गया। हालाँकि स्वतंत्रता के बाद भारत के संविधान में महिलाओं को पुरुषों के समान अधिकार प्रदान किये गये। अधिकतम उत्पादन, पूर्ण रोजगार और आर्थिक समानता और सामाजिक न्याय की प्राप्ति जैसे राष्ट्रीय विकास के स्वीकृत उद्देश्य पुरुषों और महिलाओं पर समान रूप से लागू होते हैं परन्तु असमतावादी समाज में उनकी प्राप्ति तब तक संभव नहीं हो सकती जब तक शोषित वर्ग को सहायता पहुँचाने वाले विशेष प्रयास नहीं किये जाएँ। इसलिए हमारे संविधान में निर्बल वर्ग की जनता के शैक्षिक हितों को प्रोत्साहित करने की तुरन्त आवश्यकता पर बल दिया गया है। जैसा कि विगत अध्याय में स्पष्ट किया गया है कि महिलाओं पर सामाजिक प्रथाओं और परम्पराओं के प्रतिबंध होने तथा समाज में हर तरह से उनकी दयनीय स्थिति होने के कारण उन्हें समाज का शोषित अंग माना जा सकता है अतः इस वर्ग को सहायता पहुँचाने को ओर विशेष ध्यान देने की आवश्यकता को महसूस किया गया है ताकि वह राष्ट्रीय जीवन में पूर्ण और समुचित भूमिका का निर्वाह कर सकें।

योजना अवधि में महिलाओं का विकास

भारत में स्वतंत्रता प्राप्ति के पश्चात् से ही विभिन्न वर्गों व क्षेत्रों को अधिक उत्पादक बनाने, उनके संतुलित व तीव्र विकास हेतु पंचवर्षीय योजनाओं का प्रावधान रखा गया, जिनकी सफल क्रियान्विति के फलस्वरूप ही आज हमारे देश की गणना विकास के पथ पर तेजी से बढ़ने वाले चंद विकासशील राष्ट्रों में की जाने लगी है। इन योजनाओं में विकास से संबंधित अन्य महत्वपूर्ण मुद्दों के साथ-साथ सर्वाधिक महत्वपूर्ण व आवश्यक मुद्दे महिला विकास के विषय में भी अप्रत्यक्ष व प्रत्यक्ष रूप से अनेक कार्यक्रम बनाए गए। योजना अवधि के दौरान महिला विकास की गतिविधियों के इतिहास को इस प्रकार समझा जा सकता है

प्रथम पंचवर्षीय योजना

प्रथम पंचवर्षीय योजना (1951-56) में केन्द्रीय समाज कल्याण बोर्ड की स्थापना द्वारा महिलाओं की समस्याओं के निदान हेतु कल्याणमूलक विचारधारा पर ध्यान केन्द्रित किया गया। इस बोर्ड ने सामुदायिक विकास के विभिन्न संचालित कार्यक्रमों में महिलाओं के संगठन पर विशेष बल दिया। वास्तव में ग्रामीण जनसंख्या से संबंधित होकर कार्य करते हुए सामुदायिक विकास के कार्यकर्ता एक 'कैटेलिस्ट' की भूमिका निभा रहे थे। हरसंभव प्रयासों द्वारा उनका लक्ष्य ग्रामीण महिलाओं तक पहुँचना था। केन्द्रीय समाज कल्याण बोर्ड ने ग्रामीण स्वैच्छिक संगठनों में अनेक परिवार व बाल विकास योजनाएँ प्रारम्भ की तथा स्टेट सोशल वेलफेयर एडवाइजरी बोर्ड की स्थापना की।

द्वितीय पंचवर्षीय योजना

द्वितीय पंचवर्षीय योजना (1956-61) में अधिक दबाव कृषि विकास पर था। इसी समय यह अवधारणा सामने आई कि महिलाओं को श्रम की दृष्टि से अत्यंत कठोर कार्यों के विरुद्ध संरक्षण देना चाहिए और उसे कठिनाइयों का समाधान करने हेतु मातृत्व लाभ तथा शिशुपालन केन्द्र आदि की व्यवस्था की जानी चाहिए। उपरोक्त सभी के द्वारा श्रमिक के रूप में महिलाओं की महत्ता पर विशेष रूप से ध्यान आकर्षित किया गया। समान कार्य हेतु महिलाओं व पुरुषों को समान वेतन का सिद्धान्तक तथा उच्च श्रेणी के कार्यों हेतु पुरुष से प्रतिस्पर्धा करने के लिए महिलाओं के प्रशिक्षण की व्यवस्था को भी इसमें स्वीकारा गया।

तृतीय पंचवर्षीय योजना

तृतीय पंचवर्षीय योजना (1961-66) में एक प्रमुख कल्याण मापक के रूप में महिलाओं की शिक्षा को अति आवश्यक माना गया तथा उनके स्वास्थ्य संबंधी कार्यक्रमों में मातृ एवं शिशु कल्याण से संबंधित सेवाओं, स्वास्थ्य शिक्षा, पोषण तथा परिवार नियोजन पर अत्यधिक ध्यान केन्द्रित किया गया।

चतुर्थ पंचवर्षीय योजना

चतुर्थ पंचवर्षीय योजना (1969-74) में भी महिलाओं की शिक्षा पर विशेष जोर दिया गया और पारिवारिक कल्याण (पारिवारिक अत्याचारों से मुक्ति पाने के रूप में) पर ध्यान केन्द्रित किया गया। पहली बार योजना निर्माताओं ने पूर्व विद्यालयीय बालकों का रोगमुक्तीकरण तथा बच्चों के लिए भोजन जैसे मुद्दों की महत्ता को स्वीकार किया।

पंचम पंचवर्षीय योजना

पाँचवीं पंचवर्षीय योजना (1974-79) में महिलाओं की आय व उनके संरक्षण को त्वरित गति से बढ़ाने हेतु महिलाओं के प्रशिक्षण पर विशेष एवं अधिकतम बल दिया गया। महिलाओं के लिए कार्यात्मक साक्षरता के कार्यक्रम की सिफारिश की गई जिसमें बाल सुरक्षा, पोषण, स्वास्थ्य सुरक्षा तथा गृह अर्थव्यवस्था आदि के कौशलों व ज्ञान से महिलाओं को परिपूर्ण किया जाए। इस योजना की सबसे महत्वपूर्ण विशेषता भारत में महिलाओं की स्थिति की रिपोर्ट संसद में पेश किया जाना तथा अंतर्राष्ट्रीय महिला वर्ष के दशक की घोषणा रही। इन दोनों विकासात्मक घटनाओं ने महिलाओं में विकास के लिए निर्णायक आगत के रूप में कल्याणवाद से विकास की ओर परिवर्तन के रूप में और एक समूह के रूप में जो कि प्रत्येक आर्थिक हस्तान्तरण की प्रक्रिया से प्रभावित होता है, महिलाओं में नई चेतना जागृत की। सी. एस.डब्ल्यू.आई. रिपोर्ट की एक प्रमुख उपलब्धि 1976 की राष्ट्रीय कार्य योजना का सूत्रपात था जिसने महिलाओं हेतु संयुक्त राष्ट्र विश्व कार्य योजना के अनुसार महिलाओं के विकास के लिए रूपरेखा प्रदान की थी। इस कार्य योजना ने भारत में महिलाओं की दशा को सुधारने के लिए स्वास्थ्य व परिवार नियोजन, शिक्षा, पोषण, रोजगार, व्यवस्थापन व समाज कल्याण मंत्रालय के अन्तर्गत महिला कल्याण व विकास ब्यूरो की स्थापना, नीतियों, कार्यक्रमों और महिलाओं के विकास के लिए

प्रारंभिक माप के सह-संयोजक के रूप में की है। इस ब्यूरो का उत्तरदायित्व आवश्यक नीतियों और मापों, आँकड़ों के एकत्रीकरण, महिला-कल्याण कार्यक्रमों का नियमन तथा नेतृत्व, सी.एस.डब्ल्यू.बी.की सिफारिशों के अनुकरण, वित्तीय व भौतिक उद्देश्य हेतु कार्य करना, संयुक्त राष्ट्र संस्थानों के साथ सरकारी मंत्रालयों के बहुउद्देशीय कार्यक्रमों का संयोजन व संबंध स्थापित करने का है।

छठी पंचवर्षीय योजना

1977-78 में छठी पंचवर्षीय योजना के लिए अभ्यास के रूप में सरकार ने महिलाओं के रोजगार के आधार पर कार्य समूहों की नियुक्ति की। इस प्रयास के अंश के रूप में कृषि व ग्रामीण विकास में महिलाओं की भागीदारी तथा ग्राम स्तरीय संगठनों पर दो आलोचनात्मक रिपोर्ट तैयार की गई थीं। यह योजना निस्सन्देह ही 1975 की सी.एस.डब्ल्यू.आई. (CSWI) रिपोर्ट द्वारा प्रभावित थी। इसमें पहली बार ही महिलाओं के लिए कल्याण के स्थान पर विकास के रूप में परिवर्तन देखा गया। इस योजना ने युग द्वारा प्रभावित होकर सामाजिक न्याय की अवधाराणाओं के अग्रदूत का कार्य किया। इसी योजना में महिलाओं के विकास को अवरुद्ध करने वाले निर्णायक तत्व के रूप में महिलाओं तक साधन न पहुँच पाने की कमी का अनुभव किया गया तथा पुरुषों व महिलाओं को सम्मिलित रूप से पट्टा आदि के दिलाने के कार्यक्रम का प्रारम्भ किया गया। योजना में येन-केन प्रकारेण महिलाओं की समस्याओं का उल्लेख किया गया व विकास संरचना के सुझाव दिये गये। महिला की अपेक्षा परिवार को विकास कार्यक्रमों की आधारभूत इकाई माना गया।

सातवीं पंचवर्षीय योजना

सातवीं पंचवर्षीय योजना में महिलाओं से संबंधित कार्य हेतु अनेक मार्ग खोलने की आवश्यकता पर विशेष बल दिया गया। उनके अधिकारों तथा विशेष अधिकारों के बारे में चेतना जागृत करने पर प्रकाश डाला गया तथा उन्हें देश के विकास के लिए एक निर्णायक स्रोत के रूप में जानकर राष्ट्रीय अर्थव्यवस्था की मुख्य प्रवाह में उनके संगठन व एकता को लक्ष्य बनाया गया। इस योजना की दूसरी मुख्य विशेषता महिलाओं को निर्णायक साधनों तथा उत्पादक स्रोतों के रूप में मान्यता देना था। यद्यपि सातवीं पंचवर्षीय योजना में सकल राष्ट्रीय उत्पादन के भाग के रूप में महिलाओं के योगदान के रूप में उनके कार्यों की गणना नहीं

की गई, किन्तु इस दृष्टि से अदृश्य क्षेत्रों का भी मानवीकरण एक महत्वपूर्ण शुरुआत थी। इस योजना में महिलाओं के उत्पादक प्रयत्नों की अनुशंसा की गई तथा उनके लिए अन्य समर्थित सेवाओं के साथ माता व बच्चों की देखभाल से संबंधित सुविधाएँ प्रदान की गईं।

महिलाओं के विकास में सरकारी प्रयत्न

योजना आयोग द्वारा महिलाओं के विकास हेतु तीन क्षेत्र निर्धारित किए गए हैं (1) शिक्षा (2) स्वास्थ्य और (3) कल्याण। इन क्षेत्रों के लिए विशेष रूप से तैयार किए गए कार्यक्रमों में चौथी योजना के अन्त तक सभी विषयों पर प्राथमिकताएँ सभी योजनाओं में समान रही हैं। सभी योजनाओं में महिलाओं की शिक्षा पर निरन्तर बल दिया जाता रहा है। महिलाओं के लिए अन्य कार्यक्रमों में प्रसूति और शिशु कल्याण सेवाएँ, स्वास्थ्य, पोषाहार और परिवार नियोजन पर विशेष ध्यान दिया जाता रहा। समाज कल्याण का जहाँ तक सम्बन्ध है, स्वैच्छिक क्षेत्र ने अधिकांश कार्यक्रमों का संचालन किया। सरकारी प्रयत्न तो संस्थागत सेवाएँ उपलब्ध करने तक ही सीमित रहे। दूसरी योजना में महिला कामगारों की समस्याओं पर विशेष ध्यान देने की आवश्यकता पर बल दिया गा क्योंकि उनके सामने कुछ बाधाएँ थीं जैसे समान वेतन न दिया जाना, वे उच्च पदों के लिए प्रतियोगिता में भाग ले सकें इसके लिए पर्याप्त प्रशिक्षिण सुविधाओं का अभाव, अंशकालिक रोजगार अवसरों की कमी आदि पाँचवीं पंचवर्षीय योजना के प्रारूप में निम्न आय वाले परिवारों की जरूरतमंद महिलाओं के प्रशिक्षण को 15 से 45 वर्ष के आयु वर्ग के लिए प्रयोजनमूलक साक्षरता को जिसमें बच्चों की देखभाल, पोषाहार, स्वास्थ्य की देखभाल तथा गृह अर्थव्यवस्था आते हैं शिक्षा के संक्षिप्त पाठ्यक्रम की तत्कालीन योजना के अन्तर्गत सफल उम्मीदवारों को काम दिलाने और अनुवर्ती कार्यवाही को तथा सामाजिक-आर्थिक कार्यक्रमों को प्राथमिकता दी गई। उत्पादन एवं प्रशिक्षण एकाकों के अलावा सामान की ब्रिकी को प्रोत्साहित करने के लिए प्रबंध और बिक्री से संबंधित प्रशिक्षण को भी आरम्भ करने की योजना थी। परिवार नियोजन, प्रसूति और बाल देखभाल कार्यक्रमों को एकीकृत करना प्रथम उद्देश्य रखा गया।

छठी व सातवीं पंचवर्षीय योजनाओं में महिला कल्याण व विकास से संबंधित पृथक् अध्यायों का समावेश किया गया। इन योजनाओं में महिलाओं हेतु स्वरोजगार प्रशिक्षण कार्यक्रमों पर अधिक जोर दिया गया। उन्हें उत्पादन की प्रमुख व निर्णायक इकाई माना गया। सर्वप्रथम महिलाओं से संबंधित समस्याओं का उल्लेख व उनके

समाधानों पर विचार करने का प्रयास किया गया। महिलाओं के स्वास्थ्य, शिक्षा तथा बाल कल्याण कार्यक्रमों पर ध्यानाकर्षित किया गया।

महिला कल्याण एवं विकास कार्यक्रम मोटे तौर पर महिला कल्याण और विकास कार्यक्रमों को इस प्रकार वर्गीकृत किया जा सकता है :

1. महिलाओं में विशेष वर्गों के लिए कार्यक्रम जैसे विधवाओं, वृद्धाओं और निराश्रित महिलाओं को सहायता देना, शहरी क्षेत्रों में नौकरी करने वाली महिलाओं के लिए सामूहिक आवास खोलना, अनुसूचित जातियों और अनुसूचित जनजातियों की लड़कियों को छात्रवृत्तियाँ देना तथा आश्रम, स्कूलों में निःशुल्क आवासीय स्कूली शिक्षा का प्रबंध करना।
2. सांविधिक दायित्व के अन्तर्गत जैसे अनैतिक व्यापार उन्मूलन अधिनियम, 1956 या प्रसूति हित लाभ अधिनियम, 1961।
3. अनिवार्य सेवाएँ और अवसर सुलभ कराने वाले विकास कार्यक्रम जैसे शिक्षा, स्वास्थ्य, प्रसूति और बाल कल्याण कार्यक्रम कार्यक्रम, परिवार नियोजन, पोषाहार तथा प्रशिक्षण।

चूँकि उपनिवेशीय शासन काल में प्रशासनिक प्रणाली को इन कार्यों को करने के लिए नहीं ढाला गया था ओर अधिकांश कल्याण सेवाएँ स्वैच्छिक संगठनों के हाथों में थीं, अतः महिलाओं, बच्चों और अन्य पर दलित वर्गों की कल्याण और विकास सेवाओं को बढ़ाने के लिए 1953 में एक केन्द्रीय सरकारी अभिकरण स्थापित किया गया। केन्द्रीय समाज कल्याण बोर्ड (CSWB) स्वैच्छिक अभिकरणों को सहायता देता है, कल्याण कार्यक्रमों में सुधार और उनका विकास करता है तथा जिन क्षेत्रों में स्वैच्छिक अभिकरण कार्य नहीं कर रहे हैं वहाँ उनको शुरू करता है। इन्हीं उद्देश्यों को ध्यान में रखकर राज्य समाज कल्याण (सलाहकार) बोर्डों की भी स्थापना की गई।

महिलाओं के कल्याण और विकास कार्यक्रमों के आयोजन और प्रशासन के लिए तीन स्तरीय संरचना मिलती हैं। ये हैं केन्द्रीय अभिकरण, राज्य अभिकरण और स्थानीय अभिकरण। परन्तु इन कार्यक्रमों को कार्यान्वित करने की मुख्य अभिकरण हैं योजना आयोग, शिक्षा और समाज कल्याण मंत्रालय। समाज कल्याण मंत्रालय में दो विशेष अभिकरण हैं केन्द्रीय समाज कल्याण बोर्ड तथा राष्ट्रीय महिला शिक्षा परिषद् स्वास्थ्य और परिवार नियोजन मंत्रालय और श्रम व रोजगार मंत्रालय। राज्य स्तर पर एक समान पद्धति प्रचलित नहीं है, अतः महिला कार्यक्रमों की देख-रेख अनेक विभागों द्वारा की जाती है।

उपर्युक्त वर्णित तथ्यों का अध्ययन करने के बाद यह स्पष्ट रूप से कहा जा सकता है कि स्वतंत्रता के पश्चात् भारत सरकार ने विभिन्न पंचवर्षीय योजनाओं में महिला कल्याण एवं विकास पर विशेष रूप से ध्यान देना शुरू किया है। तथा योजना आयोग ने महिलाओं के विकास हेतु शिक्षा, स्वास्थ्य तथा कल्याण कार्यक्रमों का निर्धारण किया।

12

महिला विकास हेतु राजकीय कार्यक्रम

भारत एक पुरुष प्रधान देश है। इस देश में महिलाओं की अपेक्षा पुरुषों को अत्यधिक महत्व दिया जाता है। हालाँकि स्वतंत्रता के उपरांत भारत के प्रथम प्रधान मंत्री प. जवाहर लाल नेहरू ने पंचवर्षीय योजनाओं को लागू करते समय यह स्पष्ट रूप से कहा था कि भारतीय वर्तमान समाज भले ही पुरुष प्रधान व पुरुष निर्मित विधानों द्वारा संचालित हो किन्तु इस देश का भविष्य पुरुषों की अपेक्षा महिलाओं पर अधिक आधारित होगा। इसी कथन को दृष्टिगत रखते हुए महिलाओं के विकास व उत्थान हेतु प्रत्येक पंचवर्षीय योजना के अन्तर्गत तथा समय-समय पर कुछ विशिष्ट योजनाओं के तहत विभिन्न मंत्रालयों द्वारा प्रत्यक्षतः अथवा अप्रत्यक्षतः महिलाओं पर आधारित कार्यक्रम चलाये गये। नियोजन काल से पूर्व दशकों की अपेक्षा पंचम पंचवर्षीय योजना के समय से महिला विकास पर अत्यधिक बल दिया गया तथा छठी पंचवर्षीय योजना में योजना के प्रारूप में पृथक् अध्याय के रूप में महिला व बाल विकास अध्याय जोड़ा गया जबकि इससे पूर्व इसे समाज कल्याण के तहत ही रखा जाता था। महिला व बाल विकास को देश के विकास में पूर्व की अपेक्षा प्राथमिकता देते हुए इस उद्देश्य हेतु स्वतंत्र मंत्रालय की स्थापना भी की गई जिसका कार्यभार स्वतंत्र मंत्री को सौंपा जाने लगा।

वर्तमान में भारत सरकार ने महिलाओं हेतु 27 योजनाएँ प्रारम्भ कर रखी हैं। कुछ विशेष रूप से केवल महिलाओं के लिए हैं तो कुछ अन्य महिला व पुरुष दोनों पर आधारित हैं। इन योजनाओं का संचालन भारत सरकार के विभिन्न मंत्रालयों व विभागों द्वारा किया गया है, जैसे ग्रामीण विकास मंत्रालय, श्रम मंत्रालय, शिक्षा मंत्रालय, स्वास्थ्य मंत्रालय, विज्ञान व प्रौद्योगिकी मंत्रालय, कल्याण मंत्रालय, महिला व बाल विकास मंत्रालय इत्यादि। सातवीं पंचवर्षीय योजना के अन्तर्गत महिलाओं पर आधारित विशिष्ट योजनाओं पर होने वाला व्यय कुल व्यव का 2.4 प्रतिशत है जबकि सामान्य योजनाओं में लिंग के आधार पर अलग से अनुमान उपलब्ध नहीं है।

इन योजनाओं में प्रमुख रूप से चार कार्यक्रमों पर अत्यधिक बल दिया गया जिनका विस्तृत विवेचन इस प्रकार है

सोशल इन्पुट्स एरिया डेवेलपमेंट सोशल इन्पुट्स इन एरिया डेवेलपमेंट का कार्यक्रम गतिविधियों हेतु एक योजना है जो महिलाओं व बच्चों को लाभान्वित करेगी। कार्यक्रम के उद्देश्य जो SIAD हेतु यूनीसेफ की मास्टर प्लान ऑपरेशन में उल्लिखित हैं, इस प्रकार हैं

1. पारस्परिक समर्थित सेवाओं के विकास में वृद्धि करना।
2. महिलाओं की सामाजिकता व आर्थिक कुशलताओं का विस्तार करना।
3. महिलाओं व बच्चों के जीवन की गुणवत्ता में वृद्धि करना।
4. SIAD कार्यक्रम का उपागम यह मानता है कि उपरोक्त उद्देश्यों को प्राप्त करने के क्रम में गतिविधियों में क्षेत्रीय विशिष्टता प्राप्त होगी। क्षेत्र की शक्ति व सीमाएँ कार्य योजना का आधार निर्मित करेंगी।
5. महिलाओं हेतु निर्मित योजनाओं में इनकी सहभागिता हेतु उनकी क्षमता बनाना।
6. विद्यमान सामाजिक व आर्थिक सेवाओं तक पहुँच में सुधार करना।

सियाड कार्य योजना सियाड समर्थित गतिविधियों हेतु एक योजना के रूप में है जिससे क्षेत्र की महिलाओं व बच्चों को विशेष लाभ प्राप्त होंगे। इसे एक विस्तृत ब्लॉक योजना के रूप में नहीं, बल्कि क्षेत्रीय विकास कार्यों के समर्थन के रूप में देखा गया है, जिन्हें अनेक सरकारी कार्यक्रमों के तहत आधारभूत न्यूनतम आवश्यकताएँ प्रदान

करने, रोजगार के सृजन तथा वैभिन्यकरण तथा आय सृजन के कार्यों हेतु अपने अधीन लिया है।

इस विचार से प्रस्तावित कार्य योजना में महिलाओं हेतु एक प्रशिक्षण कार्यक्रम के माध्यम से मानवीय संसाधन विकास पर विशिष्ट ध्यान दिया जाता है, जिसमें प्रशिक्षणार्थियों को न्यूनतम साक्षरता तथा शिक्षा बेहतर जीवनयापन हेतु प्रदान की जाएगी। इस प्रकार का प्रशिक्षण उन्हें स्वयं के प्रशिक्षण के आधार पर सरकार द्वारा संचालित व उसके अधीन उत्तरदायित्वों तथा महिलाओं व बच्चों हेतु स्वैच्छिक संस्था के कार्यक्रमों हेतु आवश्यक न्यूनतम दक्षताओं के रूप में अधिकांश महिलाओं को स्वयं प्रशिक्षित करने योग्य बनाएगा। मानव संसाधन हेतु प्रशिक्षण निम्नलिखित क्षेत्रों में कार्यक्रमों के साथ समन्वित होगा

1. मानव निर्णयों में एक वाजिब दूरी के साथ मानव तथा पशुओं हेतु पर्याप्त जल आपूर्ति का प्रावधान।
2. घरेलू आवश्यकताओं हेतु ईंधन तथा पशुओं के जीवन हेतु पर्याप्त चारा प्रदान करने के लिए पारिस्थितिकी का सृजन।
3. रोजगार तथा आय सृजनकारी अवसरों में वृद्धि।
4. औपचारिक विद्यालय प्रणाली में महिलाओं के पंजीकरण की दर तथा महिला शिक्षा में वृद्धि करने हेतु कदम।
5. एकीकृत प्राथमिक स्वास्थ्य सुरक्षा सेवाओं का प्रावधान।

कार्य योजना

कार्य योजना में निम्नलिखित बिन्दु सम्मिलित हैं

1. अनौपचारिक रात्रि विद्यालयों हेतु एक कार्यक्रम विशेष रूप से उन बच्चों के लिए जो दिन में पशु चराते हैं।
2. एकीकृत प्राथमिक स्वास्थ्य सुरक्षा सेवाओं में निम्नलिखित बिन्दुओं का समावेश है :
   (i) प्राथमिक स्वास्थ्य केन्द्रों में अतिरिक्त चिकित्सा अधिकारियों तथा एक चल स्वास्थ्य वाहन का प्रावधान।
   (ii) प्राथमिक स्वास्थ्य सुरक्षा तथा महिला स्वास्थ्य निर्देशकों का प्रशिक्षण।
3. जल आपूर्ति द्वारा एक नियोजित कार्यक्रम में निम्नलिखित बातें सम्मिलित हैं

(i) परम्परागत जल निकायों का सुधार व संभाल करना।
(ii) विद्यालयों हेतु 'टोकज' समुदाय की संरचना तथा अनुसूचित जाति व अनुसूचित जनजाति हेतु निर्णय।
(iii) विद्यालयों की जल आपूर्ति 'पाइपलाइंस' में वृद्धि।

4. एक सामाजिक वानिकी कार्यक्रम।
5. चेतना विकास शिविर।
6. महिला प्रेरकों हेतु एक प्रशिक्षण कार्यक्रम।
7. विद्यालयों में महिला पंजीकरण में वृद्धि के कदम।
   (i) प्राथमिक विद्यालयों में महिला सहायकों की नियुक्ति के रूप में।
   (ii) एक ऊँट गाड़ी सेवा का परिचय।
8. आर्थिक गतिविधि क्षेत्र में प्राथमिकताएँ।

महिला प्रेरकों के प्रशिक्षण हेतु कार्य योजना प्रस्तावित SIAD कार्य योजना का मुख्य बल पंचम कक्षा के पाठ्यक्रम के समान कार्यात्मक साक्षरता व अंक ज्ञान में महिलाओं हेतु एक प्रशिक्षण कार्यक्रम पर है, ताकि स्थानीय समुदाय में से गत्यात्मक महिला प्रेरकों (महिला विकास सचेतक MVS) की एक श्रेणी बन सके।

यह योजना इस सिफारिश पर आधारित है कि महिलाओं हेतु विकास कार्यक्रम चलाने के लिए महिला कार्यकर्ताओं की कमी योजना क्षेत्र में सबसे महत्वपूर्ण बाधा है इसलिए इससे प्रशिक्षित महिलाएँ पहले से विद्यमान कुछ कार्यक्रमों में सम्मिलित होकर उत्तरदायित्व वहन करने की स्थिति में होंगी। उदाहरणार्थ वे एक बालवाड़ी या प्रौढ़ शिक्षा केन्द्र चला सकती हैं या ग्राम स्वास्थ्य कार्यकर्ता हो सकती हैं या खादी विकास केन्द्र चला सकती हैं या गृहस्थों के एक समूह से एक कृषि वानिकी कार्यक्रम का संगठन कर सकती हैं।

इस कार्य योजना के तीन पहलू होंगे

1. 4 से 6 सप्ताहों की अवधि की पूर्व प्राथमिक अवस्था।
2. 6 माह
3. 2 से 5 वर्षों हेतु।

महिला साक्षरता तथा विद्यालय पंजीकरण

विद्यालयों हेतु स्थानीय समुदाय को प्राथमिकता जहाँ अधिक आसानी से प्रवेश लिया जा सकता है तथा जहाँ लगभग एक महिला कार्यकर्ता अध्यापिका को एक

सांस्कृतिक आवश्यकता समझा जाता है। यदि एक आवश्यकता वास्तव में अनुभव की जाती है तो निःसन्देह महिला साक्षरता में सुधार होगा।

बालकों हेतु अनौपचारिक शिक्षा संस्थान

प्रायः देखा गया है कि विद्यालय सुविधा जिसमें दिन के घंटों में उपस्थिति माँगी जाती है बच्चों के उस विशाल समूह के लिए उपलब्ध कराना अत्यंत कठिन है जो अपने परिवार के लिए आर्थिक क्रियाओं के संपादन में सहयोग प्रदान करते हैं। विद्यमान विद्यालयों की दूसरी कमी उनके पाठ्यक्रम का ग्रामीण जीवन से संबंध न होना है। इन दोषों का निवारण उन वैकल्पिक शिक्षण केन्द्रों की स्थापना के रूप में हो सकता है जो रात्रि के समय चलाये जाते हैं। इन विद्यालयों हेतु अध्यापकों का चुनाव भी गाँव में रहने वाले उन लोगों में से ही होगा जो सातवीं कक्षा के स्तर तक साक्षरता व आंकिक ज्ञान रखते हैं। किन्तु इस तरह की गतिविधियों में सम्मिलित होने के ज्ञान को उनकी आवश्यक योग्यता माना जाएगा। रात्रि विद्यालय के अध्यापकों हेतु प्रशिक्षण कार्यक्रम को दो अवस्थाओं में चित्रित किया गया है। प्रथम अवस्था में औपचारिक शिक्षा की विधि तथा धारणा के उन्मुखीकरण की आवश्यकता होगी। दूसरी अवस्था में एक समय में 25 अध्यापिकाओं को प्रत्येक माह कार्यशालाओं में गहन शिक्षा की आवश्यकता है।

प्राथमिक स्वास्थ्य-सुरक्षा

प्राथमिक स्वास्थ्य सुरक्षा को जन-स्वास्थ्य की ओर चालित प्रथम तत्व के रूप में प्राथमिकता दी गई है। प्राथमिक स्वास्थ्य सुरक्षा में निम्नलिखित तथ्य समाविष्ट होते हैं

1. स्वास्थ्य शिक्षा : यह प्रकरण स्वास्थ्य कार्यकर्ताओं के प्रशिक्षण में उतनी ही सावधानी रखेगा, जितनी कि पहले प्रस्तावित महिला विकास सचेतकों के प्रशिक्षण में।
2. मानव निर्णयों से एक वाजिब अंतर के साथ उपचारात्मक स्वास्थ्य सेवाओं का प्रावधान।
3. महिला स्वास्थ्य कार्यकर्ताओं के प्रशिक्षण द्वारा ग्राम-स्तर पर मौलिक स्वास्थ्य सेवाएँ प्रदान करने हेतु एक विकेन्द्रित प्रयत्न।

(1) चल-स्वास्थ्य वाहन जनसंख्या का निम्न घनत्व तथा छिन्न-भिन्न निर्णय के नमूने विशिष्ट विशेषताएँ हैं जो क्षेत्र में स्वास्थ्य सेवाएँ प्रदान करने को उग्र

बनाती हैं। सुगमता की समस्या भौतिक पर्यावरण का एक भाग है तथा इसे केवल स्वास्थ्य कार्यकर्ताओं की गत्यात्मकता को सुनिश्चित करने के विशेष प्रावधान बनाकर ही हल किया जा सकता है।

(2) प्राथमिक स्वास्थ्य सुरक्षा तथा महिला स्वास्थ्य कार्यकर्ताओं को प्रशिक्षण सामाजिक अभिवृत्तियों, मातृत्व व बाल स्वास्थ्य, पोषण तथा परिवार नियोजन जैसे मामलों में महिला द्वारा महिला के संदेश देने के पक्ष में हैं। एक महिला ग्राम स्वास्थ्य कार्यकर्ता (MGSK) इस प्रकार की स्थितियों में स्वास्थ्य शिक्षा प्रदान करके तथा ग्रामीण महिला व राज्य की स्वास्थ्य प्रणाली के मध्य एक सेतु के रूप में सेवा प्रदान कर एक वृहद् भूमिका का निर्वाह कर सकती हैं। लगभग किसी भी महिला को अभी तक पंचायतों द्वारा स्वास्थ्य निर्देशिका योजना के अधीन प्रशिक्षणार्थी के रूप में नामित नहीं किया गया है। महिलाओं की स्वास्थ्य समस्याओं को हल करने के क्रम में महिला स्वास्थ्य कार्यकर्ताओं हेतु एक योजना प्रारम्भ करना आवश्यक है। यह प्राथमिक स्वास्थ्य केन्द्रों पर ग्रामीण स्वास्थ्य निर्देशिकाओं के प्रशिक्षण हेतु वर्तमान योजना को आगे बढ़ाएगी जो इस समय कार्यरत हैं। महिला ग्राम स्वास्थ्य कार्यकर्ता ग्राम स्तर पर SIAD सलाहकार समिति द्वारा नामित की जाएगी। उन महिलाओं को प्राथमिकता दी जानी चाहिए जो पहले ही 'धात्री' के रूप में कार्य कर रही हैं तथा जिन्होंने महिला विकास सचेतकों के रूप में प्रशिक्षण प्राप्त किया है। स्वास्थ्य निर्देशिकाओं के प्रशिक्षण क्षेत्र में कार्य करने पर अधिक जोर दिया जाना चहिए। इसमें छोटी-छोटी बीमारियों के उपचार, प्राथमिक चिकित्सा की व्यवस्था, संक्रामक रोगों की पहचान, रोग-उन्मूलन, मातृत्व व बाल स्वास्थ्य, परिवार नियोजन, स्वास्थ्य शिक्षा, पर्यावरणीय स्वास्थ्य तथा स्थानीय क्षेत्र की विशेषताओं पर आधारित बीमारियों के उपचार आदि सम्मिलित करना चाहिए। इस प्रशिक्षण में धात्रियों के प्रशिक्षण की व्यवस्था भी संयुक्त रूप से होनी चाहिए।

जल आपूर्ति

वर्षा के जल को एकत्र करने की परम्परागत संस्थाओं में नदियाँ, गाँवों के तालाब तथा टैंक आदि सम्मिलित हैं। परम्परागत किन्तु उपलब्ध जल स्रोतों तथा पूरक रूप में विद्यमान जल-पूर्ति व्यस्थाओं को दृढ़ करने के रूप में इसके अन्तर्गत नियोजित कार्यक्रम का सुझाव है

1. अनूसूचित जाति व अनुसूचित जनजाति (SC/ST) के विद्यालयों हेतु समुदाय-टैंकों का निर्माण, तथा
2. पाइपलाइंस का विद्यालयों तक विस्तार।

पीने के पानी की एक सुविधाजनक स्थान पर उपलब्धि समाज के दो वर्गों (1) अनुसूचित जाति तथा (2) विद्यालयों में बच्चों हेतु क्रान्तिक (निर्णायक) है।

3. कच्ची नदियों को पक्की नदियों में परिवर्तित करना।
4. नदियों की सफाई तथा प्रभावित क्षेत्रों से सम्बद्ध कार्य।

सामाजिक वानिकी

पर्यावरण की महत्ता, चरागाह, सूखे व रेगिस्तानी इलाकों के विकास पर बल देने की अत्यंत आवश्यकता है।

यह प्रस्तावित है कि दो ब्लॉक में चार नर्सरी, व्यक्तिगत स्वामित्व के खेतों तक पर्यावरण कार्यक्रम उसी प्रकार फैलाने के विशिष्ट उद्देश्य के साथ विकसित किए जाएँ, जिस प्रकार कि सार्वजनिक सम्पत्ति स्रोतों के विकास हेतु इस कार्य में पंचायत समिति तथा स्वैच्छिक संगठनों सहित गैर सरकारी स्थानीय संस्थाओं की सम्मिलित किया गया है।

सामाजिक वानिकी हेतु योजना के अन्तर्गत निम्नलिखित चरण सम्मिलित हैं

1. नर्सरी का विकास।
2. स्थानीय सम्पर्क व संचार के माध्यम से, प्रशिक्षण हेतु प्रत्येक ब्लॉक में से 100 किसानों का चयन।
3. उचित वृक्षों की पहचान तथा वृद्धि हेतु जनक पौधों का चयन।
4. कार्यान्वयन हेतु संस्था का चयन।
5. भूमि का आवंटन
6. जल व विद्युत की उपलब्धि की निश्चितता।
7. किसानों के प्रशिक्षण (विशेषकर महिलाओं का) क्षेत्र में सफल पर्यावरण हेतु इसमें भ्रमण भी सम्मिलित होगा।

यह कार्यक्रम DRDA तथा वन विभाग द्वारा कार्यान्वित किया जा सकेगा।

विशिष्ट आर्थिक कार्यविधियाँ

आर्थिक गतिविधि के क्षेत्र में पशुपालन, कताई तथा स्थानीय उद्योगों का विकास महत्वपूर्ण है। SIAD में इन क्षेत्रों हेतु विशिष्ट कार्य बिन्दु, पशुपालन विभाग, उद्योग तथा कृषि संबंधी विभागों में विस्तृत कार्यक्रमों की भाँति प्रस्तावित नहीं किये

गये हैं। यदि DWCRA कार्यक्रम को SIAD के साथ प्रारम्भ किया जाता तो SIAD के साथ इन सभी कार्यक्रमों को भी सम्मिलित किया जा सकता। DWCRA की भाँति किसी कार्यक्रम में विशिष्ट आर्थिक कार्यविधियाँ इस प्रकार हो सकती हैं

1. दाल से बने उत्पादों का निर्माण जैसे पापड़ तथा सेव।
2. सिरका, आचार, मुरब्बा निर्माण तथा मसाला की प्रक्रिया।
3. प्रशिक्षण के SIAD कार्यक्रम में इनमें से कुछ गतिविधियों को सम्मिलित किया जाना चाहिए ताकि आर्थिक क्रियाओं के लिए उन क्षेत्रों में महिलाओं के समूह बनाये जा सकें जहाँ खादी बोर्ड केन्द्र पहले ही कार्य कर रहे हैं।
4. प्रदर्शन तथा प्रशिक्षण द्वारा नये ऊनी उत्पादन का निर्माण तथा उनकी प्रक्रिया।
5. पॉलीथीन के बैग तथा नमक हेतु लाइनदार पॉलिथीन के गनी बैग।
6. स्थानीय उत्पादों जैसे खैर, संगरी आदि की अधिक बाजारीय प्रतिफलों हेतु पैकिंग।
7. नये उत्पादन निर्माण हेतु चमड़े पर कढ़ाई।

सामान्य क्षेत्र तथा महिला विकास समिति के क्षेत्र विशेष में विशेषकर आर्थिक गतिविधियों को प्रोत्साहित करने हेतु एक लोचपूर्ण कोष का प्रस्ताव किया गया है।

सघन चेतना-विकास शिविर

ग्रामीण क्षेत्रों में शिविर स्थानीय समुदाय के साथ संचार के साधन प्रदान करते हैं तथा ऐसा प्रारूप तैयार करते हैं कि समस्याओं का समाधान तुरन्त ही किया जा सके।

एक पंचायत समिति प्रतिवर्ष दो शिविरों का आयोजन कर सकती है। जिला प्रौढ शिक्षा संघ द्वारा 10,000 रु. प्रति शिविर (ट्रांसपोर्ट) यातायात हेतु, स्रोत-व्यक्ति (Resource Persons) के आतिथ्य हेतु तथा विशेष आगत प्रदान करने हेतु श्रम-गतिशीलता संबंधी मीटिंग पर व्यय करने का प्रावधान है।

निष्कर्ष रूप में यह कहा जा सकता है कि भारत सरकार ने महिला विकास के लिए जिन कार्यक्रमों को चलाया है, वह काफी हद तक सफल रही हैं। शिक्षा के क्षेत्र में इन्हें प्रोत्साहन भी दिया गया।

13

ग्रामीण क्षेत्रों में महिलाओं व बच्चों के विकास का कार्यक्रम 'द्वाकरा'

भारत की शहरी क्षेत्र की महिलाओं की अपेक्षा ग्रामीण अंचलों की महिलाओं की स्थिति काफी दयनीय है। ग्रामीण अंचलों में महिलाओं एवं शिशु के विकास के लिए विभिन्न कार्यक्रम चलाये गये परंतु इन कार्यक्रमों को विभिन्न प्रकार की समस्याओं एवं चुनौतियों का सामना करना पड़ा। विकास कार्यक्रमों की चुनौतियों में से एक चुनौती यह सुनिश्चित करना भी है कि इस प्रकार के कार्यक्रमों का लाभ उन समूहों वर्गों तक पहुँचे जिनके लिए ये बनाए गए हैं। महिलाएँ विकास की व्यूह रचना का एक उपेक्षित घटक हैं। विकास के उपागमों में इस उपेक्षा को दूर करने का प्रयास किया जाता है। द्वाकरा कार्यक्रम भी इस प्रकार के प्रयत्न का एक उदाहरण है। द्वाकरा कार्यक्रम राजस्थान में 1983 में प्रारम्भ किया गया। पहले कदम के रूप में जनवरी 1983 में जयपुर में एक कार्यशाला का आयोजन किया गया जिसमें कार्यक्रम का परिचय दिया गया तथा संबंधित वाद विवाद हुआ। भाग लेने वालों में यूनीसेफ के क्षेत्रीय कार्यालय के वरिष्ठ प्रतिनिधियों, राजस्थान व राजस्थान के बाहर से आए स्वैच्छिक समूहों तथा केन्द्रीय व राज्य सरकार के अधिकारीगण सम्मिलित थे। कार्यशाला का आयोजन राज्य सरकार द्वारा राजस्थान के चार जिलों में योजना प्रारम्भ करने के निर्णय के पश्चात् किया गया था।

कार्यक्रम के उद्देश्यों को यूनीसेफ द्वारा भारत सरकार द्वारा उनकी रूपरेखा में तथा राजस्थान सरकार द्वारा उनके कार्यान्वयन संबंधी रणनीति के रूप में स्पष्ट किया गया जो प्रत्येक स्तर पर समझ में अंतर को प्रदर्शित करता है। अभिगम में प्रत्येक सफल अवस्था पर परिवर्तन किया गया और एक परिणाम के रूप में इच्छित प्रभाव नहीं हो सका। ड्वाकरा कार्यक्रम में यूनीसेफ अभिगम में कहा गया "जबकि महिलाओं को श्रमशक्ति के स्रोत में भागीदारों के लिए उत्साहित किया गया है, माताओं के रूप में उनकी भूमिका को नजर-अंदाज नहीं किया जा सकता और चूँकि दोनों भूमिकाएँ असंगतिपूर्ण नहीं हैं, हमें महिलाओं से संबंधित हमारी गतिविधियों में संतुलन बनाए रखने का प्रयत्न करना चाहिए अतः किसी एक पर दूसरे के व्यय की अपेक्षा अधिक महत्व नहीं देना चाहिए, इसके अतिरिक्त ड्वाकरा की इस मान्यता को व्यक्त किया गया है कि महिलाओं को इन उद्देश्यों के क्रम में छोटे समूहों को संगठित किया जा सकता हैं

1. उनके दैनिक कार्य बोझ में कमी, तथा
2. नारी प्रतिष्ठा का बेहतर अभिगम तथा कुछ सामाजिक सेवाएँ।
3. ग्रामीण विकास हेतु कार्यक्रम में उनकी भागीदारी में सुधार।
4. उनकी आमदनी में सुधार।
5. व्यावसायिक कौशल की प्राप्ति।

इन उद्देश्यों को आगे वर्णित किया गया था। गृहस्थ या कुटीर स्तर पर समूह गतिविधियों के माध्यम से अर्जन में सुधार आर्थिक स्थिति हेतु कल्पनीय थे। उसी समय नये कौशल की प्राप्ति स्पष्टतया संकल्पित थी तथा ड्वाकरा के मुख्य तत्व के रूप में वर्णित की गई थी। इस हेतु दो भागों में एक प्रशिक्षण कार्यक्रम का प्रस्ताव किया गया। इस प्रशिक्षण कार्यक्रम को आधारभूत प्रशिक्षण कार्यक्रम के रूप में परिभाषित किया है, जिसमें बच्चों के परिवार बेहतर स्वास्थ्य तथा डायरिया नियंत्रण, रोगमुक्तिकरण तथा पोषण हेतु यूनीसेफ द्वारा प्रयोजित जानकारी व सूचना देने पर ध्यान केन्द्रित किया गया। संक्षेप में यह मौलिक रूप से आई.सी.डी.एस. का कार्यक्रम था, किन्तु आई.सी.डी.एस. के समर्थन ढाँचे के बिना ड्वाकरा के माध्यम से कार्यान्वित किया जाना था।

प्रशिक्षण का दूसरा भाग आय सृजन हेतु था। यह प्रशिक्षण आय सृजन को संबंधित आधारभूत सिद्धान्तों के साथ हल करने हेतु प्रस्तावित किया गया था। (उनके स्तर पर अधिक जोर देने को सम्मिलित किया) यह केवल कौशल प्राप्ति हेतु ही नहीं था अपितु मध्यस्थों पर विजय हेतु शक्ति बढ़ाने, अधिक कीमतें प्राप्त

करने तथा छोटी दुकानों या सहकारी संघों को प्रशासित करने के लिए बेहतर कौशल व प्रतिष्ठा की प्राप्ति हेतु भी था। बेहतर मजदूरी प्राप्त करने को भी द्वाकरा के अन्तर्गत संचालित गतिविधियों में एक गतिविधि के रूप में वर्णित किया गया। श्रम मजदूरी श्रेणी हेतु परिचित अनेक क्षेत्रों में से एक, राष्ट्रीय ग्रामीण रोजगार कार्यक्रम (NREP) में महिला की भागीदारी हेतु बाल सुरक्षा सेवाओं का सृजन था। प्रतिष्ठा की प्राप्ति तथा दूसरी सामाजिक सेवा सरकार द्वारा प्रदान करने को कार्यक्रम हेतु अधिक आक्रमणकारी क्षेत्रों के रूप में देखा गया। कार्यशाला में यूनीसेफ, भारत सरकार व राजस्थान सरकार के प्रतिनिधियों द्वारा इस बात पर पुनः जोर दिया गया कि इस योजना को साधारण रूप में एक आय सृजन योजना के रूप में समझने की भूल नहीं करनी चाहिए। यह वक्तव्य दिया गया कि इस कार्यक्रम का उद्देश्य, समूह के जीवन की गुणवत्ता में सुधार हेतु विवेकीकरण है। कार्यशाला के कुछ योगदानकर्ताओं ने प्रबल रूप से इस बात की ओर संकेत किया कि आयसृजन गतिविधियों पर हेतु प्रेरणा प्रदान करना तथा समूह की रुचि को उत्साहित करना न तो आवश्यक है न ही पर्याप्त।

भारत सरकार ने इस योजना को स्वीकृति देते हुए (कार्यशाला रिपोर्ट का परिशिष्ट 3) पत्र में इसकी अन्तर्निहित विशेषताओं को सूचीबद्ध किया है। इस सूची में प्रथम विशेषता है कि द्वाकरा (IRDP) के अन्तर्गत उपयोजना होगी। सूची के अन्तर्गत दूसरी, तीसरी व चौथी विशेषताएँ वित्तीय आयाम तथा कार्यक्रम को अत्यधिक विस्तार प्रदान करती हैं। पाँचवीं विशेषता है क्या नव निर्माण हो। समूह संगठनकर्ताओं की भूमिका समूह सरकारी संस्थाओं व बैंक आदि के मध्य अनुचित संबंधों के रूप में देखी गई। छठी विशेषता स्वैच्छिक संस्थाओं व विकासशील विपणन अन्तर्सम्बन्धों के समावेश से संबंधित है।

पृष्ठभूमि संकेत जो इस पत्र का एक भाग था वर्णित करता है कि TRYSEM के तहत प्रशिक्षण दिया जाएगा। क्षेत्र के चुनाव के बारे में अन्य अनेक विवरणों, कार्यान्वयन संस्थाओं, समूह संगठकों व अधिकार समूह के प्रशिक्षण आदि को भी इस संकेत में सम्मिलित किय गया है। प्रशिक्षण रणनीति का भी एक तत्व है जिसे वर्णित किया जा सकता है। यह समुदाय के सदस्यों के प्रशिक्षण से संबंधित है। सरकारी टिप्पणी में कहा गया है 'समुदाय के सदस्यों' में कौशल निर्माण व चेतना निर्माण में प्रशिक्षण दिया जाएगा। यह TRYSEM के नमूने के आधार पर चेतना जागृत की जा सकती है।

राजस्थान हेतु उपागम परिवर्तनीय है। राजस्थान सरकार के अधिकारियों द्वारा

भागीदारों के समक्ष इस उपागम को बहुत स्पष्ट रखा गया कि ड्वाकरा आई.आर.डी.पी. कार्यक्रम की एक उपयोजना होगी। कार्यक्रम के क्रियान्वयनों द्वारा यह निश्चित किया जाना था कि परिवारों के महिलाओं व बच्चों जिन्हें आई.आर.डी.पी. मापदंड के रूप में निर्धनता रेखा के नीचे माना गया, को प्रेरित, संगठित तथा ड्वाकरा को नवागम के रूप में देखा गया। महिलाओं के लिए संदेश प्रत्यक्षतः निस्सन्देह ड्वाकरा में भी उसी तरह दिया गया। जिस तरह आई.आर.डी.पी. तथा ट्राईसम में।

स्टाफ तथा प्रशासनिक व्यवस्थाएँ

कार्यक्रम की क्रियान्विति हेतु प्रशासनिक व्यवस्थाएँ निम्नलिखित अवस्थाओं में की गईं

1. जनवरी 1983 में जयपुर में राज्य स्तर पर कार्यशाला का आयोजन।
2. IIM अहमदाबाद 1983 में योजना निर्माण में विशेष योजना विभाग से चयनित अधिकारियों का प्रशिक्षण।
3. विशेष योजना विभाग 1983 के अधिकारियों के साथ सहयोग के ड्वाकरा द्वारा योजना की रूपरेखाओं को तैयार करना।
4. जिला स्तर कार्यशालाओं पर योजना रूपरेखाओं का वित्तीयकरण अगस्त और दिसम्बर 1983।
5. केन्द्रीय सरकार द्वारा योजना प्रस्तावों की स्वीकृति। जिलों द्वारा अन्तिम रूप प्रदान किए जाने के पश्चात् उन प्रस्तावों को स्वीकृति हेतु भेजा गया था। केन्द्र की स्वीकृति की प्रक्रिया में अप्रैल 1983 से नवम्बर 1983 तक सात माह लगे।
6. सहायक योजना अधिकारियों की नियुक्ति।
7. महिला श्रमिक जो जिला स्तर पर विभिन्न कार्यक्रमों में कार्य कर रही थी, उन्हें जून 1983 में प्रशिक्षण के लिए बुलाया गया था। इन लोगों में से दिसम्बर 1983 में सहायक योजना अधिकारियों का चुनाव किया गया।
8. योजना क्षेत्रों व समूह भागीदारों के चयन हेतु मापदंड।

पंचायत समितियों के तथा गाँवों के चयन हेतु विस्तृत मानदंड को राज्य स्तरीय व जिलास्तरीय कार्यशालाओं में स्वीकार किया गया।

(क) कार्यक्रम के कार्यान्वयन हेतु महिला कार्यकर्ताओं की उपलब्धता।

(ख) चयनित गाँवों के बारे में पंचायत समिति की स्वीकृति। दूसरा तत्व उनके संपर्क द्वारा निर्देशित था।

(i) उन गाँवों को सम्मिलित करने के लिए जहाँ अन्य कोई कार्यक्रम नहीं चलाया जा रहा था और

(ii) चयनित प्रतिनिधि केन्द्र के निर्वाचन क्षेत्र के प्रति अपने वैयक्तिक दायित्व द्वारा कि उस निर्वाचन क्षेत्र में क्या होना है, गाँवों के चयन में योजना प्राधिकारी निष्पक्ष थे। द्वाकरा की सूचियाँ आई.आर.डी.पी. कार्यक्रम के अन्तर्गत ब्लाक स्तर पर तैयार की गई थीं। महिलाओं के लाभों को इस सूची के माध्यम से चयनित किया गया था।

यह कार्यक्रम निम्नलिखित प्रकार के चार जिलों में वितरित 85 समूहों हेतु स्वीकृत किया गया था

अलवर	25
भीलवाड़ा	25
बांसवाड़ा	15
पाली	20

राज्य सरकार ने केवल 60 समूहों (प्रत्येक जिले में 15 समूह) को ही स्वीकृति प्रदान की। इस प्रकार 1983 के पूरे वर्ष तथा 1984 के अधिकांश समय का उपयोग योजना निर्माण व प्रशिक्षण के लिए प्रारम्भिक अवस्था में ही लिया गया। 1983-84 में 60 समूहों के लिए 2.70 लाख रु. का केन्द्रीय योगदान DRDAS के लिए किया गया। यूनीसेफ का योगदान 3 लाख रु. भी वितरित किया गया। राज्य सरकार का योगदान 29 मार्च, 1985 को केवल अन्य कार्यक्रमों से की गई बचत की राशि के रूप में ही था। अन्य शब्दों में 1983 हेतु राज्य ने कोई वित्तीय प्रावधान नहीं किया। इसका तात्पर्य था कि 1983-84 हेतु केन्द्रीय आवंटन भी केवल 1984-85 में ही उपयोग में लाया जा सका। 1984-86 हेतु बजट संबंधी प्रावधान 7 लाख रु. था।

राज्य स्तर पर कार्यक्रम प्रारम्भिक अवस्था में राजस्थान सरकार के विशिष्ट योजना संगठन द्वारा प्रशासित किया गया। बाद में जब भारत सरकार के स्तर पर महिलाओं के एक नये विभाग की रचना हुई, यह कार्यक्रम महिला, बाल व पोषण विभाग में सहायक निदेशक के रूप में यूनीसेफ द्वारा प्रायोजित योजनाओं की

देखभाल हेतु की गई जिनमें महिला विकास कार्यक्रम, क्षेत्रीय विकास में सामाजिक आगत तथा ग्रामीण क्षेत्रों में महिला व बाल विकास अभी सम्मिलित हैं। सियाड (SIAD) के अन्तर्गत एक अधिकारी विशेष कर्तव्य पर योजना निर्माण व नियंत्रण कक्ष में नियुक्त किया गया। इस अधिकारी को राज्य स्तर पर द्वाकरा की देखभाल का कार्यभार सौंपा गया।

जिला स्तर पर यह योजना जिलाधीश के हाथों में हर प्रकार के कार्य भार के साथ द्वाकरा के अन्तर्गत है। द्वाकरा हेतु एक सहायक योजना अधिकारी को इस कार्यक्रम हेतु द्वाकरा जिलों में नियुक्त किया गया। ब्लाक स्तर पर ग्राम सेविकाओं की नियुक्ति की गई। सहायक योजना अधिकारियों की भाँति ही ग्राम सेविकाओं का चयन महिला पोषण विस्तार अधिकारियों तथा बाल कल्याण की ग्राम सेविका में से किया गया तथा पोषण विस्तार अधिकारियों तथा बाल कल्याण की ग्राम सेविका में से किया गया तथा पोषण कार्यक्रमों को लागू किया गया जिन्हें पंचायती राज तथा ग्रामीण विकास विभाग द्वारा प्रशासित किया जा रहा था। वर्तमान में द्वाकरा अधिकारियों तथा स्टाफ का चयन तथा कार्य उनके मूल विभाग के प्रतिनिधिमण्डल द्वारा किया जा रहा है। जिला स्तर पर द्वाकरा योजना निदेशक प्रशासनिक अधिकारी हैं। IAS तथा RAS अधिकारियों को द्वाकरा के योजना निदेशकों के रूप में कार्य करने हेतु चयनित किया गया है।

सहायक योजना अधिकारी का प्रारम्भिक वेतनमान 1000-1860 तथा ग्राम सेविका का 420-740 रु. था। उच्च स्तरीय अधिकारियों के वेतन उनकी श्रेणियाँ तथा अधिक वेतनमान वरिष्ठता के अनुसार निर्धारित हैं।

क्षेत्र स्तरीय कर्मचारियों के वेतनमान अन्य विभागों के क्षेत्र स्तरीय कार्यकर्ताओं की अपेक्षा अधिक हैं। अन्य वेतनमान प्रदान करने का उद्देश्य कार्य हेतु सर्वाधिक योग्य व्यक्तियों का चयन था। ताकि प्रारम्भिक अवस्था में कार्यक्रम को आसानी से कार्यान्वित किया जा सके। वास्तव में इससे क्षेत्र स्तर तथ प्रशासनिक दोनों पर समस्या उत्पन्न हो गई है। कुछ प्रभावशाली उम्मीदावारों के चुनने का दबाव चयन प्रक्रिया को प्रभावित करता है। क्षेत्र स्तर पर समान योग्यता व अनुभव किन्तु भिन्न-भिन्न वेतनमानों में भुगतान के साथ एक ही पद पर दो श्रेणियों के अस्तित्व के श्रेत्रीय कार्यकर्ताओं के मध्य असंतोष उत्पन्न कर दिया है। स्टाफ के असंतुष्ट होने से व कार्य में कदापि सहयोग नहीं करेंगे। यूनीसेफ ने प्रत्येक जिले हेतु एक वाहन प्रदान किया है। जबकि यह अत्यधिक आवश्यक गत्यात्मकता हेतु प्रदान किया गया है। वास्तविकता यह है कि पेट्रोल, आयल तथा लुब्रिकेण्ट (POL) जिले

द्वारा प्रदान किया जाना है, परिणामतः ब्लाक स्तर पर वाहन का उपयोग अनेक उद्देश्यों हेतु किया जाता है। सरल कार्य APO's की वैयक्तिक सम्पन्नता पर अत्यधिक निर्भर करता है उतना ही जितना कि जिलाधीश के प्रशिक्षण तथा पूर्वगामी प्रयासों के माध्यम से कार्यक्रम की महत्ता व स्वभाव के विषय में चेतना जागृत की है या यदि वैयक्तिक पहचान रखते हैं तो यह कार्यक्रम को सरल बनाने हेतु महत्वपूर्ण कार्य गतिविधि है। विद्यमान पुरुषों का पक्षपातपूर्ण कार्य प्रशासन के विभिन्न स्तरों पर कार्यान्वयन में समस्याएँ उत्पन्न कर देता है।

14

महिला विकास कार्यक्रमों का वित्तीय स्वरूप

आज के दौर में जिस तरह अर्थव्यवस्था की प्रगति स्तर, प्रशासनिक बजट के स्वरूप से मापन किया जाता है उसी तरह किसी कार्यक्रम की समानता की अपने होने वाले खर्च के आधार में मापा जा सकता है। इसीलिए विभिन्न महिला विकास कार्यक्रम की वास्तविकता सफलता हेतु भी उनका वित्तीय स्वरूप जानना अति आवश्यक है।

अध्याय के इस अंश में आई.सी.डी.सी., तथा द्वाकरा कार्यक्रमों के तहत किये वित्तीय प्रावधानों तथा व्यय राशि का उल्लेख किया गया है।

राजस्थान में महिला विकास कार्यक्रमों के संदर्भ में सातवीं योजना में व्यय का आकार व स्वरूप सारणी में प्रदर्शित किया गया है। सारणी के अध्ययन से स्पष्ट होता है कि राजस्थान में सातवीं पंचवर्षीय योजना में महिला विकास कार्यक्रमों पर कुल 424 लाख रु. व्यय किये गये जो राजस्थान में इस योजना अवधि के दौरान किये गये कुल व्यय का मात्र 0.85 प्रतिशत था। जिसमें से द्वाकरा कार्यक्रम पर 125 लाख रु., सियाड कार्यक्रम पर 15 लाख रु. तथा समेकिन बाल विकास कार्यक्रम पर 239 लाख रु. व्यय किये गये जो कुल व्यय

का क्रमशः 0.015 प्रतिशत, 0.04 प्रतिशत, 0.005 प्रतिशत तथा 0.79 प्रतिशत था।

सारणी

सातवीं पंचवर्षीय योजना में विभिन्न महिला विकास कार्यक्रमों पर होने वाला व्यय (1985-90)

कार्यक्रम	आवंटन (लाख रु. में)	कुल योजना व्यय में प्रतिशत
1. ग्रामीण क्षेत्रों में महिला विकास का कार्यक्रम द्वाकरा	45	0.015%
2. महिला विकास कार्यक्रम डब्ल्यू.डी.पी.	125	0.04%
3. क्षेत्रीय विकास में सामाजिक आगत (एस.आई.ए.डी.)	15	0.005%
4. समेकित बाल विकास कार्यक्रम आई.सी.डी.एस.	239	0.79%
महिला विकास कार्यक्रम पर होने वाला कुल व्यय	424	0.79%

स्रोतः योजना प्रलेख (1985-90)

समेकित बाल विकास सेवा (आई.सी.डी.एस.)

समेकित बाल विकास परियोजनाओं के संचालन हेतु धनराशि निम्नलिखित बजट मदों से उपलब्ध कराई जाती है

1. **केन्द्रीय अर्थ प्रवृत्ति योजना** इस योजना के अन्तर्गत केन्द्रीय क्षेत्र की 114 बाल विकास परियोजनाओं के प्रशासन और संचालन हेतु सम्पूर्ण धनराशि भारत सरकार द्वारा दी जाती है। इसके अतिरिक्त राज्य स्तरीय प्रकोष्ठ एवं बाल विकास परियोजना स्तर पर भी धनराशि भारत सरकार द्वारा प्रदत्त की जाती है। प्रशिक्षण के आयोजन हेतु भी इस मद से धनराशि का प्रावधान किया गया है। यूनीसेफ की सहायता से जीप, टाइपराइटर तथा वजन तोलने की मशीन इत्यादि सामग्री दी जाती है।

2. **केन्द्रीय अर्थ प्रबंधित गेहूँ आधारित पोषाहार योजना** इस

योजना के अन्तर्गत प्रति लाभान्वित व्यक्ति को प्रतिदिन 75 पैसे की धनराशि का पोषाहार देने का प्रावधान है। इसमें से 50 पैसे भारत सरकार द्वारा तथा 25 पैसे राज्य सरकार द्वारा उपलब्ध कराये जाते हैं।

3. राज्य आयोजना मद राज्य आयोजना मद प्रति वर्ष नई परियोजनाओं के लिए पूरक पोषाहार एवं मुख्यालय के वसृजित 6 पदों का प्रशासनिक व्यय, ग्रामीण अप्रशिक्षित धात्रियों को प्रशिक्षण एवं प्रसव हेतु सुरक्षित धात्री किट दिये जाते हैं।

वर्ष 1989-90 से वर्ष 1991-92 तक खोली गई कुछ 31 नवीन परियोजनाओं को निम्नानुसार पोषाहार उपलब्ध कराया जाता है

सारणी

परियोजनाओं में पोषाहार की स्थिति (1991-1992)

क्र.सं.	पोषाहार स्रोत	परियोजनाओं की संख्या
1.	स्थानीय खाद्य सामग्री	6
2.	आर.टी.ई. (मार्डन फूड इण्डस्ट्रीज द्वारा)	6
3.	आर. आई. (गुजरात एग्रो इण्डस्ट्रीज) (राज्य स्तर)	1
4.	केयर	13
5.	विश्व खाद्य कार्यक्रम	3
6.	केन्द्रीय अर्थ प्रबंधित गेहूँ आधारित पोषाहार योजना	2
	योग	31

स्रोतः महिला व बाल विकास विभाग, जयपुर

4. आयोजना-भिन्न मद (नानप्लान) इस मद के अन्तर्गत पूरक पोषाहार एवं परिवहन तथा राज्य क्षेत्र की 16 क्रमोन्नत परियोजनाओं के प्रशासनिक व्यय हेतु धनराशि उपलब्ध कराई जाती है।

वर्ष 1985-86 से 91-92 तक का मदानुसार बजट प्रावधान एवं व्यय इस प्रकार है

क्र सं.	योजना मद	1985-86		1986-87		1987-88		1988-89		1989-90	
		प्रावधान	व्यय	प्रावधान	व्यय	प्रावधान	व्यय	प्रावधान	व्यय	प्रावधान	व्यय
1.	केन्द्रीय अर्थ प्रवर्तित योजना	382.45	282.80	468.67	478.37	661.57	996.56	761.22	1073	906.16	
2.	केन्द्रीय अर्थ प्रबंधित कार्यक्रम	10.00		45.00	4.21	80.79	57.77	81.60	26.97	56.05	18.39
3.	आयोजना भिन्न	177.00	142.15	268.00	141.19	295.34	173.84	185.93	159.94	262.15	211.20
4.	राज्य आयोजना	108.00	98.32	160.00	132.59	250.00	243.87	300.00	255.07	361.30	266.45

क्र.सं.			1990-91		1991-92		1992-93		1993-94		1994-95	1995-96
	प्रावधान	व्यय	प्रावधान	व्यय	प्रावधान	व्यय	प्रावधान	व्यय	प्रावधान	व्यय	प्रावधान	व्यय
1.	1267.18	956.93	1348.00	715.71	1408.00	1384.12	2258.00	2013.77	2700.00	2057.36	3371.66	1503.45
2.	17.70	7.16	8.00	18.28	59.40	63.64	स्कीम	समाप्त	स्कीम	समाप्त	स्कीम	समाप्त
3.	732.88	449.66	749.61	297.65	829.86	512.90	882.48	686.31	885.82	740.52	889.19	472.19
4.	127.21	31.60	348.21	63.19	407.76	291.12	400.00	373.59	800.00	540.24	1521.15	132.34
	योग	2144	1473.05	2483.82	1094.83	2705.02	2215.78	3540.48	3073.67	3338.12	5782.00	2107.88

स्रोत : प्रशासनिक प्रतिवेदन 1991-92, महिला व बाल विकास विभाग, जयपुर।

समेकित बाल विकास कार्यक्रम के अन्तर्गत विशिष्ट संगठन योजना का वर्षानुसार प्रगति विवरण सारणी के माध्यम से स्पष्ट किया जा सकता है।

सारणी

विशिष्ट संगठन योजना (एस.एस.पी.) का प्रगति विवरण (1991-96)

वित्तीय राशि (लाखों में) लाभान्वित संख्या (लाखों में)

योजना वर्ष	प्रावधान राज्य	भौतिक लक्ष्य	भौतिक उपलब्धि	आयोजना व्यय
85-86	21.00	18.37	0.30	0.7
86-87	56.00	39.43	1.31	0.70
87-88	125.00	122.00	1.38	0.09
88-89	150.00	127.50	2.10	1.14
89-90	181.00	133.23	1.14	0.89
90-91	165.42	24.10	1.14	0.50
92-93	75.00	70.64	1.48	0.78
93-94	103.05	103.05	2.15	1.41
94-95	170.25	169.32	2.91	1.42
95-96	353.11	96.00	4.04	1.83

स्रोत : प्रशासनिक प्रतिवेदन 1995-96, महिला व बाल विकास विभाग, जयपुर।

समेकित बाल विकास कार्यक्रम के अन्तर्गत जन जाति उपयोजना क्षेत्र की वर्षानुसार वित्तीय व भौतिक प्रगति सारणी से स्पष्ट है।

सारणी

जनजाति उपयोजना क्षेत्र (टी.ए.डी) का वित्तीय एवं भौतिक प्रगति विवरण

वित्तीय राशि (लाखों में) लाभान्वित संख्या (लाखों में)

योजना वर्ष	प्रावधान राज्य	भौतिक लक्ष्य	भौतिक उपलब्धि	आयोजना व्यय पोषाहार कार्यक्रम
85-86	20.52	12.00	0.00	0.00
86-87	32.50	14.91	0.25	0.24
87-88	40.25	39.46	0.60	0.46
87-88	32.46	22.62	0.60	0.41
89-90	08.87	08.30	00.10	0.10

नोट : सातवीं पंचवर्षीय योजना अवधि (1985-90) तक समस्त जनजाति क्षेत्र की परियोजनाएँ आयोजना-भिन्न मद के अन्तर्गत ली जा चुकी हैं।

स्रोत : प्रशासनिक 1991-92, महिला व बाल विकास विभाग, जयपुर।

महिला विकास कार्यक्रम के वित्तीय प्रावधान

महिला विकास कार्यक्रम के तहत वर्ष 1988-89, 89-90 हेतु यूनीसेफ द्वारा स्वीकृत जिला महिला विकास अभिकरणों एवं मुख्यालय के बजट प्रावधान व व्यग का विवरण इस प्रकार है

जिला महिला विकास अभिकरणों एवं मुख्यालयों के बजट प्रावधान व खर्चा का विवरण (यूनीसेफ मद से) वर्ष 1988-89, 89-90 (लाख रु. में)

		1988-89		1989-90	
क्र. सं.	नाम अधिकरण	प्रावधान	व्यय	प्रावधान	व्यय
1.	जयपुर	6.49	6.26	7.95	7.28
2.	उदयपुर	6.90	5.68	8.00	7.32
3.	जोधपुर	6.94	8.53	9.00	9.00
4.	भीलवाड़ा	6.70	6.87	8.43	8.43
5.	अजमेर	6.77	5.52	8.00	5.96
6.	निदेशालय (मुख्यालय)	4.00	3.65	25.00	19.69
7.	आयोजना मद	1.70	1.70	25.00	19.69
8.	डूँगरपूर	0.00	0.00	6.33	2.84

स्रोत : महिला व बाल विकास विभाग, जयपुर प्रशासनिक प्रतिवेदन 1988-89 तथा 1989-90।

वर्ष 1990-91 तथा 1991-92 में जिला विकास अभिकरणों एवम् मुख्यालयों के बजट प्रावधान व खर्चो को अग्रंकित सारंणी के माध्यम से स्पष्ट किया गया है।

वर्ष 1990-91, 1991-92 व 1995-96 का जिला विकास अभिकरणों एवं मुख्यालयों के बजट प्रावधान व खर्चों का विवरण (राशि लाखों में)

		1990-91		1991-92		1995-96	
क्र.सं.	मद	प्रावधान	व्यय	प्रावधान	व्यय	प्रावधान	व्यय
1.	आयोजना मद	50.00	47.89	98.69	67.64	212.75	83.51
	(अ) मुख्यालय	01.37	00.00	00.40	5.95	1.02	
	(ब) महिला विकास अभिकरण	48.63	47.89	67.50	206.80	82.49	
2.	आयोजना-भिन्न	25.00	22.55	40.04	30.45	56.55	31.79

(अ) मुख्यालय	08.75	07.55	10.04	07.45	16.55	11.79
(ब) महिला विकास अभिकरण (कोटा, सीकर)	16.25	15.00	30.00	23.00	40.00	20.00
योग	75	70.44	138.73	98.09	269.30	115.30

नोट : 1990-91 के व्यय में 31.01.91 तक तथा 1991-92 के व्यय में 31.12.91 तथा 1995-96 में 31.1.96 तक की व्यय राशियाँ ही सम्मिलित हैं।

स्रोत : महिला व बाल विकास विभाग, जयपुर प्रशासनिक प्रतिवेदन 1989-90, 1991-92 तथा 1995-96।

ड्वाकरा कार्यक्रम के वित्तीय प्रावधान

वर्ष 1991-92 ड्वाकरा कार्यक्रम के अन्तर्गत प्रति समूह 5000/- रूपये भारत सरकार, 5000/- रुपये राज्य सरकार तथा 5000/- रुपये यूनीसेफ द्वारा प्रदान किये जाते थे। इस प्रकार कुल 15000/- रुपये की राशि आधारभूत सुविधाओं हेतु उपलब्ध कराई जाती है। इसी के साथ-साथ प्रतिवर्ष 100 रुपये भारत सरकार तथा 100 रुपये राज्य सरकार द्वारा प्रति समूह, समूह नेताओं के यात्रा भत्ते हेतु 200/- की कुल राशि दिये जाने का प्रावधान था। वर्ष 1995-96 से प्रति समूह 10,000 रु. भारत सरकार तथा 5000/- रु. राज्य सरकार और 5000/- रु. यूनीसेफ कुल 20,000 रु. की राशि उपलब्ध कराई जा रही है।

योजना के आरम्भ से अब तक के वर्षों में भारत सरकार, राज्य सरकार एवं यूनीसेफ द्वारा कार्यक्रम हेतु उपलब्ध राशि एवं व्यय का विवरण निम्न प्रकार है

वर्ष 1991-92 तक भारत सरकार, राज्य सरकार व यूनीसेफ द्वारा ड्वाकरा कार्यक्रम हेतु उपलब्ध कराई गई राशि (लाख रु. में)

क्र. सं.	जिला	**भारत सरकार**		**राज्य सरकार**		**यूनीसेफ**	
		प्राप्त राशि	व्यय राशि	प्राप्त राशि	व्यय राशि	प्राप्त राशि	व्यय राशि
1.	अलवर	18.03	15.44	21.42	15.44	17.00	15.44
2.	भीलवाड़ा	10.46	08.90	12.67	08.90	09.00	08.90
3.	बाँसवाड़ा	05.35	06.03	11.85	06.03	04.50	06.03
4.	पाली	03.11	03.40	10.19	03.40	02.50	03.39
5.	जोधपुर	05.10	05.10	09.18	05.10	05.00	04.80
6.	टोंक	05.10	04.90	09.18	04.90	05.00	04.80
7.	उदयपुर	05.10	00.82	07.65	00.82	05.00	00.80

8.	सीकर	05.10	00.67	07.65	00.61	05.00	00.60
9.	धौलपुर	05.10	00.56	05.10	00.56	05.00	00.55
10.	बाड़मेर	05.10.	00.20	05.10	00.20	05.00	00.20
11.	जालौर	05.10	00.20	05.10	00.20	05.00	00.20
12.	सवाई माधोपुर	02.55		02.55		02.50	
13.	डूँगरपुर	02.55		02.55		02.50	
14.	भरतपुर	02.55		02.55		02.50	
	योग	20.30	46.16	112.74	46.16	75.50	45.91

स्रोत : प्रशासनिक प्रतिवेदन, महिला व बाल विकास विभाग 1991-92, जयपुर

सारणी

वर्ष 1995-96 तक भारत सरकार, राज्य सरकार व यूनीसेफ द्वारा द्वाकरा हेतु उपलब्ध कराई गई राशि (लाख रु. में)

क्र. सं.	जिला	भारत सरकार		राज्य सरकार		यूनीसेफ	
		प्राप्त राशि	व्यय राशि	प्राप्त राशि	व्यय राशि	प्राप्त राशि	व्यय राशि
1.	अलवर	27.66	20.90	24.60	20.90	25.00	20.50
2.	भीलवाड़ा	20.09	14.60	17.09	14.60	17.00	17.00
3.	बाँसवाड़ा	13.45	10.95	13.77	12.48	11.00	10.00
4.	पाली	12.74	7.33	11.69	7.33	11.00	7.20
5.	जोधपुर	14.73	6.36	12.23	6.36	13.00	6.25
6.	टोंक	14.73	6.36	12.33	6.36	13.00	10.50
7.	उदयपुर	9.63	4.68	7.62	4.68	8.00	4.60
8.	सीकर	9.63	4.98	9.15	4.68	8.00	2.00
9.	धौलपुर	9.63	2.03	7.11	2.03	8.00	2.00
10.	बाड़मेर	9.63	5.60	8.13	5.60	6.50	3.10
11.	जालौर	8.10	3.15	8.13	3.15	6.50	3.10
12.	सवाईमाधोपुर	7.08	3.66	5.58	3.66	5.50	3.60
13.	डूँगरपुर	7.08	3.66	5.58	3.66	5.50	3.60
14.	भरतपुर	7.08	3.05	7.11	3.05	5.00	3.60
15.	कोटा	6.82	3.05	5.32	3.05	5.25	2.59
16.	बीकानेर	6.82	2.59	5.32	2.59	5.25	2.25
17.	राजसमन्द	6.82	2.28	5.32	2.28	5.25	2.25
18.	जयपुर	8.10	0.50	6.60	0.50	6.50	0.50

19. बारां	8.10		6.60		6.50	
20. अजमेर	8.10	1.65	6.60	1.65	6.50	1.65
21. चूरू	8.10		6.60		6.50	
22. दौसा	8.10	0.50	6.60	0.50	6.50	0.50
23. जैसलमेर	8.10		6.60		6.50	
24. नागौर	8.10		6.60		6.50	
25. बूंदी	8.10		6.60		6.50	
26. चित्तौड़गढ़	8.10		6.60		6.50	
27. श्रीगंगानगर	8.10		6.60		6.50	
28. झालावाड़	8.10		6.60		6.50	
29. झुंझूनु	8.10		6.60		6.50	
30. हनुमानगढ़	8.10		6.60		6.50	
योग	305.12	111.80	256.33	113.33	249.75	109.34

स्रोत : प्रशासनिक प्रतिवेदन, महिला व बाल विकास विभाग, 1995-96, जयपुर।

द्वाकरा कार्यक्रम हेतु भारत सरकार द्वारा उपलब्ध करायी गई राशि का विवरण सारणी में दर्शाया गया है।

राजस्थान सरकार द्वारा द्वाकरा कार्यक्रम हेतु उपलब्ध कराई गई राशि का विवरण सारणी द्वारा स्पष्ट किया जा सकता है।

यूनीसेफ द्वारा द्वाकरा कार्यक्रम को वर्षानुसार उपलब्ध करायी गई राशि का विवरण सारणी के अनुसार है।

उपर्युक्त तथ्यों का अध्ययन करने से यह पता चलता है कि महिला विकास कार्यक्रमों पर कुल व्यय का अत्यंत नगण्य सा प्रतिशत ही व्यय किया जा रहा है। राजस्थान में सातवीं पंचवर्षीय योजना की अवधि में प्रमुख महिला विकास कार्यक्रमों पर कुल 424 लाख रु. की राशि ही व्यय करने का प्रावधान किया गया जो कि कुल योजना व्यय का मात्र 85 प्रतिशत ही था। उसमें से 'द्वाकरा' कार्यक्रम पर मात्र 45 लाख रु. था। आई.सी.डी.पी. पर मात्र 125 लाख रु. सियाड पर मात्र 15 लाख रु. था। आई.सी.डी.एस. पर 239 लाख रु. की राशि आवंटित की गई जो कि कुल योजना व्यय का क्रमशः 0.015 प्रतिशत, 0.04 प्रतिशत, 0.005 प्रतिशत तथा 0. 79 प्रतिशत था।

अतः महिला विकास कार्यक्रम पर ध्यान देने से यह स्पष्ट होता है कि इन कार्यक्रमों हेतु किये गये इन नगण्य से प्रावधानों को भी वास्तव में व्यय नहीं किया गया। यदि केवल 1991-92 के आँकड़ों पर ही दृष्टि डालें तो पाते हैं कि आई.सी.

डी.एस. हेतु प्रावधान की गई व्यय राशि इस वित्तीय वर्ष में 2483.82 लाख रू थी जबकि वास्तविक राशि व्यय केवल 194.83 लाख रु. ही हुआ। द्वाकरा हेतु प्राप्त राशि 268.54 लाख रु. थी जबकि वास्तविक राशि व्यय मात्र 138.23 लाख रु. हुआ तथा डब्ल्यू.डी.पी. हेतु यह राशि 138.73 लाख रु. थी जबकि वास्तविक राशि व्यय मात्र 98.09 लाख रु. ही हुआ।

15

मनरेगा

भारत की जनसंख्या प्राप्त संस्थानों की अपेक्षा तीव्रगति से वृद्धि कर रही है जिसके कारण गरीबी, बेरोजगारी, भुखमरी, खाद्यान्न संकट तथा महँगाई दिनोंदिन बढ़ती जा रही है। भारत की अधिकांश ग्रामीण जनता गरीबी रेखा के नीचे जीने के लिए मजबूर है। लोगों ने नैसर्गिक संसाधनों का इतना दोहन किया है कि जो लोगों के लिए एक समस्या बनती जा रही है। कहीं बाढ़ तो कहीं सूखे के कारण लाखों की संख्या में लोग तबाह हो जाते हैं। ऐसे लोगों में अधिकतर अकुशल मजदूर शामिल हैं। इन्हीं अकुशल मजदूरों के कल्यण के लिए केन्द्र सरकार ने राष्ट्रीय ग्रामीण रोजगार गारंटी अधिनियम हरेक राज्य सरकार को निर्देश देता है कि छह महीने के भीतर एक ग्रामीण रोजगार गारंटी योजना (रूरल इंप्लॉयमेंट गारंटी स्कीम या आर.ई.जी.एस.) तैयार करे, जिससे कि रोजगार गांरटी का कार्यान्वयन किया जा सके।

राष्ट्रीय ग्रामीण रोजगार गारंटी अधिनियम काम की गारंटी को कानूनी आधार प्रदान करता है और यही इस योजना का अर्थ है, जिसके माध्यम से यह गारंटी प्रभाव मं आ जाती है। ध्यान रहे कि यह अधिनियम एक राष्ट्रीय अधिनियम है और योजना राज्य विषयक है। इसे सन् 2006-2007 में 200 जिलों में लागू किया गया और वर्ष 2007-08 में इसमें 130 और जिले शामिल कर लिये गये तथा वित्त वर्ष 2008-09 से देश के बाकी हिस्सों को भी इसमें शामिल कर लिया गया। यह

कार्यक्रम ग्रामीणों के जीवन को समुन्नत बनाने के लिए क्रियान्वित किया गया। इस अधिनियम का मुख्य उद्देश्य मजदूरी (रोजगार) को बढ़ाना है। इस अधिनियम के अंतर्गत प्राकृतिक संसाधनों को बढ़ाने, सूखा राहत कार्य, वन उन्मूलन और मिट्टी के कटाव को रोकने जैसे कार्यों द्वारा राष्ट्रीय विकास की ओर लोगों को प्रोत्साहित किया जाता है।

श्रमिकों की स्थिति में सुधार करने के लिए राष्ट्रीय ग्रामीण रोजगार अधिनियम के अंतर्गत ग्रामीण क्षेत्रों में प्रत्येक परिवर एक वित्तीय वर्ष में 100 दिन का गारंटीयुक्त मजदूरी रोजगार प्राप्त कर सकता है। उसकी मजदूरी का भुगतान 15 दिन में हो जाता है। नरेगा के अंतर्गत वित्तीय खर्च का 90 प्रतिशत हिस्सा केन्द्र सरकार वहन करती है। इसमें महिलाओं की 33 प्रतिशत भागीदारी सुनिश्चित की गई है ताकि उनका विकास अपेक्षित स्तर पर हो सके। राष्ट्रीय ग्रामीण रोजगार गारंटी अधिनियम (नरेगा) 7 सितंबर 2005 को अधिसूचित हुआ था और वित्तीया वर्ष 2006-07 में लागू हुआ।

मनरेगा के प्रमुख प्रयोजन

मनरेगा का मुख्य उद्देश्य ग्रामीण क्षेत्रों के उन अकुशल मजदूरों के लिए प्रति वर्ष 100 दिन की मजदूरी की गारंटी देना है, जो मेहनत-मजदूरी करके अपने परिवार की रोजी-रोटी चलाते हैं। नरेगा के प्रमुख उद्देश्य निम्नवत् हैं

1. निर्धन ग्रामीणों को रोजगार पाने के लिए कानूनन मजबूत करना।
2. समाज के असुरक्षित समूहों के पास रोजगार के वैकल्पिक स्रोत न होने की स्थिति में मनरेगा के अंतर्गत रोजगार उपलब्ध कराना।
3. ऐसे कार्य करना, जिनके माध्यम से प्राकृतिक संसाधनों का प्रबंधन सुदृढ़ हो, जो कि सूखा, वनों की कटाई और मिट्टी के कटाव जैसे अवांछित कारणों को दूर करते हैं और सतत विकास को प्रोत्साहन देते हैं।
4. प्रजातंत्र को ग्राम-स्तर से ही मजबूत करना तथा शासन में पारदर्शिता एवं जवाबदेही सुनिश्चित करना।

मनरेगा का प्रारंभिक प्रभाव

राष्ट्रीय ग्रामीण रोजगार गारंटी अधिनियम के तहत वित्त वर्ष 2006-07 में 200 जिलों के लगभग 2.10 करोड़ परिवारों को रोजगार दिया गया और 90.5 करोड़

श्रम दिवस सृजित किए गए। वर्ष 2007-08 में 330 जिलों में 3.39 करोड़ परिवारों को रोजगार दिया गया तथा 143.59 करोड़ श्रम दिवस सृजित किए गए। वर्ष 2008-09 में देश भर में 4.49 करोड़ परिवारों को रोजगार उपलब्ध कराया गया तथा 216.01 करोड़ श्रम दिवस सृजित किए गए। भविष्य में इसमें उत्तरोत्तर वृद्धि होने की संभावना है। इस अधिनियम के तहत राष्ट्रीय स्तर पर दी जाने वाली मजदूरी 65 रुपए (वित्त वर्ष 2006-07) से बढ़कर वित्त वर्ष 2008-09 में 84 रुपए हो गई है। वर्ष 2007-08 में नरेगा के तहत 10,738.47 करोड़ रुपए मजदूरी के रूप में दिए गए, जो वित्त वर्ष 2008-09 में बढ़कर 18,155.20 करोड़ रुपए हो गए। देश में अमीरों एवं गरीबों के बीच की दूरी इससे काफी कम हुई है और समाज के लगभग सभी वर्ग इससे लाभान्वित हो रहे हैं

जाति समूह

राष्ट्रीय ग्रामीण गारंटी रोजगार अधिनियम के तहत श्रमिकों में वित्त वर्ष 2007-08 में अनुसूचित जाति व अनुसूचित जनजाति जैसे समूहों की भागीदारी अधिक (57 प्रतिशत) थी। वर्ष 2008-09 में इनकी भागीदारी 55 प्रतिशत रही। महिलाओं की भागीदारी भी तय न्यूनतम 33 प्रतिशत भागीदारी से अधिक रही। वर्ष 2007-08 में महिलाओं की भागीदारी 43 प्रतिशत थी, जो वर्ष 2008-09 में बढ़कर 48 प्रतिशत हो गई।

भागीदार एवं जिम्मेदारियाँ

राष्ट्रीय ग्रामीण रोजगार गारंटी रोजगार अधिनियम के तहत् राज्य सभा, ग्राम पंचायत इच्छुक वयस्क मजदूर जलस्तर पर कार्यक्रम अधिकारी, जिला कार्यक्रम समन्वयक, राज्य सरकार एवं ग्रामीण विकास मंत्रालय स्तर पर भागीदारों को शामिल किया गया है। केन्द्र ग्रामीण विकास मंत्रालय द्वारा निम्नलिखित कार्य संपादित किये जाते हैं

1. नियम-अधिनियम बनाना।
2. केंद्रीय रोजगार गारंटी परिषद् की स्थापना करना।
3. निगरानी, जाँच एवं अनुसंधान करना।
4. तकनीकी सहयोग उपलब्ध कराना।
5. दिशा-निर्देश तय करना।
6. संचार कायम करना।

7. कानूनी प्रावधानों को अधिसूचित करना।
8. केंद्रीय रोजगार गारंटी कोष की स्थापना करना।
9. वित्त प्रबंधन एवं अपनी आर्थिक भागीदारी जारी करना।

केंद्रीय रोजगार गारंटी परिषद् के प्रमुख कार्य

केंद्रीय रोजगार गारंटी परिषद् निम्नवत् कार्य करती है

1. केंद्रीय परिषद् को यह अधिकार दिया गया है कि वह इस अधिनियम के अंतर्गत जारी विभिन्न योजनाओं का मूल्यांकन कर सके। इसके लिए वह विभिन्न स्रोतों में संबद्ध आँकड़े जुटा सकती है।
2. केंद्रीय मूल्यांकन एवं निगरानी प्रणाली की स्थापना करना।
3. इस अधिनियम के कार्यान्वयन से सम्बद्ध सभी मामलों के बारे में केंद्र सरकार को सलाह देना।

राज्य सरकार के कार्य

नरेगा की सफलता में भागीदारी निभाने के क्रम में राज्य सरकार निम्नवत् कार्य करती है

1. निगरानी एवं सुधार प्रणालियों की समय-समय पर समीक्षा करना और उसमें अपेक्षित सुधार संस्तुत करना।
2. इस अधिनियम के अंतर्गत तैयार की गई योजनाओं से संबद्ध सूचना एवं जानकारी को अधिक से अधिक दायरे में फैलाना।
3. इस अधिनियम के कार्यान्वयन की निगरानी करना।
4. इस अधिनियम के कार्यान्वयन के संबंध में केन्द्र सरकार द्वारा संसद् के समक्ष प्रस्तुत की जाने वाली वार्षिक रिपोर्ट तैयार करना।
5. केन्द्र सरकार द्वारा सौंपे गए अन्य कार्य करना।
6. अधिनियम (32/1) के तहत राज्य की जिम्मेदारियों में संबंद्ध मामलों पर नियम-अधिनियम बनाना।
7. ग्रामीण रोजगार गारंटी योजना बनाना और उसे अधिसूचित करना।
8. संचार व्यवस्था की स्थापना करना।
9. राज्य रोजगार गारंटी परिषद् की स्थापना करना।
10. राज्य रोजगार गारंटी कोष का निर्माण।
11. राज्य का हिस्सा जारी करने के लिए धन का प्रावधान करना।

12. ग्रामीण रोजगार गारंटी योजना की रूपरेखा बनाना एवं उनका सफल संचालन करना।
13. तकनीकी सहयोग उपलब्ध कराना।
14. प्रशिक्षुओं को प्रशिक्षण देना।
15. पर्याप्त कोष होने के बावजूद 15 दिन में रोजगार न दिए जाने की स्थिति में बेरोजगारी भत्ते भुगतान करना।
16. किये गये कार्यों का निगरानी, मूल्यांकन और किये गये कार्यों की आवश्यकता सुनिश्चित करना।

राज्य रोजगार गारंटी परिषद् के कार्य

1. राज्य में इस योजना और इसके कार्यान्वयन से संबद्ध सभी मामलों के संदर्भ में राज्य सरकार को सलाह देना।
2. प्राथमिकता वाले कार्यों का कार्यान्वयन यथाशीघ्र सुनिश्चित करना।
3. राज्य रोजगार गारंटी परिषद् के अध्यक्ष और सदस्यों के कार्यकाल के लिए नियम व शर्तें निर्धारित करने का कार्य राज्य सरकार करती है।
4. इस अधिनियम के अंतर्गत राज्य परिषद् राज्य में विभिन्न स्रोतों से संबद्ध आँकड़े जुटा सकती है।
5. इस अधिनियम से संबद्ध जानकारी को यथासंभव व्यापक स्तर पर फैलाना।
6. निगरानी एवं सुधार प्रणालियों की समय-समय पर समीक्षा करना और इसमें अपेक्षित सुधार संस्तुत करना।
7. राज्य में राष्ट्रीय ग्रामीण रोजगार गारंटी अधिनियम और योजनाओं का क्रियान्वयन करना और निष्कर्षित जानकारी को केंद्रीय परिषद् के साथ बाँटना।
8. राज्य सरकार द्वारा विधानसभा के समक्ष प्रस्तुत की जाने वाली वार्षिक रिपोर्ट तैयार करना।
9. केंद्रीय परिषद् अथवा राज्य सरकार द्वारा सौंपे गए अन्य कार्य करना।

जिले के कार्य

जिले स्तर पर ग्राम सभा पंचायती राज्य संस्थाएँ कार्यक्रम अधिकारी जिला

अधिकारी, जिसका कार्यक्रम समन्वयक महत्वपूर्ण भूमिका निभाता है। इसका उल्लेख नीचे किया जा रहा है

(1) ग्राम सभा

1. विकास कार्यों को स्वीकृति देना।
2. ग्राम पंचायत के अधिकार क्षेत्र के अंतर्गत जारी सभी परियोजनाओं की सामाजिक लेखा परीक्षा।
3. ग्राम सभा लाभार्थियों की पहचान में सहायता करती है।

(2) पंचायती राज संस्थाएँ

1. नरेगा के अंतर्गत बनाई जाने वाली योजना के रूपांतरण एवं कार्यान्वयन की पूरी जिम्मेदारी ग्राम, मध्यवर्ती और जिला पंचायतों की होती है।
2. मध्यवर्ती पंचायत ब्लॉक स्तरीय योजना स्वीकृत करती है और मंजूरी के लिए उसे जिला पंचायत को अग्रसरित कर देती है।
3. जिला पंचायत इस योजना के तहत कार्यान्वयन हेतु आने वाली ब्लॉक से संबद्ध परियोजनाओं का चयन करती है और उन्हें स्वीकृत करती है।
4. जिला पंचायत द्वारा अनुमोदित योजना को कार्यान्वयन हेतु पंचायत, संबद्ध विभागों, गैर-सरकारी संगठनों आदि अभिकरणों को सौंप दिया जाता है।
5. ग्राम पंचायत संबद्ध योजना हेतु एक विकास कार्यक्रम तैयार करती है और जब भी आवश्यक होता है, उसमें सहयोग करती है।
6. लागत मूल्य का न्यूनतम 50 प्रतिशत कार्य कार्यान्वयन के लिए ग्राम पंचायतों को आवंटित किया जाता है।
7. मनरेगा के तहत अपने ग्राम्य क्षेत्र में चलाई जा सकने योग्य परियोजनाओं की पहचान की जिम्मेदारी ग्राम पंचायत की होती है। पहचान के बाद उसे कार्यक्रम अधिकारी को छानबीन और प्रारंभिक स्वीकृति हेतु भेज दिया जाता है।
8. इस अधिनियम के तहत पंचायतें ही हर स्तर पर योजनाओं के कार्यान्वयन के लिए संबद्ध संस्थाएँ हैं।

(3) कार्यक्रम अधिकारी कार्यक्रम अधिकारी पर निम्नवत उत्तरदायित्व होता है

1. ग्राम पंचायत के अधिकार क्षेत्र में जारी सभी कार्यों की ग्राम सभा द्वारा नियमित सामाजिक लेखा परीक्षा सुनिश्चित करना और यदि सामाजिक लेखा परीक्षा में कोई आपत्ति उठाई जाती है तो उस पर फौरन कार्रवाई करना।
2. अपने अधिकार क्षेत्र में जारी किसी योजना में कार्यरत मजदूरों हेतु त्वरित और समुचित मजदूरी सुनिश्चित करना।
3. अपने अधिकार क्षेत्र में जारी परियोजनाओं के लिए उत्पन्न रोजगार अवसरों पर नजर रखने के लिए जिम्मेदार होती है।
4. कार्यक्रम अधिकारी को जिला कार्यक्रम समन्वयक के निर्देशन, नियंत्रण और देख-रेख में रहकर कार्य करना होगा।
5. जिला कार्यक्रम समन्वय अथवा राज्य सरकार द्वारा सौंपे गए अन्य कार्य करना।
6. विकास खण्ड से संबंधित योजना के कार्यान्वयन के संबंध में उठी सभी शिकायतों पर फौरन ध्यान देना तथा समाधान के लिय उचित प्रयास
7. अधिनियम के तहत मजदूरी के योग्य परिवारों को बेरोजगारी भत्ता प्रदान करना।
8. ग्राम पंचायतों द्वारा तैयार परियोजना प्रस्तावों और मध्यवर्ती पंचायतों द्वारा प्राप्त प्रस्तावों के कार्यान्वयन हेतु अपने अधिकार क्षेत्र के तहत ब्लॉकों के लिए योजना तैयार करना।
9. जिला कार्यक्रम समन्वय द्वारा प्राप्त संसाधनों को राज्य सरकार द्वारा संबद्ध योजना के लिए तैयार किए गए मार्ग निर्देशों के अनुसार संबद्ध एजेंसियों को उपलब्ध कराना।
10. प्राप्त किये जाने वाले और उपयोग किए गए संसाधनों का उचित लेखा-जोखा रखना।
11. अपने अधिकार क्षेत्र में ग्राम पंचायतों और अन्य कार्यान्वयन अभिकरणों द्वारा हाथ में ली गई परियोजनाओं की निगरानी करना।
12. राज्य द्वारा राष्ट्रीय ग्रामीण रोजगार गारंटी योजना के अंतर्गत अधिसूचित योजनाओं के अनुरूप आवेदकों का पंजीयन, मजदूरी रोजगार उपलब्ध कराने और इससे संबद्ध अन्य कार्यों के कार्यान्वयन की पूरी जिम्मेदारी कार्यक्रम अधिकारी पर होती है।

(4) जिला कार्यक्रम समन्वयक जिला कार्यक्रम समन्वयक के निम्नवत् कार्य होते हैं

1. कार्यक्रम अधिकारियों के साथ समन्वय रखना।
2. कार्यक्रम अधिकारियों की कार्य कुशलता की समीक्षा एवं निगरानी करना और उनके कार्य पर नजर रखना।
3. आवेदकों की शिकायतों का निराकरण करना।
4. जारी कार्य का समय-समय पर निरीक्षण करना।
5. आवश्यकतानुसार आवश्यक संस्तुति करना और प्रशासनिक मंजूरी प्रदान करना
6. जिला स्तर पर पंचायत द्वारा मंजूर परियोजनाओं के लिए आवश्यक मूलभूत सुविधाएँ जुटाना। ब्लॉक एवं अन्य कार्यान्वयन अभिकरणों द्वारा प्राप्त प्रस्तावों द्वारा योजनाएँ तैयार करना।
7. हर वर्ष दिसंबर में अग्रिम माँग के विवरण के साथ आगामी वित्त वर्ष के लिए मजदूरी बजट तैयार करना। इस योजना के तहत जिले में श्रम कार्य के लिए मजदूरों का विवरण तैयार करना और उसे जिला पंचायता में जमा कराना।
8. योजना के तहत आवेदकों के लिए रोजगार मुहैया सुनिश्चित करना।
9. मनरेगा के अंतर्गत बनी योजनाओं को चलाने में जिला पंचायत का सहयोग करना।

ग्राम स्तर पर सहभागिता

(1) मजदूरी के इच्छुक वयस्क श्रमिक मनरेगा कार्यक्रम के प्रथम सहभागी श्रमिक ही होते हैं। उनकी रोजगार की माँग ही किसी भी परियोजना को आरंभ करने की कुंजी है। मजदूरी के इच्छुक वयस्क मजदूरों के कुछ प्रमुख अधिकार निम्नवत् है

1. 15 दिन के भीतर किए कार्य की मजदूरी का भुगतान पाने का अधिकार।
2. आवेदन देने अथवा कार्य चयन की तिथि से 15 दिन के भीतर मजदूरी रोजगार न मिलने की दशा में बेरोजगारी भत्ता पाने का अधिकार।
3. पंजीयन के लिए आवेदन देने का अधिकार।
4. जॉब कार्ड पाने का अधिकार।

5. कार्य के लिए आवेदन करने का अधिकार।
6. समय के चुनाव का अधिकार, मजदूरी के दिवस-चयन का अधिकार।
7. आवेदन देने के अधिकतम 15 दिन के भीतर मजदूरी रोजगार पाने का अधिकार।
8. कार्य-स्थल पर शिशु पालना गृह, पेयजल और प्राथमिक चिकित्सा सुविधा का अधिकार।
9. अपने मस्टर रोल की जाँच का अधिकार तथा अपने जॉब कार्ड में रोजगार में संबद्ध दर्ज सूचनाएं जानने का अधिकार।

(2) ग्राम सभा राष्ट्रीय ग्रामीण रोजगार गारंटी अधिनियम के तहत ग्राम सभा को निम्नवत् सहभागिता सौंपी गई है

1. यह नरेगा के तहत हाथ में लिये गए कार्यों को मंजूरी देती है।
2. यह योजना के बारे में सूचना के वितरण का मंच भी बनाती है।
3. योजना के कार्यान्वयन पर यह सामाजिक लेखा परीक्षा करती है।

(3) ग्राम पंचायत मनरेगा की सफलता के लिये ग्राम पंचायत निम्नवत् कार्य करती है

1. पंजीयन के लिए आवेदन प्राप्त करना।
2. कार्य योजना का निर्माण।
3. श्रमिकों को जॉब कार्ड जारी करना।
4. ग्राम स्तर पर योजना के कार्यान्वयन की निगरानी करना।
5. कार्य संचालन करना।
6. आवेदन प्राप्ति के 15 दिन के भीतर रोजगार मुहैया कराना।
7. प्राप्त आवेदन की तिथि सहित पावती जारी करना।
8. रोजगार हेतु आवेदन प्राप्त करना।
9. किये जाने वाले कार्यों का रिकॉर्ड रखना।
10. सामाजिक लेखा परीक्षा के लिए ग्राम सभा की सहायता करना।
11. परिवारों का पंजीयन करना।
12. आवेदन पंजीयन को प्रमाणित करना।

विकास खण्ड स्तर पर सहभागिता

विकास खण्ड स्तर पर कार्यक्रम अधिकारी तथा मध्यवर्ती पंचायतें निम्नवत् तरीके से सहभागिता का निर्वाह करती हैं

(1) कार्यक्रम अधिकारी कार्यक्रम अधिकारी विकास स्तर पर समन्वयक का कार्य करता है। कार्यक्रम अधिकारी का मुख्य उत्तरदायित्व काम के लिए आवेदन करने वाले लोगों को 15 दिन के अंदर मजदूरी रोजगार उपलब्ध कराना सुनिश्चित करना है। इसके अतिरिक्त भी कार्यक्रम अधिकारी निम्नवत् कार्य करते हैं

1. सभी प्रस्तावों को ब्लॉक योजना के साथ मिलाकर उन्हें मध्यवर्ती पंचायत में जमा करना।
2. ब्लॉक स्तर पर काम की माँग के साथ रोजगार अवसरों का मिलान करना।
3. समय पर मजदूरी (रोजगार) उपलब्ध न कराने की स्थिति में बेरोजगारी भत्ता दिलाना।
4. कार्यान्वयन की निगरानी एवं निरीक्षण करना।
5. शिकायतों का निपटारा।
6. यह सुनिश्चित करना कि ग्राम सभा ने सामाजिक लेखा परीक्षा कर ली है।
7. ग्राम पंचायत द्वारा प्रस्ताविक वार्षिक विकास कार्य की छानबीन करना।
8. मध्यवर्ती पंचायत द्वारा दिए गए प्रस्तावों की छानबीन।

उपरोक्त कार्यों के संदर्भ में कार्यक्रम अधिकारी जिला कार्यक्रम समन्वयन के प्रति जवाबदेह होता है।

(2) मध्यवर्ती पंचायत मध्यवर्ती पंचायत का उत्तरदायित्व यह है कि यह ग्राम पंचायत की ब्लॉक स्तरीय योजनाओं को समेकित करे। इस पर उनकी निगरानी और पर्यवेक्षक की जिम्मेदारी भी डाली गई है।

जिला स्तर पर सहभागिता

जिला स्तर पर जिला पंचायत एवं जिला कार्यक्रम समन्वयक निम्नवत् प्रकार से सहभागिता का निर्वाह करते हैं

(1) जिला कार्यक्रम समन्वयक जिला कार्यक्रम समन्वयक जिला पंचायत का मुख्य कार्यकारी अधिकारी, जिलाधिकारी अथवा समकक्ष पदासीन कोई अन्य अधिकारी होता है। इसकी नियुक्ति राज्य सरकार करती है। जिला स्तर पर नरेगा के तहत कार्यान्वयन की पूरी जिम्मेदारी जिला कार्यक्रम समन्वयक की होती है। सूचना या जानकारी का प्रसारण, प्रशिक्षण, ब्लॉक योजनाओं को जिला योजना के

तहत समेकित करना, परियोजनाओं को समय पर प्रशासनिक व तकनीकी मंजूरी मिले यह सुनिश्चित करना, धन जारी करना और उसका उपयोग करना, कार्य की निगरानी और मस्टर रोल का सत्यापन सुनिश्चित करना और मासिक-प्रगति रिपोर्ट दाखिल करना जिला कार्यक्रम समन्वयक का प्रमुख कार्य है।

(2) जिला पंचायत इसका कार्य जिला योजनाओं और श्रम बजट को अंतिम रूप देना तथा जिले में रोजगार गारंटी योजना की निगरानी एवं निरीक्षण करना है।

राज्य स्तर पर सहभागिता

राज्य स्तर पर राज्य रोजगार गारंटी परिषद् एवं राज्य सरकार उत्तरदायी है। इसके द्वारा निम्नवत् कार्य किये जाते हैं

(1) राज्य रोजगार गारंटी परिषद् मनरेगा की धारा 22 के अनुसार, प्रत्येक राज्य की सरकार एक राज्य रोजगार गारंटी परिषद् का गठन करती है। यह परिषद् योजना के कार्यान्वयन के लिए राज्य सरकार को सलाह देती है और योजना के मूल्यांकन एवं निगरानी की जिम्मेदारी भी निभाती है। यह वरीयता प्राप्त कार्यों का निर्णय करती है और केन्द्र सरकार को भेजे जाने वाले कार्य-प्रस्तावों को मंजूर करती है। नरेगा की योजनाओं के क्रियान्वयन के लिये वार्षिक रिपोर्ट क्रियान्वयन रिपोर्ट तैयार करना राज्य रोजगार गारंटी परिषद् का ही कार्य है

(2) राज्य सरकार का उत्तरदायित्व मनरेगा के कार्यान्वयन हेतु राज्य सरकार को दी गई जिम्मेदारियाँ निम्नलिखित हैं

1. योजना का व्यापक प्रचार।
2. राज्य रोजगार गारंटी परिषद् का गठन करना।
3. राज्य रोजगार गारंटी कोष स्थापित करना।
4. राष्ट्रीय ग्रामीण रोजगार गारंटी योजना के समुचित कार्यान्वयन हेतु पूर्णकालिक व समर्पित ग्राम रोजगार सहायक कार्यक्रम अधिकारी और तकनीकी स्टाफ की नियुक्ति सुनिश्चित करना।
5. मनरेगा योजना बजट का राज्य का हिस्सा समय पर जारी कर दिया जाए, यह सुनिश्चित करना।
6. प्रशिक्षुओं के लिये प्रशिक्षक की व्यवस्था करना।
7. योजना के प्रभावी कार्यान्वयन हेतु जिला कार्यक्रम समन्वयक एवं कार्यक्रम अधिकारी को जरूरी वित्त तथा प्रशासनिक अधिकार सौंपना।
8. तकनीकी सहयोग एवं गुणवत्ता-नियंत्रण हेतु व्यवसायिक एजेंसियों की नियुक्ति करना।

9. योजना की प्रगति एवं परिणाम की नियमित समीक्षा, निगरानी और उसका मूल्यांकन करना।
10. योजना के हर स्तर पर जवाबदेही एवं पारदर्शिता सुनिश्चित करना।

केन्द्रीय स्तर पर सहभागिता

केन्द्रीय स्तर पर निम्नवत् दो निकाय सहयोगी होते हैं केन्द्रीय रोजगार गारंटी परिषद् एवं केन्द्रीय ग्रामीण विकास मंत्रालय।

(1) केंद्रीय रोजगार गारंटी परिषद् ग्रामीण विकास मंत्री की अध्यक्षता में एक केंद्रीय रोजगार गारंटी परिषद् का गठन किया जाता है। यह केंद्र सरकार को मनरेगा से संबद्ध मामलों पर सलाह देती है और इनके कार्यान्वयन की निगरानी एवं उनका मूल्यांकन करती है। यह संसद में रखने के लिए नरेगा के कार्यान्वयन की वार्षिक रिपोर्ट तैयार करती है।

(2) केंद्रीय ग्रामीण विकास मंत्रालय केंद्रीय ग्रामीण विकास मंत्रालय नरेगा के कार्यान्वयन के लिए नोडल मंत्रालय है। यह योजना के कार्यान्वयन के लिए राज्य एवं केंद्रीय परिषद् को समय पर पर्याप्त संसाधन और सहयोग प्रदान करना सुनिश्चित करता है। यह प्रक्रियाओं और परिणामों की नियमित समीक्षा, निगरानी और मूल्यांकन करता है। यह नरेगा के लक्ष्य पाने हेतु संबद्ध संस्थाओं का हरसंभव सहयोग करता है। पारदर्शिता बढ़ाने के लिए मंत्रालय सूचना तकनीकी के प्रभावी इस्तेमाल को बढ़ावा देता है एवं लाभार्थियों को अधिक से अधिक लाभ पहुँचाने के लिये मनरेगा के कार्यक्रमों को पूरी पारदर्शिता के साथ क्रियान्वित करना है।

कार्य एवं संचालन

ग्रामीण क्षेत्रों में रोजगार, आवास एवं पर्यावरणीय समस्याओं के समाधान कृषि एवं निर्माण कार्यो में आने वाली समस्याओं के समधान के लिये यह अनिवार्य था कि इसके लिए एक नियोजित कार्यक्रम बनाया जाय। इसके लिये आवश्यक परियोजनाओं एवं एजेंसियों के व्यवस्थित क्रियान्वयन की भी आवश्यकता थी। इन सभी समस्याओं के समाधान के लिये राष्ट्रीय ग्रामीण रोजगार गारंटी अधिनियम पारित किया गया। इस अधिनियम का उद्देश्य निम्नवत् कार्यों को करना है

1. जल भराव वाले इलाकों में जल निकासी का कार्य।
2. सिंचाई नहरें, सूक्ष्म एवं लघु सिंचाई कार्य।
3. जल संरक्षण एवं जल संग्रहण।
4. वनीकरण, वृक्षारोपण और सूखे की रोकथाम से संबद्ध कार्य।

5. सड़क निर्माण, जहाँ आवश्यक हो, वहाँ पुलिया का निर्माण।
6. भूमि विकास।
7. ग्रामीण क्षेत्रों में पानी के निर्माण के लिए नालियों का प्रबंधन।
8. मनरेगा के अंतर्गत सीमेंट-कंक्रीट की सड़क नहीं बनानी चाहिए। यह भी ध्यान रखा जाना चाहिए कि इसके अंतर्गत प्रधानमंत्री ग्राम सड़क योजना वाली सड़कों का निर्माण भी न हो, उन इलाकों को वरीयता दी जानी चाहिए, जहां अनुसूचित जाति/अनुसूचित जनजातीय बस्तियाँ हों।
9. वे सभी कार्य करना जिन्हें केंद्र सरकार ने राज्य सरकार से सलाह के बाद अधिसूचित किए हों।
10. हर मौसम में ग्रामीण संपर्क बनाए रखने वाले कार्य।
11. पारंपरिक जल निकायों का नवीकरण, टैंकों-तालाबों की गाद सफाई का कार्य।
12. सिंचाई सुविधा, बागवानी, अनुसूचित जाति/जनुसूचित जनजाति के संबद्ध परिवारों के स्वामित्व वाली भूमि का भू-विकास, इंदिरा आवास योजना के तहत लाभार्थियों की भूमि का भू-विकास, गरीबी रेखा के नीचे जीवनयापन करने वाले परिवारों की भूमि का भू-विकास।
13. बाढ़ नियंत्रण और सुरक्षा कार्य।

उपर्युक्त प्रारंभिक सूची रोज़गार गारंटी योजना में मुश्किल पैदा कर सकती है। इस स्थिति में राज्य सरकार अधिनियम की अनुसूची 1 धारा (9) का प्रयोग करके केन्द्र में परामर्श करके नई सूची जोड़ सकती है। नई सूची को केंद्रीय ग्रामीण विकास मंत्रालय को मंजूरी के लिए भेजने से पहले उस पर राज्य रोजगार गारंटी परिषद् में विचार किया जाना चाहिए और उनकी मंजूरी लेनी चाहिए। नई कार्य सूची का औचित्य पूरी तरह स्पष्ट करना चाहिए। यदि केंद्र सरकार कोई नई कार्य-सूची अधिसूचित करना चाहती है तो उस प्रस्ताव को वह राज्य सरकारों को भेजेगी, जिसका जवाब एक महीने के भीतर अवश्य भेज दिया जाना चाहिए।

योजना के तहत विगत कार्यों के संरक्षण या परिसंपत्ति के रख-रखाव हेतु भावी कार्यों को नरेगा के अंतर्गत अनुमत कार्य माना गया है क्योंकि यह माना गया कि किसी भी दशा में वन भूमि की सुरक्षा के बाद ही पर्यावरण संतुलित किया जा सकता है।

राष्ट्रीय ग्रामीण रोजगार गारंटी अधिनियम में यह प्रावधान किया गया है कि संसाधनों का उपयोग भूमि अधिग्रहण के लिए नहीं किया जाना चाहिए। छोटे और सीमांत किसान या अनुसूचित जाति-अनुसूचित जनजाति के भू-स्वामी अपनी जमीन पर योजना के अंतर्गत कार्य नहीं करवा सकते हैं।

वेतन एवं सामग्री अनुपात

सामग्री लागत से वेतन खर्च का अनुपात अधिनियम में निर्धारित न्यूनतम मानदंड 40 : 60 से कम नहीं होना चाहिए। इस अनुपात को प्राथमिकता के आधार पर ग्राम पंचायत, प्रखंड और जिला स्तर पर लागू किया जाना चाहिए। औजारों से मजदूर अधिक बेहतर ढंग से कार्य कर सकते हैं। औजारों का मूल्य परियोजना सामग्री मद के तहत् दर्ज किया जा सकता है। इसके लिये यह अनिवार्य है कि राज्य सरकार मनरेगा के तहत इस्तेमाल होने वाली सामग्री की खरीद के लिए एक पारदर्शी तंत्र विकसित करे। पुनरावृत्ति तथा जालसाजी रोकने के लिए प्रत्येक कार्य को एक खास पहचान संख्या दी जानी चाहिए ताकि कार्यक्रम का लगान प्राप्त किया जा सके। स्थायी विकास सुनिश्चित करने और योजना को एक समग्र दृष्टिकोण देने हेतु कार्य को परिभाषित करने के लिए एक परियोजना दृष्टिकोण अपनाया जाना चाहिए। इससे बहुत से कार्यों की परियोजनाओं को एक ही छतरी के नीचे रहकर संचालित किया जा सकता है। परियोजना को ब्लॉक के साथ इकाई के रूप में तैयार किया जा सकता है जिससे कि कार्यक्रम अधिकारी इसके तहत उपब्लॉक स्तर पर गतिविधियों में समन्वय कर सकता है। अंतर ब्लॉक परियोजनाओं को भी जिला स्तर पर तैयार करके इसे और भी प्रभावी बनाया जा सकता है।

कार्यक्रम का मानक प्रारूप जिला स्तर पर एक दस्तावेज के रूप में रखा जाना चाहिए और इसे पंचायत तथा अन्य कार्यान्वयन एजेंसियों को उपलब्ध कराया जाना चाहिए।

कार्यान्वयन अभिकरण

ग्राम पंचायत कार्य-निष्पादन के लिए सबसे महत्वपूर्ण एजेंसी है। कुछ लागत का न्यूनतम 50 प्रतिशत कार्य ग्राम पंचायत द्वारा निष्पादित किया जाता है। इसे कानूनन न्यूनतम तय कार्य से, शत-प्रतिशत कार्य-निष्पादन के लिए आवंटित किया जा सकता है। अन्य कार्यान्वयन एजेंसियों में मध्यवर्ती पंचायतें, जिला पंचायतें,

सरकारी लेखा विभाग, केंद्र एवं राज्य सरकारों के सार्वजनिक उपक्रम, नामी गैर-सरकारी संगठन, स्वयंसेवी समूह, सहकारी समितियाँ सम्मिलित हैं।

लेखा विभाग का योगदान

तकनीकी मदद निष्पादित कार्यों का पर्यवेक्षण और माप के लिये लेखा विभागों की विशेष आवश्यकता होती है। मस्टर रोल व्यवस्थित रखने के लिए लेखा विभाग को कोई अतिरिक्त प्रभार नहीं दिया जाता। ग्राम पंचायत पर तो 50 प्रतिशत कार्य निष्पादन की अनिवार्य जिम्मेदारी डाली गई है। इसके अलावा अन्य एजेंसियों का चुनाव उनके तकनीकी संसाधनों, देय समय सीमा में कार्य करने की क्षमता, पिछले कार्यों के रिकॉर्ड और लाभार्थियों के प्रति उनके समर्पण को देखकर किया जाएगा। प्राथमिकता क्रम में एजेंसियों की एक तालिका मंजूर की जा सकती है। यदि कोई एजेंसी किसी कार्य को करने में विफल रहे तो तालिका में से अन्य एजेंसी को वह कार्य सौंपा जा सकता है। इससे एजेंसी के विफल होने के बावजूद न तो कार्य रुकता है, न मजदूरों के रोजगार पर असर पड़ता है। यदि ग्राम पंचायत या कोई अन्य कार्यान्वयन एजेंसी आवंटित कार्य को 15 दिन के भीतर आरंभ नहीं करती है तो वह तुरंत कार्यक्रम अधिकारी को सूचित करेगी। कार्यक्रम अधिकारी उस कार्य को अन्य एजेंसी को सौंप देगा, जिसका नाम उस ब्लॉक के कार्यों के कार्यान्वयन हेतु नामित एजेंसियों में दर्ज होगा। विभिन्न कार्यों का समय मजदूरों, विशेषकर प्रवासी मजदूरों की जरूरतों के अनुसार तय किया जाना चाहिए। अधिनियम की अनुसूची 1 के अनुसार कार्य निष्पादन में किसी भी स्तर पर ठेकेदारों को नहीं लगाया जाएगा क्योंकि इससे कार्य की पारदर्शिता सुरक्षित रखने में संदेह है।

कार्यों की स्वीकृति एवं संपादन

इसमें यह प्रावधान किया गया है कि सभी कार्यों की प्रस्तावित वर्ष से पूर्ववर्ती दिसंबर माह में अग्रिम प्रशासनिक मंजूरी और तकनीकी स्वीकृति प्राप्त करनी होगी। जैसे ही ग्रामीण रोजगार माँगते हैं, तकनीकी और प्रशासनिक मंजूरी के साथ तैयार परियोजनाओं में से कार्य आरंभ कर दिए जाते हैं। ग्राम पंचायतें सामान्यतया कार्यदेश जारी करके कार्यारंभ करती हैं और आवेदकों को रोजगार देती हैं। कार्यक्रम अधिकारी भी कार्यदेश जारी करके कार्यारंभ करवा सकता है। यदि उसे रोजगार के आवेदन प्राप्त हो अथवा ग्राम पंचायत उसे इसके लिए कहती है।

ग्राम पंचायतें कार्यक्रम अधिकारी को कार्य शुरू होने के पहले ही सूचना देती

हैं कि वह इसके लिए आवश्यक मस्टर रोल जारी करता है। प्रत्येक मस्टर रोल की एक विशेष पहचान संख्या होती है और उसे कार्यक्रम अधिकारी सत्यापित करता है। मस्टर रोल में जॉब कार्ड संख्या, मजदूरों के नाम और कार्य दिवसों की संख्या दर्ज होती है। इसी से श्रमिकों से संबंधित प्रविष्टियाँ भरी जाती हैं। विशिष्ट संख्या वाला सत्यापित मस्टर रोल कार्य स्थल पर व्यवस्थित रखा जाता हैं। वहाँ कच्चा मस्टर रोल इस्तेमाल नहीं किया जा सकता। मस्टर रोल में दर्ज विवरण को रजिस्टर में दर्ज करना होगा।

सारा कार्य जॉब कार्डधारी मजदूर करेंगे, जिन्होंने रोजगार के लिए आवेदन किया होगा। ठेकदारों से बचने के लिए यह आवश्यक है। मनरेगा परियोजनाओं में अठारह वर्ष से कम आयु के व्यक्ति को कार्य करने की अनुमति नहीं है।

मेट

मेट की नियुक्ति कार्य स्थल पर पर्यवेक्षण और हाजिरी लेने के लिए की जाती है। मेट का चुनाव निष्पक्ष, पारदर्शी और भागीदारी प्रक्रिया के माध्यम से किया जाना चाहिए। मेटों में महिलाओं का पर्याप्त प्रतिनिधित्व होना चाहिए। मेट अपनी जिम्मेदारियाँ ठीक से पूरी कर सके इसके लिए उच्च शिक्षा की आवश्यकता नहीं है। अर्थात् उसकी शिक्षा पाँचवीं या आठवीं कक्षा तक हो सकती है। प्रत्येक गाँव में पर्याप्त संख्या में मेटों को प्रशिक्षण दिया जाना चाहिए ताकि कार्यों का सही निरीक्षण हो सके। पचास मजदूरों पर एक मेट को निगरानी पर लगाया जाना चाहिए। अर्थात् मेट और मजदूरों का अनुपात 1:50 होना चाहिए। इसके लिए राज्य सरकार राज्य रोजगार गारंटी परिषद् से सलाह करके नियम तय कर सकती है। मेट को बदल-बदलकर काम पर लगाना चाहिए। कभी एक जगह-आमतौर पर 15 दिन के लिए और कभी दूसरी जगह।

प्रशिक्षण

कार्य व्यवस्थित तरीके से हो सके इसके लिये मेट को अच्छी तरह प्रशिक्षित किया जाना चाहिए। इसका प्रशिक्षण ग्राम रोजगार सहायक और पंचायत सचिव के साथ करने की सिफारिश की गई है। मेट को प्रशिक्षण के दौरान नरेगा की मुख्य-मुख्य बातें, नरेगा कार्यकर्ताओं के पद नामपात्रता, कार्य स्थल पर पारदर्शी सुरक्षोपाय, मस्टर रोल का रख-रखाव, कार्य की माप की जानकारी दी जानी चाहिए।

प्रत्येक प्रशिक्षित मेट को मापने वाला फीता, कैलकुलेटर, प्राथमिक चिकित्सा

का सामान और दैनिक माप को दर्ज करने के लिए डायरी दी जानी चाहिए। मेट की सहायता कक्ष के फोन नंबर और आपातकालीन फोन नंबर भी दिए जाने चाहिएँ।

कार्य

मेट को एक जॉब चार्ट दिया जाता है जिसमें उसके उत्तरदायित्वों का उल्लेख होता है। जॉब चार्ट के अनुसार उसके निम्नलिखित कार्य हैं

1. कार्य स्थल पर सुविधाएँ सुनिश्चित करना, जैसे छप्पर, बच्चों की देखभाल की सुविधा, पानी एवं दवाइयाँ इत्यादि।
2. कार्य स्थल की सामान्य देख-रेख।
3. आपात स्थिति से निबटना, अर्थात् कार्य स्थल पर दुर्घटना होने पर आवश्यक कदम उठाना।
4. श्रमिकों का सामूहीकरण।
5. तय दर के अनुसार न्यूनतम मजदूरी भुगतान हेतु दिए जानेवाले कार्य का निर्धारण करना।
6. मस्टल रोल में कार्यस्थल पर ही मजदूरों के नाम हाजिरी और कार्य की माप का विवरण भरना। मस्टर रोल में विवरण की प्रामाणिकता और कार्य की गुणवत्ता के लिए मेट जिम्मेदार होगा।
7. प्रत्येक समूह द्वारा काम दैनिक या साप्ताहिक आधार पर किया जाएगा।

वेतन

मनरेगा के तहत् मेट का वेतन आमतौर पर अर्द्धकुशल कामगारों जितना होना चाहिए, लेकिन किसी भी स्थिति में अकुशल श्रमिकों से कम नहीं होना चाहिए। मेटों का वेतन मनरेगा कर्यों के अंतर्गत सामग्री लागत में शामिल किया जाना चाहिए।

कार्यक्रम *कार्य प्रारंभ के पहले निम्नवत् कार्य पूरे करने होते हैं*

1. कार्य स्थल पर मनरेगा के प्रतीक के साथ एक बोर्ड लगाया जाए, जिस पर कार्य का विवरण, अनुमानित लागत कार्य की स्थिति आदि दर्ज हों।
2. काम के सरल निष्पादन काम की माप और मजदूरी की सही गणना के लिए मजदूरों को 4-6 लोगों के छोटे दलों को बाँटा जा सकता है।

3. मजदूरों के खाते बैंक या स्थानीय डाकघरों में खोले जा सकते हैं।
4. कार्य स्थल पर सभी कार्यकर्ताओं/मजदूरों के साथ परियोजना आरंभ बैठक आयोजित की जानी चाहिए। बैठक में कार्यकर्ता भुगतान दर, अधिनियम से जुड़ी मुख्य बातें बताएँ, मजदूरी भुगतान की जानकारी दें, कार्य स्थल पर उपलब्ध होने वाली सुविधाओं की जानकारी दें, अपना पदनाम बताएँ, ताकि कार्य स्थल पर किसी दुर्घटना, चोट, मृत्यु या मजदूरों के बच्चों की मृत्यु की स्थिति में उनकी मदद ली जा सके। यह स्पष्ट करें कि महिला-पुरुष को समान पारिश्रमिक दिया जायेगा।
5. सभी मजदूरों को समान मजदूरी का हकदार दर्शाने के लिए एक नमूना गड्ढा खोदकर उन्हें यह बताया जा सकता है कि उनसे उसी तरह के काम की अपेक्षा है।

कार्य मूल्यांकन

कार्य मूल्यांकन के लिये राज्य निम्नवत् बातों को शामिल कर सकते हैं

1. सूचीबद्ध सभी कार्यों की गुणवत्ता बनाए रखना तथा उनमें संवर्धन करना।
2. इस अधिनियम के तहत चलाए जाने वाले कार्य स्पष्ट रूप से पहचाने जाएँ। जो भी भुगतान किया जाए, वह पारदर्शी हो। खुदाई और मलबा उठाने जैसे कार्यों को एक साथ न जोड़ा जाए।
3. स्थान विशेष की मिट्टी की स्थिति, ढलान, भू-विज्ञान आदि को ध्यान में रखते हुए मजदूरों का शोषण रोकना और उन्हें तय मजदूरी प्रदान करना।
4. निष्पादित कार्य की माप तय समय पर करें, जिससे कि भ्रष्टाचार को रोका जा सके।

कार्य मूल्यांकन के लिये बतलाये गये उपरोक्त प्राप्ति हेतु राज्य सरकारें स्थान विशेष से संबद्ध परिस्थितियों का व्यापक अध्ययन कार्यक्रम चला सकती हैं। इससे यह तय किया जा सकता है कि विभिन्न जलवायु स्थितियों, भू-संरचनाओं के बीच उत्पादकता मानदंड और भुगतान दरों में कैसे संतुलन कायम रखा जा सकता है। भुगतान दरों को इन अध्ययनों के आधार पर तैयार किया जा सकता है। जगहों पर समान काम के लिए विभिन्न कार्यान्वयन एजेंसियों को समान दर पर भुगतान करना चाहिए। मानक रूप से तैयार दर का खाका जनता के बीच व्यापक रूप से प्रचारित

करना चाहिए। दरों को स्थानीय सरल भाषा में कार्य स्थल में प्रदर्शित किया जाना चाहिए।

दैनिक रूप से किये जाने वाले कार्यों को डायरी में लिखना चाहिए। मेट और तकनीकी प्रभारी द्वारा अलग-अलग किया गया कार्य मापन एक समान होना चाहिए। यह माप दैनिक आधार पर पारदर्शी तरीके से हो। माप का सत्यापन तकनीकी प्रभारी द्वारा मजदूरी भुगतान से एक सप्ताह पहले कर दिया जाना चाहिए, ताकि भुगतान में किसी प्रकार की समस्या न हो।

कार्यस्थल पर सुविधाएँ

राष्ट्रीय ग्रामीण रोजगार गारंटी अधिनियम की अनुसूची 2, धारा 27 व 28 के अनुसार कार्यस्थल पर अपेक्षित सुविधाएँ मुहैया कराने की जिम्मेदारी कार्यान्वयन एजेंसी की होगी। चिकित्सा सुविधा, पेयजल, छप्पर और यदि छह साल से कम आयु के पाँच बच्चे हों तो क्रेच (शिशु सदन)। यदि कार्यस्थल पर छह साल से कम आयु के पांच से अधिक बच्चे हों तो नरेगा के तहत एक व्यक्ति (प्राथमिकता से एक महिला) को उनकी देख-रेख में लगाया जाए तथा उसे अकुशल मजदूरों जितनी ही मजदूरी का भुगतान किया जाए। इस मद को माप कार्य में उल्लेखित करके अलग से दर्शाया जाय। बच्चे की सुविधा के लिये क्रेच को इस तरह से बनाया जाए कि उसकी पूरी क्षमता का उपयोग किया जा सके। आम तौर पर एक कार्यस्थल अथवा कई कार्य स्थलों के लिए एक क्रेच खोलना चाहिए।

कार्य शर्तें की रिपोर्ट कार्यपूर्ति के बाद सम्पूर्ण विवरण निर्धारण प्रपत्र में उल्लेखित किया जाना चाहिए। वह विवरण संबद्ध वरिष्ठ अधिकारी द्वारा सत्यापित होना चाहिए। पूरे हुए कार्य का एक फोटो कार्य के रिकॉर्ड के रूप में खींचकर रिपोर्ट के साथ लगाना चाहिए। यह रिपोर्ट कार्य से संबंधित फाइल में कार्यान्वयन एजेंसी के कार्यालय में रखी जानी चाहिए, ताकि आवश्यकता पड़ने पर विश्वसनीय रिपोर्ट के रूप में इसका प्रयोग संभव हो सके।

पारदर्शिता निर्णय लेने और प्रशासन की प्रक्रिया से पूर्ण पारदर्शिता नरेगा का एक विशिष्ट गुण है। यह प्रासंगिक जानकारी तक लोगों की सहज पहुँच सुनिश्चित करता है। इससे संबद्ध सूचनाएँ कार्यस्थल पर स्थानीय भाषा में और ग्राम पंचायत के कार्यालय में प्रस्तुत की जाती हैं। सभी प्रभावित लोग निर्णय लेने व सत्यापन की प्रक्रिया में हिस्सा ले सकते हैं।

परामर्श और सहमति जिन मुद्‌दों के तहत विकल्प अनावश्यक रूप से पूर्व निर्धारित हों, वहाँ प्रभावित लोग व्यक्तिगत अथवा सामूहिक रूप से फेरबदल के लिए परामर्श और सहमति दे सकते हैं।

जवाबदेही प्रभावित लोगों के प्रश्नों का उत्तर तथा प्रासंगिक कार्रवाई के सन्दर्भ में स्पष्टीकरण देने की जवाबदेही निर्वाचित प्रतिनिधियों और सरकारी पदाधिकारियों को सौंपी गयी है।

शिकायत-निवारण सामाजिक लेखा-परीक्षा से सम्बन्धित शिकायतों के समाधान के लिए उस पर की गई कार्रवाई की रिपोर्ट को सार्वजनिक करने की व्यवस्था की गयी है।

निर्धारित समय पर पारिश्रमिक भुगतान

मनरेगा में कार्य करने वाले मजदूरों की मजदूरी समय पर भुगतान न किये जाने के सन्दर्भ केंद्र सरकार ने राज्यों से कहा कि वे लाभार्थियों को समय पर भुगतान सुनिश्चित करने की राह में आने वाली बाधाओं को दूर करें। केंद्रीय ग्रामीण विकास मंत्रालय ने राज्यों के मुख्य सचिवों से कहा है कि वे मनरेगा कामगारों को समय पर भुगतान करने के लिए उठाए गए सुधारात्मक कदमों के बारे में सूचित करें। कुछ राज्य ऐसे भी हैं जिनमें मनरेगा कामगारों को पारिश्रमिक देने में देरी हो रही है। मंत्रालय ने राज्य सरकारों से आग्रह किया है कि वे इन मुद्दों को देखें और बाधाओं को दूर करने के उपाय करें, ताकि पारिश्रमिक का समय पर भुगतान सुनिश्चित हो सके। केंद्रीय ग्रामीण विकास मंत्रालय ने प्रशासनिक व्यय पर आवंटन की सीमा को 4 से बढ़ाकर 6 प्रतिशत कर दिया है, ताकि पारिश्रमिक का तेजी से वितरण हो सके। मनरेगा अधिनियम के तहत मनरेगा कामगारों को किए गए काम के बदले एक पखवाड़े में ही भुगतान किया जाना चाहिए। यदि इसमें विलंब होता है तो संबद्ध राज्य सरकार को भत्ता भुगतान अधिनियम के प्रावधानों के तहत मुआवजा देना पड़ता है।

कई बार ऐसा देखने को मिला है कि कुछ कार्यों में भत्तों का भुगतान मस्टर रोल में चूक के कारण देर से हुआ। कुछ मामलों में ब्लॉक और पंचायत स्तर पर स्टाफ की कमी के कारण ऐसा हुआ। मनरेगा कामगारों को बैंकों और डाकघरों में उनके खातों में ही पारिश्रमिक की रकम भेज दी जाती है और कभी-कभार लेन-देन में लगने वाले समय में भी भुगतान में विलम्ब हो जाता है।

स्थायी आजीविका

मात्र मनरेगा को एक नया रूप देने की कोशिश की जा रही है। योजना आयोग की कोशिश है कि नरेगा के अंतर्गत दलित और आदिवासियों को तो रोजगार मिले ही, साथ ही 2 हेक्टेयर से कम जोत वाले सभी किसानों को भी इसके दायरे में लाया जाए। यही नहीं, सार्वजनिक क्षेत्रों के काम के साथ ही किसानों के खेत में कुएँ खोदने, मेंड़ बाँधने और इसी तरह के दूसरे कामों को भी मनरेगा के क्षेत्र में सम्मिलित किया जाय। राष्ट्र में सूबे को मद्‌देनजर आयोग चाहता है कि मनरेगा के जरिए गाँवों में जल-आपूर्ति की स्थायी व्यवस्था हो ताकि गाँवों में आजीविका की दूरगामी और स्थायी व्यवस्था बन सके। इस काम के लिए मनरेगा में सिविल सोसायटी की भूमिका बढ़ाने की भी तैयारी है। मनरेगा की सफलता को अब इस बात की कसौटी पर कसा जाएगा कि गाँवों से पलायन की दर में कितनी कमी आई है। नरेगा के स्वरूप में इस तरह बदलाव करने का प्रस्ताव है कि 2 हेक्टेयर तक जमीन रखने वाले किसानों के खेत में कुएँ, मेड़ और जलाशय का काम इस योजना के दायरे में लाया जाए। सभी वर्गों के गरीब किसानों को योजना के दायरे में लाते समय इस बात की व्यवस्था की जाएगी कि दलित और आदिवासियों के हितों से किसी तरह का समझौता न हो।

यह सत्य है कि आज तक किसी प्रकार का व्यक्ति कार्य मनरेगा के अन्तर्गत सम्मिलित नहीं है। पहली बार काउंसिल फॉर एडवांसमेंट ऑफ पीपुल्स एक्शन एंड रूरल टेक्नोलॉजी (कपाट) और नेशनल इंस्टीट्यूट ऑफ रूरल डेवलपमेंट) (एन.आई. आर.डी.) हैदराबाद जैसे सिविल सोसायटी संस्थानों को मनरेगा से जोड़ा जा रहा है। जमीनी स्तर पर योजनाएँ बनाने के विशेषज्ञ संस्थानों के सहयोग से यह सुनिश्चित किया जाएगा कि मनरेगा की योजनाएँ दिल्ली की अफसरशाही की बजाय गाँवों की आवश्यकता के मुताबिक निर्धारित हों। मनरेगा में सामाजिक कार्यकर्ताओं की भागीदारी को बढ़ाया जाएगा और उनके लिए मेहनताने की व्यवस्था भी की जाएगी।

प्रायः सूखा राहत योजनाएँ बहुत कारगर नहीं हो पातीं। ऐसे में विभिन्न तरह की सूखा राहत योजनाओं को मनरेगा के तहत लाया जा सकेगा। इससे होगा यह कि राहत सामग्री तो जरूरतमंद तक पहुँचेगी ही, साथ ही भविष्य की स्थितियों से निपटने की तैयारी भी हो जाएगी।

परोक्ष प्रभाव

2 फरवरी, सन् 2006 से मनरेगा देश के कुछ क्षेत्रों में कार्य करना शुरू कर

दिया था। प्रथम चरण में इसे देश के 200 सबसे पिछड़े जिलों में तथा दूसरे चरण में वर्ष 2007-08 में इसमें और 130 जिलों को शामिल कर लिया गया। शुरुआती लक्ष्य के अनुरूप नरेगा को पूरे देश में पाँच सालों में फैला देना था। बहरहाल, सम्पूर्ण भारत के इसके क्षेत्र में लाने और माँग को दृष्टि में रखते हुए योजना को 1 अप्रैल, 2008 से सभी शेष ग्रामीण जिलों तक विस्तार दे दिया गया। विगत दो वर्षों के दौरान कार्यान्वयन के रुझान अधिनियम के लक्ष्य के अनुरूप ही हैं। वर्ष 2007-08 में 3. 39 करोड़ घरों को रोजगार प्रदान किया गया और 330 जिलों में 143.5 करोड़ श्रम-दिवसों का सृजन किया गया। संपूर्ण ग्रामीण रोजगार योजना (2005-06 में 586 जिले) पर यह 60 करोड़ श्रम-दिवसों की बढ़त है।

कार्यक्रम की प्रकृति ऐसी है कि इसमें लक्ष्य स्वयं निर्धारित हो जाता है। इसके तहत हाशिए पर रहने वाले समूहों जैसे अनूसूचित जाति/अनुसूचित जनजाति की 57 प्रतिशत, महिलाओं की 43 प्रतिशत और गरीबी रेखा से नीचे रहने वाले लोगों की 29 प्रतिशत की भारी भागीदारी रही। बढ़ी हुई मजदूरी दर ने भारत के ग्रामीण निर्धनों की आजीविका संसाधनों को ताकत पहुँचाई। निधि का 68% वित्त मजदूरों को मजदूरी प्रदान करने में प्रयोग किया गया है। निष्पक्ष अध्ययनों से पता चलता है कि निराशाजन्य प्रवास को रोकने, घरों की आय को सहारा देने और प्राकृतिक संसाधनों को दोबारा पैदा करने के मामले में कार्यक्रम का प्रभाव सकारात्मक है।

न्यूनतम पारिश्रमिक में बढ़ोतरी

सन् 2007-08 में क्षेत्र वृद्धि में 15,856.89 करोड़ रुपये व्यय किया गया जिसमें से 10.738.47 करोड़ रुपए बतौर मजदूरी 3.3 करोड़ से ज्यादा परिवारों को दिये गये। देश में नरेगा योजना के प्रारम्भ होने के बाद वाले खेतिहर मजदूरों की राज्यों में न्यूनतम मजदूरी बढ़ गई है। महाराष्ट्र में न्यूनतम मजदूरी 47 रुपए से बढ़कर 72 रुपए, उत्तर प्रदेश में 58 रुपए से बढ़कर 100 रुपए हो गई है। इसी तरह बिहार में 68 रुपए से बढ़कर 81 रुपए, कर्नाटक में 62 रुपए से बढ़कर 74 रुपए, पश्चिम बंगाल में 64 रुपए से बढ़कर 70 रुपए, मध्य प्रदेश में 58 रुपए से बढ़कर 85 रुपए, हिमाचल प्रदेश में 65 रुपए से बढ़कर 75 रुपए, नगालैंड में 66 रुपए से बढ़कर 100 रुपए, जम्मू व कश्मीर में 45 रुपए से बढ़कर 70 रुपए और छत्तीसगढ़ में 58 रुपए से बढ़कर 72 रुपए हो गई है।

ग्रामीण संरचनात्मक ढाँचे पर प्रभाव

सन् 2006-07 के दौरान तकरीबन आठ लाख कार्यों का शुभारंभ किया गया,

जिनमें से 5.3 लाख जल सरंक्षण, सिंचाई सूखा निरोध और बाढ़-नियंत्रण कार्य थे। सन् 2007-08 के दौरान लगभग 17.8 लाख कार्यों की शुरुआत की गयी। इन कार्यों में से 49 प्रतिशत जल संरक्षण कार्य थे, जो ग्रामीण क्षेत्रों से आजीविका के प्राकृतिक संसाधन आधार के पुनर्स्रजन से संबंधित थे। 2008-09 में जुलाई तक 14.5 लाख कार्यों को शुरू किया गया।

नरेगा के माध्यम से तमिलनाडु के विल्लूपुरम् जिले में जल-भंडारण (छः माह तक) में जल-स्तर में तथा कृषि उत्पादन में अत्यधिक वृद्धि हुई थी। कृषि उत्पादकता (एक फसली से दो फसली) में बढ़ोतरी हुई।

बैंक एवं डाकघरों द्वारा पारिश्रमिक भुगतान

नरेगा के तहत मजदूरी का भुगतान बैंकों या डाकघरों के माध्यम से करके भुगतान एजेंसियों एवं समन्वय एजेंसियों को परस्पर अलग किया जा सकता है। बैंक या डाकघर से परिश्रमिक भुगतान के समय निम्नलिखित बातों को ध्यान में रखना चाहिए

1. भुगतान की प्रक्रिया आरंभ करने से पहले यह देख लेना चाहिए कि संबंधित बैंक उनका पूरा सहयोग करने को तैयार हैं या नहीं। वहाँ स्टाफ की कमी तो नहीं है। जहाँ तक संभव हो, बैंकों को अपना शुल्क नहीं वसूलना चाहिए।
2. बैंक से भुगतान की प्रक्रिया के बारे में ग्राम पंचायतों को स्पष्ट निर्देश देना चाहिए, ताकि वे अपनी व्यवस्था सुनिश्चित कर सकें।
3. व्यक्तिगत खाता (प्रत्येक नरेगा मजदूर के लिए) खुलवाना है अथवा संयुक्त खाता (प्रत्येक जॉब कार्ड के लिए एक), इस पर विचार कर लेना चाहिए। अन्यथा पारिश्रमिक भुगतान की प्रक्रिया बाधित होती है। यदि परिवार के भिन्न सदस्य (अर्थात् पति एवं पत्नी) संयुक्त खाता खुलवाते हैं तो दोनों को सह-हस्ताक्षरी (पैसा निकलवाने के लिए दोनों के हस्ताक्षर आवश्यक) बनाएँ। इस बात का ध्यान रखना चाहिए कि परिवार की मजदूरी का भुगतान परिवार के मुखिया के व्यक्तिगत खाते में जमा न करवा दिया जाए।
4. यह स्पष्ट तौर पर बताना चाहिए कि बैंक में खाता खोलने के लिए कौन जिम्मेदार है मजदूर, बैंक या ग्राम पंचायत।

5. बैंकों से नरेगा मजदूरों के खाते निःशुल्क खोलने की प्रार्थना करनी चाहिए।
6. इस अधिनियम में यह भी प्रावधान है कि पुरुष प्रधान परिवारों में महिला सदस्यों के व्यक्तिगत खाते खुलवाए जा सकते हैं।
7. महिलाओं सहित बैंकिंग तंत्र से अपरिचित मजदूरों को इस प्रकार से शिक्षित किया जाना चाहिए कि वे बैंक का कामकाज स्वतंत्र रूप से करने लगें।
8. स्थानीय परिस्थितियों को देखते हुए सहज और समय पर मजदूरी के भुगतान के लिए ग्रामीण बैंक, सहकारी बैंक, राष्ट्रीयकृत बैंक, डाकघर, चलते-फिरते बैंक आदि का चुनाव किया जा सकता है। उदाहरण के लिए, जिस बैंक में ग्राम पंचायत का खाता हो, वहाँ पर मजदूरों के खाते खुलवाना अकसर मददगार सिद्ध होता है। यदि अंतर-बैंक स्थानांतरण हो तो उसे सरलतम बनाने का प्रयास करना चाहिए।
9. सभी संबंधित मजदूरों के बैंक या डाकघर खाते बैंक या ग्राम पंचायत के अधिकारी उनकी ओर से खुलवाते हैं। मजदूरों को स्वयं अपने खाते नहीं खुलवाने पड़ते।
10. चेक भुगतान में देरी, बैंक शाखाओं में स्टाफ की कमी या बैंकरों की उदासीनता से भुगतान में होने वाली देरी पर राज्य सरकार राज्य स्तरीय बैंकिंग समन्वय समिति की बैठक में चर्चा कर सकती है।
11. मस्टर रोल में दर्ज मजदूरों के समूह के नाम चेक जारी कराएँ और बैंक उन्हें मजदूरों के खातों में स्थानांतरित कर दें। मजदूरों द्वारा भुगतान माँगे जाने पर बैंक वह पैसा उन्हें सौंप दे। भुगतान होने पर मजदूरों को एक भुगतान परची भी दी जाए। राशि भुगतान परची और निकालने की परची केवल मजदूर अथवा उसके द्वारा अधिकृत किसी व्यक्ति को ही देनी चाहिए।
12. बैंक या डाकघर से मजदूरी भुगतान का सारा विवरण जॉब कार्ड में दर्ज किया जाना चाहिए।

बेरोजगारी भात्ता

राष्ट्रीय ग्रामीण रोजगार गारंटी अधिनियम में यह प्रावधान किया गया है कि मजदूरी रोजगार के आवेदन पर आवेदक को आवेदन देने की तिथि से 15 दिन के

भीतर रोजगार उपलब्ध नहीं कराया जाता तो राज्य सरकार इस अधिनियम के अंतर्गत निर्धारित दर से आवेदक को बेरोजगारी भत्ता देगी। यह पात्रता तभी लागू होती है जब यह अधिनियम उस जिले या क्षेत्र में अधिसूचित हो जाता है। कार्यक्रम अधिकारी बेरोजगारी भत्ता का विकास स्तर पर पंजीकृत बेरोजगारों को उपलब्ध कराने के लिए उत्तरदायी है। बेरोजगारी भत्ते का भुगतान मजदूरी भुगतान करने की प्रक्रिया के अनुसार ही संचालित होगा। अधिनियम में सिफारिश की गई है कि बेरोजगारी भत्ते का भुगतान साप्ताहिक आधार पर, ग्राम पंचायत स्तर पर, रोजगार गारंटी दिवस पर किया जाए। बेरोजगारी भत्ते का भुगतान देय तिथि से 15 दिन के भीतर कर दिया जाए। देरी होने पर राज्य सरकार को इसका मुआवजा अदा करना होगा।

मनरेगा की राष्ट्रीय उपयोगिता

वर्तमान समय में भारत की आर्थिक स्थिति दिन-प्रतिदिन मजबूत होती जा रही है। आर्थिक वृद्धि दर में बहुत और स्टॉक मार्केट की आक्रामक चढ़ाई में भारत ने महत्वपूर्ण स्थान प्राप्त कर लिया है। भारत ने विदेशी निवेश के मामले में तो अमेरिका को भी विश्व के दूसरे स्थान से हटा दिया है। अब इस संदर्भ में प्रथम स्थान पर चीन के बाद भारत की ही गिनती होती है। किन्तु यह अप्रत्याशित प्रदर्शन भारत की उस दुःखती रग को छिपाता है, जिसको लोगों ने 2004 के ऐतिहासिक चुनावों में अपने मत के माध्यम से उजागर किया कि आर्थिक उन्नति के लाभों को समान रूप से बाँटा नहीं गया है और भारत के अधिकांश लोग आजादी के 64 साल बाद भी इनसे वंचित रह गये हैं। देश में आज भी कई ऐसे क्षेत्र हैं जिनका विकास किया जाना है।

ऐसा अनुमान लगया गया है कि जो राज्य पहले से पिछड़े थे, वे न केवल निम्न स्तर की आर्थिक वृद्धि पर फँसे रहे, अपितु उनकी वृद्धि दर में वर्ष 1990 के बाद लगातार गिरावट भी आई। विश्व बैंक के कुछ अर्थशामहिलाओं का मानना है कि इस क्षेत्रीय असमानता के कारण भारत का आर्थिक विकास गरीबी पर अपेक्षित असर नहीं डाल पाया है। भारत सरकार के वित्त मंत्रालय और संयुक्त राष्ट्र विकास कार्यक्रम (यू.एन.डी.पी.) के लिए किए गए एक अध्ययन ने विस्तृत आँकड़ों के माध्यम से यह तथ्य उजागर किया है कि भारत के सूखे, दूरस्थ, आदिवासी बहुल, पहाड़ी क्षेत्रों में गरीबी सबसे अधिक है। विकास के इस असंतुलन को सरकार ने भी स्वीकार किया है। हाल ही में योजना आयोग द्वारा जारी बढ़ती हुई क्षेत्रीय असमानताओं के निवारण हेतु गठित अंतर-मंत्रालय कार्य-दल की रिपोर्ट में 170

अति पिछड़े जिले जिनमें से 55 अतिवाद प्रभावित हैं, की सूची दी गई है। इससे यह स्पष्ट हो गया है कि यहाँ पिछड़ापन अधिक है।

सरकारी आँकड़े इस बात को भी उजागर करते हैं कि भारत में 74% वे बालक हैं जो तीन साल से कम उम्र के हैं, रक्तहीनता के शिकर होते हैं। लगभग 87% भारतीय गर्भवती महिलाएँ रक्तहीनता की शिकार हैं। देश भर में भूख से हुई सैकड़ों मौतें एक 'कुपोषण आपातकाल' को रेखांकित करती हैं। भारत में प्रत्येक वर्ष 25 लाख से अधिक शिशुओं की मृत्यु हो रही है। विश्व में हर पाँच मरने वाले बच्चों में एक बच्चा भारतीय है। शिशु मृत्यु दर बाँग्लादेश से भी कहीं ज्यादा है। राष्ट्रीय सैंपल सर्वे के अप्रकाशित आँकड़ों से ज्ञात होता है कि 'हमारी आधी ग्रामीण जनसंख्या या करीब 350 लाख लोग अफ्रीकी-सहारा क्षेत्र के औसत से भी कम खाद्य-ऊर्जा ग्रहण कर पाते हैं।' स्थिति कितनी त्रासद है, यह हाल ही के वर्षों में 10 हजार से अधिक कृषकों द्वारा की गई आत्महत्या और महाराष्ट्र में हुई हजारों की संख्या में बच्चों की मृत्यु से समझा जा सकता है। भारत में बेरोजगारी एक विकट रूप धारण कर चुकी है। राष्ट्रीय सैंपल सर्वे की 55वीं गणना यह दर्शाती है कि रोजगार सृजन की दर में भारी गिरावट आई है। आज दैनिक स्थिति के अनुसार रोजगार की वृद्धि दर, जो वर्ष 1983-1994 की अवधि में 2.7 प्रतिशत थी, 1994-2000 में गिरकर 1.07 प्रतिशत हो गई। शहरी और ग्रामीण क्षेत्र दोनों में बेरोजगारी की संख्या में वृद्धि हुई है। ग्रामीण क्षेत्रों में बेरोजगारी की दर वर्ष 1993-94 में 5.6 प्रतिशत थी, जो बढ़कर 1992-2000 में 7.2 प्रतिशत हो गई है। रोजगार के अवसर में कमी होने का मुख्य कारण यह रहा कि कृषि विकास के साथ-साथ रोजगार के जो अवसर उपलब्ध होने चाहिएँ थे वे हुये नहीं। इसको यूँ भी समझा जा सकता है कि जहाँ 1983-94 के बीच कृषि उत्पादन में 1 इकाई वृद्धि से रोजगार के अवसरों में 0.7 इकाइयों का इजाफा होता था, वहीं 1994-2000 के बीच केवल 0.01 रोजगार इकाइयाँ ही अर्जित हो पाईं। अतः करोड़ों बेरोजगारों को रोजगार देना आज की सबसे आवश्यकता है।

रोजगार की गारंटी की संभावनाएँ

जो संविधान निजी संपत्ति के संरक्षण के लिए स्वयं को नैतिक रूप से बाध्य मानता है, उसे काम के अधिकार को सुरक्षित करना भी अपना दायित्व समझना चाहिए। प्रमुख रूप से उस दौरान जब योजनाबद्ध विकास के पाठ वर्ष भी इस क्षेत्र में सफल नहीं हो सके हो। सन् 1920 के दशक में पश्चिमी पूँजीवादी देशों में

बेरोजगारी इस हद तक बढ़ गई थी कि वहाँ की सरकारों को बेरोजगारी बीमा नीतियाँ लागू करनी पड़ीं। वर्ष 1980 तक 30 देशों के संविधान ने काम के अधिकार को अपने में समाहित कर लिया था। इनमें 18 विकासशील देश भी थे। 25 देशों ने इसे काम की गारंटी को अधिकार का दर्जा दिया है। काम का अधिकार भारतीय संविधान की धारा 41 में निहित है; किंतु मौलिक अधिकार के रूप में नहीं, बल्कि शासकीय नीतियों के निर्देशक सिद्धांतों के रूप में।

सर्वोच्च न्यायालय के विभिन्न निर्णयों के अनुसार सरकार को निर्देशक सिद्धांतों को मौलिक अधिकारों का दर्जा देना चाहिए। मानव अधिकार के सार्वभौमिक उद्घोष अंतर्राष्ट्रीय श्रम संगठन की 'आर्थिक, सामाजिक व सांस्कृतिक संधि' को स्वीकार करने के उपरान्त हमारे देश के ऊपर अंतर्राष्ट्रीय दायित्व भी है कि वह ऐसा करे। भारत की विकास योजनाओं की शुरुआत ही इस पूर्वाग्रह से हुई कि ग्रामीण क्षेत्र के करोड़ों बेरोजगारों के उद्धार का मात्र एक ही विकल्प यह है कि नगरों व शहरों के अन्तर्गत उद्योग स्थापित कर उन्हें वहाँ श्रम के अवसर प्रदान किया जाय। किंतु 60 के दशक के मध्य में पड़े सूखे की मार और उससे उत्पन्न राष्ट्रीय ग्लानि की भावना ने नीति की दिशा को बदलने पर मजबूर कर दिया। इस पुनर्विचार का नतीजा थी अगले दो दशकों की हरित क्रांति। परन्तु क्रान्ति में आज सफलता की झलक परिलक्षित नहीं हो रही है। देश के कछारी क्षेत्रों के संपन्न किसानों पर केंद्रित, गेहूँ और चावल तक सीमित, इस क्रांति ने देश के सबसे गरीब ओर पिछड़े क्षेत्रों को अपने आपसे दूर रखा जिसका परिणाम यह निकला कि ऐसे पिछड़े क्षेत्रों में गरीबी का चक्रव्यूह और भी गहराया। करोड़ों छोटे व सीमांत किसानों को अपने खेत के बाहर काम खोजना पड़ा। राष्ट्रीय सैंपल सर्वे के आँकड़े बताते हैं कि खेतिहर मजदूरों में 80 प्रतिशत ऐसे हैं जिनके पास अपनी जमीन होते हुए भी उन्हें काम करना पड़ रहा है, क्योंकि उनके खेतों में रोजगार सृजन की क्षमता पर्यावरण के पतन के साथ विलोपित होती गई। भू-क्षरण को रोकना, वर्षा के जल को संगृहीत करना और खेतों के जल-ग्रहण क्षेत्र का उपचार करना राष्ट्रीय ग्रामीण रोजगार गारंटी अधिनियम का प्रमुख उद्देश्य होना चाहिए। इसके साथ ही शिक्षा व स्वास्थ्य पर भी उचित व्यय किया जाना चाहिए। इससे कई उद्देश्य एक साथ निर्धारित किये जा सकते हैं जो निम्नवत है

1. रोजगार गारंटी केवल अल्पकालीन राहत ही नहीं पहुँचाएगी, अपितु भारतीय खेती को दीर्घकालीन सूखा-मुक्ति व बाढ़-सुरक्षा की ओर ले जाएगी।

2. अर्थव्यवस्था को स्थायी व सुदृढ़ आधार मिलेगा, जिससे कि सतत विकास हो सके, जो कि प्रकृति के उतार-चढ़ाव से सुरक्षित रहे।
3. राष्ट्र का आर्थिक विकास निर्धनता का समाधान करने में अधिक से अधिक असरदार साबित होगी। अध्ययन दर्शाते हैं कि आर्थिक वृद्धि का सबसे अधिक असर वहाँ होता है जहाँ सामाजिक अधोसंरचना बुलंद हो। जहाँ जोग शिक्षित और स्वस्थ होंगे और जहाँ स्वच्छ पेयजल उपलब्ध होगा, वहाँ लोग विकास के अवसरों का लाभ लेने में ज्यादा सक्षम होंगे। अतः ऐसे क्षेत्रों में किए गए सभी पूँजी निवेशों को सफलता मिलेगी।
4. लोगों की सरकारी रोजगार गारंटी योजनाओं पर निर्भरता धीरे-धीरे कम होती जाएगी, जैसे-जैसे लोगों के खेत ही उनका भरण-पोषण कर पाएँगे।
5. रोजगार गारंटी पर खर्च स्थायी आजीविका निर्माण में लगेगा, जिससे पूरे देश की अर्थव्यवस्था और उत्पादकता पर सकारात्मक प्रभाव पड़ेगा।
6. इससे निजी पूँजी निवेश को भी प्रोत्साहन मिलेगा, जिससे कि रोजगार के और अवसर मिलेंगे।
7. किस हद तक पूँजी निवेश गरीबी को दूर कर पाता है, यह इस पर निर्भर करेगा कि निवेश किस रूप में और किन कार्यों पर हुआ। यदि रोजगार गारंटी पर होने वाला खर्च श्रमोन्मुखी कार्यों पर केंद्रित हुआ तो आर्थिक विकास के साथ-साथ लोगों को काम भी मिलेगा।

इससे रोजगार गारंटी लम्बी अवधि तक प्रभावी एवं समृद्धशाली होते हुए, पर्यावरणीय व वित्तीय, दोनों, दृष्टि से उपयोगी सिद्ध होगी। वैश्विक स्तर पर दो दशक से अर्थशास्त्र एक विशेष 'कट्टरपंथ' का शिकार हुआ है, जो कि सरकार के बजट घाटे को कम करने की रट लगाए हुए है। इस विचारधारा को यह नहीं समझ आ रहा कि सरकारी निवेश आर्थिक वृद्धि और गहरे आर्थिक बदलाव के द्वारा भी खोल सकता है! बशर्ते कि यह निवेश स्वास्थ्य, जल, भोजन, काम व शिक्षा में हो, जो कि हमारे देश की सबसे गंभीर प्राथमिकताएँ हैं। परंतु इस प्रकार का निवेश आज प्रशासन ही कर सकती है। यह कितनी शर्मनाक बात है कि हम स्वतन्त्रता के 64 वर्ष उपरान्त भी अपने लोगों के लिए यह सब सुरक्षित नहीं कर सके। यदि ऐसे कार्यों पर रोजगार गारंटी का फोकस हो तो बजट घाटे का भी समाधान मिल सकता है। ज्यों-ज्यों लोगों की आय बढ़ेगी, त्यों-त्यों सरकारी राजस्व भी बढ़ेगा। ऐसे कार्यों पर

खर्च होने वाली सकल घरेलू उत्पाद की केवल 2 प्रतिशत राशि सामाजिक सुरक्षाकवच के लिए कोई ज्यादा दाम नहीं है। यह भी याद रहे कि रोजगार गारंटी के स्वरूप में भी प्रत्येक वर्ष अन्तर होता जायेगा। जैसे-जैसे अपने खेत के बाहर काम करने की लोगों की आवश्यकता कम होती जाएगी। कोई भी 'राजकोष जवाबदेही अधिनियम' ऐसी राष्ट्रीय प्राथमिकताओं के आड़े नहीं आना चाहिए।

हमें ऐसे शून्य घाटे के बजट से क्या लाभ है जो करोड़ों भारतीयों को भूखा, बीमार, अशिक्षित व नाकाम छोड़ दें! किंतु यह सुनिश्चित करने के लिए कि बजट घाटा वाकई कम हो रहा है, हमें यह भी ध्यान देना होगा कि रोजगार गारंटी का कार्यान्वयन सही हो। क्योंकि यह भी सच है कि ऐसे निवेश का पूर्व में बुरा हाल हुआ है। या तो वे सरेआम बरबाद हुए या फिर किसी-न-किसी की जेब गरम करने में गए। रोजगार गारन्टी के प्रभावी संचालन के लिए समृद्धशाली सामाजिक सर्वेक्षण तथा अंकेक्षण की प्रक्रिया की आवश्यकता है जिसमें पथभ्रष्ट होने पर दंड मिलना निहित हो। यहाँ केवल मस्टर रोल और मजदूरों के भुगतान के साथ छेड़छाड़ की बात नहीं है। भ्रष्टाचार की कलाकारी कार्य-दर अनुसूची के 'कल्पनाशील' उपयोग के साथ जुड़ी है कि कैसे इन दरों के साथ लागत आकलन में कड़ाई की जाए. ताकि आगे चलकर मजदूरों को चूना लगाया जा सके। पिछले एक दशक के कार्य के बाद हमने अपने अनुभव से सीखा है कि लोगों को कार्य के हर पहलू के साथ जुड़ना होगा निर्माण स्थल के चयन से लेकर लागत आकलन कार्य की संपत्ति और उसके भुगतान तक यही एक रास्ता है, जिससे किए गए कार्य उत्पादकता की कसौटी पर खरे उतर पाएँगे। इसका अर्थ है जन सुनवाइयों का आयोजन, जिनका नेतृत्व करेंगे वे सब लोग, जो कार्यस्थल पर काम करने वालों में शामिल हैं। ऐसी जन-सुनवाइयाँ पूर्ण पारदर्शिता की तरफ एक विशिष्ट कार्य हैं।

16

कृषि एवं पशुपालन के क्षेत्र में स्वरोजगार की संभावनाएँ

भारत की अधिकांश जनता गाँवों में निवास करती है। इसलिए भारत को गाँवों का देश भी कहा जाता है। चूँकि शहरों की अपेक्षा ग्रामीण क्षेत्रों के जीवन स्तर में विभिन्नता पायी जाती है। आज कृषि तथा पशुपालन के क्षेत्र में रोजगार के अवसर उपलब्ध कराकर उनका विकास किये जाने का प्रयास किया जा रहा है। विगत वर्षों में अनवरत प्रयासों के कारण इसमें काफी सफलता भी मिली है। कृषि व पशुपालन के प्रारम्भ के संदर्भ में कई विद्वान् यह मत व्यक्त करते हैं कि मनुष्यों द्वारा पौधों और पशुओं का पालन शुरू किए जाने पर उनके स्वरूप में बदलाव आया और इस परिवर्तन से यह संकेत मिलता है कि कोई पशु या पौधा भूतकाल में किस विशिष्ट समय पर घरेलू बनाया गया? इस साक्ष्य के आधार पर कुछ विद्वानों ने कल्पना की है कि व्यापक अन्न-संग्रहण का प्रारंभिक चरण मध्य-पूर्व और एशिया में 6,000 वर्षों से भी पहले शुरू हुआ, इस युग को आखेट युग कहा गया। इस युग में मनुष्य आखेट और संग्रहण की अवस्था को पार कर अन्न उत्पादन या कृषि की अवस्था में आया। इस काल में संभवतः पशु भी पालतू बनाए गए और इससे थोड़ा पहले, जंगली बैल (*बॉस टॉरस,* ऊँचाई में 1.8 से 2.1 मीटर कन्धों की हड्डियों के बीच) को पालतू बनाया गया था और बाद में इसे बोझा ढ़ोने तथा कृषि कार्यों के लिए काम में लाया जाने लगा।

सब्जियों की पैदावार हेतु मृदा का चयन सब्जियों की पैदावार आज भी भारत में जनसंख्या के अनुपात में काफी कम है। उद्यानशास्त्र के सफल प्रयोग के परिणामस्वरूप महिलाएँ इसमें सक्रिय भूमिका अदा कर रही हैं। कृषि ही किसी देश की सम्पन्नता का प्रतीक है। अच्छी फसल लेने के लिए उपयुक्त स्थान का चुनाव करना जरूरी है। भारत एक बड़ा देश है। हमारे यहाँ भिन्न-भिन्न प्रान्तों में भिन्न-भिन्न प्रकार की मिट्टी पाई जाती है। यहाँ हम सब्जियों के लिए उपयोगी मिट्टियों का उल्लेख कर रहे हैं

(1) चिकनी मिट्टी चिकनी मिट्टी में विशेष गुण यह होता है कि यह काफी कड़ी होती है तथा टिकाऊ भी होती है, परन्तु इसमें दरार पड़ जाती है। जिस भूमि में 3/4 या इससे अधिक रेत की मात्रा हो, वह रेतीली मिट्टी कहलाती है। यह राजस्थान में ज्यादा पाई जाती है। कृषि के लिए यह मिट्टी उपयुक्त नहीं है।

(2) काली मिट्टी—काले रंग की यह मिट्टी कपास की पैदावार के लिए अधिक उपजाऊ होती है। इस मिट्टी में जीवाणुओं की मात्रा अधिक होती है।

(3) दोमट मिट्टी—दोमट मिट्टी भुरभुरी होती है। इस मिट्टी में रेत तथा चिकनी मिट्टी की मात्रा बराबर होती है। इस मिट्टी में सभी फसलें आसानी से उग सकती हैं तथा कृषि के लिए यह मिट्टी अति उपयुक्त है। इस प्रकार की मिट्टी पंजाब, हरियाणा, उत्तर प्रदेश एवं तटीय प्रदेश में मिलती है।

कृषि हेतु उपयुक्त भूमि का चुनाव काफी महत्व रखता है। जिस भूमि में अच्छी पैदावार होती है, वह भूमि उर्वर कहलाती है। नाइट्रोजन, फास्फोरस, पोटैशियम आदि तत्त्व इस भूमि से अधिक मात्रा में उपलब्ध होते हैं। भूमि के चुनाव में निम्न बातों पर ध्यान देना जरूरी होता है।

मृदा चुनाव के प्रमुख कारक

सब्जियों की अच्छी पैदावार के लिए यह जरूरी है कि भूमि उपजाऊ है। इसके लिए निम्नवत् तत्वों पर ध्यान देना चाहिए

(1) बैक्टीरिया का कार्य खेती की सफलता में बैक्टीरिया विशेष महत्व रखते हैं। खाद तथा जैविक पदार्थों को बैक्टीरिया सरल रूप में बदल देते हैं। यह तभी संभव है जब उनके लिए उचित तापमान, वायु तथा स्वच्छ जल मिलता रहे।

(2) भूमि की जुताई जुताई के बिना किसी भी फसल की खेती सम्भव नहीं है। जुताई करने से मिट्टी के कण भारी हो जाते हैं तथा वायु का आना-जाना भली

प्रकार होने लगता है। जुताई करने से हानिकारक कीड़े मर जाते हैं तथा लाभदायक बैक्टीरिया अपना कार्य भली प्रकार से करने लगते हैं।

(3) फसल चक्र मिट्टी की उर्वरा शक्ति बनाये रखने तथा अधिक पैदावार के लिए फसल चक्र अपनाया जाता है। इसमें फसल को बदल-बदल कर बोया जाता है। फसल चक्र साल में दो या तीन अपनाया जा सकता है।

(4) मिट्टी की प्रकृति खेती की उपयुक्तता काफी हद तक भूमि के चुनाव पर निर्भर है। जिस मिट्टी के कण जितने बारीक होंगे, वह उतनी ही अधिक उपजाऊ होगी। खेतों को बार-बार जोतना चाहिए ताकि कण बारीक हो जायें तथा भूमि की उत्पादन शक्ति बढ़ जाए।

(5) भूमि की उर्वरा शक्ति जिस भूमि में पौधे के लिए आवश्यक तत्त्व जितनी मात्रा में उपलब्ध होंगे वह भूमि उतनी ही उपजाऊ कहलायेगी। प्राकृतिक तथा कृत्रिम खाद के द्वारा भूमि की उपजाऊ शक्ति को बढ़ाया जा सकता है।

(6) जल प्रबंधन पौधों की वृद्धि के लिए यह आवश्यक है कि समय-समय पर उन्हें जल मिलता रहे। यदि पानी की मात्रा कम होगी तो भूमि की उपजाऊ शक्ति भी कम हो जायेगी; इसलिए पानी की पूर्ण व्यवस्था होनी चाहिए। पानी भूमि के ताप को बनाए रखता है तथा सर्दी एवं गर्मी से पौधों की सुरक्षा करता है। कुछ बैक्टीरिया जमीन में ऐसे होते हैं जो अवशिष्ट पदार्थों को सड़ाते हैं, उन्हें भी पानी की जरूरत होती है।

भूमि चयन के दौरान सब्जी हेतु उपयुक्त तत्वों की पर्याप्त मात्रा का निर्धारण कर लेना चाहिए। यदि उन तत्त्वों की मात्रा कम है तो हमें खाद आदि डालकर उस कमी को पूरा करना चाहिए।

मृदा कटाव

नदियों के आस-पास के क्षेत्रों में बाढ़ आदि से भूमि कट जाती है, भूमि क्षरण कृषि क्षेत्र के लिए एक समस्या मानी जा सकती है क्योंकि इसमें कृषि कार्य पर बुरा असर पड़ता है। भूमि कटने की प्रक्रिया को भूमि क्षरण कहते हैं। भूमि कटाव मुख्यतः तीन प्रकार से होता है जिसके बारे में संक्षिप्त जानकारी इस प्रकार है

(1) नदियों की बाढ़ द्वारा भूमि क्षरण प्रति वर्ष बाढ़ के कारण कुछ क्षेत्रों में मिट्टी बहुत तीव्र गति से कटती है। भारत की गंगा, यमुना, ब्रह्मपुत्र, चम्बल, कावेरी, गोदावरी तथा महानदी आदि नदियों में बाढ़ आ जाती है, जिससे प्रतिवर्ष हजारों एकड़ भूमि का कटाव होता है।

(2) वायु द्वारा भूमि कटाव वनस्पति न होने और पानी की सतह नीची हो जाने के कारण हवा द्वारा भूमि का कटाव प्रारम्भ हो जाता है। इससे जमीन सूख जाती है और उसकी नमी समाप्त हो जाती है, फलस्वरूप भूमि की उर्वरा शक्ति नष्ट हो जाती है।

(3) ऊपरी परत का कटाव बरसात के दिनों में पानी के तीव्र बहाव के कारण मिट्टी की ऊपरी परत कटती है। कुछ वर्षों तक यह स्थिति लगातार होने पर नीचे की क्षारीय मिट्टी के कारण भूमि अनुपजाऊ हो जाती है। पहले नालियों जैसी दरारें पड़ती हैं और आगे चलकर भूमि की ऊपरी सतह खण्ड-खण्ड हो जाती है और इसके किनारे कटने लगते हैं। नदियों की बाढ़, बरसात के दिनों में खेत की मेड़बन्दी न करने, भूमि की ऊपरी सतह कट जाने एवं जंगलों के नष्ट होने से भूमि कटाव होता है। इससे जमीन की ऊपरी परत कटकर बह जाती है जिससे उपजाऊ मिट्टी का क्षरण हो जाता है।

मृदा क्षरण या कटाव रोकने की विधि

भूमि कटाव को निम्नवत् उपायों द्वारा रोका जा सकता है

1. ट्रैक्टर से जोतकर कांस, झाड़ आदि का उन्मूलन और बाँध निर्माण तथा फालतू पानी के निकास के लिए नालियाँ आदि बनवाना।
2. सहकारी संस्थाओं द्वारा कृषकों को भूमि कटाव के बारे में जानकारी देना तथा लोगों को इससे नियंत्रण के उपायों से अवगत कराना।
3. सरकारी कृषि अनुसन्धानशालाओं में भूमि कटाव रोकने के लिए नवीन तरीकों को अपनाया जाय।
4. नये वृक्ष लगाए जायें और जंगलों की रक्षा की जाय।
5. नदियों के आस-पास के क्षत्रों में भूमि रक्षा के सम्बन्ध में उपाय, जल सम्बन्धी साधनों तथा बाँध और जलाशयों के निर्माण की ही भाँति आवश्यक है।
6. कृषि के तरीकों में सुधार किया जाय। फसल चक्र के अनुसार फसल बोई जाय।
7. भूमि उपयोग तथा भूमि संरक्षण के निमित्त राज्य स्तर पर एक केन्द्रीय बोर्ड स्थापित किया जाय, जो सम्बन्धित क्षेत्रों की देखभाल करता रहे।
8. हवा से भूमि के कटाव को रोकने के लिए खेत में हरी खाद या कम्पोस्ट खाद डाली जाय।

9. गन्ना जैसी फसलें उगाई जायें।
10. कृषि योग्य बेकार पड़ी भूमि का भली-भाँति उपयोग किया जाय।
11. वन लगाकर भूमि को मरुस्थल होने से बचाया जाय।
12. बड़ी-बड़ी नदियों पर बाँध बनाकर बाढ़ द्वारा होने वाले भूमि कटाव से भूमि की रक्षा की जाय।

जैविक खाद

आज कृषि में जिस जैविक खाद का प्रयोग किया जा रहा है, उसका प्रयोग सर्वप्रथम **हचिन्सन** और **रिचर्ड्स** द्वारा रोथेमस्टेड (इंग्लैण्ड) फार्म के प्रयोगों के आधार पर सन् 1920 ई. में किया गया। उन्होंने 'कम्पोस्ट' शब्द का प्रयोग घास-फूस से प्राप्त उन पदार्थों के लिए किया जो फार्म यार्ड मैन्योर के समान गुण सम्पन्न हैं। उन्होंने कुछ क्रियाओं द्वारा पुआल की ऐसी खाद बनायी जो बहुत कुछ गोबर की खाद के समान उर्वर और उपयोगी निकली। इसके पश्चात् उन्होंने इस पर और भी बहुत से प्रयोग किए। अन्त में वे इस निष्कर्ष पर पहुँचे कि घास-फूस, पुआल, वृक्षों की पत्तियों को सड़ाकर जैविक खाद बनायी जाती है।

यहाँ हम जैविक खाद तैयार करने के लिए आवश्यक पदार्थों का उल्लेख कर रहे हैं

(1) नमी कम्पोस्ट खाद तब तक नहीं बन सकती जब तक खाद में पर्याप्त पानी नहीं हो। नमी विद्यमान रहने का कम्पोस्ट के सड़ाव पर अधिक प्रभाव पड़ता है। नमी अधिक होने पर सड़ाव मन्द गति से होता है और नमी के अभाव में सड़ाव की गति तीव्र नहीं हो सकती है। अतः आवश्यक मात्रा में ही नमी का रहना उपादेय है।

(2) वायु कम्पोस्ट खाद बनाने में वायु के योगदान को भी नजरअन्दाज नहीं किया जा सकता है विशेषकर उस समय जब कि खाद में सड़ाव प्रारम्भ हो उस समय वायु का आवागमन बहुत आवश्यक है। कुछ बैक्टीरिया ऐसे होते हैं जो नमी रहने पर ही क्रियाशील होते हैं, इसलिए वायु का प्रवेश उचित मात्रा में होता रहना चाहिए। कीटाणुओं को सुचारु रूप से कार्य करने के लिए यथेष्ट मात्रा में पानी एवं वायु की आवश्यकता पड़ती है

(3) जैविक पदार्थ इसके तहत बेकार पौधे-पत्तियाँ, घास-फूस, गन्ने के अन्गोले, ज्वार-मक्का के डण्ठल, पशुशाला के बिछावन, बचा हुआ चारा, बाग की सूखी पत्तियाँ, पुराने टूटे छप्पर, जलकुम्भी, गलियों के झाड़न, घर का कूड़ा-करकट,

राख, पुआल आदि आते हैं। ये समस्त पदार्थ जीवांशयुक्त होते हैं, इसलिए इन्हें जैविक-पदार्थ कहते हैं। इसमें कई प्रकार के उपयोगी तत्त्व पाये जाते हैं।

(4) क्रियाशील पदार्थ इसके तहत पशुओं के गोबर, मूत्र, नावदान का पानी, राख, विष्ठा आदि सम्मिलित हैं। कम्पोस्ट को सड़ाने के लिए उसमें थोड़ी-सी गोबर की सड़ी खाद अथवा मूत्र स्थान की मिट्टी और राख डालनी चाहिए, क्योंकि इनमें खाद सड़ाने वाले कीटाणु अधिक मात्रा में रहते हैं जो जैविक पदार्थों को बड़ी तीव्रता से सड़ाते हैं।

जैविक खाद की निर्माण विधि

प्रारम्भ में जैविक खाद इंग्लैण्ड में बनाई गयी, परन्तु इसमें उर्वरा शक्ति की मात्रा काफी अधिक होने के कारण शीघ्र ही विश्व के लगभग सभी देशों ने इसका प्रयोग करना शुरू किया। इस समय इस पर अनेकों प्रकार से अन्वेषण हो रहे हैं और लोग यह समझ रहे हैं कि कृषि हेतु कम्पोस्ट खाद ही महत्त्वपूर्ण है। अन्य देशों की देखा-देखी भारत में भी कम्पोस्ट का प्रचार बढ़ रहा है। हमारे यहाँ कम्पोस्ट का सर्वप्रथम प्रयोग इन्दौर में हुआ, इसलिए इस विधि को 'इन्दौर विधि' कहते हैं। इन्दौर के अतिरिक्त बंगलौर और पूना में भी कम्पोस्ट के अन्वेषण केन्द्र हैं। जैविक खाद मुख्यतः तीन विधियों इंदौर विधि, बंगलौर विधि एवं एडको विधि द्वारा बनायी जाती हैं। इन पर नीचे प्रकाश डाला जा रहा है

(1) इन्दौर विधि मध्य प्रदेश के इंदौर जनपद में हावर्ड वेड द्वारा इस विधि का प्रतिपादन किया गया था। इसी के कारण इसे इन्दौर विधि के नाम से जाना जाता है। इन दोनों कृषि विशेषज्ञों ने इसे इन्दौर की प्लान इण्डस्ट्री में प्रारम्भ किया था। इसके लिए इन्दौर में 33 गड्ढे बनाए गए, जिनकी लम्बाई 30 फुट, चौड़ाई 30 फुट और गहराई 20 फुट थी। कम्पोस्ट के गड्ढों की गहराई ढालू रूप में रखी जाती है जिससे सड़ने के पश्चात् खाद निकालने में असुविधा न हो। कम्पोस्ट के गड्ढे जोड़े में बनाये जाते हैं। एक जोड़े की दूरी दूसरे से 12 फीट रखी जाती है।

इसके पश्चात् उन्होंने वहाँ साधारणतया उपलब्ध घास-फूस, पुआल और वृक्षों की पत्तियों को गड्ढों में डलवाया था। इस विधि के अन्तर्गत काम में लाये जाने वाले पदार्थों के गोबर और मूत्र से सनी हुयी मिट्टी, पौधों के अवशेष भाग, राख और पानी विशेष उल्लेखनीय हैं।

गड्ढे भरने की विधि कम्पोस्ट के गड्ढे भरने के लिए सबसे नीचे 3 इंच की ऊँचाई तक घास-फूस, पत्तियाँ आदि की तह लगाई जाती है। इसमें मूत्र से सनी हुयी मिट्टी और राख आदि भी मिला देते हैं। इसके ऊपर 3 इंच गोबर डालते हैं। इस सतह

को पानी से खूब भिगो देते हैं जिससे नमी का अभाव न रहे। इस प्रकार गड्ढे को 30 इंच की ऊँचाई तक भर देते हैं।

इस पर पानी को भी डालना चाहिए क्योंकि इसके अभाव में खाद सड़ नहीं सकती। सप्ताह में कम से कम एक बार पानी अवश्य छिड़का जाता है। यह छिड़काव प्रातः या सायंकाल करना चाहिए, दोपहर का छिड़काव अनुपयुक्त है। जब खाद को सड़ने में शीघ्रता की आवश्यकता हो, तब उसे गड्ढे से निकालकर पृथ्वी की सतह पर रख देते हैं जिससे उसमें धूप और वायु के प्रभाव से बैक्टीरिया उत्पन्न होकर सड़ाव क्रिया होने लगती है। इस क्रिया में निचली सतह 10 फुट × 10 फुट और ऊपरी सतह 9 फुट × 9 फुट बनायी जाती है। ऊँचाई $3\frac{1}{2}$ फुट होती है। इसे रखने के 1 माह पश्चात् खेत में डाला जा सकता है।

एक अन्य विधि द्वारा भी यह खाद तैयार की जा सकती है। इसके लिए खेत में कोई ऊँचा स्थान चुनकर 8 फुट × 8 फुट की धरातल पर 2 फुट ऊँचा ढेर लगा दिया जाता है। ऊपरी सिरे का ढेर स्तूप के जैसा हो जाता है। जिस स्थान पर वर्षा तेज होती है, वहाँ खाद के ढेर को मिट्टी की तह से ढक देते हैं। खाद को भली-भाँति सड़ाने के लिए उसे समय-समय पर पलट दिया जाता है। यह क्रिया खाद तैयार होने तक तीन बार की जाती है। प्रथम पलटाई गड्ढे भरने के दस-पन्द्रह दिन बाद की जाती है। दूसरी पलटाई प्रथम पलटाई के दो सप्ताह बीतने पर और तीसरी पलटाई दो माह पश्चात् की जाती है। नियमित अंतराल पर यह कार्य करने के बाद लगभग 90 दिनों के बाद खाद प्रयोग करने लायक हो जाती है।

इस तरह तैयार जैविक खाद में नाइट्रोजन 1%, पोटाश 3% और फास्फोरस 5% पाया जाता है किन्तु ट्रावनकोर में तैयार की गयी इन्दौर विधि में नाइट्रोजन की मात्रा 13% तक पायी जाती है।

(2) बंगलौर विधि इस विधि का प्रयोग श्रीगणेश बंगलौर के इण्डियन इंस्टीट्यूट साइंस के आचार्य ने किया था इसीलिये इसे आचार्य विधि के नाम से भी जाना जाता है। इसमें खाद की पलटाई नहीं की जाती है। पलटाई न करने से पलटाई करने के श्रम तथा व्यय की बचत हो जाती है। इस विधि में खाद रखने के लिए खाइयाँ बनायी जाती हैं जिनका आकार पदार्थों की मात्रा पर निर्भर करता है। शुष्क ऋतु में खाइयाँ 20 फुट × 6 फुट × $3\frac{1}{2}$ फुट से लेकर 40 फुट × 9 फुट × $\frac{1}{2}$ फुट तक क्षेत्रफल की होती हैं। बरसात के दिनों में इस विधि का प्रयोग खाइयों में न कर साधारण धरातल पर ढेर रूप में करते हैं। इन ढेरों की लम्बाई 10 फुट × चौड़ाई 10 फुट रखी जाती है। ऊँचाई 4

फुट से अधिक नहीं होनी चाहिए। तीव्र वर्षा से ढेर की रक्षा के लिए उसका आधार अर्द्धगोल रूप में कर देते हैं। जब ढेर पूरा हो जाता है तो उसे 1 इंच या 2 इंच मोटी मिट्टी की तह से ढक दिया जाता है। गर्मी की तुलना में वर्षा ऋतु में खाद शीघ्र तैयार हो जाती है। इसका प्रमुख कारण यह है कि इस समय वातावरण में भी नमी रहती है तथा पानी भी पर्याप्त मात्रा में उपलब्ध रहता है।

खाइयाँ भरने की विधि जिस गड्ढ़े में कम्पोस्ट तैयार करनी हो उसमें सर्वप्रथम सबसे नीचे गड्ढे की पेंदी में घास-पात या कूड़े-करकट की 6 इंच से 9 इंच तक मोटी तह बिछाकर पानी से तर कर दी जाय। उसके बाद 3 इंच मोटी विष्ठा की तह तथा उसके ऊपर गोबर या पेशाब की मिट्टी की 2 इंच मोटी तह बिछानी चाहिए। इसी क्रम से गड्ढा भरा जाता है। गोबर या विष्ठा की हर तह के बाद आधा इंच या 1 इंच मिट्टी की तह देनी चाहिए। गड्ढ़ा भर जाने पर मिट्टी की एक मोटी तह ऊपर से डाल देते हैं। इसी क्रम से गड्ढे को उस समय तक भरा जाए, इससे नमी तथा नाइट्रोजन सुरक्षित रहती है। जब तक कूड़े-करकट की ऊँचाई पृथ्वी के धरातल से $1\frac{1}{2}$-2 फुट ऊँची न हो जाय, तब तक ढेर को मिट्टी की 1 इंच मोटी तह से ढक दिया जाए। इस विधि में कूड़े को उलटने-पलटने की आवश्यकता नहीं। कभी-कभी इसमें कृत्रिम खादें (उर्वरक) मिला दी जाती हैं।

(3) एडको विधि ढेर के रूप होने के कारण इसे द्वीप सिस्टम भी कहते हैं। एडको विधि का प्रतिपादन **हचिन्सन** और **रिचर्ड्स** ने इंग्लैण्ड में किया था। यह सबसे पुरानी विधि मानी जाती है, हमारे देश में इसका प्रयोग नहीं होता है। इस कम्पोस्ट में एक प्रकार का एडको पाउडर काम में लाया जाता है। इसी कारण इसे एडको विधि कहा जाता है।

जैविक खाद से लाभ जैविक खाद के प्रयोग से निम्नवत् लाभ हैं

1. यह बहुत थोड़े परिमाण में दी जाती है। इसलिए समय और श्रम की बचत होती है तथा इसका फसल उत्पादन पर है।
2. कम्पोस्ट खाद के प्रयोग से फसल की रोगों से रक्षा होती है। रोग बढ़ते नहीं और हानिकारक कीड़े भी मर जाते हैं।
3. नत्रजन संस्थापन के लिए कम्पोस्ट खाद परमोपयोगी है। भूमि के जो जीवांश फसल द्वारा निकल जाते हैं, उनको पुनः स्थापित करने के लिए यह खाद लाभप्रद सिद्ध हुई है।

4. जिस फसल में कम्पोस्ट खाद दी गयी है, उसकी उपज साधारण, खाद देने की अपेक्षा अधिक होगी।
5. अमोनिया की मात्रा अधिक होने से मिट्टी की उर्वरा शक्ति काफी कम हो जाती है किन्तु कम्पोस्ट खाद से किसी प्रकार की हानि होने की सम्भावना नहीं, अपितु भूमि की दशा सुधार कर प्रति वर्ष उपज बढ़ जाती हैं।
6. उपयुक्त माप का गड्ढा भरने के लिए लगभग 10 गाड़ी कूड़ा-कचरा आवश्यक होता है। यह गड्ढा स्वयं परिश्रम द्वारा भरना ही अधिक लाभदायक हो सकेगा। मजदूरों से यह कार्य कराने में एक तो कार्य ठीक नहीं होगा और दूसरे व्यय भी अधिक बढ़ जाएगा, अतः यह कार्य अपने ही हाथ से करना अधिक श्रेयस्कर है। रासायनिक उर्वरकों की अपेक्षा जैविक खाद अधिक उपयोगी होती है।
7. जो तत्त्व वनस्पतियों की बाढ़ के लिए पोषक होते हैं, नहीं मरते हैं, खाद में सुरक्षित रहते हैं। उक्त माप के गड्ढे में 5 गाड़ी उत्कृष्ट खाद तैयार होती है, जो एक एकड़ में बोई गयी चावल की फसल के लिये पर्याप्त है। यह केले और गन्ने की आधी एकड़ के लिए भी पर्याप्त होगी। इस खाद का प्रयोग उतना ही किया जाता है जितनी आवश्यकता होती है। उचित मात्रा में जैविक खाद के प्रयोग से मृदा की उर्वरा शक्ति बढ़ती है।

जैविक खाद की उपयोगिता

हरी खाद की निम्नवत् उपयोगिता होती है

1. नत्रजन संस्थापन के लिए हरी खाद परमोपयोगी है। भूमि के जो जीवांश फसल द्वारा निकल जाते हैं, उनको पुनः स्थापित करने के लिए यह खाद लाभदायक सिद्ध हुयी है।
2. हरी खाद के प्रयोग से फसल की रोगों से रक्षा होती है। रोग बढ़ते नहीं और
   हानिकारक कीड़े मर जाते हैं।
3. हरी खाद के उपयोग से भूमि की उर्वरा शक्ति बढ़ जाती है और पैदावार बढ़ती है।
4. मिट्टी में हानिकारक लवण आदि की मात्रा बढ़ जाने पर हरी खाद का

उपयोग अवश्य करना चाहिए। ऐसी दशा में हरी खाद अनावश्यक और हानिकारक तत्त्वों को नष्ट कर भूमि को उपजाऊ बनाती है। हरी खाद समस्त खेत में एक-सा कार्य करती है, क्योंकि वह कहीं अधिक व कहीं कम मात्रा में नहीं होती है।

5. घास-फूस व पत्तियों से तैयार खाद से सजीव अंश की वृद्धि होती है। भूमि की भूमि की उर्वरा शक्ति बढ़ जाती है।
6. एक एकड़ भूमि में हरी खाद गोबर की दो-तीन सौ गाड़ी खाद के बराबर काम करती है अर्थात् खाद की बचत होती है।
7. हरी खाद में किसी प्रकार की हानि होने की सम्भावना नहीं होती। इससे भूमि की दशा सुधरती है। प्रति वर्ष उपज बढ़ ही जाती है।
8. हरी खाद के प्रयोग का असर फसल पैदा कर लेने के बाद भी रहता है।
9. जिस फसल के लिए हरी खाद दी गयी है, उसकी उपज साधारण खाद देने की अपेक्षा अधिक होगी।

रासायनिक खाद

रासायनिक उर्वरकों के प्रयोग से पैदावार में काफी वृद्धि हुई है। यह एक कृत्रिम उर्वरक है। उर्वरक का अर्थ कृत्रिम रूप से तैयार की गयी बाजार में उपलब्ध उन वस्तुओं से है, जो पौधों के भोजन तत्त्व विशेषकर नाइट्रोजन, फास्फोरस और पोटेशियम की पूर्ति करती है। उर्वरक या बनावटी खाद का प्रभाव फसलों पर बहुत जल्दी होता है यह अत्यधिक और तुरन्त प्रभावी होती है। पौधों की वृद्धि में वायुमंडलीय गैस भी विशेष अनिवार्य होती है। भूमि और वायु मण्डल से कार्बन, आक्सीजन, हाइड्रोजन और नाइट्रोजन अधिक मात्रा में लिए जाते हैं। वायुमण्डल में लगभग 78 प्रतिशत नाइट्रोजन होती है। यह नाइट्रोजन वर्षा के साथ अप्रत्यक्ष रूप में भूमि में आ जाती है। फलीदार पौधे जिनमें एक प्रकार के बैक्टीरिया पाये हैं, नाइट्रोजन का अंश ग्रहण कर लेते हैं। कार्बन की सम्पूर्ण मात्रा वायुमण्डल से ही ली जाती है। पौधे ऑक्सीजन को जल से भी ग्रहण करते हैं, किन्तु इसकी कुछ मात्रा वायु से भी ली जाती है। **फोटो-सिन्थेसिस** क्रिया द्वारा कार्बन-डाइ-ऑक्साइड ग्रहण की जाती है और यह वायुमण्डल से ही संभव है। हाइड्रोजन की कुछ मात्रा वायुमण्डल से और कुछ जल द्वारा ली जाती है। शेष अन्य तत्त्व भूमि में विद्यमान होते हैं।

खाद के स्वरूप

पौधों की वृद्धि के लिए वायु, प्रकाश एवं गैस की आवश्यकता होती है। आज के भू-वैज्ञानिकों ने यह निश्चित कर दिया कि पौधों की वृद्धि के लिए मात्र एक ही तत्त्व जिम्मेदार नहीं है। पौधे का निर्माण अधिकाशंतः कार्बन, हाइड्रोजन और आक्सीजन से हुआ है तथा ये तत्त्व वायुमण्डल और जल से पौधों में आते हैं। कुछ विद्वानों ने यह भी सिद्ध कर दिया है कि फसलों के मुख्य अंश खनिज हैं और ये भूमि अथवा उर्वरक से आते हैं। उर्वरक मुख्यतः तीन प्रकार के होते हैं

(1) पोटाश प्रदान करने वाले उर्वरक इस श्रेणी में आने वाले उर्वरकों में पोटैशियम सल्फेट, पोटैशियम क्लोराइड एवं काइनाइट आदि आते हैं।

(2) नाइट्रोजन प्रदान करने वाले उर्वरक इस श्रेणी में सोडियम नाइट्रेट, अमोनियम सल्फेट, कैल्शियम सियनामाइड, पोटैशियम नाइट्रेट, अमोनियम नाइट्रेट, यूरिया आदि आते हैं।

(3) फॉस्फोरस प्रदान करने वाले उर्वरक द्वितीय श्रेणी में रखे गये, उर्वरकों में हड्डी का चूर्ण, खनिज फास्फेट, सुपर फॉस्फेट, बेसिक स्लेग आदि मुख्य हैं।

नाइट्रोजन खाद

हालाँकि वायु में 78% नाइट्रोजन की मात्रा होती है परंतु आवश्यकतानुसार हमें फसलों को अतिरिक्त नाइट्रोजन देना होता है। उपयोगिता की दृष्टि से नाइट्रोजन उर्वरकों में निम्नवत् तत्व पाए जाते हैं

(1) दोनों नाइद्रिक और अमोनियम नाइट्रेट वाले कम्पाउण्ड अमोनियम नाइट्रेट [NH_4 NO_3]।

(2) अमोनिक नाइट्रोजन वाले अमोनियम नमक अमोनियम सल्फेट NH_4 SO_4।

(3) नाइद्रिक नाइट्रोजन [NO_3] वाले नाइट्रेट सोडियम नाइट्रेट [$Na\,NO_3$] कैल्शियम नाइट्रेट $Ca\,[NO_3]_2$।

(4) नाइट्रोजन को दूसरे रूप में रखने वाले कम्पाउण्ड जो विघटन पर अमोनियम आयन देते हैं सियनामाइड [$CaNC_2$] और यूरिया $[CO\,(NH_2)]_2$।

नाइट्रोजन का प्रतिशत

नाइट्रोजन की मात्रा इसके सभी संघटकों में समान नहीं होती। इसकी किस तत्व में कितनी प्रतिशत मात्रा है, इसका उल्लेख नीचे किया जा रहा है

(1) अमोनियम सल्फेट पहले अमोनियम सल्फेट कोयला आदि की गैसों से तैयार किया जाता था। एक टन कोयले से 25 पौण्ड नाइट्रोजन प्राप्त होती है, किन्तु आजकल अमोनियम सल्फेट वायु की नाइट्रोजन को संस्थापन करके तैयार किया जाता है। अमोनियम सल्फेट भूरे रंग की दानेदार खाद है और इसमें लगभग 20% नाइट्रोजन होता है। इसमें अन्य तत्त्व अमोनियम सल्फेट 91.84%, खनिज 14.7% और जल 6.59% पाए जाते हैं। यह सोडियम नाइट्रेट की अपेक्षा कम घुलनशील होती है। इस खाद के प्रयोग से धान की पैदावार में वृद्धि की जा सकती है।

(2) कैल्शियम सियनामाइड नाइट्रोजन में इसका भी कुछ अंश शामिल होता है। इस खाद का आविष्कार सन् 1985 ई. में **फ्रेंक** और **कैरो** द्वारा की गई। नाइट्रोजन की उपस्थिति में कैल्शियम कार्बाइड के गर्म करने से हुआ था, किन्तु यह उर्वरक खाद के रूप में सन् 1909 ई. में प्रयोग में आने लगी। इसका रंग काला दानेदार होता है क्योंकि इसमें कार्बन की प्रतिशत मात्रा अधिक होती है। कैल्शियम सियनामाइड, नाइट्रोजन और कैल्शियम कार्बाइड के मिश्रण से बनाई जाती है, इसमें लगभग 20 प्रतिशत नाइट्रोजन होता है। इसमें सियनामाइड 45.95%, कैल्शियम-डाई आक्साइड 26.6%, कार्बन 13-14%, 35% कैल्शियम डाइ-आक्साइड 26.6%, कार्बन 13-14%, नमी 35% पायी जाती है। इस खाद के प्रयोग से धान, गन्ना, कपास, गेहूँ, मूँगफली की पैदावार में अधिक वृद्धि संभव है।

(3) सोडियम नाइट्रेट सोडियम नाइट्रेट चिली, पेरू, बोलीविया आदि देशों के शुष्क स्थानों में भूमि की सतह पर अपरिपक्व अवस्था में बिखरा हुआ पाया जाता है। वहाँ खुरच कर इसे शुद्ध किया जाता है। खेती के लिए जो सोडियम नाइट्रेट खाद के रूप में प्रयोग किया जाता है, वह सफेद भूरे रंग का दानेदार चूर्ण होता है। यह बड़ा उपयोगी रासायनिक पदार्थ है। इस नाइट्रेट की खोज सर्वप्रथम इंग्लैण्ड में लगभग 1800 ई. में हुई। सोडियम नाइट्रेट में 96.75% सोडियम नाइट्रेट, 0.3% सल्फेट, 0.75% नमक, 0.1% घुलनशील पदार्थ और 2.1% पानी होता है। इस रासायनिक खाद का प्रभाव प्रयोग किये जाने के दो से तीन दिन बाद ही देखा जा सकता है। सोडियम नाइट्रेट में 15%-16% नाइट्रोजन होता है।

(4) पोटैशियम नाइट्रेट यह खाद अधिकतर जर्मनी और चिली में बनायी जाती है। उत्तरी अमेरिका, हंगरी, चीन, पेरु, रूस, फ्रांस तथा भारत में भी यह खाद तैयार की जाती है। इसके तहत नाइट्रोजन व पोटाश दोनों तत्त्व शामिल होते हैं इसलिए इसका प्रयोग कर अधिक लाभ प्राप्त किया जा सकता है, लेकिन यह महँगी ज्यादा है। भारत में इसका प्रयोग मक्का, गन्ना, धान, ज्वार, कपास, मिर्च और जूट, तम्बाकू

की अधिक पैदावार में यह खाद विशेष सहायक है। इसमें नाइट्रोजन और पोटाश की मात्रा अधिक पायी जाती है। पोट्रेशियम नाइट्रेट में लगभग 12 प्रतिशत नाइट्रोजन और 45 प्रतिशत पोटाश होता है।

(4) यूरिया यूरिया का निर्माण अमोनिया और कार्बन-डाई-ऑक्साइड द्वारा किया जाता है। इसे अमोनिया और कैल्शियम सियनामाइड द्वारा भी बनाया जा सकता है। इसमें 46 प्रतिशत नाइट्रोजन होता है, जिसके कारण इसका प्रयोग अधिक किया जाता है।

उपरोक्त खादों के अलावा कुछ अन्य खादों का भी प्रयोग कर नाइट्रोजन की कमी को पूरा किया जा सकता है। इन खादों में खून की खादें, चमड़े की खादें, बालों की खादें, हड्डियों की सींग या खूर की खादें आदि विशेष उल्लेखनीय हैं। खून या माँस-मज्जा की खाद में नाइट्रोजन 13.35% पाया जाता है। चमड़े की खाद में 6% से 12% तक नाइट्रोजन रहता है। बालों, हड्डियों और सींगों या खुरों की खादों में भी नाइट्रोजन की काफी मात्रा होती है।

सिंचाई

अच्छी पैदावार के लिए फसलों की समय पर सिंचाई करना अनिवार्य है। जल का प्रमुख स्रोत वर्षा है। वर्षा पर ही निर्भर रहना बुद्धिमानी नहीं है। सिंचाई हेतु कृत्रिम साधनों का प्रयोग किया जाता है। कृत्रिम साधनों में कुएँ, तालाब, सोते या झरने, नहरें इत्यादि प्रमुख हैं। हमारे देश की प्राकृतिक संरचना सर्वत्र एक-सी नहीं है, सभी प्रदेशों में सिंचाई के साधन अलग हैं। उत्तर प्रदेश में वर्ष भर बहने वाली नदियाँ हैं, अतः यहाँ नहरों से सिंचाई होती है, मध्य प्रदेश में कुओं का प्रयोग होता है तथा मद्रास में तालाबों द्वारा सिंचाई होती है।

सिंचाई के साधन

फसलों की सिंचाई के लिए भारत के विभिन्न क्षेत्रों में निम्नवत् साधनों का प्रयोग किया जाता है

(1) कुएँ कुएँ को बहुत पहले से ही सिंचाई के रूप में प्रयोग किया जाता है। पथरीले क्षेत्र-में कुआँ खुदवाने में धन अधिक व्यय होता है। राजस्थान तथा दक्षिणी पठार के प्रदेशों में कुओं द्वारा सिंचाई नहीं होती है। कुओं द्वारा अधिक सिंचाई गंगा यमुना के क्षेत्र में होती है। बिहार तथा असम में भी कुओं से अधिक सिंचाई होती है। कुओं द्वारा सिंचाई चरस, मोट या रहट द्वारा की जाती है। मध्य प्रदेश में मोट

का प्रयोग किया जाता है, जो कुएँ बहुत कम गहरे होते हैं, वहाँ ढेंकुली द्वारा पानी बाहर निकाला जाता है।

(2) नहरें नहरें सिंचाई के प्रमुख साधन हैं। भारत जैसे कृषि प्रधान देश में नहरों का विशेष महत्त्व है। भारत में जिन नहरों का सिंचाई कार्य में प्रयोग किया जाता है वे मुख्यतः निम्नवत् हैं

(3) तालाब तालाब दो प्रकार के होते हैं कृत्रिम तालाब तथा मानव द्वारा निर्मित होते हैं। तमिलनाडु में तालाबों से अधिक सिंचाई होती है। आन्ध्र प्रदेश तथा मैसूर में तालाबों की संख्या पर्याप्त है। ग्वालियर, अलवर भरतपुर तथा उदयपुर में भी बड़े-बड़े तालाब हैं। उ.प्र. में तालाबों द्वारा सिंचाई नहीं होती।

(4) नल-कूपों कुओं और तालाबों की तुलना में लोग अब नलकूपों को ज्यादा महत्त्व देते हैं। आज लगभग हर गाँव में सरकारी व गैर-सरकारी नलकूप देखे जा सकते हैं, जो बिजली या डीजल इंजनों द्वारा चलते हैं। इससे सिंचाई करने में शीघ्रता होती है। उ.प्र. में बदायूँ, मुरादाबाद, मेरठ, बुलन्दशहर, मुजफ्फरनगर, बिजनौर आदि स्थानों पर सरकारी नलकूप लगे हैं। आगरा, मथुरा, एटा, अलीगढ़ तथा मैनपुरी में किसनों को ट्यूबवैल के कनेक्शन दिये गए हैं, जो कि लाखों की संख्या में हैं सरकार भी इस दिशा में काफी प्रयास कर रही है।

(क) स्थायी नहरें स्थायी नहरों में वर्ष भर पानी भरा रहता है तथा इसका उपयोग भी वर्ष भर होता है। इन नहरों के स्रोत वे नदियाँ हैं, जो वर्ष भर पानी से भरी रहती हैं।

(ख) बरसाती नहरें ये नहरें सिंचाई में विशेष लाभकारी नहीं होतीं क्योंकि इनमें बरसात के समय ही पानी रहता है, शेष मौसम में ये सूख जाती हैं।

(ग) बाँध की नहरें कुछ स्थानों पर तालाब आदि बनाकर पानी एकत्र कर लिया जाता है और फिर नहरें निकाल ली जाती हैं। मध्य प्रदेश और दक्षिणी भारत में ऐसी नहरें अधिक हैं

सिंचाई का महत्व एवं आवश्यकता

सिंचाई की आवश्यकता निम्नवत् कारणों से होती है

1. पौधों में खाद्य पदार्थ एवं खनिज लवण पानी के द्वारा ही पहुँचते हैं।
2. पौधों में 90% जल पाया जाता है, इसकी कमी से पौधे सूख जाते हैं अतः इसकी सिंचाई अनिवार्य होती है।
3. खरीफ की फसल में पानी की आवश्यकता की पूर्ति वर्षा के जल से

हो जाती है, लेकिन रबी व जायद की फसल के लिए पानी की पूर्ति सिंचाई द्वारा की जाती है।

4. भूमि पर पड़े हुए मृत पौधों एवं जन्तु पानी के अभाव में सड़ नहीं पाते, अतः इन्हें सड़ाने के लिए सिंचाई जरूरी है।
5. जिन स्थानों पर वर्षा अपर्याप्त होती है या उन मृदाओं में जहाँ वर्षा का सारा जल रिसकर भूमि की निचली सतह में चला जाता है, वहाँ पौधों की सिंचाई की आवश्यकता होती है।
6. वर्षा का असमान वितरण होने से कहीं पर बाढ़ आ जाती है, लेकिन रबी व जायद की फसल में विभिन्न फसलें लेने के लिए पानी की माँग सिंचाई द्वारा ही पूर्ण होती है।
7. ठण्डे मौसम में जलवायु का ताप बहुत कम हो जाता है, तब पाला पड़ने का डर रहता है। अतएव ऐसी स्थिति में खेतों में सिंचाई कर देने से पाले का प्रभाव कम हो जाता है।
8. सिंचाई द्वारा भूमि में आवश्यक नमी की पूर्ति की जाती है।
9. भूमि में रहने वाले कीटाणुओं से फसल की रक्षा हेतु पानी की आवश्यकता होती है। पानी के द्वारा खेतों के बिलों में रहने वाले कीड़े एवं जन्तु दीमक, छछूँदर, चूहे आदि खेत से बाहर चले जाते हैं।
10. सिंचाई द्वारा अनावश्यक लवणों को बाहर निकाला जा सकता है।
11. पौधों में होने वाली क्रियाओं जैसे प्रकाश संश्लेषण, श्वसन, वाष्पोत्सर्जन आदि में जल का होना बहुत आवश्यक है।

सिंचाई की विधियाँ

यहाँ पर सिंचाई की प्रमुख दो विधियों का उल्लेख कर रहे हैं

1. धरातलीय सिंचाई विधि इस विधि में पानी भूमि की ऊपरी सतह पर दिया जाता है। नहर तथा बाँध के पानी का इसमें प्रयोग होता है। धरातलीय सिंचाई के लिए प्रवाह सिंचाई विधि, क्यारी सिंचाई विधि, कूँड सिंचाई विधि, पाला सिंचाई विधि, अगूठी सिंचाई विधि का प्रयोग किया जाता है।

2. बौछारी या छिड़काव विधि इस विधि द्वारा सिंचाई उन क्षेत्रों में की जाती है जहाँ की भूमि ढालू व रेतीली होती है। मृदा क्षरण वाले क्षेत्र में भी इसी प्रकार की सिंचाई की जाती है। बाग-बगीचों व छोटे क्षेत्रों में हजारा नामक यन्त्र से पानी छिड़का जाता है जिससे भूमि में नमी बनी रहती है। यह कोमल तथा मूल्यवान पौधों के लिए उपयोगी

है। शोभाकारी उद्यानों एवं शाक-भाजी की पौधों के लिए उपयोगी है। बड़े क्षेत्रों में छिड़काव विधि द्वारा सिंचाई हेतु लोहे के या रबर के पाइप भूमि के अन्दर नीचे दबा दिये जाते हैं। सहायक पाइप एक दूसरे के समानान्तर रखते हुए उनमें आवश्यकतानुसार दूरियों पर नोजिल लगा इनका सम्बन्ध नल और नल का सम्बन्ध जल स्रोत से कर दिया जाता है। मरुस्थलीय क्षेत्रों में सिंचाई की यह विधि विशेष उपयोगी होती है।

बीज

यदि बीज अच्छा होता है तो फसल का उत्पादन भी अच्छा होगा। उत्पादन मात्रा इस बात पर निर्भर करती है कि बीज स्वस्थ तथा उगने योग्य हों। बीजों का चुनाव करते समय यह प्रयास किया जाना चाहिए

बीज सरकारी एजेंसियों से खरीदा जाये, बीज खरीदते समय एग्रीकल्चर सेन्टर के बीज अधिकारी से सलाह कर लेनी चाहिए, बीज मिलावटी नहीं होने चाहिएँ, बीजों की किस्म अच्छी होनी चाहिए तथा कटे, कीड़े लगे तथा हल्के बीजों का प्रयोग नहीं करना चाहिए।

उद्यान में प्रयुक्त उपकरण

उद्यानों में विभिन्न प्रकार के पौधे उगाये जाते हैं। इसमें फल व सब्जियों के पौधे भी उगाये जाते हैं। यह कई क्रियाओं द्वारा पूर्ण होती है। इन क्रियाओं में कई यन्त्र प्रयोग किए जाते हैं। बागवानी के लिए विभिन्न यंत्र प्रयोग में लाये जाते हैं। इन उपकरणों के कार्यों का उल्लेख नीचे किया जा रहा है

(1) खुरपी इसमें लकड़ी का एक छोटा सा हत्था लगा होता है। धार वाला सिरा चौड़ा होता है। यह घास छीलने तथा निराई आदि करने का कार्य किया जाता।

(2) काँट-छाँट का चाकू यह साधारण चाकू की तरह काम करता है। इसके बेंती में इस्पात का धरातल तथा हुकदार फाल लगे होते हैं।

(3) चश्मा तथा पैबन्द लगाने वाला चाकू यह एक छोटा चाकू होता है, जिसके दोनों सिरों पर इस्पात की फाल लगी रहती है। यह पैबन्द लगाने का काम आती है।

(4) हजारा यह चद्दर का बना हुआ पीपे की शक्ल का होता है, इसमें एक लम्बी टोंटी लगी रहती हैं, जिसमें छिद्रित ढक्कन लगा रहता है जिससे सिंचाई की जाती है।

(5) गाड़ियाँ बागवानी में छोटी-छोटी गाड़ियों का प्रयोग किया जाता है क्योंकि

उद्यान में विभिन्न सामानों को एक स्थान से दूसरे स्थान पर ले जाना होता है। इसमें पहिये होते हैं। यह पहिये वाली गाड़ी कहलाती है।

(6) लान मोवर यह लोहे की बनी हुई हल्की मशीन है, जो बगीचे की घास काटने के काम आती है।

(7) गार्डन रेक लोहे के बने इस यन्त्र का प्रयोग घास-फूँस निकालने के लिए किया जाता है।

(8) हो-रेक मिश्रिम हो-रेक मिश्रिम द्वारा हो तथा रेक दोनों के ही कार्य किए जा सकते हैं।

(9) कुदाली इसका प्रयोग गड्ढा खोदने तथा नालियाँ बनाने में कार्य किया जाता है। इसके मध्य लकड़ी का हत्था लगा होता है।

(10) हँसिया हँसिया वक्राकार आकृति की लोहे की बनी होती है, जिसका हत्था लकड़ी का होता है। इसके द्वारा कटाई का कार्य किया जाता है।

(11) फावड़ा इसमें लोहे का तेजधार वाला आयताकार चौकोर टुकड़ा लगा होता है, हत्था लकड़ी का होता है, इसके द्वारा गड्ढा खोदने तथा मिट्टी इधर-उधर डालने का कार्य किया जाता है।

(12) कुल्हाड़ी यह लोहे का तेज धार वाला औजार है, जो लकड़ी काटने के काम आता है। इसमें काफी लम्बा तथा गोलाकार हत्था लगा रहता है।

(13) वका यह हत्थेदार लोहे का तेज धार वाला वजनी औजार है। यह लकड़ी की मोटी शाखाओं को काटने के काम आता है।

(14) हो यह भी पपड़ी तोड़ने तथा निराई-गुड़ाई करने तथा घास-फूँस निकालने के काम आता है। ये तीन प्रकार के होते हैं हैण्ड हो, उच हो, शर्मा हो।

(15) शावल इसके द्वारा मिट्टी चढ़ाने तथा नाली बनाने का कार्य किया जाता है।

(16) हैण्ड कल्टीवेटर हैण्ड कल्टीवेटर में लकड़ी के हत्थे के साथ-साथ तीन हुकदार काँटे लगे रहते हैं। इसके द्वारा सामान्य पपड़ियों को तोड़ने का कार्य किया जाता है। यह क्यारियों में पपड़ी तोड़ने तथा निराई-गुड़ाई करने में ढालू तथा नुकीली होती है।

(17) ट्रान्सप्लाण्टिंग ट्रावल यह लकड़ी का हत्था लगा हुआ एक चमकदार यंत्र होता है। यह पौधा लगाने के काम आता है, इससे थापी बड़ी आसानी से ली जा सकती है।

(18) मोटी शाखा काटने वाला यन्त्र इसकी बनावट साधारण संडासी जैसी होती है, इसमें दो फल इस्पात के काफी मजबूत तथा दो हैन्डिल होते हैं। यह शाखाओं को काटने के काम आता है।

(19) पैबन्द लगाने वाला चाकू इस चाकू की बनावट साधारण चाकू की तरह ही होती है। एक सुन्दर आकर्षक लकड़ी का हत्था होता है, जिसमें इस्पात की फाल लगी रहती है।

(20) सिकेटियर सिकेटियर का प्रयोग भी पैबन्द लगाते समय स्टोक शाखा काटने के लिये प्रयोग किया जाता। इसकी रचना साधारण कैंची के सामान ही होती है। इसमें एक फाल स्प्रिंगदार बोल्ट से जुड़ा रहता है, जिसे Value Springs कहते हैं।

(21) काँट-छाँट के औजार इसमें बल्ली में एक हुक कीलों द्वारा जुड़ा होता है, जिसके पिछले सिरे पर एक लम्बी रस्सी बँधी रहती है जिसकी सहायता से इसे फाल में अटका दिया जाता है। झटके के साथ ही यह फाल शाखा को काट देती है। ऊँचे पेड़ों की काट-छाँट में इसका प्रयोग अधिक किया जाता है।

(22) प्रूनिंग शियर यह एक प्रकार की कैंची है जो आकार में सामान्य कैंची से काफी बड़ी होती है। इसका प्रयोग झाड़ियों के काटने में किया जाता है तथा पौधों को विभिन्न आकृतियाँ प्रदान की जाती हैं।

(23) काँट-छाँट की आरी यह आरी लगभग 1 सेमी. मोटी शाखा को काटने के काम आती है। यह चद्दर की बनी होती है। दाँतेदार भाग त्रिभुजाकार होता है तथा सिरे पर लकड़ी का हत्था होता है। यह अध्यम आकार की होती है।

(24) डिबलर लकड़ी द्वारा बनाया गया यह औजार पौधा लगाने के काम आता है।

(26) गार्डन फोर्क इसमें एक हैन्डिल में चार काँटे होते हैं। यह भी घास-फूँस निकालने के काम आता है।

(26) घास की कैंची इस्पात के दो तेजधार वाले फल होते हैं, जिनसे घास काटी जाती है।

उद्यान में सिंचाई की व्यवस्था

उद्यान की हरीतिमा बनाये रखने के लिए आवश्यकतानुसार सिंचाई करना अनिवार्य होता है। उद्यानों में वैज्ञानिक विधि से सिंचाई की व्यवस्था की जाती है, इसके लिए निम्नवत् विधियों का प्रयोग किया जाता है

(1) कटा पानी देने की विधि पानी की पर्याप्तता वाले स्थानों पर इस विधि का प्रयोग किया जाता है लेकिन इस विधि में कुछ हानियाँ भी देखी गयी हैं, वह है पानी के साथ खरपतवार का बहकर आना, जिसके फलस्वरूप पानी बहने में बाधा उत्पन्न होती है।

(2) नालीदार विधि उद्यान की सिंचाई की जाने वाली इस विधि में नालियाँ हमेशा 60, से 75 सेमी. चौड़ी होनी चाहिएँ। इन नालियों में पानी का बहाव कम होना चाहिए। यह विधि चिकनी तथा दोमट भूमियों के लिए उत्तम है।

(3) क्यारी विधि इस विधि द्वारा कम पानी में तथा कम समय में सिंचाई करनी होती है। इस विधि में खेत के अन्दर क्यारियाँ बना लेते हैं। क्यारियों की दो पंक्तियों के मध्य में सिंचाई की नाली रहती है। इसी क्रम से पूरे खेत में क्यारियाँ बना ली जाती हैं और उन्हीं के द्वारा सिंचाई की जाती है।

(4) थाल विधि पेड़ों की सिंचाई के लिए थाल विधि का प्रयोग सर्वोत्तम माना जाता है। इसमें पेड़ के चारों ओर गुड़ाई करके और किनारे पर रोक बनाकर उसमें पानी को रोक दिया जाता है। इस विधि से कम समय में अधिक क्षेत्र कम पानी द्वारा सींचा जा सकता है। छोटे पेड़ों की सिंचाई में यह विधि उत्तम मानी गई है।

(5) वलयाकार विधि वलयाकार विधि में दो पंक्तियों के मध्य एक सिंचाई की नाली बना लेते हैं। इस नाली से छोटी-छोटी नलिकायें बनाकर पेड़ के थालों से जोड़ देते हैं। इस विधि में पौधों के चारों ओर कुछ मिट्टी चढ़ा देते हैं। इस तरह से यह मिट्टी एक गोलाकार चबूतरे जैसी हो जाती है। इस विधि से सिंचाई करने पर पेड़ों की जड़ों में पानी नहीं लगता जिससे पेड़ हरे-भरे रहते हैं।

17

बागवानी एवं कृषि-वानिकी के क्षेत्र में स्वरोजगार के अवसर

वर्तमान समय में मानव ने पर्यावरण को काफी खतरे में पड़ता दिखाई दे रहा है। पर्यावरण को प्रदूषण से बचाने के लिए उपाय वनीकरण वन कटाव को रोकना वर्तमान समय में फूलों की कृषि एक व्यवसाय ने एक व्यवसाय व उद्योग का रूप पकड़ लिया है। अतः पुष्पोत्पादन के क्षेत्र में स्वरोजगार की अच्छी संभावनाएँ हैं। सुन्दर फूलों के लिए इनके पौधों को उगाना फूलों की खेती अथवा पुष्पोत्पादन कहलाता है। सामाजिक और धार्मिक मूल्यों के प्रति मानवीय अभिरुचि में परिवर्तन के कारण दिन-ब-दिन फूलों की माँग बढ़ रही है। अब भारत में फूलों का लगभग सभी समारोहों में इस्तेमाल होने लगा है, जिसकी वजह से इनकी घरेलू माँग में तीव्रता से वृद्धि हो रही है। कट-फ्लावर की अंतर्राष्ट्रीय मांग, विशेष तौर पर क्रिजेन्थयेंम, आकिड्स ग्लैडियोलस तथा कुमुदिनी आदि की जबर्दस्त माँग है। फूल उद्योग की वार्षिक वृद्धि क्षमता करीब 25-30 है। इसका आधार इसकी निर्यात क्षमता है। इसका बाजार बहुत व्यापक है तथा भारतीय कट-फ्लावर के निर्यात की क्षमता की कोई सीमा नहीं है। भारत एक सामान्य उष्णकटिबंधी देश है जिस वजह से यहाँ सजावटी पौधों की खेती अधिक की जाती है। अंतर्राष्ट्रीय स्तर पर फूल उत्पादन बाजार व्यापार करीब

125,000 करोड रु. रहने का अनुमान लगाया गया है जिसमें से कट फ्लावर का हिस्सा करीब 80,000 करोड़ रु. का है। इसमें से, भारत का व्यापार केवल 300 करोड़ है। अतः अंतर्राष्ट्रीय बाजार में इसका हिस्सा बढ़ाने की अच्छी संभावना है। फूलों की खेती खुले स्थान में अथवा पोलीहाऊस में की जा सकती है। हालाँकि, पोलीहाऊस में की जाने वाली खेती को वरीयता दी जाती है क्योंकि इससे कृत्रिम रूप से नियंत्रण पर्यावरण उपलब्ध होता है जिसमें रोगों, कीटों, उच्च तापमान, अत्यधिक रोशनी, भारी वर्षा आदि के खतरे न्यूनतम हो जाते हैं।

अतः फूलों की खेती के लिए हर मौसम उपयुक्त है। पॉलीहाउसिस में फूलों की खेती दो प्रकार से की जाती है एक तो हाइड्रोपेनिक कल्चर अर्थात् मिट्टी रहित खेती की जाती है और दूसरा प्रकार मिट्टी में की जाने वाली खेती है। हाइड्रोपेनिक कल्चर के तहत पौधे को बगैर मिट्टी के, बर्तनों में उगाया जाता है। बर्तनों में मिट्टी के स्थान पर धूल/रेता, काको-पिट आदि का प्रयोग किया जाता है। बाहर से पाइप या ड्रिप के जरिए पोषक तत्वों तथा पानी की आपूर्ति की जाती है। हाइड्रोपोनिकली उत्पादित फूलों की गुणवत्ता अच्छी है तथा बाजार में अधिकतम मूल्य प्राप्त होता है। फूलों की खेती में सफलता प्राप्त करने के लिए निम्नलिखित योग्यताओं का होना जरूरी है

(1) वरिष्ठ तकनीशियन/पुष्पोत्पादक इस पद हेतु अनिवार्य योग्यता है कृषि/फूलों की खेती/वनस्पति विज्ञापन में बी.एससी.के साथ पोलीहाउस/ग्रीनहाउस, ड्रिप सिंचाई तथा फर्टिगेशन, हाइड्रोपेनिक कल्चर, परिवहन, बिक्री, विपणन तथा निर्यात में विशेषज्ञता होनी चाहिए। कम्प्यूटर का ज्ञान वाछंनीय है

(2) वैज्ञानिक/वैज्ञानिक अधिकारी/प्रबंधक कृषि/फूल उत्पादन/सूक्ष्म जीवविज्ञान/वाइरोलोजी के क्षेत्र में एम.एससी./पी.एचडी. के साथ-साथ पोलीहाउस/ग्रीन हाउस, सिंचाई और फर्टिगेशन, हाइड्रोपेनिक कल्चर, बिक्री, विपणन तथा निर्यात में विशेषज्ञता होनी चाहिए।

(3) कुशल कामगार मैनुअल कार्य में प्रशिक्षित व्यक्ति, जैसे कि फूलों की कटिंग, कटाई, पैकेजिंग, परिवहन तथा शीतल जगहों पर भण्डारण कार्य में दक्ष।

(4) कनिष्ठ तकनीशियन कनिष्ठ तकनीशियन को दसवीं पास होना चाहिए साथ ही फूलों की खेती, हाइड्रोपेनिक/मृदा संस्कृति, पैकेजिंग तथा भण्डारण, पाइपलाइनों के निर्माण तथा अनुरक्षण, ड्रिप, शीत भण्डारण आदि तकनीकी में 6 माह से एक वर्ष का प्रशिक्षण प्राप्त होना चाहिए।

स्वरोजगार के अवसर

पुष्पोत्पादन के क्षेत्र में स्वरोजगार की अच्छी संभावनाएँ हैं। सीमित संसाधनों के साथ लघु फूल उत्पादन उद्योग स्थापित किए जा सकते हैं जो कि एक लाभकारी रोजगार हो सकता है। इस उद्योग में बहुत अच्छी रोजगारपरक और विदेशी मुद्रा अर्जित करने की क्षमता है। भारत में फूलों की खेती से संबंधित कुछ उद्योगों के नाम आगे दिये गये हैं जहाँ ग्रामीण महिलाएँ रोजगार प्राप्त कर सकती हैं

1. परेज़ू एग्रो-विजन लिमि., पुणे, महाराष्ट्र।
2. ऐडेन पार्क एग्रो प्रोडक्टस प्रा. लिमि.।
3. एग्री-एक्समों बायोटैक : आई लिमि., मुम्बई, महाराष्ट्र।
4. नागार्जुन एग्रीटैक लिमि., बंगलौर, कर्नाटक।
5. ग्लोबल इंडस्ट्रीज़ लिमि., दिल्ली।
6. पुडुमजी प्लांट लेबोरेटरीज़ लिमि. पुणे, महाराष्ट्र।
7. शारदा फार्म्स, नासिक, महाराष्ट्र।
8. साहिब एयो पंड फार्म प्रोडक्ट, 24 - कापसहेड़ा, दिल्ली।
9. अल-फलाह ब्लॉसम्स लिमिटेड, ए-22, ग्रीन पार्क, अरविंदो मार्ग, नई दिल्ली।
10. श्रेयस ब्लूम्स, रघु गंज, चावड़ी बाजार, दिल्ली।
11. इंडस फ्लोरीटैक लिमि., हैदराबाद, आन्ध्रप्रदेश।
12. जगदम्बी एग्री जेनेटिक लिमि., हैदराबाद, आन्ध्रप्रदेश।
13. नेहा इंटरनेशनल लिमि.पुणे, महाराष्ट्र।
14. श्री बासवी फ्रलोटेक्स लिमि., बंगलौर, कर्नाटक।
15. नाथ बायोटैक लिमि., औरंगाबाद, महाराष्ट्र।
16. वरलाक एग्रोटैक प्रा. लिमि., बंगलौर।
17. एडेन एग्रों फ्रलोरा, कृष्णा अपार्ट, बासप्पा रोड, बंगलौर।
18. होरिजोन फ्रलोरा, आई लिमि., इंडरी, पुणे महाराष्ट्र।
19. सेन्चुरी फ्लावर्स, पुणे, महाराष्ट्र।
20. बिरला फ्लोरीकल्चर, श्रीगाँव, पुणे, महाराष्ट्र।
21. कूपर एग्रो प्रोडक्ट्स : प्रा. लिमि. साहने सुजान पार्क, पुणे, महाराष्ट्र।
22. कुमार बायोटैक, पुणे, महाराष्ट्र।
23. समर्थ ग्रीनटैक, भवानी पेठ, पुणे, महाराष्ट्र।
24. डेक्कन फ्रलोरा बेस, पुणे, महाराष्ट्र।

फूलों की खेती से संबंधित पाठ्यक्रम

फूलों की खेती से संबंधित पाठ्यक्रम देश के विभिन्न शिक्षण संस्थानों में चलाये जाते हैं जहाँ दाखिला लेकर ग्रामीण महिलाएँ लाभ उठा सकती हैं। कुछ प्रमुख संस्थानों के नाम व स्थान को निम्नलिखित तालिका के माध्यम से स्पष्ट किया गया है

1. केरल कृषि विश्वविद्यालय, त्रिशूर, केरल।
2. महात्मा फुले कृषि विद्यापीठ, राहुरी, अहमदनगर।
3. डॉ. पंजाबराय देशमुख कृषि विद्यापीठ, अकोला।
4. केंद्रीय कृषि विश्वविद्यालय, इम्फाल, मणिपुर।
5. जी.बी. पंत कृषि और टैक. विश्वविद्यालय, पंतनगर।
6. आचार्य एनजी रंगा आन्ध्र प्रदेश कृषि विश्वविद्यालय, हैदराबाद, आन्ध्र प्रदेश।
7. भारतीय कृषि अनुसंधान संस्थान, नई दिल्ली।
8. सीएस आजाद कृषि एवं प्रौद्योगिकी विश्वविद्यालय, कानपुर, उत्तर प्रदेश।
9. हिमाचल प्रदेश कृषि विश्वविद्यालय, पालमपुर, हिमाचल प्रदेश।
10. भारतीय कृषि अनुसंधान संस्थान, नई दिल्ली।
12. नरेन्द्र देव कृषि एवं टैक. विश्वविद्यालय, फैजाबाद, उत्तरप्रदेश।
13. पंजाब कृषि विश्वविद्यालय, लुधियाना, पंजाब।
14. राजस्थान कृषि विश्वविद्यालय, बीकानेर, राजस्थान।
15. तमिलनाडु कृषि विश्वविद्यालय, कोयम्बटूर, तमिलनाडु।
16. आईएआरआई, नई दिल्ली।
17. राष्ट्रीय मशरुम अनुसंधान एवं प्रशिक्षण केंद्र, सोलन, हि.प्र.।
18. असम कृषि विश्वविद्यालय, जोरहाट, असम।
19. बिरसा कृषि विश्वविद्यालय, रांची, झारखंड।
20. राजेंद्र कृषि विश्वविद्यालय, पूसा, समस्तीपुर, बिहार।
21. हरियाणा कृषि विश्वविद्यालय, हिसार, हरियाणा।
22. शेरे कश्मीर कृषि विश्वविद्यालय, श्रीनगर, जम्मू कश्मीर।

प्लान्ट टिशू कल्चर संगठन में रोजगार के अवसर

पादप टिशू कल्चर फूलों की खेती करने की एक अच्छी तकनीक है। ग्रामीण

महिलाएँ इस तकनीक का लाभ उठा सकती हैं। इस तकनीक के जरिए कोशिका, ऊतक, अंगों और यहाँ तक कि पूरे पौधे को अपनी इच्छानुसार पूरे साल मौसम संबंधी सीमाओं से ऊपर उठकर प्रयोगशाला में उगाया जा सकता है। गुणन की यह तीव्र पद्धति है और इससे समय, धन तथा स्थान की बचत होती है। थोड़े से ही क्षेत्र में बड़ी संख्या में पौधे उगाए जा सकते हैं। यह पद्धति विशेष तौर पर पौधे के प्रजनन के लिए बहुत महत्वपूर्ण है जिसमें जीवनक्षम बीजों/प्रजनक के अभाव में प्राकृतिक प्रजनन कठिन है। इस तरह यह पौधे के प्रजनन तथा संरक्षण के लिए सामान्य तथा विशेष तौर पर पौधे प्रजातियों के लिए एक शक्तिशाली माध्यम है। प्लान्ट टिशू कल्चर प्लान्ट बायोटेक्नोलॉजी के लिए आधार तैयार करती है, जिसके जरिए उच्च खेती और आर्थिक रूप से महत्वपूर्ण पौधे को विकसित करना संभव है। इस तकनीक का जैव-प्रौद्योगिकी के क्षेत्रों में प्रयोग किया जा सकता है। कुछ प्रमुख क्षेत्रों के बारे में जानकारी निम्न प्रकार दी गयी है

1. ट्रांसजेनिक पौधे का विकास।
2. उत्परिवर्ती का सुधार तथा चयन।
3. लघु परिवर्ती उत्पादन।
4. फसल सुधार की प्रजनन तकनीक में तेजी लाने के लिए अगुणित पौधे का उत्पादन।
5. नए जिनोटाइड/प्रजातियों के तीव्र विकास हेतु प्रोटोप्लास्ट कल्चर।

क्लोन प्रजनन हेतु टिशू कल्चर तकनीक को सूक्ष्म प्रजनन कहा जाता है और यह सर्वाधिक उन्नत तथा प्लान्ट टिशू कल्चर का सबसे ज्यादा महत्वपूर्ण क्षेत्र माना जाता है। इस तकनीक के जरिए ऋतुकाल की सीमाओं की बाधा से रहित पूरे वर्ष सीमित स्थान में बड़ी संख्या में पौधों में प्रजनित किया जा सकता है। जिन पौधों का विकास इस तकनीक द्वारा किया जाता है वे रोगमुक्त व अपने कुल की तरह होते हैं। प्राकृतिक प्रजनन के जरिए प्रमुख पौधों के गुणों में बदलाव आता रहता है जिसकी वजह से उसकी किस्म की श्रेष्ठता में कमी होती रहती है लेकिन सूक्ष्म प्रजनन प्रक्रिया में प्रमुख पौधे के सभी गुणों को उनके कुल के अनुरूप बनाए रखा जा सकता है। इस तरह सूक्ष्म प्रजनन प्लान्ट टिशू कल्चर के क्षेत्र में सर्वाधिक व्यावसायिक प्रक्रिया है जिसमें बड़ी संख्या में रोजगार के अवसर खुले हैं। यदि ग्रामीण महिलाएँ इस क्षेत्र में अपना कॅरियर बनाना चाहें तो उन्हें कोई खास परेशानी नहीं होगी। प्लान्ट टिशू कल्चर संगठनों में सामान्यतः तीन प्रकार के रोजगार के अवसर उपलब्ध हैं जो निम्नलिखित हैं

कनिष्ठ तकनीशियन 12वीं कक्षा में टिशू कल्चर तकनीकीं में छह माह का प्रशिक्षण।

वरिष्ठ तकनीशियन/तकनीकी सहायक प्लाट टिशू कल्चर को प्रमुख विषय के रूप में रखते हुए जैव-प्रौद्योगिक/वनस्पति विज्ञान में बी एस सी।

वैज्ञानिक अधिकारी/वैज्ञानिक प्लांट टिशू कल्चर में विशेषज्ञता के साथ जैव-प्रौद्योगिकी में बी.टैक/एम.एसी. प्लांट टिशू कल्चर के क्षेत्र में एम.टैक बायोटैक/पीएच.डी वांछनीय हैं। कुछेक संगठनों के नाम नीचे दिए गए हैं, जिनमें प्लान्ट टिशू कल्चर में कॅरिअर शुरू किया जा सकता है

अनुसंधान संस्थान इस क्षेत्र में सरकारी व गैर-सरकारी दोनों प्रकार की संस्थाएँ शामिल हैं, जिनका अलग-अलग विवरण निम्न प्रकार है

सरकारी सरकारी संस्थाओं के तहत सीएसआईआर, आईआईएचआर, आईएआरआई,आईसीएआर, डीआरडीओ, बीएआरसी आदि के नाम प्रमुख हैं। इनके अलावा कुछ और भी संस्थान हैं जैसे क्षेत्रीय पादप संसाधन केंद्र, भुवनेश्वर, राष्ट्रीय रासायनिक प्रयोगशाला, पुणे; राष्ट्रीय वनस्पतिक अनुसंधान संस्थान, कोयम्बटूर; केंद्रीय औषधि तथा सुगंधित पौधा संस्थान, लखनऊ आदि।

गैर-सरकारी प्लान्ट टिशू कल्चर से कुछ गैर-सरकारी संस्थाएं भी जुड़ी हुई हैं जैसे थापर कारपोरेट आर एंड डी सेंटर, पटियाला, ईआईडी, पैरी एंड कं., बंगलौर; एकस्ल आई लिमिटेड मुंबई, हिंदुस्तान लीवर लि., मुंबई; इंडो-अमेरिकन हाइब्रिड सीड्स, बगंलौर, रैलीज आई लि., बंगलौर; टाटा टी, केरल बायो-कंट्रोल रिसर्च लैब कीट नियंत्रण आई लि., बंगलौर, डीजे हैचरीज, बंगलौर आदि।

विश्वविद्यालय लगभग सभी भारतीय विश्वविद्यालयों में प्लान्ट टिशू कल्चर तकनीशियनों, वैज्ञानिकों तथा शिक्षकों की आवश्यकता होती है।

टिशू कल्चर उद्योग/वाणिज्यिक सूक्ष्म प्रजनन प्रयोगशाला भारत में बहुत से प्लान्ट टिशू कल्चर उद्योग हैं, जो तकनीशियनों और वैज्ञानिक अधिकारियों की नियुक्तियां करते हैं। इस प्रकार के कुछ प्रमुख उद्योगों के नाम निम्न प्रकार हैं

1. इंटर कटिनेंट्स स्टलिंग, अहमदाबाद।
2. इंडो-डच, अहमदाबाद।
3. इंडो-डच, फरीदाबाद।
4. कलिंदी बायोटैक, ऋषिकेश।
5. उग्रीजीन इंटरनेशनल प्रा. लि., शिमला।

6. महाराष्ट्र हार्डब्रीड सीड्स कं. लि., मुबई।
7. जैन इरिगेशन सिस्टम्स लि., जलगाँव।
8. आईटीसी एग्रों टैक लि., सिकंदराबाद।
9. पुदुमजी प्लान्ट लैबोरेट्रीज, पुणे।
10. नाथ बायोटैक लि., औरंगाबाद, महाराष्ट्र।
11. इंडो-अमेरिकन हाईब्रिड सीड्स, बंगलौर।
12. नोवर्तिस आई लि., मुंबई। ए.वी. थॉमस एंड कम्पनी, कोचीन।
13. हैरिसन एंड मालबरम लि., बंगलौर।
14. बीना नर्सरी प्रा लि., त्रिवेंद्रम।
15. स्पाइस एग्रो बायोटैक, कोयम्बतूर।
16. पायनियर सीड्स कं. लि., लिल्ली।

स्वरोजगार के अवसर रोगमुक्त तथा उत्तम गुणवत्ता के पौधे की बढ़ती माँग ने टिशू कल्चर और सूक्ष्म प्रजनन के क्षेत्र में स्वरोजगार की संभावनाओ को चार चाँद लगा दिये हैं। टिशू कल्चर्ड पौधे के निर्यात की भी अच्छी संभावना है। सीमित संसाधनों के साथ भी लघु सूक्ष्म प्रजनन इकाई की स्थापना की जा सकती है। ग्रामीण महिलाएँ यदि ऐसा करती हैं तो उन्हें दोहरा लाभ मिलेगा। एक तो उन्हें अच्छा रोजगार मिल जायेगा और दूसरे वे प्रसिद्धि भी हासिल कर सकती हैं। जैव-प्रौद्योगिकी/प्लान्ट टिशू कल्चर तथा सूक्ष्म प्रजनन इकाई की स्थापना की जा सकती है। इसके अलावा जैव-प्रौद्योगिकी/प्लान्ट टिशू कल्चर तथा सूक्ष्म प्रजनन के क्षेत्र में पाठ्यकम संचालित करने वाले कुछ विश्वविद्यालयों की संस्थापना की जा सकती हैं जिसमें संबधित व्यक्ति अच्छे रोजगार के साथ-साथ समाज में नाम भी कमा सकते हैं। जैव-प्रौद्योगिकी/प्लान्ट टिशू कल्चर तथा सूक्ष्म प्रजनन से संबंधित कई संस्थाएँ शैक्षिक पाठ्यक्रम संचालित करती हैं। इनके बारे में जानकारी निम्न प्रकार से दी गयी है

1. पांडिचेरी विश्वविद्यालय, पांडिचेरी।
2. हैदराबाद विश्वविद्यालय, हैदराबाद।
3. तमिलनाडु कृषि विश्वविद्यालय, कोयम्बतूर।
4. पंडित रविशंकर शुक्ल विश्वविद्यालय, रायपुर।
5. हिमाचल प्रदेश विश्वविद्यालय, शिमला।
6. पंजाब विश्वविद्यालय, चंडीगढ।

7. मैसूर विश्वविद्यालय, मैसूर।
8. महात्मा गाँधी विश्वविद्यालय,कोट्टाय।
9. कुरूक्षेत्र विश्वविद्यालय कुरूक्षेत्र।
10. केरल विश्वविद्यालय, त्रिवेद्रम।
11. आईएसआरआई, नई दिल्ली।
12. आईआईटी खडगपुर, दिल्ली, मुंबई।
13. अन्ना विश्वविद्यालय, चेन्नई।
14. बीआईटी, वेल्लूर, तमिलनाडु।
15. बनारस हिंदू विश्वविद्यालय वाराणसी।
16. देवी अहिल्या विश्वविद्यालय, इंदौर।
17. जीबी पंत कृषि एवं प्रौद्योगिकी विश्वविद्यालय, पंतनगर, उत्तराखंड।
18. गोवा विश्वविद्यालय, गोवा।
19. बनस्थली विद्यापीठ, राजस्थान।
20. कालीकट विश्वविद्यालय, कोजीकोड।
21. गुरुनानक देव विश्वविद्यालय, अमृतसर।
22. जवाहरलाल नेहरू विश्वविद्यालय, नई दिल्ली।
12. एमएस यूनिवर्सिटी, मदुरै।
23. बिरसा विश्वविद्यालय, रांची।
24. विनोबा भावे विश्वविद्यालय, हजारीबाग।
25. तेजपुर विश्वविद्यालय, तेजपुर।
26. जम्मू विश्वविद्यालय, जम्मूतवी।

वानिकी में रोजगार के अवसर

आज पर्यावरण को संरक्षित करने के लिए प्रकृति के अस्तित्व को कायम रखने के लिए वनोन्मूलन को रोकना बहुत ही महत्त्वपूर्ण हो गया है। पर्यावरण वानिकी इस दिशा में किया गया एक महत्त्वपूर्ण प्रयास है। यह एक ऐसा रोचक विषय है जिनमें वनों के सृजन, संरक्षण तथा वैज्ञानिक प्रबंधन और उनके संसाधनों के उपयोग पर बल दिया जाता है। हमारे देश में वैज्ञानिक वानिकी की शुरुआत सबसे पहले 1864 में वन प्रबंधन के लिए वानिकी व्यावसायिकों को प्रशिक्षित करने के वास्ते हुई थी। कालान्तर में विश्वविद्यालय स्तर पर वानिकी शिक्षा वर्ष 1985 में उस समय आरंभ हुई जब राज्य कृषि विश्वविद्यालयों वाईएसपी, यूएचएफ, सोलन तथा पीडीकेवी,

अकोला में चार वर्ष के डिग्री कार्यक्रम के रूप में बीएससी वानिकी पाठ्यक्रम शुरू किया गया। बाद में यह कार्यक्रम 1986 में जीबीपीयूएटी, पन्त नगर तथा टीएनएयू, कोयम्बटूर में तथा इसके बाद 1987 में ओयूएटी, भुवनेश्वर तथा जेएनकेवीवी, जबलपुर में शुरू किया गया। अब यह कार्यक्रम बहुत से राज्य कृषि विश्वविद्यालयों में संचालित किया जा रहा है।

इसके अलावा कुछ कृषि विश्वविद्यालयों में वानिकी से संबंधित विशेष विषय में विशेषज्ञता के साथ वानिकी/कृषि-वानिकी में मास्टर और डॉक्टरेट डिग्री पाठ्यक्रम भी चल रहे हैं। हाल के दिनों में कुछ परम्परागत विश्वविद्यालयों ने भी वानिकी शिक्षा का शुभारंभ किया है। ताजा अनुमानों से यह सिद्ध होता है कि सकल घरेलू उत्पाद (जीडीपी) में वानिकी क्षेत्र का उल्लेखनीय योगदान और महत्त्व है। प्रतिकूल परिस्थिति से निपटने के लिए कुशल मानवशक्ति की जरूरत होती है ताकि शोध कार्यों और निर्देशक सिद्धांतों के आधार पर उपर्युक्त कार्य योजनाएँ तैयार की जा सकें। भारत में कृषि (वानिकी सहित) शिक्षा पर बनाई गई भारतीय कृषि अनुसंधान परिषद की चौथी डीन कमेटी की सिफारिशों पर स्नातकपूर्व-स्तर पर वानिकी कार्यक्रम हेतु समय की माँग के अनुरूप पाठ्यक्रम और निर्देशन व्यवस्था में संशोधन किए गये हैं।

भारत सरकार वानिकी शिक्षा, अनुसंधान, प्रशिक्षण और विस्तार पर्यावरण और वन मंत्रालय की देख-रेख करती है। भारतीय वानिकी अनुसंधान एवं शिक्षा परिषद (आईसीएफआरई) वानिकी अनुसंधान, प्रशिक्षण, विस्तार और शिक्षा में सक्रियता के साथ अपना सहयोग दे रहा है। वन मंत्रालय के अधीन निम्नलिखित वन संस्थान कार्यरत हैं। ये हैं

1. भारतीय प्लाइवुड उद्योग अनुसंधान और प्रशिक्षण संस्थान, बंगलौर; तथा
2. जीबी पंत हिमालयन पर्यावरण और विकास संस्थान।
3. ईसीएफआरई, देहरादून;
4. इंदिरा गाँधी राष्ट्रीय वन अकादमी, देहरादून;
5. वन शिक्षा निदेशालय,
6. भारतीय वन्यजीव संस्थान, देहरादून;

स्नातकपूर्व कार्यक्रम स्तर पर वानिकी शिक्षा

वर्तमान में वानिकी में स्नातकपूर्व, स्नातकोत्तर और डॉक्टरेट कार्यक्रम विभिन्न राज्य कृषि विश्वविद्यालयों तथा कुछ अन्य परंपरागत विश्वविद्यालयों/संस्थानों में

संचालित किये जाते हैं। ज्यादातर राज्य कृषि विश्वविद्यालयों में चार वर्षीय व्यावसायिक डिग्री कार्यक्रम बीएससी वानिकी संचालित किए जा रहे हैं तथा शेष संस्थान भी यह कार्यक्रम बहुत जल्दी ही शरू करने की योजना बना रहे हैं। वानिकी स्नातक तकनीकी रूप से योग्य, कुशल तथा पर्यावरण और जीवन की सुरक्षा से जुड़े वानिकी क्षेत्र की उभरती चुनौतियों तथा मुद्दों से निपटने के लिए तैयार होते हैं। वानिकी स्नातकों को तैयार करने का मूल उद्देश्य वानिकी क्षेत्र के विकास तथा इसकी उद्यमशीलता हेतु वर्तमान स्थितियों तथा अपेक्षाओं के अनुरूप मानव शक्ति तैयार करना है। इसका एक उद्देश्य पर्यावरण सुरक्षा, वानिकी उत्पादों के मूल्य संवर्द्धन और वानिकी किसानों को वैश्विक रूप से प्रतिस्पर्धी बनाने के वास्ते सुयोग्य प्रबंधक बनाना भी है। बीएससी वानिकी के छात्रों को वानिकी के सभी क्षेत्रों से संबंधित विभागवार पाठ्यक्रमों का अध्ययन कराया जाता है एवं वे सही अर्थों में वनपाल बनकर उभरते हैं। हाल में भारतीय कृषि अनुसंधान परिषद् चौथी डीन कमेटी, आईसीएआर, 2007 ने वानिकी स्नातकों के लिए विभागवार पाठ्यक्रमों की अनुशंसा निम्न प्रकार की है

1. नर्सरी प्रबंधन;
2. विश्व वानिकी प्रणाली;
3. पशुधन प्रबंधन;
4. वन मापन;
5. पर्यावरणीय विज्ञान;
6. बागवानी के मूल तत्व।
7. वन-वृक्ष विज्ञान के सिद्धांत एवं व्यवहार;
8. भारतीय वृक्षों संबंधी वन-वृक्ष विज्ञान;
9. कृषि वानिकी प्रणाली एवं प्रबंधन;
10. बागान वानिकी;
11. वन-वृक्ष विज्ञान प्रणाली;

वन जीवविज्ञान एवं वृक्ष सुधार विभाग-वन पारिस्थितिकी विज्ञान, जैव-विविधता एवं संरक्षण; वृक्ष-विज्ञान; वृक्ष सुधार के सिद्धांत; वृक्ष बीज प्रौद्योगिकी; वन्य जीव के मूल तत्व; वन पैथोलॉजी; वन्य जीव प्रबंधन; वन कीट-विज्ञान और कृषि विज्ञान।

1. प्राकृतिक संसाधन प्रबंधन विभाग जल विज्ञान, मृदा एवं जल संरक्षण; मृदा एवं जल संरक्षण मृदा सर्वेक्षण, दूर संवेदन तथा परती भूमि विकास के सिद्धांत; भू-विज्ञान एवं मृदा विज्ञान के मूल तत्व; रेंजलैंड मैनेजमेंट; वन प्रबंधन; नीति एवं

विधायन; एग्रोमीटिरोलॉजी; वन व्यवसाय प्रबंधन; वन उत्पादों का विपणन और व्यापार; वन्य अर्थशास्त्र के सिद्धांत; परियोजना नियोजन एवं मूल्याकंन, मिट्टी की कैमिस्ट्री और उपजाऊपन; वन्य इंजीनियरिंग।

2. मौलिक विज्ञान और मानविकी पादप, जैव रसायन विज्ञान और जैव-प्रौद्योगिकी; कोशिका विज्ञान और आनुवंशिकी के सिद्धांत; उद्यमशीलता विकास और संचार कौशल; तत्वीय सांख्यिकी और कम्प्यूटर अनुप्रयोग; पादप शरीर विज्ञान; वृक्ष शरीर विज्ञान; शुरुआती वन अर्थशास्त्र; वन ट्रिबोलॉजी एवं मानव विज्ञान; विस्तार शिक्षा के मूल तत्व।

3. बुनियादी व्याकरण और उच्चारित अंग्रेजी शारीरिक शिक्षा तथा कुछ अपूर्ण पाठ्यक्रम जैसे कि शुरुआती वनस्पति विज्ञान (गणित वर्ग); बी. एससी. वानिकी कार्यक्रम में मौलिक गणित (जीवन विज्ञान वर्ग) भी पढ़ाया जाता है।

4. वन्य उत्पाद एवं उपयोग विभाग काठ संरचना; लॉगिंग एवं अर्गनोमिक्स; काठ उत्पाद एवं उपयोग; काठ विज्ञान एवं प्रौद्योगिकी; गैर-टिम्बर उत्पादों का उपयोग; औषधीय और सुगन्धित पौधे।

इसके अतिरिक्त ग्रामीण वानिकी में बी.एससी. वानिकी छात्रों को व्यावहारिक ज्ञान से रूबरू कराने के उद्देश्य से viiवें और viiiवें सेमेस्टर में 20 सप्ताह की अवधि कार्य अनुभव कार्यक्रम भी संचालित किया जाता है। इस कार्यक्रम में वानिकी स्नातकों के लिए सामाजिक-आर्थिक सर्वेक्षण-ग्राम संबद्धता, वानिकी कार्यों, औद्योगिक प्लेसमेंट, रिपोर्ट-लेखन हेतु राज्य वन विभाग के साथ संबद्धता और प्रस्तुतीकरण आदि प्रमुख उपलब्धियाँ होती हैं। ग्रामीण महिलाओं के लिए इस क्षेत्र में रोजगार के असीम अवसर उपलब्ध हैं।

स्नातकोत्तर कार्यक्रम

कई कृषि विश्वविद्यालय वन-वृक्ष विज्ञान, वन-उत्पाद, अर्थशास्त्र एवं प्रबंधन, काष्ठ विज्ञान तथा प्रौद्योगिकी, वृक्ष आनुवंशिकी और प्रजनन में विशेषज्ञता के साथ वानिकी में दो वर्षीय व्यावसायिक मास्टर डिग्री (एमएससी वानिकी) का कोर्स करवा रहे हैं। भारतीय वन प्रबंध संस्थान (आईआईएफएम) भोपाल भारत में एकमात्र संस्थान है जो वन-प्रबंधन में मास्टर डिग्री प्रदान करता है। वानिकी में स्नातकोत्तर छात्र अपने विषय के विशेषज्ञ होते हैं तथा वे विशेषीकृत पाठ्यक्रमों के साथ अनुसंधान कार्य करते हैं तथा अपने अनुसंधान कार्य को शोध-पत्र/शोध प्रकाशन के रूप में संकलित करते हैं। विशेषज्ञता क्षेत्र और पाठ्यक्रम, जिनका वे अध्ययन करते हैं सामान्यतः स्नातकपूर्व पाठ्यक्रमों का उन्नत रूपान्तरण **पी.एच.डी** होता है।

डॉक्टरेट कार्यक्रम

कुछ विश्वविद्यालयों द्वारा वानिकी/कृषि वानिकी में पी.एच.डी. के रूप में न्यूनतम तीन वर्षीय डॉक्टरेट कार्यक्रम भी संचालित किए जाते हैं। पी.एच.डी. स्तर पर किया जाने वाला शोध कार्य वानिकी और संबद्ध क्षेत्रों के विशेषीकृत विषयों के बारे में होता है।

प्रवेश/चयन प्रक्रिया

पीसीबी/पीसीएम/पीसीएमबी/कृषि समूह के छात्र 10+2 के बाद बी.एस.सी. वानिकी (चार वर्षीय डिग्री) में प्रवेश/चयन प्रक्रिया के लिए आवेदन कर सकते हैं। इसमें प्रवेश विश्वविद्यालय/संस्थान द्वारा आयोजित प्रवेश-परीक्षा के आधार पर प्रदान किया जाता है। भारतीय कृषि अनुसंधान परिषद की अखिल भारतीय प्रवेश परीक्षा उत्तीर्ण करने वाले राज्य के बाहरी उम्मीदवारों के लिए विशेष कोटे की व्यवस्था होती है। यह परीक्षा वानिकी में बैचलर डिग्री तथा अन्य कृषि विज्ञानों में बैचलर डिग्री हेतु राज्य कृषि विश्वविद्यालयों में कुल सीटों की संख्या का 15% भरने के लिए आयोजित की जाती है। बी.एस.सी. वानिकी पूरी करने के उपरांत उम्मीदवार वानिकी में मास्टर डिग्री संचालित करने वाले राज्य कृषि विश्वविद्यालयों अथवा अन्य संस्थानों/विश्वविद्यालयों में एम.एस.सी. वानिकी/कृषि-वानिकी के लिए आवेदन कर सकते हैं। मास्टर डिग्री में चयन या तो प्रवेश परीक्षा में सफल होने पर अथवा विश्वविद्यालय/संस्थान की मेरिट के आधार पर होता है। भारतीय कृषि अनुसंधान परिषद वानिकी सहित कृषि एवं संबद्ध विज्ञानों के क्षेत्र में आईसीएआर की कनिष्ठ अनुसंधान अध्येतावृत्ति (जेआरफ) तथा सभी राज्य कृषि विश्वविद्यालयों में मास्टर डिग्री कार्यक्रमों की 25% सीटों में प्रवेश हेतु एक अखिल भारतीय प्रवेश परीक्षा का आयोजन किया जाता है। इसी प्रकार पी.एच.डी. वानिकी कार्यक्रम में राज्य कृषि विश्वविद्यालयों या अन्य विश्वविद्यालयों/संस्थानों में प्रवेश सीधे संस्थान/विश्वविद्यालयों के नियमों के अनुरूप या प्रवेश-परीक्षा उत्तीर्ण करने के आधार पर प्राप्त किया जा सकता है। कृषि वैज्ञानिक भर्ती बोर्ड, भा.कृ.अ.प., पूसा, नई दिल्ली द्वारा हर वर्ष वानिकी में राष्ट्रीय पात्रता परीक्षा (नेट) का आयोजन किया जाता है।

छात्रों को छात्रवृत्तियाँ भी प्रदान की जाती हैं। यह वृत्तिका राशि मात्र उन्हीं उम्मीदवारों को प्रदान की जाती है। जो अन्य राज्य में किसी संस्थान में प्रवेश लेते हैं।

18

मूर्तिकला के क्षेत्र में स्वरोजगार की संभावनाएँ

प्राचीन काल से ही भारत में मूर्तिकला को प्राथमिकता प्रदान ही जा रही है। भारतीय समाज में मूर्तिकला को विशेष रूप से महत्व दिया जा रहा है। मूर्ति बनाना एक कला है जो हर व्यक्ति को नसीब नही होता अर्थात् इस कला में हर व्यक्ति निपुण नहीं होता है। मूर्तिकला के क्षेत्र में स्वरोजगार की अच्छी संभावनाएँ हैं। मूर्तिकला के गर्भ में यदि झाँकें तो पता चलता है कि पाषाण काल में मानव जिन पत्थरों का प्रयोग आखेट के लिए उपकरण आदि के रूप में किया करता था कालान्तर में वही उसकी अनुभूति और कल्पनाओं को प्रकट करने का माध्यम बन गया। विभिन्न सभ्यता से प्राप्त मूर्ति और अन्य कलाकृति तत्कालीन सामाजिक विकास की कहानी को स्पष्ट करती है। सिन्धु-धाटी सभ्यता से प्राप्त मृदशिल्पादि उस समय के विकसित मानव समाज को परिलक्षित करता है और हमें कई जानकारियों से अवगत कराता है। कला के प्रस्तुतीकरण के लिए मूर्ति निर्माण में परिलक्षित होता है। यहाँ हम मूर्तिकला अथवा प्रतिमा निर्माण की कला पर प्रकाश डाल रहे हैं जो निश्चित रूप से उन युवाओं के लिए लाभदायक हो सकेगा जो इस क्षेत्र में अपना भविष्य बनाना चाहते हैं। मूर्तिकला त्रिआयामी ठोस और मूर्त (साकार) रूप में चाक्षुष

अभिव्यक्ति का एक माध्यम है। यह राउण्ड व रीलिफ आकार में हो सकता है जिसका प्रयोग अनादिकाल से भारतीय सभ्यता में प्रचलित है।

मूतियों का प्रयोग अभिव्यक्ति पूजन-उपासना, सजावट, भय, स्मृति और पहचान आदि हेतु सहस्त्राब्दियों से होता रहा है। भारतीय शास्त्रों में वेद, उपनिषद, पुराणादि ने मूर्ति के निर्माण, उपयोग और महत्व पर विस्तार से प्रकाश डाला है। बाद में रामायण व महाभारत के साथ बौद्ध एव जैन धर्म ने भी विभिन्न प्रकार की मूर्तियाँ एव धर्म में इसकी भूमिका पर विस्तार से मार्गदर्शन प्रस्तुत किया है। यहाँ तक कि ईसाई धर्म ने भी विभिन्न प्रकार की मूर्तियों का सहारा लिया है। भारत के साथ विदेशों में भी अनेकानेक मन्दिर और कला मण्डप उपलब्ध हैं, जो मूर्तिकला के शाश्वत अवदान का वर्णन प्रस्तुत करते हैं। भारतीय इतिहास का मध्यकाल इस प्रकार के अनेकों उदाहरण को समेटे हुए है। अस्तु यह माना जा सकता है कि मूर्तिकला ने समाज में धर्म, आस्था, मूल्य और संस्कृति की स्थापना व विकास में महत्वपूर्ण भूमिका निभायी है। आज भी भारतीय मूर्तिकला हेतु देश में कई स्थल ख्यातिलब्ध हैं। हम सभी खजुराहो, अजन्ता, एलोरा, सारनाथ, कोणार्क आदि की मूर्तिशिल्प से भली-भाँति परिचित हैं। गांधार, मथुरा और कुषाणकालीन मूर्तियाँ उस अवधि के सांस्कृतिक विकास को प्रदर्शित करती हैं।

हमारे देश में वर्ष भर सांस्कृतिक गतिविधियों का आयोजन होता रहता है, जिनमें अक्सर अनुरूप मूर्तियों के प्रयोग का प्रचलन है। मन्दिर और पूजागृह की मूर्तियाँ स्थायी होती हैं, जबकि सामाजिक और अवसर विशेष-उत्सव व्रत व पूजा का उल्लेख मिलता है जिनमें विभिन्न प्रकार के मूर्ति निर्माण की व्यवस्था दी गई है। ऐसे लाखों देवी-देवताओं का उल्लेख भारतीय शास्त्रों में मिलता है जिनकी पूजा-अर्चना व्रत और अनुभव के अनुरूप की जाती है। आगे मूर्तिकला का अर्थ, महत्व, प्रकार, व्यावसायिक पक्ष, उपलब्ध शिक्षण-प्रशिक्षण के साथ रोजगार के अवसर आदि पर संक्षित प्रकाश डाला जा रहा है, जो निश्चित ही नवोदित कलाकारों को मार्गदर्शन प्रदान कर सकेगा।

चाक्षुष व मंचन कला के संयुक्त रूम में ललित कला मानव मन-मष्तिक को शांति प्रदान करने में एक औषधि का कार्य करती है तथा इसका प्रयोग ध्यान, अभिव्यक्ति आनन्द एवं आत्म संतुष्टि के साधन के रूम में किया जाता है। ललित कला के अन्तर्गत मूर्तिकला भी चित्रकला जैसी ही चाक्षुष अभिव्यक्ति और प्रस्तुति की एक शाखा है। जहाँ चित्रकला द्विआयामी अभिव्यक्ति प्रस्तुत करती है वहीं मूर्तिकला त्रिआयामी अभिव्यक्ति का सशक्त माध्यम का सहारा लिया जाता है उनमें

पाषाण, काष्ठ, धातु, मृदमूर्ति महत्वपूर्ण हैं। इन माध्यमों से निर्मित आकृतियों में जन-सामान्य विशेष की संस्कृति का आभास होता है। आज यह कला मृण्मूर्ति पाषाण, काष्ठ की यात्रा से गुजरते हुए काँच, फाइबर ग्लास, प्लास्टिक एवं अन्य सृजनात्मक माध्यम तक पहुँच चुकी है।

मूर्तिकला का वर्गीकरण

मूर्तिकला का वर्गीकरण मापदण्डों पर किया जा सकता है। यहाँ निम्न बिन्दुओं को आधार मान कर इसे वर्गीकृत करने का प्रयास किया जा रहा है

साधन व सामग्री के आधार पर वर्गीकरण

1. मिट्टी--मृण्मूर्ति
2. प्लास्टर ऑफ पेरिस
3. धातु
4. सीमेण्ट
5. पाषाण
6. काष्ठ
7. फाइबर ग्लास/सिन्थेटिक स्टोन,
8. मोम व लाख आदि
9. एसेम्बलिंग विद मिक्स मिडिया आदि।

स्थायित्व के आधार पर वर्गीकरण

1. स्थायी
2. अस्थायी

आकार व स्वरूप के आधार पर वर्गीकरण

1. राण्ड
2. रीलिफ

पद्धति के आधार पर वर्गीकरण

1. मॉल्डिंग,
2. मोल्डिंग-कास्टिंग,
3. कार्विंग,
4. प्रतिस्थापन (इन्स्टोलेशन) आदि।

इसके अलावा हम इसे अवधि उपासना जैसे कि शैव, शाक्त, वैष्णव, बौद्ध, जैन धर्म आदि के आधार पर भी वर्गीकृत कर सकते हैं। हम मूर्तिकला में बाहरी और अंदरूनी मूर्तिकला के रूप में भी भेद कर सकते हैं। सजावट, उपासना तथा जीवन एवं चित्र आदि के लिए मूर्तिकला।

मूर्तिनिर्माण की पद्धति

यहाँ पद्धति, निर्माण, विधि व प्रक्रिया आधारित मूर्तिकला के बारे में संक्षेप में प्रकाश डाला जा रहा है, जो युवा कलाकारो के साथ ही परम्परागत कुम्हार और मूर्तिकार के लिए उपयोगी सिद्ध हो सकेगा।

मॉल्डिंग मूर्ति निर्माण के लिए यह प्रक्रिया सर्वाधिक प्राचीन मानी जाती है, खासकर मृण्मूर्ति और विसर्जन (व्रत व पूजा) योग्य प्रतिमाओं के लिए। इस पद्धति में गीली लचीली सामग्रियाँ (जिसमें हाथों के द्वारा ही वांछित आकार सृजित किया जा सके) का प्रयोग किया जाता है। गीली मिट्टी को हम चाक अथवा मुक्तहस्त ही मनमोहक आकार प्रदान कर सकते हैं और इसे सुखाने पर पकाया भी जा सकता है। ईश्वर-सृजित मिट्टी (पृथ्वी) के प्रयोग का पौराणिक सन्दर्भ का विशाल भण्डार है। "The leged has it that Shiva created this eath with a lamp of mad brough by carb from pataal." पाताल से प्राप्त मिट्टी से ही हमारी सभ्यता विकसित हुई। आज उपयोगिता व आवश्यकता के साथ ही साथ कला के नमूने भी मिट्टी की आकृतियों में सृजित किए जाते हैं। परंम्परागत कुम्हार मृण्मूर्ति निर्माण के इस तकनीक को प्राचीन काल से प्रयोग में ला रहे हैं।

अतः इस क्षेत्र में रोजगार व व्यवसाय की विशाल संभावना निरन्तर बनी रहती है। युवा वर्ग इसे अपने भविष्य के लिए रोजगार के रूप में चयन कर आगे बढ सकते हैं।

प्रतिस्थापन (इन्स्टोलेशन) यह विधा विभिन्न सामग्रियों द्वारा अपनी भावना, सोच व कल्पना को प्रर्दशित करने का एक नवीन व सृजनात्मक माध्यम है। इस पद्धति में कुछ उपयुक्त और वांछित सामाग्रियाँ को उत्कृष्ट संयोजन द्वारा व्यवस्थित कर प्रदर्शित किया जाता है और एक आकर्षक शीर्षक से लोगों का ध्यान आकर्षित किया जाता है। इस विधा में सामग्री और माध्यम महत्वपूर्ण नहीं होता, अपितु एक कलाकार की सोच प्रस्तुतीकरण मूल्यवान होता है, संभवतः इस कारण से ही इसे इसे इन्स्टोलेशन व एसेम्बलिंग की संज्ञा दी गई है। यह माध्यम मात्र अप्रत्यक्ष, अमूर्त और आधुनिक कला अभिव्यक्ति के लिए उपयुक्त होता है। इसके

अन्तर्गत वास्तविक शैली की मूर्ति का निर्माण कदापि संभव नहीं है, साथ ही इस विधा में कार्य करने हेतु कलात्मक अभिरुचि तथा सामयिक कला प्रचलन का पर्याप्त ज्ञान होना आवश्यक है।

मोल्डिंग-कास्टिंग मूर्ति निर्माण की यह पद्धति दो प्रक्रियाओं से जुड़ी है। प्रथम मोल्डिंग जो मोल्ड (साँचा) बनाने की प्रकिया है और आकृति की मॉडलिंग होने के पश्चात् प्लास्टर ऑफ पेरिस, रबर आदि से बनाया जाता है। दूसरा कास्टिंग (ढलाई) की प्रक्रिया है, जो पूर्णतः साँचे पर निर्भर करती है। आधुनिक मूर्तिकला के क्षेत्र में यह पद्धति महत्वपूर्ण भूमिका का निर्वाह करती है। इस प्रक्रिया से मिट्टी की मूर्ति को प्लास्टर ऑफ पेरिस, धातु, सीमेण्ट, फाइबर ग्लास/सिन्थेटिक स्टोन आदि में आसानी से बदला जा सकता है। इस विधा से जीर्ण-शीर्ण परम्परागत प्राचीन प्रतिमा (एंटिक) व दुर्लभ पाषाण, काष्ठ या धातु की कलाकृति की प्रतिकृतियाँ किसी भी माध्यम में तैयार की जा सकती हैं। इस प्रकार इस विधा से दुर्लभ कृतियों का संरक्षण भी संभव हो पाता है। एक ही कलाकृति की अनेकानेक प्रतिकृतियाँ निर्माण हेतु सर्वथा उपयुक्त है। इस प्रक्रिया के निरन्तर अभ्यास और साधना से समय, धन व ऊर्जा को बचाया जा सकता है। विशाल आकृति अथवा आदमकद मुखाकृति के निर्माण सृजन में भी इस पद्धति का सहारा लिया जा सकता है। यह तकनीक किसी भी प्रकार की मूर्ति निर्माण के लिए उपयोगी है। वह व्यक्ति जो मॉडलिंग का पर्याप्त ज्ञान नहीं रखता है वह भी इस विधि के सहयोग से मूर्तिकला के क्षेत्र में कार्य कर सकता है। ऐसे व्यक्ति को चाहिए कि वह अपने संग्रह में आवश्यकतानुसार कलाकृतियाँ के मोल्ड्स का अच्छा भंडार अपने पास रखे और मोल्डिंग-कास्टिंग तकनीक का प्रशिक्षण व ज्ञान प्राप्त कर ले।

कार्विंग ठोस तथा कठोर माध्यम यथा पाषाण व काष्ठ को तराश कर मूर्ति निर्माण की पद्धति प्राचीन काल से प्रचलित है। हम परम्परागत तरीके से पाषाण में निर्मित अनेकों उत्सुक्त कलाकृतियों से अवगत हैं, जो कार्विंग तकनीक पर आधारित है। पाषाणीय आकृति के निर्माण का इतिहास हमें पाषाण युग से ही मिलता है। लोक जीवन में विभिन्न उद्देश्यों की पूर्ति हेतु पत्थर की आकृतियों का निर्माण किया जाता है। इनमें निर्मित पाषाणीय आकृतियों में पूजा हेतु मूर्तियाँ, प्रतीक, खम्भे आदि निर्मित किए जाते हैं। अपने मृतक परिजनों की याद में भी स्तम्भ बनाए जाने की परम्परा प्रचलित है। मृतक स्तम्भ को बीत उरुसकाल खम्भ और मठ के नाम से जाना जाता है। मृत व्यक्ति की स्मृति को चिरकाल तक जीवित रखने के लिए इसका निर्माण किया जाता है। इस तरह की पत्थर की मूर्तियों का निर्माण आदिवासी काल में अधिक

प्रचलित था। सामान्यतया मन्दिर में प्रतिस्थापित प्रतिमाएँ पाषाण (पत्थर) की बनी होती हैं, जो बलुई पत्थर, संगमरमर, ग्रेनाइट आदि की हो सकती हैं। खजुराहो एवं एलोरा आदि की बलुई पत्थर की मूर्तियाँ आज भी वर्ष भर सारे विश्व के दर्शकों को आकर्षित करने में समर्थ हैं।

काष्ठ की उपयोगिता मानव जीवन में अति प्राचीन है। गृह निर्माण में इसका प्रयोग अति प्राचीन है। लोक आकार का सृजन हमें लकड़ी के बने घोटूल, खाट, पालकी, टीप स्तम्भ, शहतीर, चाँबट, दरवाजे आदि के साथ मूर्तियों में देखने को मिलता है। कई शास्त्रों में भी लकड़ी की प्रतिमा का सन्दर्भ आता है। काष्ठ (लकड़ी) को तराशकर आकर्षक आकृति प्रदान की जाती है और इस प्रकार की प्रतिमाएँ मन्दिरों में स्थापित की जाती हैं।

यथा-उड़ीसा में पुरी के मन्दिर में भगवान जगन्नाथ, बलभद्र और सुभद्रा की काष्ठ प्रतिमाएँ प्रसिद्ध हैं। काष्ठ में अलंकरण की परम्परा के साथ भारतीय मोईथोलॉजी के विभिन्न रूपों का उद्रेखन होता है। कई देवी-देवताओं की मूर्तियाँ काष्ठ से निर्मित होती हैं।" काष्ठ स्तम्भ में भी लोक संस्कृति की भावना स्पष्टतया दृष्टिगोचर होती हैं। शिवलिंग - शिव व शक्ति का सर्वाधिक पवित्र एवं अमूर्त रूप है और यह प्रकृति एवं सृजनकर्ता के समन्वित स्वरूप को व्यक्त करता है, भारतीय मूर्तिकला की अनूठी पहचान है। भारत की एक अन्य प्रसिद्ध आकृति शिव के नटराज स्वरूप को माना जाता है, और यह भगवान शिव के ताण्डव नृत्य को प्रदर्शित करता है। यह प्रतिमा जीवन के नव सृजन हेतु किये गये विनाश अथवा संहार का द्योतक है। इस प्रकार से मूर्ति निर्माण हेतु प्रयुक्त कार्विंग पद्धति एक ठोस और स्थायी विधा है। युवा एवं परम्परागत मूर्तिकार (कार्वर) इस पद्धति के साधन व उपयुक्त शिक्षण-प्रशिक्षण प्राप्त कर अपनी क्षमता और पारिश्रमिक को बढ़ा सकते हैं।

व्यावसायिक पक्ष

भारत के साथ विदेशों में भी आज मूर्तियों की माँग लगातार बढ़ती जा रही है, जिस कारण इसे उद्यम के रूप में चुना जा सकता है। हजारों स्थायी-अस्थायी मूर्तियों का निर्माण वर्ष भर होता रहता है, जो इस क्षेत्र में रोजगार के अवसर को उपलब्ध कराता है। आज सड़क के चौराहों पर, उद्यान व वाटिका में, भवनों के लॉन व बैठकखाने आदि में मूर्तियों की स्थापना के प्रति लोगों का रुझान व रुचि दिन-प्रतिदिन बढ़ती जा रही है।

आज एक-से-एक नये व सृजनात्मक माध्यमों में मूर्तियों का निर्माण संभव है। गन मेटल, पंचधातु, अष्टधातु, पेपर मैशि, सेरामिक आदि के साथ हाथी दाँत, सींग व हड्डी की सुन्दर व लुभावनी कलाकृतियों के लिए भारत सदियों से प्रसिद्ध है।

पाठ्यक्रम

आज मूर्तिकला के क्षेत्र में विभिन्न प्रकार के पाठ्यक्रम कई संस्थानों में उपलब्ध हैं। युवा वर्ग अपनी रुचि व आवश्यकतानुसार उपाधि पाठ्यक्रम एवं प्रशिक्षण कार्यक्रम के साथ लघुकालिक प्रमाणपत्रीय पाठ्यक्रम में प्रवेश लेकर उपयुक्त ज्ञान अर्जन कर सकते हैं। इसके लिए निम्न संस्थानों से सम्पर्क किया जा सकता है-कला भवन, विश्वभारती, शाँतिनिकेतन, प. बंगाल; इन्दिरा कला संगीत विश्वविद्यालय, खैरागढ़ छत्तीसगढ़; सर जे.जे. स्कूल ऑफ आर्ट्स, मुम्बई, महाराष्ट्र; कला एव शिल्प महाविद्यालय, लखनऊ, उ.प्र.; बनारस हिन्दू विश्वविद्यालय, वाराणसी, उ.प्र.; एम. एस. विश्वविद्यालय, बड़ोदा, गुजरात; कालेज ऑफ आर्ट्स, चेन्नई, तमिलनाडु; कालेज ऑफ आर्ट्स, पटना, बिहार; राजस्थान विश्वविद्यालय, जयपुर, राजस्थान; महात्मा गाँधी चित्रकूट ग्रामोदय विश्वविद्यालय, चित्रकूट, म.प्र. तथा कालेज ऑफ आर्ट्स, नई दिल्ली इत्यादि।

उपरोक्त संस्थानों के साथ कई अन्य महाविद्यालय और विश्वविद्यालयों में उपाधि पाठ्यक्रम ललित कला स्नातक (बी.एफ.ए.) एवं ललित कला परास्नातक (एम.एफ. ए.) में मूर्तिकला और डिजाइन पाठ्यकम उपलब्ध हैं, जबकि कुछ संस्थान अल्पकालिक डिप्लोमा और प्रमाणपत्रीय पाठ्यक्रम भी उपलब्ध कराते हैं। जैसे लखनऊ कला शिल्प महाविद्यालय का क्ले मॉडलिंग पाठ्यक्रम आदि।

मूर्तिकला के क्षेत्र में रोजगार के अवसर

यह विषय मूलतः स्वरोजगारोपरक है। प्रतिभावान युवा स्वतंत्र कलाकार के रूप में अपना व्यवसाय आरम्भ कर सकता है और अन्य को भी रोजगार उपलब्ध कराने में समर्थ हो सकता है, इसके अतिरिक्त सरकारी क्षेत्रों के साथ निजी क्षेत्रों और उपक्रमों में भी मूर्तिकला विशेषज्ञों की माँग निरन्तर बनी रहती है। मूर्तिकला विशेषज्ञों को जिन क्षेत्रों में रोजगार के अवसर प्राप्त हो सकते हैं, उनमें उल्लेखनीय हैं

स्वतंत्र कलाकार, शिक्षा के क्षेत्र में अवसर, टी.जी.टी./इन्टरमीडियट शिक्षक - माध्यमिक स्तर के विद्यालयों में, केन्द्रीय विद्यालय के साथ डी.पी.एस. आदि निजी विद्यालयों में, टी.जी.टी. शिक्षक - नवोदय विद्यालय, पी.जी.टी./इन्टरमीडियट शिक्षक

- माध्यमिक स्तर के विद्यालयों में, प्रशिक्षक एवं अनुदेशक - सरकारी तथा निजी क्षेत्रों के अन्य संस्थानों में, प्राध्यापक-उच्च शिक्षण संस्थान, महाविद्यालय एवं विश्वविद्यालयों हेतु, मॉडलर के रूप में - राष्ट्रीय/राजकीय संग्रहालय के साथ सांस्कृतिक संरक्षण, केन्द्र आदि में, निजी क्षेत्रों में - काँच, शीशा, शू फैक्ट्री आदि क्षेत्रों में डिजाइनर के रूप में।

मूर्तिकला के उपरोक्त वर्णित माध्यम व तकनीक, व्यावसायिकता, शिक्षण-प्रशिक्षण संस्थान, रोजगार के क्षेत्र आदि नवोदित कलाकार के साथ परम्परागत कलाकारों को निश्चित ही एक नई दिशा व दशा प्रदान करने में समर्थ हैं। इस क्षेत्र में व्यवसायिकता का समावेश सदियों प्राचीन है और निर्मित रूप में इसने कलाकारों को मजबूत सहारा दिया है। थोड़े में यह कहा जा सकता है कि मूर्तिकला प्राचीन काल से ही रोजगार के विकास व उत्पादन हेतु महत्वपूर्ण रही है। आज भी इस भव्य क्षेत्र में अधिकांश लोग जुड़े हैं, जो अपना व अपने परिवार की रोजी रोटी चला रहे हैं।

19

परम्परागत शिल्प के क्षेत्र में स्वरोजगार के अवसर

प्राचीन काल से शिल्प के क्षेत्र में भारतीय महिलाओं की सराहनीय भूमिका रही है। इस कला में पुरुषों के साथ-साथ महिलाएँ भी कुशल एवं योग्य होती हैं। महिलाओं का शिल्प के प्रति काफी झुकाव रहा है। क्योंकि इस कला के प्रयोग से जहाँ वे सामग्रियों के प्रति लोगों में नवीन जिज्ञासा विकसित हो रही है। वहीं दूसरी ओर इसने हमारी आर्थिक स्थिति को समृद्धिशाली बनाया है। परंपरागत शिल्प का विकास उस समय और तीव्रता से होने लगा, जब वास्तुकारों ने इसमें अपना सहयोग प्रदान किया। कृषि की नवीन व्यवस्था भी एक प्रकार से कृषि की दिशा में शिल्पगत प्रयोग ही है जिससे कि आज नवीन कृषि तकनीकी का विकास दिनानुदिन होता जा रहा है। इस अध्याय में हम उन शिल्पों का उल्लेख कर रहे हैं जिनमें महिलाओं की भागीदारी बढ़ रही है।

कृषि एवं उद्यान के क्षेत्र में महिलाओं की भूमिका

कृषि एवं उद्यान शिल्प में महिलाओं की भागीदारी बढ़ रही है। वे न केवल खाद्यान्न बल्कि फूलों व सब्जियों की खेती में भी अग्रणी भूमिका निभा रही हैं। आज की तुलना में पहले खाद्यान्न की पैदावार कम थी परन्तु जनसंख्या कम होने के कारण खाद्यान्न संकट इतना गंभीर नहीं था, जितना कि आज है। देश में अनाज की कमी

नहीं थी। अधिक मात्रा में अनाज की पैदावार होती थी, परन्तु आज जनसंख्या बढ़ने के कारण परिस्थिति इसके विपरीत हो गयी है। देश के ऊपर खाद्य संकट के बादल छाये हुए हैं। लाखों टन अनाज अन्य देशों से क्रय करने के पश्चात् भी खाद्य समस्या हल नहीं हो पा रही है। खाद्य वस्तुओं के दाम दिन-प्रतिदिन तीव्रता से बढ़ते जा रहे हैं। ऐसी दशा में कृषि सुधार के बिना इस समस्या का हल नहीं हो सकता। कृषि शिक्षा एक ऐसा माध्यम है जिसमें महिला वर्ग के प्रवेश से विशेष परिवर्तन संभव हो सका है। सन् 1947 के पूर्व महिलाएँ इस दिशा में प्रयास नहीं कर सकी थीं। वे शोषण की शिकार थीं, परिणामतः समाज की लगभग आधी संख्या इस शिल्प से अपरिचित थी जो कि कृषि शिल्प के पिछड़ेपन का कारण था। महात्मा गाँधी ने अपनी बेसिक शिक्षा में कृषि को प्रमुख स्थान दिया। सन् 1954 में प्रायः समस्त जूनियर हाई स्कूलों में कृषि को एक अनिवार्य विषय बना दिया गया, जिनमें कृषि की सुविधाएँ उपलब्ध थीं। इसमें पर्याप्त लाभ हुआ।

कृषि उद्देश्यों का निर्धारण

कृषि के उद्देश्यों का निर्धारण भी देश की वर्तमान परिस्थितियों को ध्यान में रखकर करना होगा। कृषि-शिक्षा का उद्देश्य केवल उत्पादन बढ़ाना नहीं है, वरन् महिलाओं का बहुमुखी विकास भी करना है। कृषि-शिक्षा के उद्देश्य में कृषि कला कुशलता तथा बालक के व्यक्तित्व का विकास दोनों ही भाव अन्तर्निहित हैं। कृषि-शिक्षण द्वारा विद्यार्थियों को व्यावहारिक रूप से कुशल बनाने का प्रयास किया जाता है ताकि वे भली-भाँति अनुशासित रहना सीखें तथा उत्पादन की ओर प्रेरित हों। आज की क्रियात्मक व बाल केन्द्रित शिक्षा के कारण बालिकाओं का सर्वांगीण विकास हो रहा है। इस प्रकार बालक शारीरिक, मानसिक, आर्थिक उन्नति करेंगे। वे वैज्ञानिक व कृषक बनकर स्वयं अपनी जीविका उपार्जित करने के उद्देश्य से देश के उत्पादन तथा विकास में योग देंगे। इस प्रकार कृषि-शिक्षा के अध्ययन के द्वारा बालक स्वावलम्बी बनेंगे और उनमें श्रम के प्रति श्रद्धा उत्पन्न होगी। कृषि-शिक्षा प्रदान करते समय हमें बालिकाओं की रुचि बौद्धिकता तथा उसकी विभिन्न आवश्यकताओं को ध्यान में रखना होगा। कृषि-शिक्षा के निम्नलिखित उद्देश्य निर्धारित किये गये हैं

(1) उत्पादन में वृद्धि कृषि शिक्षा द्वारा लोगों को कृषि के बारे में नवीन तकनीकी की जानकारी मिलेगी और उनका प्रयोग कर उत्कृष्ट कृषि करेंगे फलस्वरूप देश में कृषि का उत्पादन बढ़ेगा।

(2) आत्म-अभिव्यक्ति कृषि-शिक्षा द्वारा बालिकाओं को आत्म-अभिव्यक्ति का अवसर मिलता है क्योंकि यह आवश्यक है कि बालिकाओं को थोड़ी बहुत स्वतन्त्रता उनकी इच्छानुसार अभिव्यक्ति के लिए भी प्रदान की जाय। समस्त कृषि शिक्षा संगठन इस प्रकार का होना चाहिए कि बालिकाएँ अपने विचारों को प्रस्तुत कर सकें।

(3) शारीरिक बौद्धिक विकास करना कृषि शिक्षा एक ऐसी शिक्षा है जो बालकों का मानसिक विकास करने के साथ ही साथ उसका शारीरिक विकास भी करती है। पुस्तकीय शिक्षा में केवल बौद्धिक या मानसिक विकास को महत्त्व दिया जाता है, परन्तु कृषि द्वारा मानसिक तथा शारीरिक विकास में सन्तुलन रहता है।

(4) ग्राम्य जीवन को सुखमय तथा आकर्षक बनाना आज शहर तथा गाँव में रहने वाले के जीवन स्तर में काफी अंतर है। उत्पादन दिन-प्रतिदिन घटता जा रहा है जिससे किसानों की आर्थिक दशा दिन-प्रतिदिन शोचनीय होती जा रही है। कृषि शिक्षा ही ऐसा माध्यम है जिसके द्वारा गाँव की आर्थिक दशा को सुधारा जा सकता है। ग्रामीण बालिकाएँ कृषि-शिक्षा प्राप्त कर उत्पादन बढ़ाने में योग दे सकेंगी।

(5) प्रकृति-निरीक्षण का अभ्यास करना कृषि शिक्षा में बालिकाएँ प्राकृतिक सौन्दर्य से जुड़ी होती हैं। लहराते हुए धान के खेत, रेशेदार मक्के के पौधे, सब्जियों के सफेद पीले-फूल उनमें सौन्दर्य की सर्जना करते हैं। चूँकि हमारी पुस्तकीय शिक्षा प्रकृति के प्रति प्रेम उत्पन्न करने में असफल है, अतः छात्र उससे लाभ नहीं उठा पाते। कृषि द्वारा छात्रों में प्रकृति के प्रति प्रेम उत्पन्न किया जा सकता है।

(6) कृषि का शामहिलाय ज्ञान कृषि शिल्प में महिलाओं को बागवानी, सब्जियों व फूलों की खेती में विशेष कुशल बनाया जाता है। वर्तमान समय में बढ़ती जनसंख्या में बालिकाओं को कृषि शिल्प की शिक्षा देना अनिवार्य हो चुका है। कृषि का शामहिलाय ज्ञान प्राप्त कर छात्र कम से-कम समय में, कम शक्ति व्यय कर उत्पादन बढ़ाने में अपना योग दे सकेंगे। इस प्रकार वे देश के महान् नागरिक बन, समाज की सेवा कर सकेंगे। इसके साथ ही उन्हें इस उद्देश्य से भी कृषि शिक्षा प्रदान की जानी चाहिए, वे ज्ञान का प्रयोग कर भारतीय कृषकों के आगे आदर्श उपस्थिति कर सकें।

(7) भौतिक एवं सामाजिक वातावरण में समन्वय कृषि शिक्षा द्वारा बालकों में यह क्षमता विकसित करने का प्रयास किया जाता है कि वे भौतिक व सामाजिक वातावरण के साथ सामंजस्य स्थापित कर सकें। हमारे देश का मुख्य उद्यम कृषि है।

हमारे समस्त सामाजिक एवं धार्मिक त्यौहार कृषि-प्रधान हैं। खरीफ की फसल के समापन पर हम दशहरा एवं दीपावली का त्यौहार मनाते हैं। उदाहरण के लिए रबी की फसल जब खेत में पकने लगती है, तब होली की पूजा अन्न की नयी बालियों से करते हैं, इस समय कृषकों की खुशी का पारावार उमड़ पड़ता है। हमारे प्रान्त की संस्कृति कृषिगत् है, महिलाओं की भौतिक, सामाजिक एवं सांस्कृतिक वातावरण को समझने में कृषि शिल्प की शिक्षा विशेष अनिवार्य है।

(8) आंतरिक क्षमता में वृद्धि बालिकाओं में बौद्धिक प्रतिभा की कमी नहीं होती। शिक्षा उसके व्यक्तित्व को निखारती है। बालक अपने व्यक्तित्व का विकास केवल सैद्धान्तिक ज्ञान द्वारा नहीं कर सकते। वे क्रियाशील होकर ही अपने व्यक्तित्व को विकसित कर सकते हैं। कृषि में बालक को क्रियाशीलता का पर्याप्त अवसर मिलता है। दूसरे, उसे हाथ से श्रम करने के अतिरिक्त विभिन्न बातों का निरीक्षण करना पड़ता है, इससे उनकी निरीक्षण शक्ति का विकास होता है। बालिकाओं की प्रतिभा का बहुमुखी विकास करना शिक्षा द्वारा ही संभव होता है।

(9) शारीरिक श्रम कृषि शिक्षा को पुस्तकीय शिक्षा से दूर की जाती है। यह शारीरिक श्रम करने के प्रति प्रेरित करती है। वस्तुतः विद्यालयों में बालिकाओं को दी जाने वाली कृषि शिक्षा का उद्देश्य उनमें न केवल शारीरिक शक्ति का विकास करना है बल्कि प्राकृतिक सौन्दर्य तथा आत्म-गौरव का विकास करना भी है।

(10) छात्रों में ग्रामीण जीवन के प्रति प्रेम ग्रामीण समस्याओं का समाधान बेहद अनिवार्य है जबकि अभी तक ग्रामीण शिक्षा के प्रति सभी व्यवस्थाएँ पूरी नहीं हैं। इस दोष को दूर करने के लिए ही कृषि-शिक्षा को महत्त्व दिया जाने लगा है। कृषि-शिक्षा का एक उद्देश्य यह भी है कि छात्रों में ग्रामीण जीवन के प्रति प्रेम हो तथा वे ग्रामीण समस्याओं को हल करने में अपना अधिक से अधिक योग दे सकें।

(11) जीविका उपार्जन की क्षमता का विकास महिलाओं का आत्म-निर्भर होना आज नितांत अनिवार्य हो चुका है। कृषि शिक्षा इस उद्देश्य से महत्त्वपूर्ण है। कृषि-शिक्षा बालिकाओं को इस योग्य बनाती है कि वे छात्र जीवन में ही स्वयं में जीविका-उपार्जन की क्षमता उत्पन्न कर सकें।

कृषि शिल्प का महत्व

कृषि प्रणालियों को समझने व उनके सफल प्रयोग के लिए आज महिलाओं को विशेष प्रशिक्षण दिया जा रहा है। कृषि वैज्ञानिकों का मानना है कि, ''कृषि की शिक्षा से हमारी विविध ज्ञानेन्द्रियों को क्रियाशील होने का अवसर मिलता है। इसमें 'करके

सीखने का सिद्धान्त' बहुत अच्छी तरह कार्यान्वित होता है। इससे महिलाओं में स्वभावतः रुचि पैदा हो जाती है, क्योंकि वे क्रियात्मक बातों को व्यावहारिक रूप देने में विशेष कुशल होती हैं। इसके अतिरिक्त कृषि और बागवानी से महिलाएँ स्वयं को गौरवान्वित तथा आत्म-निर्भर महसूस करती हैं। वास्तव में बालकों में जन्म से ही श्रमशीलता की प्रवृत्ति होती है, वे सदा ही कुछ न कुछ करना चाहते हैं। कृषि-शिक्षा में उनके लिये इस प्रकार के अवसर उपलब्ध रहते हैं।

कृषि शिल्प के विकास तथा उससे महिलाओं को लाभ पहुँचाने के लिए जो शिक्षा दी जाय वह प्रायोगिक व व्यावहारिक हो न कि सैद्धांतिक। इससे वे कृषि-शिक्षा प्राप्त करके भावी जीवन में अपनी जीविका का मार्ग भी खोज सकती हैं। कृषि शिल्प के प्रति उत्पन्न होने वाली रुचि प्रारंभिक शिक्षा-काल से ही प्रारम्भ होती है। हमारे देश में बालिकाओं का भौतिक वातावरण भी प्रमुखतया कृषि का वातावरण है। ग्रामीण स्कूल के बालिकाओं का वातावरण कृषि जीवन के अत्यधिक निकट होता है। वे बारह मास कृषि-क्रियाओं को अपनी आँखों से देखते रहते हैं। बीज बोना, फसल काटना, भूसा उड़ाना आदि क्रियाओं का परिचय वे आस-पास के वातावरण को देखकर प्राप्त कर लेते हैं। इस प्रकार हम देखते हैं कि बालकों का भौतिक वातावरण कृषि-प्रधान होता है। ऐसी दशा में कृषि की शिक्षा देना पूर्णतया व्यावहारिक है। कृषि व्यावसायिक दृष्टि से भी महत्त्वपूर्ण है। अतः इसे मूल उद्योग के रूप में स्वीकार करके तथा इसको अन्य विषयों से समन्वित करके बड़े शिक्षा प्रभावशाली ढंग से दी जा सकती है। कृषि शिक्षा में गणित, सामाजिक विषय तथा भाषा से संबंधित जानकारी भी दी जाती है।

कृषि-शिक्षा एक ऐसी शिक्षा है जो विद्यार्थियों व प्रकृति को एक दूसरे के निकट लाती है एवं प्रकृति की विविध क्रियाओं से उन्हें अवगत कराती है। प्रकृति के वातावरण में प्राप्त की गयी शिक्षा स्वाभाविक तथा जीवन से सम्बन्धित होती है। खेतों में बीजों को उगते, फसल पकते आदि को देखने से उनमें निरीक्षण शक्ति का विकास हो जाता है। बागवानी व सब्जियों की खेती की जो शिक्षा दी जाती है वह ग्रामीण परिवेश से जुड़ी होती है। सामाजिक तथा शारीरिक परिश्रम करने की भावना विकसित होती है। छात्र स्वयं काम करके ग्रामीणों के निकट आते हैं। वे हाथ से काम करने को बुरा नहीं मानते। उनमें स्वावलम्बन, आत्म-निर्भरता तथा स्वाभिमान जैसे गुणों का विकास होता है। कृषि शिल्प में महिलाओं की बढ़ती भागीदारी से काफी सीमा तक लाभ हो रहा है।

उद्यान कार्य का ज्ञान

हरी और ताजी सब्जियों के लिए यह आवश्यक है कि एक गृह वाटिका हो। इससे प्रतिदिन ताजी व सब्जियाँ प्राप्त की जा सकती हैं। स्वास्थ्य की दृष्टि से देखा जाय तो साग-भाजी बहुत ही जरूरी है। अतः हमारे लिये साग-भाजी की खेती के बारे में जानना आवश्यक है, परन्तु सर्वप्रथम हम उद्यान शास्त्र के विभिन्न पहलुओं का अध्ययन करेंगे।

गृह उद्यान की उपयोगिता

आज गृह वाटिका को पर्याप्त महत्व दिया जा रहा है। आजकल बाजार से ताजी प्राप्त सब्जी नहीं होती, इसलिए इनके पोषक तत्त्व समाप्त हो जाते हैं। ताजी सब्जी और फल आदि प्राप्त करने के लिए गृह उद्यान अत्यधिक आवश्यक है। इस उद्यान से ताजी सब्जी प्राप्त हो जाती है, जो स्वादिष्ट भी बनती है। इससे पैसे की भी बचत होती है। गृहवाटिका घर के पिछवाड़े खाली पड़ी जमीन में लगायी जाती है और समय-समय पर घर पर लगे वाटर पंप से महिलाए इसकी सिंचाई स्वयं कर लेती हैं।

उद्यानशास्त्र की उपयोगिता

उत्तम स्वास्थ्य के लिए यह बहुत जरूरी है कि दैनिक आहार में उन सभी तत्वों को शामिल किया जाय जो कि शरीर को कुषोषण से बचा सकें। भोजन में फल तथा तरकारियों का होना जरूरी होता है। भोजन के अतिरिक्त अन्य क्षेत्रों में भी इसका महत्त्व बढ़ गया है। भोजन आय तथा परिसज्जा के लिए उद्यान शास्त्र की जानकारी व उसका प्रयोग अनिवार्य होता है। इसका उल्लेख नीचे किया जा रहा है

(1) परिसज्जा के दृष्टिकोण से महत्त्व यदि सजावट की दृष्टि से देखा जाय तो उद्यान शास्त्र का निम्नवत् महत्त्व है

(i) धार्मिक महत्त्व अलंकृत पौधों से अनेक प्रकार के फूल मिलते हैं, जो देवी-देवताओं के पूजने के काम आते हैं। इसके अलावा आँवला, अशोक, पीपल, बरगद आदि ऐसे पौधे हैं, जिनकी पूजा भी की जाती है।

(ii) सजावट के लिए कुछ पौधे ऐसी भी होते हैं, जो कि देखने में बहुत ही मनमोहक होते हैं जैसे मयूरपंखी, गंधराज, कृष्णकांता एवं डहेलिया आदि। इन्हें बंगलों, चौराहों व पार्कों में लगाया जाता है।

(iii) मनोरंजन के साधन विभिन्न रंग फूल-पत्तियों वाले अलंकृत पौधे मानव मन को आकर्षित करते हैं तथा उनका मनोरंजन करते हैं। पार्क एवं बाग-बगीचे भी इसी तरह के मनोरंजन व व्यायाम के स्थान बन जाते हैं।

(2) आहार मूल्य के रूप में इस दृष्टि से उद्यान शास्त्र के महत्त्व को निम्न प्रकार से स्पष्ट किया गया है

(i) खनिज की प्राप्ति का साधन हमारे भोजन में खनिज लवण का होना अति आवश्यक है। ये हमें फलों और सब्जियों जैसे सेब, गाजर, पालक, मटर, टमाटर, अमरूद से कैल्शियम, खीरा, आलू, पातगोभी से लोहा तथा ककड़ी से फास्फोरस प्राप्त होते हैं। अतः इनको भोजन में अवश्य शामिल किया जाना चाहिए।

(ii) शक्तिवर्धक साधन ताजे फलों व हरी सब्जियों को भोजन में पर्याप्त स्थान देना चाहिए क्योंकि ये स्वास्थ्यवर्धक होने के साथ-साथ शक्ति के प्रमुख स्रोत हैं, इनसे हमारे शरीर को भरपूर मात्रा में शक्ति मिलती है।

(iii) विटामिन्स के स्रोत के रूप में विटामिन्स जीवन तत्व कहे जाते हैं। ये फलों एवं सब्जियों में पाये जाते हैं। ये शरीर के सर्वतोमुखी विकास में सहायक होते हैं तथा रोगों से रक्षा करते हैं। फलों एवं सब्जियों के अन्दर विभिन्न प्रकार के विटामिन्स A, B, C, D, E, F, K आदि, पाये जाते हैं।

(iv) रूक्ष के स्रोत के रूप में रूक्ष पाचक हैं। ये पाचन में सहायता करते हैं, इससे कुपच नहीं होता। इसके प्रमुख स्रोत हरी सब्जियाँ हैं, जैसे पालक, पत्तागोभी, चने का साग, सरसों का साग तथा जड़ वाली सब्जियों में मूली एवं गाजर आदि।

(3) आर्थिक महत्त्व उद्यान शास्त्र का आर्थिक महत्व निम्नवत् कारणों से होता है

(i) दवाइयों के रूप में अनेक फलों के पौधे एवं शाक-भाजियों के पत्ते, जड़ व फल आदि दवा के रूप में प्रयोग किये जाते हैं।

(ii) प्रति इकाई क्षेत्रफल उपज अधिक सब्जियों की उपज प्रति इकाई क्षेत्रफल से अधिक होती है, क्योंकि ये शीघ्र बढ़ने वाली होती है।

(iii) नकद रुपयों की प्राप्ति फलों तथा सब्जियों के वितरण से नकद लाभ भी होता है।

(iv) सहायक उद्योग-धन्धों को सहायता ताड़ी एवं एल्कोहल जैसे आश्रित उद्योग होते हैं। उपज के बढ़ जाने से किसान को आर्थिक लाभ भी अधिक होता है।

(v) प्रति इकाई क्षेत्रफल से अधिक लाभ फलों तथा सब्जियों के उगने से प्रति इकाई क्षेत्रफल लाभ भी अधिक होता है, क्योंकि उपज भी तो अधिक होती है।

(vi) हर फार्म पर उपयोग हर फार्म पर फलों तथा सब्जियों की खेती होती रहती है, इसमें मजदूरों, सम्पत्ति, औजारों तथा भूमि का प्रयोग होता रहता है।

अतः उद्यानशास्त्र का अध्ययन व उसका प्रयोग निश्चित रूप से अनुपमेय है।

काष्ठ शिल्प का ज्ञान

आज काष्ठ शिल्प में भी महिलाओं की भागीदारी बढ़ी है। वे इसे अपने कॅरियर विकास का माध्यम मान रही हैं। इसके तहत् वे विभिन्न प्रकार की टोकरियाँ बनाती हैं। इस शिल्प के अध्ययन से विभिन्न प्रकार की वस्तुएँ बनाने की कला सीखी जाती है। इसमें विभिन्न प्रकार की लकड़ियों का प्रयोग किया जाता है। उन लकड़ियों को प्राथमिकता दी जाती है जो मजबूत व टिकाऊ होती हैं। इनमें सागौन, बबूल, देवदार, आम, शीशम, रोजवुड आदि प्रमुख हैं। इसमें आरी का बहुत अधिक प्रयोग होता है। आरियाँ कई प्रकार की होती हैं, जो कि आवश्यकतानुसार भिन्न-भिन्न प्रकार से लकड़ी काटते या चीरते समय प्रयोग की जाती हैं। लकड़ी काटने के लिए मुख्यतः तीन प्रकार आरियाँ प्रयोग में लाई जाती हैं। इनका उल्लेख नीचे किया जा रहा है

(1) सीधी काटने वाली आरी इस प्रकार की आरियाँ चार प्रकार की होती हैं

(क) रिप सा इसका प्रयोग रेशों के अनुकूल लकड़ी को काटने के लिये किया जाता है।

(ख) क्रास कट सा इसका प्रयोग आड़े व खड़े रेशों के अनुसार लकड़ी को काटने के लिए किया जाता है।

(ग) पैनल सॉ यह आरी लड़की के पट्टे काटने के काम आती है।

(घ) साधारण आरी या देशी आरी इस आरी का प्रयोग अधिकांशतः देहातों में किया जाता है।

(2) बैंक सा या टेनन सा यह एक विशेष प्रकार की आरी होती है जो टेनन में चूल काटने व लकड़ी के छोटे-छोटे टुकड़ों को आड़ा व सीधा काटने में काम आती है।

(3) गोलाई में काटने वाली आरियाँ कुछ आरियाँ ऐसी होती हैं जो लकड़ी को गोलाई में काटती हैं। इनका उल्लेख नीचे किया गया जा रहा है

(क) कोपिंग सा यह लकड़ी में गोलाई काटने के काम आती है।

(ख) की होल सा या पैड सा यह कम्पास का छोटा-सा रूप है, किन्तु हत्था गोल व लम्बा होता है। इस आरी से लकड़ी के अन्दर गोलाई काटी जाती है।

(ग) धनुषाकारी आरी यह विशेष रूप से कम व्यास की गोलाई में लकड़ी काटने के काम आती है।

(घ) कम्पास सा यह आरी लकड़ी को गोलाई में काटने के लिए काम आती है। इसका फल आगे की ओर संकरा व हत्थे के पास चौड़ा होता है।

(ड़) फ्रेट सा प्लाई वुड अथवा पतली व मुलायम लकड़ियों में अधिक गोलाईदार डिजाइन काटने के लिए इसका प्रयोग किया जाता है।

लकड़ी में दोष लकड़ी निम्नवत् दो कारणों से खराब होती है

(1) नैसर्गिक दोष पेड़ में विभिन्न प्रकार के प्राकृतिक दोष पाये जाते हैं। जैसे गाँठें, ऐंठे हुए रेशे, चक्राकार रेशे, असमान आकार एवं बर।

(2) कृत्रिम दोष कुछ लकड़ी ऐसी होती हैं जो पानी पड़ने से या धूप लगने से फट जाती हैं।

लकड़ी में दोष लकड़ी में विभिन्न प्रकार की बीमारियाँ भी लगती हैं जो धीरे-धीरे लकड़ी को नष्ट कर देती हैं। कुछ प्रमुख बीमारियाँ हैं 1. गीली सड़ान, 2. सूखी सड़ान, 3. वृद्धावस्था और 4. पथरी।

लकड़ी की सुरक्षा लकड़ी की सुरक्षा कर उसका अधिक समय तक प्रयोग किया जा सकता है। इसकी सुरक्षा तारकोल लगाकर, नीला थोथा, जिंक ऑक्साइड या मरकारी ऑक्साइड, स्प्रिट पॉलिश, वार्निश, पम्पिग सिस्टम या क्रिओसॉटिंग विधि, टब द्वारा की जा सकती है।

पुस्तक कला का ज्ञान

हमारे आस-पास कई प्रकार के ऐसे जीव-जन्तु पाये जाते हैं जो पुस्तकों को हानि पहुँचाते हैं। वातावरण का भी इन पर प्रभाव पड़ता है। अतः इनकी सुरक्षा के लिए ग्रंथशिल्प की आवश्यकता होती है। हर विद्यार्थी को ग्रंथशिल्प का ज्ञान होना लाभदायक है। इसके लिए गत्ता, ब्राउन पेपर, अबरी, बाइण्डिंग क्लाथ, लेई सूजा, मजबूत धागा और रद्दी कपड़े की आवश्यकता होती है।

जिल्दसाजी की विधि

किसी भी पुस्तक के उखड़ने या फटने पर उसके पन्ने या तो गायब हो जाते हैं या फिर इतने फट व मुड़ जाते हैं कि उनको पढ़ पाना संभव नहीं होता। ऐसी दशा में पुस्तकों की जिल्दसाजी करनी चाहिए। इसके लिए सभी पन्नों को क्रमवार सीधा करके एक क्रम में लगा लेना चाहिए और यह भी देख लेना चाहिए कि सभी पृष्ठ सही और क्रमबार लगे हैं या नहीं। अतः पुस्तक की साइज से दुगने आकार के दो ब्राउन कागज के टुकड़े लेकर और इन टुकड़ों को दोहरा करके बन्द भाग की ओर से सिलाई से कुछ दूर स्थान छोड़कर दोनों ओर एक-एक कागज चिपका दें। ब्राउन पेपर का खुरदरा भाग सिलाई की तरफ रहना चाहिए। इसके बाद पुस्तक पर

बाइण्डिंग क्लाथ चिपका दें। फिर पुस्तक के बाइण्ंडिग क्लाथ में पट्टी पर किनारे की ओर सूए से बराबर दूरी पर तीन छोटे छेद करें जो आर-पार हों क्योंकि सुराख बड़े होने से पृष्ठ के कुछ हिस्से दब जाते हैं। धागे से इसकी सिलाई करने के बाद अबरी या कागज के दो छोटे टुकड़े काटकर उन्हें पुस्तक की सिलाई के ऊपर से ब्राउन पेपर को छूता हुआ चिपका दें। फिर पुस्तक की नाप से चौड़ाई की ओर से सिलाई के भाग को छोड़ते हुए गत्ते के दो टुकड़े काट लें। गत्तों को पुस्तक के खुलने की तरफ से बराबर करके सिलाई की ओर रखें फिर लेई से बाइण्ंडिग क्लाथ से चिपका दें।

पुस्तक को और अधिक मजबूरी प्रदान करने के लिए अगर पुस्तक पर कोने लगाने हों तो बाइण्डिग क्लाथ या रैगजीन के छोटे टुकड़े काटकर गत्तों के दोनों ओर दो-दो कोने लगा दें। इसके बाद अबरी को दो टुकड़े पुस्तक के आकार से कुछ बड़े काटें। कोनों की अबरी को कैंची की सहायता से काट दो। बाइण्डिग क्लाथ के किनारों को दबाते हुए लेई लगाकर अबरी को चिपका दो। अबरी के कोनों को अन्दर की ओर मोड़ो, सामने के ब्राउन पेपर (बाँसी कागज) पर लेई लगाइए और सावधानीपूर्वक गत्ते से चिपका दो। इस समय यह ध्यान रखें कि पेपर को चिपकाते समय बीच में हवा न आने पाए क्योंकि इसमें पूरा पेपर ठीक से नहीं चिपक पाता।

कताई-बुनाई शिल्प का ज्ञान

कताई-बुनाई शिल्प के प्रति लोग काफी लम्बे अर्से से प्रयास करते रहे हैं। समय के साथ इसमें तकनीकी परिवर्तन हुए। बुनाई के लिए कई प्रकार के रेशे तैयार किए जाते हैं जो पेड़-पौधों, जानवरों एवं कीड़ों से प्राप्त किए जाते हैं। इन रेशों में कुछ गुण ऐसे होते हैं, जिनसे वस्त्र निर्माण की प्रक्रिया सरल एवं आकर्षक हो जाती है। कुछ नवीन प्रकार के रेशे यन्त्रों द्वारा भी बनाए जाते हैं। इन्हें कभी ऊन के समान बनाया जाता है, तो कभी रेशम के समान, तो कभी सूत का रूप दे दिया जाता है। जो प्राकृतिक रेशे होते हैं वे छोटे-छोटे टुकड़ों मे होते हैं। इन्हें एक दूसरे के ऊपर रखकर बटा जाता है। जैसे-जैसे बटने की क्रिया बढ़ती जाती है, धागा तैयार होता जाता है। अपक्व सामग्री में से धागे खींचने, बटाई एवं धागा कातकर तैयार करने की क्रियाएँ क्रमिक रूप से होती हैं। इन क्रियाओं के फलस्वरूप तैयार धागे को ताने एवं बाने के रूप में गूँथकर वस्त्र तैयार करते हैं। वर्तमान समय में बुनाई शिल्प के तहत् कई प्रकार के फूलों व आलेखनों का प्रयोग किया जाता है।

अगर हम पुरातन काल की बुनाई पर ध्यान दें तो पता चलेगा कि हरी लम्बी

घासों या लताओं को बटकर कई वस्तुओं से आदि मानव सूत बनाता था और धीरे-धीरे उसी अनुभव से उसे वस्त्र बुनने की प्रेरणा मिली। अब आवश्यकता इस बात की थी कि बिना परिश्रम के, कम समय में आसान ढंग से लम्बा धागा तैयार करके वस्त्र बुना जाय। बाद में तकली का आविष्कार हुआ और कुछ समय बाद चरखे जैसे हस्त्र-यन्त्रों का निर्माण हुआ, परन्तु अब यह क्रिया बड़े ही सुगम तरीके से यन्त्रों द्वारा की जाती है। लोहे की तकली के दो भाग होते हैं, एक डण्डी और दूसरी चकती। डण्डी के एक सिरे पर हुक होता है जो कि कताई के समय तकली से सूत को उतरने नहीं देता। साथ ही साथ वह धागा निकालने में भी सहायता करता है। डण्डी के दूसरी ओर नुकीला सिरा होता है जिससे तकली अधिक वेग से घूमती है। तकली की इससे कताई के समय धागा निकालने, ऐंठन एवं धागे को लपेटने की क्रियाएँ साथ-साथ होती हैं। सर्वप्रथम तकली के हुक से लगभग एक फुट लम्बा धागा निकाला जाता है। जैसे-जैसे तकली घूमती है, धागे में बट आने लगते हैं। आवश्यकतानुसार बट देने से धागा मजबूत हो जाता है फिर उसे नीचे लगी प्लेट के पास ही लपेट दिया जाता है। इसी प्रकार यही क्रियाएँ दोहराने से अविरल धागा तैयार हो जाता है।

हथकरघे के प्रयोग से बारीक तथा छोटे धागे भी काते जाते थे, और इन्हीं धागों से बने वस्त्र संसार भर में प्रसिद्ध थे। ढाका की मलमल, शबनम, कश्मीर की पश्मीना के सूत चरखे द्वारा काते जाते थे। इस हथकरघे द्वारा वस्त्र निर्माण कार्य अधिक समय में होता था। आज भी दरी, कालीन आदि के सूत कातने के लिए इसका प्रयोग होता है। वस्त्र उद्योग के क्षेत्र में अब कताई के लिए विद्युतचालित मशीनों का प्रयोग अधिक होता है, जिनमें रेशों को सुलझाने, पृथक् करने और व्यवस्थित करने का काम एक साथ होता है।

वस्त्र निर्माण में ताना और बाना दो प्रकार के सूतों का प्रयोग किया जाता है। ताने का सूत वह है जो वस्त्र की बुनाई का आधार होता है तथा जिस पर बुनाई प्रक्रिया के अन्तर्गत सबसे अधिक दबाव एवं रगड़ पड़ती है, इस कारण वह अधिक बटा हुआ एवं मजबूत होना चाहिए। बाने के सूतों में अधिक ऐंठन की आवश्यकता नहीं, क्योंकि इसमें वस्त्र बुनते समय बँट नहीं पड़ते तथा वस्त्र की सतह भी चिकनी लगती है। ऐंठन पड़ने से धागा न केवल बारीक होता है बल्कि मजबूत भी होता है।

उत्तम सूत का निर्माण

वही वस्त्र मजबूत होता है जो अधिक मजबूत सूत से बना होता है। सूत को

मजबूत बनाने के लिए दो-तीन सूत को एक में ऐंठते हैं। जितने सूत मिलाये जाते हैं, उतने ही प्लाई का सूत तैयार होता है। बटा हुआ सूत इकहरे की अपेक्षा अधिक मजबूत होता है। सूत को ताने में उस समय तक प्रयोग नहीं किया जाता, जब तक कि उसको दो या तीन धागों के साथ बटकर मजबूत न बनाया जाय। सूत की ये ऐंठन किसी वस्त्र के चिरस्थायित्व, उसकी उपयोगिता तथा उसकी आकृति को निर्धारित करती हैं।

बढ़िया सूत में घटिया सूत की अपेक्षा अधिक ऐंठन की आवश्यकता होती है। वस्त्रों की गुणवत्ता उसके सूतों के ऐंठन पर भी निर्भर करती है। सूत को आड़े पकड़कर बटने की दिशा देखते हुए सूत को बटा जाता है। सूत को ताने में उस समय तक प्रयोग नहीं किया जाता, जब कि उसको दो या तीन धागों के साथ बटकर मजबूत न बनाया जाय। सूत की ये ऐंठन किसी वस्त्र के चिरस्थायित्व, उसकी उपयोगिता तथा उसकी आकृति को निर्धारित करती है। अच्छे सूत में घटिया सूत की अपेक्षा अधिक ऐंठन की आवश्यकता होती है। ऐंठन की मात्रा भी बुने जाने वाले वस्त्र की किस्म पर निर्भर करती है।

यदि चक्र अक्षर के केन्द्रीय भाग की ढलान के अनुरूप हो तो सूत में बटाव होता है। यदि वह अक्षर की ढलान के अनुरूप हो तो सूत में बटाव होता है। ऐंठन देने हेतु तन्तुओं को सीधा, समानान्तर करके रस्सीनुमा रूप में खींचा जाता है और धीरे-धीरे घुमाकर ऐंठन दी जाती है, जिससे वह एक-दूसरे में मिश्रित होकर मजबूत हो जाएँ। ऐंठन के कारण सूत आपस में बँधे होते हैं। सूत का ऐंठन उसकी लम्बाई, तन्तु तथा उसके प्रयोग पर निर्भर करता है। कपास, भेड़ों के बाल, समूर, फर व रेशम आदि से विभिन्न प्रकार के सूत बनाये जाते हैं।

चर्म शिल्प का ज्ञान

चर्म शिल्प में पहले पुरुष ही रुचि लेते थे, परन्तु आज महिलाएँ भी इसमें रुचि ले रही हैं जिसके कारण इसमें अधिक प्रगति हो रही है। भारत में चर्मकला विकसित अवस्था में है। चमड़ा ऐसी वस्तु है जिसका प्रयोग हम किसी-न-किसी रूप में करते ही रहते हैं। जूते, चप्पल, बटुए, बैग आदि सभी वस्तुएँ चमड़े की बनायी जाती हैं। चर्म उद्योग भारत का अति प्राचीन उद्योग है और एक बड़ी संख्या का पोषण करता है। आधुनिक शिक्षा में चर्मकला को पर्याप्त महत्त्व दिया जाता है। चर्म-कला सीखने वाला छात्र चाहे वह पिछड़ी जाति का हो या उच्च वर्ण का, श्रम के महत्त्व को समझने लगता है। उसके मस्तिष्क से ऊँच-नीच का भाव समाप्त हो जाता है। शिक्षितों में

छोटे-बड़े, अमीर-गरीब, ऊँच-नीच की भावना के लोप हो जाने पर सच्चा समाजवाद पनपता है। चर्म कला सीखने वाला छात्र अनेक प्रकार की वस्तुएँ बनाकर अपने को क्रियाशील रखता है। इस तरह उसमें समय का सदुपयोग करने, करके सीखने और सीखते हुए धन कमाने की इच्छा जाग्रत हो जाती है।

चर्म कला के प्रयोग से कम लागत में अधिक आय प्राप्त की जा सकती है। इसमें निम्नवत् उपकरण प्रयोग में लाये जाते हैं

1. **वेधनी** चमड़े में छेद करने या सल्लू की सिलाई करने के लिए।
2. **हथौड़ा** कील आदि ठोकने के लिए।
3. **लकड़ी की मुगरी** ठप्पे बनाने के लिए।
4. **रॉपी** चमड़ा खुरचने के लिए। इसके तीन भाग होते हैं फल, लामी और हत्था
5. **लौन्गा** चमड़े में चुन्नट डालने के लिए।
6. **स्पंज** चमड़े के कुछ भाग को गीला करने के लिए।
7. **सिल्ली** विभिन्न यन्त्रों को तेज करने के लिए यह धार का (ग्राइंडिंग) पत्थर होता है।
8. **ठप्पे** पीतल, काठ, लोहे के ठप्पे अनेक ब्लाकों या डिजाइनों के लिए।
9. **लकड़ी का तख्ता** चमड़ा काटने के लिए।
10. **गढ़िया** चमड़े पर डिजाइन उभारने के लिए।
11. **पैमाना एवं गुनिया** नाप आदि के लिए।
12. **मशीन** चमड़ा सीने के लिए।
13. **तवानी** चमड़ा भिगोने के लिए।

मृदा शिल्प का ज्ञान

अन्य परंपरागत शिल्पों की तरह ही मृदा शिल्प भी आय का एक प्रमुख साधन बन गया है। इस शिल्प से धन कमाना अन्य शिल्प की अपेक्षा सरल है। इसका प्रमुख कारण यह है कि इसमें लागत नाममात्र की आती है। रचनात्मक प्रवृत्ति को विकसित करने एवं सरल रूप से भाव प्रकाशन करने के लिए मिट्टी का काम काफी रोचक होता है। भारत में मिट्टी के खिलौनों का धन्धा विकसित अवस्था में है। मिट्टी की एक प्रमुख विशेषता यह है कि छात्रों को इसे प्राप्त करने में ज्यादा धन व्यय नहीं करना पड़ता है। सिलिका और एल्मूनियम के ऑक्साइड से मिलकर बनी हुई किसी-किसी मिट्टी में लोहा, चूना तथा बोरियम आदि भी अधिकतर मिले रहते हैं।

मिट्टी में तरह-तरह के रंग और चिकनाहट पायी जाती है। इससे बनी वस्तुएँ जैसे सुराही, मूर्तियाँ, खिलौने, धुआँकश इत्यादि काफी आकर्षक होते हैं। काली, पीली, बलुई, लाल एवं दोमट आदि ऐसी मिट्टियाँ हैं जिनसे बड़ी सहजता से वस्तुएँ बनायी जा सकती हैं किन्तु बर्तन, खिलौने आदि बनाने के काम में चिकनी और काली मिट्टी ही प्रयोग की जाती है इसका प्रमुख करण यह है कि ये मिट्टियाँ मुलायम होती हैं। इन मिट्टियों में रेत का अंश बिल्कुल नहीं होता। मिट्टी में रेत न होने के कारण बर्तनों में मजबूती आती है।

20

महिलाओं की सुरक्षा मोदी सरकार की प्राथमिकत

केंद्रीय महिलास एंव विकास मंत्री मेनका गांधी ने आज कहा कि कार्यस्थलों पर महिलाओं की सुरक्षा मोदी सरकार की सर्वोचच प्राथमिकता है और इसके लिए एक सशक्त प्रणाली बनाने का प्रयास किया जा रहा है। श्रीमती गांधी ने यहां सरकारी विभागों और मंत्रालयों में यौन प्रताड़ना पर गठित आतरिक शिकायत समितियों (आईसीसी) के अध्यक्षों की पहली कार्यशाला का उद्घाटन करते हुए कहा कि कार्यस्थलों पर महिलाओं की सुरक्षा के लिए लगातार कदम उठा रही है। इसके लिए सरकार कार्यस्थलों पर कहिलाओं के यौन उत्पीड़न (रोकथाम, निषध एंव निवारण) अधिनियम, 2013 को प्रभावी रुप से लागू करने का प्रयास कर रही है। उन्होने कहा कि सभी मंत्रालयों और विभागों के प्रमुखों को महिलाओं की सुरक्षा के लिए विशेष उपाय करने का अनुरोध किया है।

सभी को संबंधित कानून को प्रभावी रुप से लागू करने के लिए कहा गया है। इससे कार्यस्थलों पर महिलाओं की सुरक्षा में भारी बदलाव आएगा। उन्होंने कहा कि केंद्र सरकार में कुल 30.87 लाख कर्मचारी हैं जिनमें 10.93 प्रतिशत महिलाएं हैं।

इस अवसर पर महिला एंव बाल विकास राज्य मंत्री कृष्णा राज भी मौजूद है। कार्यस्थलों में 60 प्रतिभागी हिस्सा ले रहे है।

महिला विकास निगम स्वरोजगार में बना सहायक

महिलाओं को सशक्त करने तथा उनके उत्थान के लिए अनेक कल्याणकारी तथा स्वरोजगार योजनाएं शुरू की गई हैं। इन योजनाओं का महिलाओं ने भी लाभ लिया है।

मंडी शहर के भगवाहण मुहल्ला निवासी कमलेश ने भी स्वरोजगार का रास्ता अपनाकर अपने परिवार की आर्थिक सुदृढ़ करने में महत्वपूर्ण योगदान दिया है। कमलेश का परिवार अपने घर में ही इंटीरियर डेकोरेशन का कार्य करता है। 12वीं कक्षा तक शिक्षा ग्रहण कर चुकी कमलेश ने अपने परिवार के पारंपरिक व्यवसाय को ही अपनाने का निश्चय किया।

उसने महिला विकास निगम मंडी से संपर्क किया तथा 2015 में निगम से एक लाख रूपये का ऋण लेकर व्यवसाय शूरू किया। पर्दे, तकिया, गद्दियां तथा सूट सिलाई का प्रशिक्षण लेकर कार्य में जुट गई। व्यवसाय को आगे बढ़ाने में उसके ससुर पीताम्बर लाल, सास मीरा देवी भी सहयोग दे रहे है। वर्तमान में कमलेश तथा उसके पति हितेश्वर शर्मा पर्दे, तकिया, गद्दियां, महिला तथा पुरूष वस्त्र तैयार करते हैं। प्रदेश सरकार द्वारा महिला विकास निगम के माध्यम से महिलाओं को स्वरोजगार शुरू करने के लिए एक लाख रुपये तक का ऋण सस्ती ब्याज दरों पर उपलब्ध करवाया जाता है। इसके तहत 30 हजार रुपये तक 4 प्रतिशत, 50 हजार रुपये तक 5 प्रतिशत तथा एक लाख रुपये तक ऋण 6 प्रतिशत ब्याज दर पर उपलब्ध करवाया जाता है। मंडी जिला में एक जनवरी 2013 से 31 मार्च 2016 तक 326 महिलाओं को 2 करोड़ 88 लाख रुपये के ऋण स्वरोजगार शुरू करने के लिए उपलब्ध करवाए गए हैं। कमलेश का कहना है कि उनके द्वारा निर्मित उत्पादों की मांग मंडी जिला ही नहीं बल्कि अन्य, जिलों में भी है।

हमीरपुर, कुल्लु, कांगड़ा व बिलासपुर आदि जिलों से भी उनको पदों व अन्य डेकोरेशन के ऑडर प्राप्त होते हैं। कमलेश का कहना है कि हमारे द्वारा अनेक सरकारी भवनों में भी इंटीरियर डेकोरेशन का कार्य किया गया है। इसके अतिरिक्त अनेक निजी संस्थानों तथा व्यक्तिगत ऑडर भी उनको मिलते रहते हैं। उनका कहना है इस कार्य से लगभग 15 हजार रुपये प्रतिमाह की आय घर बैठे ही हो जाती है, जिससे वो अपनी दो बेटियों को अच्छी शिक्षा प्रदान कर रही हैं तथा परिवार का जीवनयापन बेहतर तरीके से हो रहा है।

प्रदेश सरकार द्वारा महिलाओं के लिए बेहतर योजना चलाई जा रही है और उन्होंने महिला विकास निगम से प्राप्त ऋण का अधिकतर भाग वापस कर दिया है। कमलेश का कहना है कि बेरोजगार युवाओं को स्वरोजगार शुरू करके अपने पैरों पर खड़ा होना चाहिए तथा अगर किसी का कोई पैतृक व्यवसाय है तो उसे भी आधुनिक तकनीक से आगे बढ़ाना चाहिए। कमलेश ने बताया कि वर्तमान समय में 6 अन्य महिलाएं भी हमारे पास इंटीरियर डेकोरेशन का प्रशिक्षण प्राप्त केर रही हैं।

जिला प्रबंधक महिला विकास निगम मंडी जेएस जासवाल ने महिलाओं का आह्वान किया कि यदि कोई भी महिला अपना स्वरोजगार शुरू करना चाहती है तथा उसे धन की आवश्यकता है तो वह मंडी शहर स्थित मुख्य डाकघर के समीप सीापित महिला विकास निगम के कार्यालय में संपर्क कर योजना का लाभ ले सकती है।